U0565433

国家社科基金后期资助项目
出版说明

后期资助项目是国家社科基金设立的一类重要项目，旨在鼓励广大社科研究者潜心治学，支持基础研究多出优秀成果。它是经过严格评审，从接近完成的科研成果中遴选立项的。为扩大后期资助项目的影响，更好地推动学术发展，促进成果转化，全国哲学社会科学工作办公室按照"统一设计、统一标识、统一版式、形成系列"的总体要求，组织出版国家社科基金后期资助项目成果。

全国哲学社会科学工作办公室

国家社科基金
GUOJIA SHEKE JIJIN HOUQI ZIZHU XIANGMU
后期资助项目

信用规模变动与宏观经济运行关系研究

基于中美对比分析

On the Relationship Between Credit Scale and
Macroeconomic Condition:

Comparative Analysis Between China and the United States

谢巧燕　著

上海三联书店

序　言

　　2018年4月份,我去红旗渠参加人大财金院党委组织开展的教育实践活动,还很清楚地记得那是一个大雨瓢泼的晚上,我的2011级博士研究生,在河南财经政法大学任教的谢巧燕和我匆匆见了一面,目的是学生申报当年的国家社科基金后期资助项目征求我的意见,并需要我作为推荐人签字。后来到八九月份,学生告诉我申报的项目中标了,并将评审专家的意见也发给了我,能够得到数位权威同行专家的认可,我很为她感到高兴。更早地,这个书稿的基础是学生的博士毕业论文,时至今日,已经过去大概9年时间,能够得到国家社科基金资助,并最终形成专著,想必是一个很好的结果。

　　关于信用规模的思考,开始于我从中国人民银行总行研究生部硕士毕业进入首经贸任教授课期间。当时我一直教授货币银行学、中央银行学、商业银行经营与管理和信用评级等课程,在讲授这些课程时我经常面临着一个问题:要给学生讲明白信用总量是怎么测算的? 是否与货币总量相当? 信用到底是不是货币的影子? 货币总量及测算金融教材回答得很清楚,但对信用总量的讲解不够。从此,信用总量问题成为了我关注的焦点。带着这些问题,1999年我开始师从朱毅峰教授攻读中国人民大学博士学位。朱老师特别支持我关于"信用总量"的研究,并让我以新经济为背景、以信用总量为主题思考我的博士毕业论文。在我的博士毕业论文中我研究了信用规模与信用体系再造,将信用总量定义为信用规模,从政府、金融、非金融企业和居民四大部门来定义和测算信用规模;并开始构建相关理论体系,辨析其与货币总量的关系,统计和测算信用规模等等。在这些研究中我更加坚信信用总量不能与货币总量混为一谈,它不是货币总量的影子,是一个独立的体系,有独立的总量,并且这个总量一直在干扰货币总量。此外,信用规模变动也会引起风险,需要专门的宏观调控,将其控制在一个适度范围内,这些均会对货币总量和货币调控产生影响。因此,如果搞不清楚信用规模的特征和作用机制,货币总量同样也搞不清楚,货币政策调控会陷入"只缘身在此山中"的境地。关于信用规模的研究并没有随着我博士毕业论文的完成而结束,在我留教中国人民大学后,也一直是我研究和关注的重点,并拓宽了研究视野,比如讨论了社会信用体系,构建完成了"三维信用论"等。

欣慰的是,目前该理论的研究还在继续,我的学生谢巧燕在以上研究的基础上开展了系统性、持续性的研究,并根据社会经济形势的变化进行了扩展和深化,也是对信用规模理论与实践的一个很好补充。

此书以中国特色社会主义市场经济发展为背景,以丰富和完善信用规模理论体系为基石,以防范和化解重大风险为目的,兼具适用性和前瞻性。本书较为系统地对信用规模相关的理论、信用规模的量化进行了阐释,并通过对中国和美国信用规模动态演进描述和实证分析,验证了信用规模变动和宏观经济运行之间的关系。进一步地,在信用总规模的基础上,将其划分为四部门信用规模,研究了四部门信用规模之间的联动关系。

从理论方面来看。首先,完善信用规模理论体系。在原有信用规模理论体系的基础上,完善信用规模理论的概念和内容、指标体系和量化方法、信用结构理论与实践。对于中美信用规模的量化使用了更加完善和合理的指标体系,并为未来关于信用规模统计口径的统一提供一定的基础。其次,提出信用规模与宏观经济协调发展的理论体系。提出由"三大支柱"组成的一个协调发展的理论构架,三大支柱分别为信用规模变动自身的协调发展、信用规模与宏观经济的协调发展和前面两者构成的协调发展系统与保障体系的协调发展。该理论体系对于正确认识信用规模变动与宏观经济运行起到指导和支撑作用,为宏观经济运行的研究提供一个新的视角。最后,在完善信用规模概念的基础上提出信用规模无序变动的概念,并进行理论阐述和实证研究。该研究在对信用规模与宏观经济运行关系的分析研究的基础上,在理论上对信用规模无序变动的内涵进行理论界定,并总结了信用规模无序变动影响宏观经济运行的四大特征,以及对进行信用规模无序变动进行识别与防范的五大原因、四大重点。信用规模无序变动的概念及相关理论丰富了当前防范和化解重大风险的理论和实践体系。

从实践方面来看,提出中国信用规模无序变动的监管框架,并提出建议。设计建立全面、协调、有重点的过程型、宏微观审慎监管框架的整体思路,并尝试构建分别以市场风险防范为目标、以塑造和整顿市场秩序为目标和以保护市场主体利益为目标的三个层次的监管机制;在依据参考国际经验和立足中国实际、一部门一策和整体推进、评价指标应注重定量与定性相结合等基本原则前提下,提出建立信用规模统计指标体系,建立政府、信用规模监管机构与行业协会三位一体的协同监管体系。

从学术价值来看,该研究拓展了债务类系统性风险的识别、防范及监管理论,从信用规模变动的角度提出降低系统性风险的破解路径。研究尝试揭示信用规模与宏观经济运行之间的深层次关系,开拓性地将经济学的动态演绎分析范式运用到信用规模与宏观经济运行关系分析领域。历史性地考察中美信用规模与宏观经济的发展特征,保证了分析的完整性和结果的可信性。在研究中注重对研究整体性、系统性的把握,尽量保证以全局性的视角、结构化的思维来研究信用规模与宏观经济的关系问题,得到了多项原创性的结论。而这些结论对解决中国当前宏观经济系统内债务高企的现象具有一定的理论指导意义。

当然,学无止境。从事信用研究还有很多内容需要去深入和完善,如除了信用规模之外,信用结构、信用规模无序变动等也值得进一步深入研究。期待未来有更多、更丰富的信用理论研究出现,有更多有志之士加入到信用相关问题的研究中来。

吴晶妹
2023 年 4 月 10 日于人大明德主楼

目　　录

前　言

　　2007 年次贷危机后,加强对系统性风险的监管和控制,防止国际输入型系统性风险的发生,已在国际范围内达成共识,并成为各国防范系统性风险的关键环节。债务风险作为能够引发国际性系统性风险的关键因素,已成为国际范围内各国重点关注的对象,作为能够引起债务风险的信用规模无序变动,已成为解决债务风险和防范系统性风险的关键环节。近年来,债务高企也成为制约中国宏观经济安全运行的一大隐患。2015 年"去杠杆"作为中国社会经济建设"三去一降一补"的五大任务之一被首次提出,并被屡次明确,在 2018 年我国更是将整体性去杠杆与结构性去杠杆作为中国宏观经济治理的"顶层设计"。这一系列动作标志着中国由债务高企带来的系统性风险,已成为中国系统性风险防范的重要内容。但多年来,信用规模扩张在中国的经济建设和社会发展中起到了不可替代的作用,因此,如何识别及防范信用规模的无序扩张,防范系统性风险的产生、发展和传播,从而使信用规模的变动从无序变为有序,提升其对中国宏观经济的拉动作用,已成为中国当前亟待解决的重要问题。然而,国内外对信用规模与宏观经济关系的研究尚处于起步阶段,从概念到方法,从理念到政策,仍是一个新的事物,处于接受和吸收的阶段。针对目前对信用规模与宏观经济运行关系认识不深入,信用规模无序变动概念不清、不统一、不系统,实施监管缺乏逻辑起点等问题,本研究进行了全方位、多角度的研究,并尝试搭建信用规模无序变动识别、防范及监管理论体系。

　　本书对国内外研究成果进行了系统的梳理和吸收,借助文献分析、案例分析、对比分析,运用综合指标法、计量经济建模法;以协调发展、合成谬误、分解谬误、共生危机以及多重均衡理论为依据,以中国和美国为研究对象,深入分析中美信用规模与宏观经济运行关系的时空演变特征,并探寻其作用机制及影响路径,通过对比寻找美国信用规模与宏观经济运行的一般规律,以及中美差异;识别和防范危害宏观经济稳定运行的信用规模无序变动,通过对比中美信用规模无序变动识别及防范的路径差异,进而提出中国信用规模无序变动的监管框架。

本书认为，从信用规模与宏观经济关系视角研究识别和防范债务风险，有别于其他的债务风险研究和系统性风险的研究。因此，应在研究视角、研究内容、研究方法上注重与以往研究的区别。首先，在研究视角上，将识别防范和监管"捆绑"研究。目前关于债务风险的研究，大多数是将风险的识别与监管分开研究，缺少系统的、一体化的提炼。针对当前大多数研究的现状，本研究将风险的识别与监管置于一个框架下，即将信用规模无序变动的识别、防范、宏微观协调的审慎监管，作为一个整体的、系统的研究对象看待。其次，在研究内容上，着力构建信用规模无序变动的识别与监管的理论框架。通过对信用规模与宏观经济运行的相关关系进行研究，厘清信用规模变动引发宏观经济运行危机的原因，并对信用规模无序变动进行识别、预警与防范，结合美国的一般规律与中国的特殊性，提出构建中国信用规模无序变动的识别与监管框架体系。最后，在研究方法上，将横向对比与纵向对比相结合。采用横向对比是将中国与美国进行对比研究：美国信用规模的变动是在拥有良好的信用基础、法律法规和市场化程度较高的情况下进行的，认为美国信用规模变动与宏观经济运行受到的政府干预较弱，其运行关系能够很好地被体现。同时，由于美国相关数据较为健全和完整，信用规模与宏观经济运行之间隐含的一般性规律，易被挖掘出来。所以，将中国和美国置于一个研究框架下进行对比分析，有助于准确认识和把握信用规模与宏观经济运行之间的关系。采用纵向对比分析是采用经济学动态演进的分析方法，回顾中国美国信用规模与宏观经济运行关系的时间维度发展演变特点，进一步探究信用规模无序变动的识别、防范与监管框架模式。

本书从中美信用规模与经济运行关系对比入手，找寻两者之间的作用机制、影响路径、影响程度的一般规律，并尝试构建中国的信用规模无序变动的识别、防范与监管框架体系，也得出了一些有益的结论。第一，结合实证研究，从长期看，各层次信用规模对宏观经济运行具有显著的正向拉动作用；从动态冲击看，各层次信用规模与宏观经济之间存在显著的相互作用机制，且短期存在正向拉动与负向影响并存的现象，并且这些冲击会在四部门之间相互传染，且冲击经过传染后具有扩大效应。第二，有序的信用规模变动对宏观经济运行具有显著的拉动作用，而无序的信用规模变动会危害宏观经济的运行，因此，识别和防范信用规模无序变动便成为制约信用规模与宏观经济运行关系的重中之重。第三，提出了信用规模无序变动的内涵与外延，并提出了信用规模无序变动的四大特征，和对其进行识别和防范的五大原因、四大重点。第四,通过构建美国信用规模无序变动的识别与防范体系的研究,总结出中国进行信用规模无序变动识别与防范时的经验启示,如识别指标不宜过于简单或复杂、指标体系应兼顾中国情况、评价指标体系应体现客观性特点等;结合美国经验与中国的特殊性,本研究将"资源拥挤"效应引入识别中国信用规模无序变动的过程中,通过考察信用规模的"投入产出"效率来识别信用规模无序变动。第五,根据美国对信用规模无序变动的治理过程与治理措施的梳理和评价,结合中国的管理现状,提出中国对信用规模无序变动的设计框架,认为框架体系应遵循三大原则,从方案、体系、技术、机制四方面入手,建立全面、协调、有重点的宏微观审慎监管框架。

第一章 导论

第一节 研究背景和意义

一、研究背景

随着信用经济的发展,信用网络随着商品、服务与资本的流动在一国范围内逐渐建立,并覆盖到该国的方方面面。随着经济全球化与金融全球化的高速发展,信用链条也跟随这个过程从一个国家延伸到另一个国家。最终,在全球范围内建立起广泛的信用关系网,这个信用关系网通过直接的或间接的联系,将每一个利用信用方式参与国际活动的国家或地区联系在一起。因此,信用对一个国家,乃至国际宏观经济运行均具有十分强的影响。信用关系网的建立依靠的是信用交易与信用活动,而信用交易与信用活动的外在表现即为信用规模,信用规模的变动情况可以代表信用交易或信用活动的变动情况,信用交易与信用活动的不良变动,也会引起信用规模的无序变动,进而影响宏观经济运行。因此,对信用规模进行透彻的分析对一国经济发展有至关重要的作用。

(一) 信用规模与宏观经济运行关系研究已成为中国当前的核心议题之一

2015 年"去杠杆"作为中国社会经济建设"三去一降一补"的五大任务之一被首次提出。近年来,"去杠杆"任务又被屡次明确:2016 年中国将控制总杠杆、降低企业杠杆与规范政府举债作为"去杠杆"工作的重中之重;2017 年中国将控制总杠杆、降低国有企业杠杆、严控地方政府债务增长当作"去杠杆"工作的重心;2018 年中央财经委首次提出了"结构性"去杠杆的概念,并将整体性去杠杆与结构性去杠杆作为中国宏观经济治理的"顶层设计"。这一系列动作标志着中国债务高企带来的系统性风险已成为中国系统性风险防范的重要内容。"去杠杆"概念的提出是由于近年来中国各部门债务规模过大,而各部门的债务均是通过信用方式取得,因而可以将债务规模称为信用规模,因此,中国"去杠杆"的实质是防范和治理信用规模的无序变动。信用规模的变动可以分为有序和无序两种类型,信用规模无序变动能够引发系统性风险,进而危害宏观经济运行,而信用规模有序变动能够促进经济增长。因此,对信用规模无序变动进行识别和防范是中国"去杠杆"、防范系统性风险的重中之重。但信用规模变动有序与无序特征的判定是无法仅依靠分析信用规模本身实现的,要将信用规模的变动与宏观经济运行结合起来进行研究,研究的重点是分析信用规模变动与宏观经济运行的匹配度,若相互匹配即为有序,若不匹配即为无序。因此,对信用规模与宏观经济运行之间的关系进行研究,并在此基础上构建信用规模无序变动的识别及防范体系,成为中国当前的核心议题之一。

(二)国际信用危机频发印证了信用规模的无序变动严重影响着宏观经济运行安全

随着信用经济的发展,信用在社会经济中的作用越来越重要,其本身也得到了前所未有的发展,信用对宏观经济的作用也日渐彰显,而今信用活动全球化趋势愈演愈烈,信用活动的全球性影响力也越来越大。信用活动的发展虽然在一定程度上可以推动经济发展,但信用活动一样可以成为引发宏观经济变动的根源。

国际信用危机频发印证了信用规模无序扩张可以影响宏观经济运行安全。回首漫漫历史长河,还可以找到西方信用经济发展变化历程中,有许许多多的相似和相互印证之处。

案例一:美国1929年经济大萧条,此次危机是由消费者购买力不足引发的,之后美国政府和企业采取多种手段来刺激消费,最重要和有效的手段是美国通过颁布法律将私人借贷阳光化;同时商家又以滚动式商业信贷形式向消费者提供贷款,一定程度上提高了消费者的购买力,进而刺激美国经济的复苏,也带动了美国宏观经济的增长。由此可见,个人信用与宏观经济发展的密切关系不言而喻。

案例二:2007年8月美国爆发了自1929年以来最严重的金融危机,这次的金融危机是由美国信用规模的无序扩张造成的。这次金融危机通过信用链条的传导造成了全球性的金融危机,使全球经济一度疲软。信用规模与宏观经济的关系可见一斑。

案例三:2009年底爆发的欧洲债务危机,更加充分证明了信用规模盲目无序扩张不仅对宏观经济产生消极影响,也会对国家安全造成危害。

……

历史的延续性、多样性要求我们以更深远的目光、更广阔的视野来研究信用与宏观经济之间的关系,这种关系是由内生和外在力量共同引起的,其历史变动呈现一定的规律性,也会对以后的变化趋势产生影响。因此,我们有必要对这一规律进行探索式研究。

(三) 信用规模变动能够影响宏观经济运行已成共识,但仍缺少完整系统的理论体系

信用体系演化宛若人类发展的一个侧影。信用问题一直是各国在发展市场经济时要特别关注的问题,对其进行透彻的分析对一国经济发展有至关重要的作用。纵观世界历史上的数次金融危机、经济危机,都与信用特别是信用规模的无序变动有着千丝万缕的联系。因此,信用规模变动如何对宏观经济产生影响,特别是对信用规模的无序变动如何影响一国宏观经济运行进行研究,找到问题的内在规律,显得十分迫切。

目前,学术界对信用规模的研究主要集中于验证信用规模变动能否对宏观经济运行产生影响,诸多学者的研究结论也证实了这一影响的存在。但对两者之间的关系进行进一步刻画,如信用规模与宏观经济之间的作用机制、传导途径、影响程度等方面的研究较少。在不明确两者的相互影响、相互作用的机制的情况下,对其进行治理和监管有些勉强和缺乏理论基础。另外,目前各国均将降低杠杆率作为调控信用规模无序变动的主要手段,但"如何去杠杆"这一问题仅仅停留在操作层面,理论界对其进行的系统研究依然较少,"去杠杆"任务还缺乏系统的理论体系支撑。鉴于缺乏理论体系的支持,这一任务的实践效果欠佳。随着信用经济的发展和技术创新的进步,信用规模与宏观经济运行之间的关系只会日益密切,而不会减弱或消失,因此尽量准确地刻画它们两者之间相互影响的轨迹尤其重要。鉴于此,对信用规模变动与宏观经济运行关系进行研究,明确信用规模与宏观经济运行的长期均衡关系、动态作用机制、相互影响的传导路径以及影响大小等,并在此基础上构建信用规模无序变动的识别与防范体系显得十分必要。

二、 研究意义

(一) 理论意义

信用规模变动作为美国次贷危机后各国政府及监管机构重点关注的命题之一,具有以下三个方面的理论意义。

第一,对杠杆效应理论的延伸和发展。杠杆效应原属于财务管理学的范畴,现应用于宏观经济运行的方方面面,杠杆效应反映的是某一变量小幅变动,引起另一变量较大幅度改变的一种现象。杠杆效应被认为具有两面性,即适当的杠杆可以帮助分散风险,但较大的杠杆可能会堆积风险。为了寻找一个适当的杠杆率,学界和实践界均进行了多种尝试,也取得了大量有效的研究成果与具体措施。但之前对杠杆率的研究和实践,均集中于杠杆效应本身,如经营杠杆效应、金融杠杆效应、财务杠杆效应、期货杠杆效应、权证杠杆效应、外汇交易杠杆效应、黄金杠杆效应,而当今各国对社会总杠杆率与社会杠杆结构的治理,很少从杠杆率的内在构成方面寻找原因。本研究从杠杆率的计算公式出发,对其计算公式进行深入剖析来研究应对杠杆率高低对策,具体过程如下:杠杆率等于债务总额与GDP的比值,由于债务总额即为信用总规模,那么杠杆率等同于经济信用化率;从计算公式来看,若要做好去杠杆工作,应从"分子"和"分母"两方面着手,即只降低信用规模增长速度与只增加宏观经济增长速度,或者将降低信用规模增长速度与增加宏观经济增长速度同时进行,也就是说,要很好地执行去杠杆任务,应处理好信用规模与宏观经济运行之间的关系,只要信用规模的变动与宏观经济运行是匹配的,将不会引起系统性风险,更不会引起宏观经济运行危机,去杠杆任务的目的也可以达到。鉴于此,本研究对信用规模变动与宏观经济运行关系进行研究,明确信用规模与宏观经济运行之间存在的长期均衡关系、动态作用机制、相互影响的传导路径以及影响程度等,并在此基础上构建中国信用规模无序变动的识别与防范体系。由此可见,从杠杆率的内部构成进行深入研究,以此达到去杠杆、降低系统性风险的目的,是对杠杆效应理论的延续和发展,具有十分重要的理论意义。

第二,对传统监管理论的反思和补充。传统的系统性风险监管理论是基于新古典经济学理论而产生和构建的,监管的重点仅限于各部门内部防范系统性风险,认为各部门实现了系统性风险管控,那么整体性的系统性风险便不会爆发。美国次贷危机之前,各国对系统性风险的管制理念与措施均来自这一理论基础。美国次贷危机的爆发,以及在国际范围内的传染,甚至最后由国际金融危机演变成国际经济危机,危机爆发的深层次原因,与其说是各国对金融行业的监管不严、监管措施不当,不如说长期以来对系统性风险的管控所沿用的微观监管理论才是导致此次危机的真正原因。自此之后,各国对系统性风险的整体性监管开始重视起来,并相继提出了宏观审慎监管理论,将其与微观审慎监管相结合,成为各国对系统性风险监管和防范的趋势。中国近年来也开始注重构建宏微观并重的审慎监管框架,如既注重控制全社会总杠杆率,又注重控制全社会杠杆结构等。宏微观并重的审慎监管框架理念已经达成,但具体的理论研究还较为缺乏,如宏观审慎监管与微观审慎监管的理论框架是什么? 如何实现两者良好的搭配? 具体的抓手是什么? 如何控制管控的时机与程度等等。另外,当前中国对债务危机引发的系统性风险的防范措施是严控杠杆率,杠杆率成为唯一抓手,这使得对中国债务危机的防范和治理的手段相对单一,也影响治理效果。信用规模无序变动监管框架的提出,既不是完全基于功能性分类,也不完全属于机构性分类,因此,就使得在对信用规模无序变动进行监管时,不能直接套用以前的功能性或机构性监管框架,它属于一个全新的监管概念和监管理论。目前,无论在国内还是在国际上对信用规模无序变动监管框架的理论研究,仍处于探讨的阶段。因此,对该类问题进行总结和分析具有十分重要的理论意义。

第三,对系统性风险理论的丰富和发展。以各部门作为系统性风险主体的微观审慎管理理论,属于割裂的空间维度管控框架,对系统性风险的管控,一直以来缺乏诸如相互联系的空间维度管控理论框架,也缺乏时间维度的管控框架——即以系统性风险在时间推移中的堆积过程、传导机制等为管制内容的管控框架。系统性风险的产生既有空间维度,即各部门自身的原因与各部门之间的相互传染,也有时间维度,即风险在时间推移过程中的堆积,因此,若缺乏一个整体性和完整性的系统性风险识别和防范的理论框架,会造成系统性风险的管控效果大打折扣。本研究首先从信用规模与宏观经济运行关系入手,利用动态演进的经济学分析框架,运用综合指标法、比较分析法与计量经济建模法,描述和刻画信用规模变动对宏观经济运行的影响特征、影响路径以及影响程度,发现信用规模无序变动会在时间维度以及空间维度两个方面引发系统性风险,进而产生宏观经济运行危机;其次,总结信用规模无序变动的内涵与外延,并在此基础上建立信用规模无序变动的识别与防范体系。最后,在与美国进行对比的基础上,结合中国信用规模与宏观经济运行之间关系的实际,构建中国的信用规模无序变动的监管框架。

(二) 现实意义

由于信用规模无序变动引起的债务危机是引发系统性风险最主要的原因之一。随着国家信用经济的发展,信用链条在全国范围内迅速建立,并扩展到社会的各个部门、各个领域;同时在经济全球化以及金融一体化背景下,随着商品、服务和资本的跨国流动,信用链条在国际间迅速建立,并随着国与国之间的联系,扩展到国际上的各个国家之间。基于此,国内与国际间的信用链条相互融合,并通过直接和间接的信用链条,在国际范围内建立起纷繁复杂的信用关系网,这使信用规模的无序变动由本国信用关系网向跨国的信用关系网蔓延成为可能。因此,正确处理信用规模变动与宏观经济之间的关系,识别和防范信用规模无序变动成为国内外各国政府和监管当局面临的亟待解决的问题。

第一,对国际组织和各国政府及监管当局的现实意义。2007 年美国爆发次贷危机后,加强系统性风险的监管和控制,防止国际输入型系统性风险的发生,已在国际范围内达成共识,并成为各国防范系统性风险的关键环节。债务风险作为能够引发国际型系统性风险的关键因素,已成为国际范围内各国重点关注的对象,作为引起债务风险元凶的信用规模无序变动,已成为解决债务风险、防范系统性风险的关键环节。对各国来说这一关键环节能够起到"牵一发而动全身"的作用,即国际金融危机后,世界各国如何识别与防范信用规模无序变动,使信用规模的变动与宏观经济运行需求相互匹配,对内发挥信用规模的有序扩张对宏观经济运行的拉动作用,对外发挥其代表本国各部门参与国际竞争的引领作用,成为各国宏观经济治理的重要内容。换言之,国际上哪个国家率先完成了其宏观经济运行中出现的信用规模无序变动的问题,使信用规模无序变动转向有序变动,并充分发挥信用规模有序扩张对宏观经济 GDP 的拉动作用,其将会在世界经济发展的竞争格局中赢得先机。因此,本研究对信用规模与宏观经济运行的关系进行研究有着十分重要的现实意义。

第二,对中国的现实意义。自 2015 年起,债务高企成为制约中国宏观经济安全运行的一大隐患,其带来的影响也逐渐受到中国政府及社会各界的关注。但多年来,信用规模扩张在中国的经济建设和社会发展中起到了不可替代的作用,因此,如何识别及防范信用规模的无序扩张,防范系统性风险的产生、发展和传播,从而使信用规模的变动从无序变为有序,提升其对中国宏观经济的拉动作用,已成为中国当前亟待解决的重要问题。然而,对中国信用规模与宏观经济的关系研究尚处于起步阶段,信用规模与宏观经济运行关系的作用途径、传导机制、作用程度等尚未探明,信用规模无序变动的概念尚未统一、识别机制与防范体系尚未建立、系统完整的监管框架尚未构建,这造成了中国信用规模无序变动的识别与监管"有名无实",对债务性风险的防范"有心无力"的局面。究其原因,信用规模与信用规模无序变动从概念到方法、从理念到政策,对于中国政府乃至理论界而言都仍是一个新的事物,仍处于接受和吸收的阶段。但对信用规模以及信用规模无序变动有一个清晰、准确的认知,对中国当前系统性风险的识别、防范与治理有着至关重要的现实意义。

第二节　研究方案

一、选取美国作为对比研究对象的目的

选择美国作为对比考察的对象,目的是历史地考察信用规模与宏观经济运行的关系,以便更准确地认识和完善信用理论。研究尝试将美国信用规模变动与宏观经济运行的关系放到历史发展进程中去考察,力图把不同历史阶段中信用规模与宏观经济的关系进行比较分析,找出隐藏在宏观经济活动表象中的一般规律,有利于帮助我们发现成熟信用经济活动中信用规模与宏观经济关系的内在作用机制,以提升对中国信用规模变动与宏观经济运行关系的认知,并为中国识别与防范信用规模无序变动提供一个现实支撑,以丰富和发展中国的信用理论。当然,选取美国作为对比对象来研究,并不意味着本研究可以直接照抄照搬到中国信用规模的管理上。由于中国与美国的国情相差甚远,信用活动演化的路径也差异巨大,信用活动的类型、结构和特征大相径庭,如果不根据具体的经济背景,而照搬照抄国外的经验和模式,将会适得其反,不利于中国经济的长远发展。

(一) 从美国信用规模与宏观经济运行关系的研究中总结出一般性规律

马克思认为"事物运动的过程中存在固有的、不以人的意志为转移的客观规律",这种客观规律是对事物本身内在联系的反思。按照马克思的客观规律理论,美国信用规模变动的历史演变中必然存在一个"客观规律"等待我们去认识、去发掘。

信用交易是市场经济的基石,在宏观经济运行体系中,信用活动与宏观经济运行之间的相互作用最直观地体现在代表信用活动的信用规模与GDP的匹配度,换言之,信用规模与宏观经济运行之间的关系,体现在信用规模的扩张或收缩与宏观经济运行的相互匹配程度。信用规模发生变动是可以促进宏观经济快速发展的,但并非所有的信用规模变动均能够对宏观经济运行产生正向的拉动作用,无序的信用规模变动就会对宏观经济的健康运行产生危害,甚至产生宏观经济运行危机。从美国经济发展所经历的数次经济危机与金融危机看,其爆发的原因似乎都与信用总规模的无序变动有着千丝万缕的联系。以布雷顿森林体系崩溃为标志的美国20世纪60—70年代的经济金融危机,就伴随着政府信用规模急剧增加导致的信用总规模的无序变动;21世纪初美国次贷危机导致的美国乃至全世界

经济金融危机的爆发,同样伴随着个人信用规模增加导致信用总规模的无序变动。从种种历史事件可以看出,信用总规模与宏观经济运行之间存在着某种深层次的关系,这种关系正是我们要致力于挖掘出来的"客观规律"。要解决这一问题,只有全面地对"信用规模"这一事物进行系统性的研究,才能够找出有效的治本之策。

美国政府一向奉行不干预或少干预市场的政策,使得其市场经济发展演进的一般规律具有显性特征,没有被政府经常性的干预所掩盖或扭曲。另一方面美国的社会信用体系相对成熟,距今已有将近180年的历史,不管是社会的信用意识还是信用行业内部的技术都相对成熟,这是当今许多尚未建立完善的信用体系的发展中国家所不具备的。鉴于此,美国具备信用规模与宏观经济运行协调发展所需的生态环境——良好的信用环境,也具备我们总结信用规模变动与宏观经济运行一般规律的条件——较少的政府干预和较高的市场化程度。因此,对美国信用规模与宏观经济运行关系进行总结,是可以实现的,并且研究结果的一般性是最强的。

中国在建立信用体系时,具备了西方国家信用体系建立之初所没有的"高基础",如发达的信息技术以及计算机技术的应用和普及,但即使具备了"高基础",也并不意味着中国宏观经济运行就具备了良好的信用环境。另外,中国宏观经济运行过程中市场化程度较美国低,而且社会信用规模与宏观经济运行的关系带有浓厚的"中国特色"。对中国信用规模与宏观经济运行相关问题的研究和构建,可以在美国信用规模与宏观经济运行关系研究的基础上,结合中国国情,研究"中国特色"的信用规模变动与宏观经济运行之间的关系,以便更好地识别和防范信用规模无序变动,搭建中国信用规模无序变动宏微观审慎监管的理论框架。

（二）全球化背景下信用规模无序变动国际间传播的普遍性

工业革命和产权制度的产生使只存在于熟人之间的信用活动扩展到陌生人之间成为了可能;信息技术、计算技术和互联网技术的产生、发展和普及,则使信用活动在全球范围内跨地区、跨国别资源配置成为现实。越来越多的国家、组织和个人以不同的方式参与国际信用活动,这些信用活动和信用交易不是即时就结束的,而最终信用关系网就形成了信用链条,由此便产生了纵横全球的复杂的信用关系网。信用关系网的建立,一方面便于世界范围内进行资源配置,但另一方面也使得信用规模无序变动在国际上的传播也更加迅速和便捷。计算机网络的应用和信用产业链的延长,使信用规模的变动形式更加多样化,传导途径更加复杂化,信用规模无序变动对世界经济的影响也呈现出国际间的传染性和传染传输过程中的扩大化。20 世纪 80 年代的拉美债务危机、20 世纪 90 年代的东南亚金融危机和 21 世纪初的美国次贷危机,都是有力的佐证。因此,某一国家的涉外经济金融政策安排和信用规模变动状况,对其信用网络关联国和信用网络关联企业均有至关重要的影响,某个国家的信用规模无序变动引起的债务风险可能通过其建立的信用产业链传导至相关国家,进而通过覆盖全球信用关系网影响全球。

西方发达国家拥有较为成熟的信用体系和较高的国际化程度,但这并不意味着其信用规模的变动均是有序、不产生风险的,它们仍然会遇到各种各样的问题,也需要不断地健全和完善。同时,正因为他们具有成熟的信用体系,其信用规模变动的传导途径也更加多样和复杂,传导速度也更加快速。因此,一旦这些国家出现信用规模无序变动的风险,其影响的深度和广度会加剧,更容易引起世界经济的动荡。美国作为西方发达国家阵营中信用体系发展相对较为成熟的国家,其信用体系的建立若以信用机构的出现作为标志的话,距今已有近 180 年的历史[①],其信用规模与宏观经济运行的关系长期在较为规范和良好的信用环境下发展变化。另外,美国作为当前国际化程度最深的国家,以美国为主建立的信用关系网在全球最为普及和广泛,因此其信用规模变动的国际影响力也最大。美国作为中国最大的债务国和贸易伙伴,其信用规模的变动对我国信用规模的扩张与收缩同样具有十分重要的影响。因此,将美国作为典型,对其信用规模与经济运行关系的演进规律以及信用规模无序变动的识别与防范进行系统性和深入性的研究,具有十分重要的现实意义和指导意义。

信用规模无序变动风险的跨国传导更加彰显出各个国家进行信用规模相关研究的必要性。在全球化日益发展的今天,控制信用规模无序变动的产生、发展和传播成为各国宏观经济运行中的重要任务。因此,对信用规模与宏观经济运行关系的相关问题进行系统性研究显得尤为必要,也具有重大的现实意义和学术价值。

二、 经济学的动态演化分析范式

信用规模变动与宏观经济运行之间的关系是研究的主要内容,一方面,通过国际上发生的数次宏观经济运行危机,总结出信用规模在宏观经济运行危机中的角色和作用;另一方面,通过对美国信用规模与宏观经济

---

① 1841 年邓白氏公司创始人刘易斯·大班(Lewis Tappan)在纽约成立了第一家征信事务所,总部设在新泽西州的小城 Murray Hill,是世界著名的商业信息服务机构。

运行关系进行长期性的研究和分析，并与中国信用规模与宏观经济运行关系进行对比，以得出信用规模与宏观经济运行关系的一般规律以及中美差异。引入经济学的动态演化分析范式对以上这些问题的分析和解决是十分必要的。

（一）对经济学的动态演化分析范式的理解

新古典经济学的静态均衡分析已经不适应当前日益复杂的社会经济现象，历史的变革中诸多因素的动态演绎已经成为社会进步的驱动因素。经济学的动态演化分析范式，有助于更加清晰和生动地了解社会经济现象，挖掘其背后隐藏的深层次原因。同时，从历史演绎的角度对问题进行分析和探索，也符合马克思的历史唯物主义观点所强调的内涵。马克思所总结的人类发展基本规律，是从大量连续的历史现象中摄取的、符合历史唯物角度的正确观点。动态演化分析范式在亚当·斯密的分工理论里也得以体现。由此可见，经济学的演化分析能够正确地把握历史变迁中社会经济变革的规律，客观地评价产生的一系列社会现象，并从动态的角度构建其理论分析框架。

演化经济学认为新奇创生是现有要素新组合的结果，更重要的是，由于人们怎样和在什么地方搜寻新知识，主要取决于他们知道什么和做了什么，并不是所有的技术或制度等发展路径都具有同样被探索的机会，新奇创生必定是路径依赖的。因此，对社会经济现象的分析不能仅仅局限于静态的某个时点的特定现象，而要以动态演化的分析视角，对事物或问题进行动态历史分析。经济学的动态演化分析范式则是从历史的角度出发，重视事物发展演化的动态过程，并把握过程中的一系列影响因素以及它们之间的相互作用，进而总结历史规律，客观评价现象或问题产生的根本原因，这种分析范式便于动态理论框架的构建和正确地把握运用规律。

（二）本研究中经济学动态演化分析范式的应用

本研究对美国信用规模与宏观经济运行关系的研究是基于 70 年（1952—2021 年）信用规模变动和宏观经济运行所表现出来的现象进行的；对中国信用规模与宏观经济运行关系的研究，是基于 16 年（2006—2021 年）信用规模与宏观经济运行之间相互作用形成一般规律进行的。实证研究所运用的数据为季度数据，美国和中国的时间序列的样本分别为278 个和 61 个。由此看出，对中国与美国的研究时间跨度都较长，较为适合动态历史的分析方法，因此，研究中国与美国信用规模与宏观经济运行关系时引入了经济学动态演化分析范式，以便更清晰地把握研究区间内信用规模变动对宏观经济影响的发展脉络，并分析其内在规律性。

1. 从历史的角度把握事物的发展过程

源自宏观经济运行中信用交易与信用活动基础上的信用规模研究,是一个长期积累和创新的过程。信用规模的界定建立在信用交易与信用活动长期发展演变的基础上,并与宏观经济运行之间产生众多紧密的微妙关联。因此,本研究在对信用体系与信用交易的演化进行系统阐述的基础上,选取了二战后美国 70 年的时间区间进行研究,分析在该历史阶段中其信用规模与宏观经济运行之间关系的演化规律,以及两者之间的相互关联、相互作用、相互影响路径、影响程度等和由两者共同决定的社会经济现实。从历史的角度把握美国信用规模与宏观经济运行的演化过程符合经济学动态演化分析范式,也符合马克思历史唯物主义观点。

2. 构建客观合理的理论框架

从经济学的动态演化角度分析美国 70 年间经过的几次经济周期中信用规模和宏观经济变动的规律,不仅可以通过演化的数据对两者的关系进行量化分析,还能透过现象把握事物的本质,有充分的空间分析产生这些社会历史现象的内在动因,通过分析的结论实现新理论框架的创新和构建。通过动态演化的分析范式,结合信用规模和宏观经济的历史数据变动,构建相关模型进行实证分析,找出相关变量的变化规律,为以后更好地把握两者之间的关系提供基础依据。

3. 解释和指导中国信用规模和宏观经济运行之间的关系

中国的信用体系建设尚在起步和完善当中,宏观经济发展所需的良好信用环境尚未完全建立,市场化程度也有待提升。鉴于此,对中国信用规模与宏观经济运行关系的总结可能不具有普遍规律性,同时由于在 15 年的研究区间内,中国没有经历一个完整的经济周期,所以对信用规模无序变动的识别及防范体系的构建,即监管体系的设立,均需参照发达国家的相关历史经验才能更正确、更精确。运用经济学的动态演化分析,需要将美国信用规模和宏观经济发展的历史背景以及社会发展阶段,与中国的现实状况进行对比分析,在明确中美差异的基础上,总结出中国信用规模与宏观经济运行发展变化的一般规律,尝试构建适合中国国情的信用规模无序变动的识别与防范体系,并提出监管建议。在此过程中,数据的验证能够解释中国信用规模和宏观经济之间的变动关系,通过技术考察,判断两者之间是何种相关关系。只有这样,通过历史动态演化的视角,才能准确把握中国信用规模变动对宏观经济的影响路径、作用机制和作用程度,为识别和防范信用规模无序变动,降低中国的系统性风险提供合理的思路。

第三节　文献综述与评析

一、关于信用理论和实践的研究综述与评析

"信用是市场经济运行的前提和基础"这一论断已经受到学术界的广泛认可，而且对信用问题的探究也成为经济学界共同关注的话题。其实国内外学者已经对信用问题展开了广泛的探讨，尤其是西方国家在几百年前就已经对信用问题有了一定的认识。由于社会历史背景的不同，国内外学者对信用问题研究关注的重点也就有所差别，研究所涉及的领域和深度也不尽相同。

（一）国外研究综述

早在几百年前，就有经济学的先驱们提出信用的概念，并逐步地对信用所涉及的问题进行论述和论证，使信用理论随着时代的进步不断地完善和加深。

1. 信用问题的初始论述

关于信用问题，在古典经济学时期的经济学先驱们已经有了相当多的表述。英国古典政治经济学的创始人 Petty（1623—1687）在研究银行和货币的时候，已经就信用问题进行了一系列的表述；重商学派的创始人、法国古典政治经济学的奠基人 Boisguillebert（1646—1714）在论述劳动价值论和国家干预政策时也涉及信用的内容；英国杰出的政论家、历史学家和哲学家 Hume（1711—1776）则专门针对社会信用问题进行了论述；经济学的主要创始人、英国著名经济学家 Smith（1723—1790）在研究货币问题的时候也对信用问题进行了阐述。再到后来关于信用问题的研究就又丰富了许多，法国古典经济学的完成者、经济浪漫主义的创始人 Sismondi（1773—1842）对银行信用的基础进行了论述；英国古典政治经济学的主要代表人、完成者 Ricardo（1772—1823）的理论已经涉及了以信贷为基础的信用功能；英国著名经济学家、哲学家 Mill（1806—1873）则更加详细地表述了信用的功能和信用的性质。信用创造论的代表人物和创始人、英国著名经济学家和银行家 Law（1671—1729），以及英国银行家 Thomton（1760—1815）、苏格兰经济学家 Macleod（1821—1902）、奥地利经济学家 Schumpete（1883—1950）、英国著名的一般均衡理论学家 Hahn（1925—2013）所研究的信用理论认为，信用就是货币，信用即财富和生产的资本，在此基础上信用又可以创造资本，同时该理论也认为银行可以无

限创造信用。

在古典经济学的研究领域中,信用问题并不是研究的重点,而是在研究其他领域,如银行、货币、公债和财富等问题时候所涉及的附属问题,并不是主要的研究内容,信用所起到的作用也仅仅是充当一定的媒介。

2. 以货币银行理论为基础的信用调节论

随着经济学理论的进一步发展,社会经济现象的复杂化造成了理论研究重点的转移,关于货币政策等其他宏观经济政策的研究得到了越来越多的重视,以此为基础产生的信用调节论就有了更加丰富的内容。

20 世纪 20、30 年代全球经济危机的爆发为理论的研究增加了新的素材,信用调节论的代表者、英国剑桥学派的代表人之一 Hawtrey、现代西方经济学最有影响人之一的 Keynes、美国著名经济学家 Hansen 及其学生 Samuelson 的一系列研究,认为信用的调节,即信用的扩张和收缩是造成经济变动的根本原因,通过货币信用的变动来维持社会经济总量的均衡,以此来治理资本主义经济危机。主要原理是通过财政政策等宏观经济政策来掌握信用的扩张与收缩,调节社会上的信用总量,影响经济增长的趋势。

3. 马克思关于信用问题的研究

马克思在研究政治经济学的时候,在其著作《资本论》中也提到了信用的概念,认为信用是以偿还为条件的付出,即货币或商品有条件让渡的独特运动形式。马克思以考察 19 世纪英国信用制度演变为基础,对资本主义信用和其性质做了全面的表述,主要包括资本主义商业信用和银行信用产生的基础及其存在的形式,并对信用在资本主义经济发展中的作用作了详细的分析,揭示了资本主义信用危机爆发的根源和不可避免性。

4. 以交易成本理论和博弈论为基础的信用问题探讨

自 20 世纪 70 年代开始,博弈论和交易成本理论随着制度经济学、信息经济学的兴起,被广泛地应用于经济学的分析框架,使信用问题的研究深入到微观层面,信用对经济发展的重要性也受到广泛的关注。

Hicks(1969)在承诺是交易基础的前提下,认为信用是经济交易所必需的。Akerlof(1970)研究了信用与市场失灵的关系,认为供需双方信用信息不对称会造成交易产品的质量下降。Arrow(1972)把委托代理问题区分为逆向选择和道德风险两个方面,通过对一部分经济落后地区社会信用问题的考察得出结论,这些地区的经济落后缘于缺乏信任,认为信用对经济发展有促进作用。

Axelrod(1980)、Kreps(1986)和 Greif(1993)认为人与人之间的基本

信用关系对社会交易成本有很大的影响，信任度越低，交易成本越高，高成本必然影响经济发展质量，表明信用是经济增长的重要源泉；Tadelis（1999）认为信用是一种资产，可以在市场上进行交易，同时在社会和经济当中起到激励作用。

Herbig 和 Milewicz(1994)、Lewicki 和 Bunker(1995)分别针对信用设立了模型，就信用关系的形成和发展进行了一系列研究；Kornai 和 Ackerman(2003)专门就转型国家的信用问题成立专门的研究团队，进行了一系列的专项研究。

（二）国内研究综述

由于中国的社会实践和信用理论的发展局限，国内学者对信用领域的研究起步较晚，主要是随着中国改革开放的展开，社会主义市场经济在中国的实践中一系列关于信用问题的出现，才有大量的学者对其进行研究，并取得了一定的阶段性成果。

1. 关于信用起源的研究

早在 1949 年初期，就有学者对信用的起源问题进行了探讨（彭信威，1954）。随着改革开放的推进，人们思想意识的开放和考虑问题的全面性加强，信用的起源问题得到了更加广泛的认识。

孔晖（1984）从信用产生的基础角度进行分析，提出信用在物物交换时期已经出现，信用的起源要比货币早得多，他认为物物交换时期出现的因产品剩余而进行的赊购或赊销行为即早期的信用行为。而蔡则祥（1998）的研究表明，信用行为的产生是在一般等价物产生之后才出现的，与孔晖观点相反，认为信用的出现是在货币之后。两人争论的焦点是物物交换时期是否有商品的赊购和赊销。

燕红忠和李东（2006）以晋商时期的商业实践为基础，研究了信用起源问题。石新中（2007）研究了原始社会部落内部与部落之间简单的商品交换活动，认为这种简单的物物交换是基于对对方物品的信任产生的，已经隐藏着信用问题；马书玲（2008）认为信用产生于人与人之间的交往活动，其中信任是交往的基础；随着社会的进步和信用涉及领域的扩大，王楚明（2009）专门研究了金融信用的起源，他认为金融信用是从银行出现开始的，他的研究以信贷为基础将金融信用分为道德、法制、商业、政权和风险五个层面。

2. 关于信用理论的研究

曾康霖（1993）在中国信用领域的研究具有划时代的意义，是国内较早对信用理论研究的总结性成果，也将西方信用理论带入到了中国的研究领域;骆玉鼎(1998)将信用的研究不断广泛化,从货币领域延伸到金融领域,再由金融领域扩展至整个宏观经济,他系统性地总结信用经济的概念和理论,认为信用是信用经济的基础;吴晶妹(2009)的研究是站在"大信用"的基础上,对信用理论进行了较为全面的阐述,开创了 WU'S 三维信用理论,对中国信用理论的普及、信用政策的制定、信用体系的完善和信用学科的建设都起到了举足轻重的作用。

随着社会信用的频繁实践,涌现了一大批关于信用理论的研究。程民选(1996、2000、2004、2005、2006、2009)的研究认为信用在社会上是一种重要的资本,他的一系列研究主要是从社会资本和交易视角分析了社会信用的基础理论,揭示了社会信用与产权之间的重要关系。孙智英(2002)提出了当前市场经济条件下对信用和相关问题研究的思路,研究以经济学为基础,从信用的本质、结构和价值出发,对信用进行了深入和系统性的论述;严海波(2003)从交易的角度研究与影响信用的相关因素,基于信用的理论与实践,将信用与交易、契约,以及它们之间的关系进行辩证分析,也提出了维持信用的基本思路与方法;李新庚(2004)从多维视角系统性地对信用进行了理论研究,其中涵盖了信用的产生与发展、思想意识和利益关系以及信用功能等;叶建亮和黄先海(2004)、王礼平和范南(2004)和韩冰(2005)对信用制度进行了论述,研究包括信用制度的理论基础、历史演进的脉络、实施机理和机制,并对我国信用制度的创新和发展进行了实证研究。

王丽颖(2005)利用博弈论方法中的重复博弈研究了信用合作问题,认为广泛地开展信用合作能够明显地提高合作效率;王一兵(2007)、郭生祥(2007)从经济学角度分别对信用资本化问题和信用理论进行了广泛的研究,认为信用问题即信用资本问题,并构建了信用经济学的研究框架;陈燕和李晏墅(2007)研究了关于信用实施的保障机制和方式,并针对机制和方式的整体性和它们之间的互补性进行了探讨,构建了以成长分析理论为基础的理论研究结构与框架;栾文莲(2013)认为信用制度是以资本主义生产为条件的,主要服务于产业资本,其最终确定了资本主义生产方式。吴晓求(2015)认为互联网金融以及传统金融的相互竞争,会促进金融结构与效率的优化,从而实现大企业、富人金融到普惠型金融的转型。吴晶妹和王银旭(2017)分析了诚信度、合规度和践约度在个人信用评价中所起的作用,进一步阐述了三维之间的关系,提出以诚信度为基础的三维信用评价拓展应用。曾敏和何德旭(2021)辨析商业信用的主流理论,丰富了"双向混改"的经济后果分析,为国资改革提供了有效的政策建议。

3. 关于信用缺失问题的研究

由于中国信用体系的不健全,现代信用理论在市场上的实践尚处在起步阶段,因此引起了一系列的信用相关问题,这就促使部分学者根据信用实践研究中国信用领域存在的一些问题和不足。

张维迎(1996,2001,2002,2003)以信用信息不对称造成的信用问题为基础,一是从微观角度进行研究,研究对象是银行借贷行为、三角债问题、股票市场信用交易行为和法律信用,二是从信用及信用供给缺失的角度进行研究,均得出信用信息不对称是造成社会信用问题根源的结论。陈洪隽(2001,2002)以中国信用制度和信用体系的演变为基础,提出了加强中国信用管理的一些建议,并构建了未来中国信用体系发展的理论框架。魏玮(2002)、张磊(2004)和彭鹏(2006)对中国信用制度的演变作了详细的阐述,并以此为基础,提出了中国信用制度建设的框架、模式和目标,并提出了相应的、具有针对性的政策建议。

有学者从博弈论角度进行了研究。任永开(2001)从经济学角度分析了中国当前信用缺失的原因,认为要从交易成本论和博弈论等角度分析其根源;廖成林和靳军(2003)用博弈论分析法,分析了信用缺失的内外原因,也认为信用缺失是当前制度促使的交易主体理性选择的结果;田侃和崔萌萌(2007)通过对信用主体的博弈分析,认为信用危机和扭曲的根源是制度性的,并提出针对信用缺失的建议。

张亦春(2003)、郭新明和杨俊凯 2006)、迟铁(2009)系统地分析了中国社会信用缺失的原因和现状,在参考国外信用发展程度较高国家的过往经验的基础上,提出建立中国社会信用体系、信用制度的框架及政策建议。刘静(2011)认为信用缺失可能直接危害个人破产制度的有序运行,我国仍应加强完善个人破产制、个人征信体系以及社会信用机制。蔡昌(2014)认为目前我国存在严重的税收信用缺失问题,不应完全归因于某一方面,而是一个信用体系的结构问题。吴杰(2018)认为影响共享经济风险管理和信用机制建设的主要有法规制度欠缺和监管缺位,信用缺失、失信惩戒机制不健全和信用信息共享存在壁垒,存在信息虚假和泄露风险三个方面的问题。孙南申(2020)认为需要通过设立推行信用修复机制对信用规制加以改进完善,达到能解决信用缺失与违法失信问题和保护市场主体合法权益与经营机会的目的。

4. 关于对四部门信用的研究

按照研究对象,关于中国四部门信用的研究主要分为政府部门信用、居民部门信用、金融部门信用和非金融企业部门信用。

（1）政府部门信用

罗中桓（2002）认为政府信用根本上是政府对人民守信用，承担起公共管理与公共服务的责任，其主要通过政府职能来实现。政府信用是政府对公众承诺的履行状况，如信用责任在政府的法定职责、规定的公共政策中的体现（王存河，2004），也是政府履行法定职责及对公众承诺的责任感和能力，政府信用由三结构要素构成：政府信用能力、政府善心、政府诚信（张鸣和范柏乃，2013）。而吴晶妹等（2018）则提出了更宽泛的政府信用概念，把传统意义上的政府信用从三个维度上进行全面的研究，除了传统意义上的政府信用，还包括政务信用和政府信任。

关于政府信用的研究主要包括两个方面，整体上的政府信用和地方政府信用。

一方面，关于整体上的政府信用，张超和严煤（2002）、陈潭（2004）、周文翠（2008）、王颖（2008）、范柏乃等（2009）和刘永高（2013）从政府信用缺失的角度分析了其产生根源，主要体现在信用缺失、权力配置不合理和信用滥用等方面，并结合其产生的原因提出了加强政府信用建设，应该加强民主制度建设，完善绩效考核和信息公开制度，建立失信惩戒机制和明确政府定位，并加强征信道德教育等。另外，王秀华等（2004）从经济学或金融、政府结构和功能、民意测验三个角度对政府信用的评价方法，并认为民意测验法兼具包容性和终极性，也应该是中国政府信用评价的方法；李乐和毛道维（2012）检验了政府信用对金融交易的影响和效果，认为政府信用金融创新和科技创新的结合需要在市场交易过程中合理地运用政府信用；张鸣（2013）研究了政府信用和政府绩效之间的作用关系，重点考察了两者的关联机制，实证分析结果表明政府信用对政府绩效有积极影响，并提出完善这种关系的对策。王昊和王林鹏（2019）发现基于动态打分框架和马尔科夫模型对政府部门的信用检测具有良好的效果。

另一方面，关于地方政府信用，范柏乃（2005、2012）对影响地方政府信用的影响因素及影响机理进行了深入研究，并通过实际调研的方式进行统计分析，总结政府信用缺失的表现和成因，提出转变地方政府职能、构建科学的地方政府绩效评价体系、完善监督和实施政务公开等建议。也有学者从不同角度进行研究，如杨龙光和吴晶妹（2014）通过对华西村和小岗村的实证研究，验证了地方政府信用对经济增长有促进作用，也表明了地方政府失信是经济体制和交易成本的反向变动引起，可以通过市场、技术和制度三个方面促进两者之间的协调；温来成和刘洪芳（2016）提出包括经济发展、财政收支、债务负担和体制环境四要素的内部评估体系，也提出了确定和评估新的要素权重的方法和思路，得出不同省市地方政府信用有所差异；何显明（2016）和聂新伟（2016）从委托代理的角度，解释了地方政府信用风险的产生及原因，提出政府信用指标体系的构建以及完善地方政府信用体系、消除代理的"道德风险"的建议。马亚明等（2021）发现地方政府债务风险对金融压力一直具有较强的解释力，基本呈正向关系。

（2）金融部门信用

关于直接研究金融部门信用的成果相对较少，甚至直接研究关于金融机构负债的也相对较少，而与金融部门信用最具关联性的主要体现在商业银行负债管理和银行间同业业务。银行难以按期履行支付义务的时候必然引发严重的金融恐慌，易引发金融危机（闫维杰，2003），因此重视金融部门信用，尤其是以商业银行为代表的金融机构信用尤为重要。

关于商业银行负债。一部分学者从商业银行负债角度进行研究，如杨海燕和欧文彬（2007）重点研究了商业银行主动负债行为，结合中国的金融环境，认为主动负债对于发展金融市场、利率市场化进程和货币创造有良好的宏观经济效应；裴权中（1997）、胡朝霞和陈浪南（2004）、蔡吉甫（2012）、蒋海和黄敏（2017）、叶子（2018）、孙九伦和戴伟（2020）重点研究了银行的负债结构，并对中国商业银行的负债结构进行了实际考察和实证分析，认为银行的负债结构对银行的负债规模和性质有着举足轻重的影响，也决定着银行的流动性和负债成本，同时负债结构和负债风险之间有紧密的联系。另有一部分学者从商业银行资产负债管理角度进行研究，如陈新跃等（2005）、刘胜会（2006）和于东智等（2012）、曹志鹏和安亚静（2018）、章容洲和李程（2021）通过理论和实证研究，认为在利率市场化进程不断加深的过程中，商业银行的资产负债管理及技术面临严峻的考验，在结合中国国情的基础上，认为应当合理强化资产负债组合和定价管理，适时推动金融创新。

关于同业业务的研究。步艳红等（2014）从金融脱媒和利率市场化的视角研究发现，银行间同业业务存在高杠杆性和期限错配的特点，并分析其产生的机理，借鉴国外先进经验的基础上提出发展和监管建议；肖琦（2014）和中国人民银行福州中心支行课题组等（2015）对中国商业银行同业业务的现状、发展和存在的问题进行了研究，并通过数据分析揭示了同业业务存在的风险，并提出一系列政策建议。伍戈和何伟（2014）和邵汉华等（2015）研究了同业业务对货币政策及其传导机制的影响，表明同业业务会对银行信贷渠道的传导机制和基础货币数量调控效力产生弱化，但不同类型银行的表现存在差异；王晓枫等（2015）、吴卫星等（2016）分别利用复杂网络方法和条件在险价值(CoVaR)方法,从不同角度实证分析了商业银行同业间市场风险的传染效应和特征,发现不同银行的风险传染效应是不同的,小银行面临的风险和因风险冲击较大。吴晗和张克菲(2019)发现,同业业务可以创造信用货币,但这些货币并非全部流入实体经济,短期有利于实体经济融资,长期来看却提高了融资成本。

(3) 非金融企业部门信用

关于非金融企业部门信用的研究主要集中在企业信用管理、企业信用评估及风险的度量、中小企业三个方面,并研究了中小企业信用评估和信用风险度量。

其一,企业信用管理方面。张渊和谭中明(2004)、粟山和沈荣芳(2004)、庞建敏(2007)通过对企业信用的研究认为,要从政府、企业和市场三个方面加强企业信用管理,充分发挥政府的支持和监督作用,完善企业自身建设,同时也要以市场为导向,明确市场主体地位和职能,促进企业信用管理的优化;王地宁和刘玫(2009)选取了 995 户企业进行问卷调查分析,用企业信用管理的视角探讨信用风险隐患,认为要加快征信体系和失信惩戒机制的构建,促进信用风险和再融资机制建设;魏蓉蓉和杨爱君(2015)通过研究发现实体企业在今后的运营和成长中应注意融资的适度性、融资担保的合理性等问题从而减小风险。贾男和刘国顺(2017)以大数据为研究背景,指出当前中国存在严重的数据分割、局部数据缺乏和有效的信用风险评估等问题,要完善信用体系建设就要在大数据的基础上进行数据挖掘,同时重视和创新信用模型的研发。李林木等(2020)以上市公司和新三板企业为组合样本,从微观层面检验我国政府 2014 年以来纳税信用管理制度改革实施的联合奖惩政策的"双重红利"效应,研究发现纳税信用管理制度施行的赏罚机制改革对政府和企业具有明显的"双重红利",而传导机制则揭示了加大联合激励力度才能取得更好的"双重红利"。

其二,企业信用评估及其风险度量。一方面,牛红红和王文寅(2008)综合分析了信用评估体系的指标,在五表分析的基础上评价企业信用等级,且认为是一种完整的企业信用评估体系;张目和周宗放(2009)利用TOPSIS 法构建了基于多目标规划和支持向量机的企业信用评估模型;李琦等(2011)、吴育辉等(2017)研究了企业信用评级与盈余管理、管理层能力、信息披露质量等的关系,而且往往是正向促进关系。另一方面,梁琪(2003)使用主成分判别模型,庞建敏(2006)利用基于神经网络的信用风险度量模型,李关政和彭建刚(2010)利用系统性风险的 Logistic 模型,刘鹏飞和晏艳阳(2016)使用回归分析法,方匡南等(2016)使用基于网络结构的

Logistic 模型分别对企业信用风险进行了度量,并在一定程度上构建了风险预警模型和规避信用风险的机制或措施。张发明等(2018)提出了具有风险抗性信用奖惩特征的 TOPSIS-GRA 的动态信用评价方法,构造动态信用评价加权决策矩阵,并在演算过程中嵌入企业风险抗性信用奖惩点得到包含奖惩性质的相对贴近度,再以 GRA 方法得到各受评企业理想的信用发展趋势关联度,结合两者最终得到企业动态信用评价结果。最后实证分析验证了该方法的有效性及合理性。周颖和苏小婷(2021)将近邻成分分析引入信用风险领域进行指标组合遴选,以违约预测精度 AUC 最大反推最优的指标组合,实证结果表明,本研究的违约预测精度高于非线性 SVM、LR、DT、KNN 和 LDA 等典型的大数据预测模型。

其三,在中小企业信用评估方面,陈晓红等(2015)基于改进模糊综合评价法的信用评估体系对中国中小上市公司进行了实证研究,可以为公司决策层提供优化信用状况的对策;刘文宇(2015)和王建刚(2016)探讨了中国中小企业信用体系的模式及存在的问题,并提出了在法治建设、失信惩戒机制、信用评价机构等方面建设和优化中小企业信用体系的建议;肖斌卿等(2016)通过 LS-SVM 模型构建小微企业信用评估指标体系和评估模型,减少信息不对称现象,能够对银行了解小微业务风险有很大帮助。在中小企业信用风险方面,林莎等(2010)将 DEA 和分层技术相结合的方法应用于评估中小上市企业信用风险,且表现出较好的操作性,而夏立明等(2011)、范黎波等(2014)和范方志等(2017)均基于供应链金融的视角研究了中小企业信用风险及其评价,并提出中小企业信用风险管理的措施。周茜和谢雪梅(2018)运用改进的 AHP 法和区间数 DEMATEL 法,分析区间数对小微企业信用风险的综合影响程度,并基于研究结果提出的基于信用融资的小微企业的信用风险管控模型。匡海波等(2020)以 2014—2018 年深圳证券交易所中小企业板 940 个装备制造业样本为研究对象,综合考虑了全链条面临的整体风险,建立了 4 个准则层,最终包含 48 个指标、显著区分风险因子的供应链金融下中小企业信用风险评价指标体系,实证表明其信用风险因子判别的正确率高达 90.53%,判别效果显著。

(4)居民部门信用

对居民部门信用的研究集中在对个人信用的研究,主要体现在个人信用制度、个人信用评估和个人信用风险三个方面。

第一,关于个人信用制度的研究。对信用制度的研究主要集中在 21 世纪初的一段时间,几乎所有的学者均认为建立健全中国个人信用制度是中国社会经济发展的必然要求,对于中国市场化经济的发展有重要的促进作用,同时分析了当前中国个人信用制度存在的一系列问题,在此基础上结合法治化建设、信用信息管理体系、完善和健全信用评价或评估体系等,参考西方发达国家个人信用制度建设,提出符合中国国情的个人信用制度建设方案,代表学者如黄大玉和王玉东(2000)、石晶(2000)、艾洪德等(2001)、唐文玉(2001)、王爱俭和孟昊(2001)、吴慎之和黄盛(2002)、王琼和冯宗宪(2005)。也有其他学者从其他角度研究了个人信用制度,如杜秀梅等(2003)主张促进大学生个人信用制度的建设,加强立法和学生道德教育,培养其信用观念;冯蔚蔚和徐晶(2004)通过案例研究,分析了个人信用制度与个人消费信贷的关系,认为要建立完善的信用制度,并提出建议;郭志俊和吴椒军(2010)专门研究了个人信用体系的法治建设,应加快个人信用体系的法治化建设,法治化建设完善前提下的信用交易才是安全和有效的。朱浩等(2020)等人认为进一步加强国内部分城市个人诚信体系建设,要对适合各城市情况的个人信用评分机制展开进一步研究。

第二,关于个人信用评估的研究。个人作为重要的消费主体,个人信用体系建设是整体信用体系建设的重要组成部分,而个人信用评估却是个人信用体系的核心部分(林清泉等,2007)。随着统计、数量和计量在研究中的不断广泛运用,很多学者通过构建模型应用于个人信用评估。代表学者及其研究方法如下:k-紧邻判别法(姜明辉等,2004),基于支持向量机的个人信用评估模型及最优参数选择研究(肖文兵和费奇,2006),Logistic-RBF 组合模型和 PSO-SVM 模型(姜明辉等,2007、2008),行为评分模型(莫茜等,2008),贝叶斯网络个人信用评估模型(郭春香和李旭升,2009),基于多分类器组合的个人信用评估模型(向晖和杨胜刚,2011),基于粗糙集和神经网络(RS-ANN)的个人信用评估模型(肖智和李文娟,2011),基于粗糙集支持向量机的个人信用评估模型(杜婷,2012),层次分析法和支持向量机的个人信用评估模型(许艳秋和潘美芹,2016)等。孙璐和李广建(2015)选取 CNKI 10 年来个人信用评价的研究文献作为研究样本,从多个维度构建个人信用评价特征。张晓冉(2020)从制度、行为和福利理论等角度对个人征信管理体系进行了研究,对个人征信管理提出完善建议。

第三,关于个人信用风险的研究。个人信用风险的研究主要集中在通过计量方法展开的实证研究,代表研究如下:杨雨(2006、2009)通过构建基于人工免疫机制的个人信用风险模型,并使用 ROC 曲线检验模型的预测能力。郑昱(2009)构建 Probit 模型实证研究了个人信用风险;朱天星等(2011)通过蒙特卡罗模型和层次分析法构建了中国商业银行的个人信贷信用风险模型;方匡南等(2014)基于 Lasso-logistics 模型对个人信用风险进行评价，并进行了预警分析；宋丽平等（2015）、董梁和胡明雅（2016）分别通过构建 BP 神经网络模型和 Logistic 评估了 P2P 网络借贷的个人信用风险；周寿彬（2016）运用基于反常扩散模型评估了个人信用风险。周永圣等（2019）等人通过 XGBoost-RF 模型对个人信用风险评估展示了较好的可行性和优越性。

（三）对现有国内外研究综述的评析

早在 17 世纪就有西方经济学家和学者对信用问题进行了初探，随着西方资本主义经济的发展，由资本主义基本矛盾造成的经济的变动性和周期性，使西方的经济理论主流思想处于不断的发展变化当中，时代和经济背景造就了理论的不断更替。以此为基础的信用研究，包括对信用问题的认识、信用相关领域的实践也是在不断发展变化的，这样的事实造成了对信用研究的外部性，因为西方的研究习惯性地将信用作为其他各个领域的附属范围，即便是信用在社会、政治、经济中发挥了相当重要的作用，西方国家频繁爆发的经济危机就能充分说明这一点。而中国学者对信用的研究具有一定的独特性，中国对信用领域的研究特点是受中国社会经济发展的阶段和西方信用研究的影响而形成的，理论的研究总是以一定的社会背景和经济背景为基础的，社会主义市场经济与西方资本主义经济的起源和发展是截然不同的，因为中国信用问题的研究经常站在西方国家信用发展的基础上，所以中国的研究更加注重理论的全面性和长效性，但不足之处是对信用问题的实证研究相对较少，且缺乏统一和严格的假设前提，这也是中国信用研究领域需要进一步发展的重点。

二、 关于信用规模与宏观经济关系的研究综述与评析

（一）国外研究综述

随着信用交易的不断加深，信用规模和宏观经济之间关系的研究成为国外学术界研究信用领域的重要内容。国外关于信用规模与宏观经济运行之间关系的研究，主要是从影响信用规模变动和宏观经济相关指标的角度来研究和考察。

1. 关于货币供应量变动与宏观经济之间关系的研究

关于信用规模对宏观经济的影响，早期是从货币角度进行研究的，试图从宏观经济与影响宏观经济的重要变量的变动中找出两者之间的关系。从 20 世纪六七十年代开始，就有为数不少的学者和经济学家开始研究货币与宏观经济之间的关系，首开信用规模与宏观经济之间关系研究的先河，分别从短期和长期角度研究了货币供应量对宏观经济的影响。

美国货币学派的代表人 Friedman 和 Schwartz(1963)出版了《美国货币史》，通过研究美国 1867—1960 年的历史数据，认为美国大萧条的原因是美国货币政策的失当，货币供给量的减少引起社会总需求的不足，从而导致了大规模的债务危机，他们将美国的货币供应量同宏观经济的产出量通过技术手段进行对比分析，研究结果表明，短期内货币供应量是影响社会产出的主要因素，但同时货币供应量的增加也会产生一定程度的通货膨胀。Sims(1980)的研究结果显示货币的变动可以解释产出的变动，认为两者之间存在相关关系。卡尔·瓦什(2001)在其著作《货币理论与政策》一书中也作了类似分析，并得出了相同的结论，他也是通过使用实际 GDP 的对数分别与 M_0、M_1 和 M_2 作相关性分析，来研究美国的货币供应量和宏观经济产出之间的短期相关关系。其研究结果认为短期内货币供应量的变化对宏观经济有重要影响，但是货币供应量统计口径的不同会对宏观经济产出产生不同程度的影响，其结论与弗里德曼和施瓦茨的论断异曲同工。

对货币供应量与宏观经济产出影响的研究，还有很多学者从长期角度出发，得出的主要结论是货币供应量的变化对宏观经济在长期中的影响不明显。Temin(1976)所著的《是货币因素引起大危机吗?》认为，大萧条产生的原因主要源自公众不断增长的悲观预期和不确定性，这种宏观经济的衰退与货币供应量的关系不大。Kormend 和 Meguire(1985)通过对美国实际数据的研究，认为长期内货币供应量的变化对宏观经济的产出影响不明显。类似的还有，Friedman 和 Kuttner(1992)在《美国经济评论》发表相关论文认为，大量经济学家所论证的货币供应量的变动在货币政策中起到决定性作用，并且货币供应量的增加长期影响宏观经济产出是有所偏失的，他们通过大量的数据资料研究证明，宏观经济产出与货币供应量的增加没有很大的关联性。

除了以上的经典理论研究之外，McCandless 和 Weber(1995)、Bernanke 等(1997)、Christiano 等(1999)、Kuttner(2001)、Bloom(2009)、Gambacorta 等(2014)、Keating 等(2014)、Melosi(2017)、Eminidou 等(2020)、Miranda-Agrippino 和 Ricco(2021)等对货币政策与传导对宏观经济及其相关领域的影响也进行了深入的定性和定量研究，基本上能够验证前者对后者的显著影响。

2. 关于银行信贷、非金融债务等与宏观经济关系的研究

影响信用总规模的因素众多，早在 19 世纪末就有学者对这些相关因素进行研究，来验证它们与宏观经济之间的关系。

  Bagehot(1873)主要论述了最终贷款人原理,认为中央银行在关键时刻要支持国内危机银行,并且首次研究了银行信贷和经济增长之间的关系,认为金融体系的信贷功能对支持国内大型工业建设起到重要的作用,在工业革命的进程中发挥了信用供给者的角色。

  Schumpeter(1912)认为银行应提供充足的资金支持企业产品的创新和生产过程的创新,并且在供给资金的选择上也需要对目标企业进行识别,保证银行信贷的优化配置,以此来促进技术进步和生产力的提高。Hicks(1969)进一步强调,技术的创新并非生产技术的创新,更重要的是金融体系的创新能力,是通过金融创新向资金需求企业提供更加多元化的信贷资金。

  理性预期学派的代表人Lucas(1972)在发表的《预期和货币中性》文章中,将信贷市场纳入到货币市场之内,依据主流的IS-LM模型分析范式,通过利率传导机制分析了货币与经济波动之间的关系,认为货币冲击能够造成经济波动。Bernanke和Blander(1988)将金融市场依据金融资产的性质重新划分为货币市场、商品市场和信贷市场,金融资产分别是货币、银行贷款和债券,它们之间不具有完全替代性,因此打破了传统IS-LM模型的局限,构建了CC-LM模型,信贷市场成为货币政策的重要参照,提出了信贷传导机制,银行通过信息不对称的前提来调节市场主体的需求,以此来影响社会总需求。

  Fackler(1990)的研究表明,含州和地方政府的私人非金融债务总额和实际国民经济增长之间的比例关系相对比较稳定。Kashyap等(1993)依据总量数据,使用时间序列考察了银行信贷和投资之间的关系,他们认为货币政策的收紧会导致外部融资结构的改变,从而减少银行信贷总量,导致社会投资的下降,引起宏观经济的衰退。Gelb(1993)认为资金的边际生产率和储蓄能够带动宏观经济的增长。Petersen和Rajan(1994)利用大量数据研究银行和企业之间关系对信贷发放的影响时发现,银行根据信贷需求,通过短期的信贷政策调整行为来影响企业的社会生产活动,从而政策的变动会引起经济增长的波动;Edwards和Vegh(1997)通过考察历史数据建立相关模型,认为银行信贷规模的变动会对宏观经济产出产生很大影响;而Berlin和Mester(1998)、Berger和Udell(2002)则根据不同角度将银行信贷进行了更加明确的划分。近年来,越来越多的学者,如Simona等(2003)、Roberta和Inessa(2006)、Bae和Goyal(2009)、Mark和Nobuhiro(2010)、Monika等(2013)、Oni等(2014)、Schumpeter(2016)、Osei-tutu和Weill(2020)、Liu和Fan(2021)等研究了银行信贷对宏观经济及其相关领域的一系列影响;也有诸多学者研究了非金融部门债务及其相关的一些影响,如 Aabo(2006)、Baugnet 等(2008)、Sédillot(2009)、Socio(2010)、Socio 和 Russo(2016)、Gabriele(2019)等。

其中,以本杰明·弗里德曼的分析和论述最具代表性,在 20 世纪 80 年代发表了《宏观经济分析中货币与信用的作用》,分别考察了货币、信用同 GNP 的关系,选取货币和信用相关的一系列可量化指标,系统性地分析了不同层次的信用对宏观经济产出变动的影响。认为资产各要素对经济增长的促进作用趋于一致,而负债中的非金融负债与宏观经济变动的趋势保持很强的一致性,且负债中的非金融借款人与非金融经济活动密切相关并相互影响和促进,其显著性明显强于货币领域对经济的影响作用;文章还指出了私人和公众的非金融负债此消彼长的关系,进一步验证了非金融负债与宏观经济波动的明显相关性。基于以上研究,美联储将货币政策中介目标增加了国内非金融债务总额的内容,但是其实际应用于美国的现实当中,却得不到相应的效果,也使该理论与其实践陷入尴尬局面。

(二)国内研究综述

关于信用规模与宏观经济关系的研究相对较少,而且研究方法和研究对象相对比较集中,但近年来的研究有增长趋势。研究主要体现在以下两个方面:其一,直接研究信用规模与经济增长的关系;其二,间接研究信用活动、信用制度与经济增长的关系。

关于信用规模与经济增长关系的研究。吴晶妹(2004、2007、2009)对信用规模的研究主要是通过美国(1959—2000)、德国(1991—1999)、日本(1989—1999)、韩国(1975—2000)、法国(1995—1999)四国信用总规模的扩张特征进行分析,得出结论如下:从长期看,各国信用总规模呈现上升趋势,但不同类型国家信用规模扩张的速度不同,新兴市场经济或不成熟市场经济国家信用规模增长速度大于市场成熟国家,经济衰退国家信用规模增长缓慢,另外各国信用规模扩张呈指数型增长方式;张兴(2003)选取1978—2001 年间的数据,并以国家信用、商业信用、证券投资信用和银行信用之和作为信用总规模,研究它与 M2 和 GNP 之间的变动关系,表明GNP 的增长与信用总规模和货币供应量之间存在正相关关系,受通货膨胀因素的影响,当信用总规模的增长速度和货币供应量的增长速度变动一致时,对经济增长才能起到促进作用;高波和钱蓁(2003)选取了美国(1947—1969)、日本(1950—1987)和德国(1952—1985)的信用数据进行了研究,认为前两者是消费信用导致的信用规模造成了研究区间内该国经济的突飞猛进,对外贸易产生的信用规模导致了德国在研究区间内经济的快速发展,表明信用规模的变动会影响宏观经济的变动;郭山(2007)基于湖南省的数据研究了各层次信用规模与经济增长之间的关系,指出两者之间关系密切,也考查了不同部门信用规模对经济增长的影响差异和联系性,并提出对策建议;高霞和王然(2007)基于中国 1986—2004 年数据,实证研究了中国信用总规模和经济增长之间的关系,同时进行协整检验,结果表明信用总规模对经济增长拉动作用明显,且经济增长与金融部门和企业部门信用规模信用呈正相关关系,与政府部门信用规模呈负相关关系;张丽娜(2009)利用北京市的经济数据对信用规模和经济增长的相关性进行了实证分析和检验,结果显示,两者之间互相促进作用明显;沈钦华等(2011)利用 1990—2007 年中国经济数据进行实证分析,认为两者之间存在长期均衡和正相关关系,不同层次的信用规模对经济增长的促进作用不同;刘成和牛霞(2013)基于 1986—2012 年中国经济数据进行了实证研究,验证两者之间是单向因果关系,认为经济增长推动信用总规模扩张显著,反之不显著;王帆(2017)利用金融危机时期(2000—2016 年)中国的数据研究信用规模与经济增长的关系,结果表明两者之间是正相关关系,但是危机前和危机后的表现不同。

关于信用活动、信用制度等与经济增长关系的研究。吴晶妹(2003)和姚旭辉(2008)分析了中国信用活动与经济增长之间的长期效应,认为长期内两者相关性显著;蒋恒波(2010)分别从总体信用规模、商业信用和消费信用三个角度实证了信用制度与经济增长之间的关系,并对比了美国、法国等国家与中国信用制度的差异,利用主成分分析法研究了湖南省消费信用与经济增长的关系,结果表明不同形态的信用制度与经济增长关系不同;陈艳(2016)基于 TVP-VAR 模型研究了信用扩张对中国经济增长的时变影响,结论认为不同形式的信用扩张在不同时期对经济增长的效应是有所差异的,应当建立和优化社会信用体系来防范信用风险,促进信用结构和企业融资结构的优化调整。杨洋等(2016)研究发现金融信用膨胀与经济增长效应存在非线性关系,适度水平的金融信用膨胀对经济增长的影响最为显著,非正常的金融信用膨胀对经济增长的推动较小。关伟等(2021)认为在信用经济时代,信用要素是国民经济的中枢和推动"双循环"新发展格局的市场基础。应充分重视、扎实推进社会信用体系建设,推动信用要素切实发挥有效的中坚作用,推动经济发展更加公平、更有效率、更为畅通,需要通过打造优质社会信用环境,稳步提升市场参与者信心,构建信心与活力兼备的现代化经济体系,助力实现"双循环"新发展格局。

（三）国内外现有研究成果评析

国内外学者对信用规模与宏观经济之间关系的研究从未间断，并且进行了大量有意义的研究，正是这些研究推动了信用这一新兴学科理论框架的不断进步和完善。

由于在不同时期，不同的社会经济形态背景，信用的本质特征与外在表现形式有所不同。伴随着人们对信用内涵认识的演进、进步和创新，国内外对信用与宏观经济之间关系的研究呈现出不同的表现形式。人们对信用的认识经过了"货币即信用——非金融债务总额"即"信用——货币与银行信贷即信用——现代广义信用观"的演进脉络。因此，他们对信用规模与宏观经济之间关系的研究也经历了这样的过程："货币总额与宏观经济之间的关系研究——非金融负债总额与宏观经济之间关系的研究——货币与银行信贷总额与宏观经济运行关系的研究——现代广义信用观的信用规模与宏观经济运行关系的研究。"尤其是国外的研究，更加倾向于微观主体的信用交易行为，以及其和经济增长之间的关系研究，而且以货币信贷为主。

其中，吴晶妹教授对信用规模与宏观经济关系的研究相对更具系统性和全面性，无论在信用范畴的界定上，还是在信用规模与宏观经济关系的判断上更加具有代表性。但整体上中国关于信用规模和宏观经济运行关系的研究相对比较集中，主要集中在信用总规模的界定、信用规模及各层次信用规模和经济增长之间的关系等，一般结论为正相关关系。但是却存在以下两个方面的问题：其一，信用总规模及各部门信用规模的界定存在局限性或不完整，这在一定程度上难以解释两者之间的真实关系，尤其是影响程度；其二，研究结论一致性表现在两者之间的正相关关系，但其他具体影响结论不一，主要是由时间序列、统计指标、研究方法的差异造成的。

第四节　研究目的、内容与思路

一、研究目的与内容

（一）研究目的

本研究设立的三个研究目的：

第一，通过对与中国信用经济发展程度不同、数据完整性与准确性不同的美国信用规模变动与宏观经济运行关系进行分析，从中寻求信用规模变动与宏观经济运行关系的一般性规律，为研究中国信用规模与宏观经济运行关系，以及构建信用规模无序变动的识别与防范体系提供事实依据。

第二，在文献梳理和理论研究的基础上，运用统计方法和统计软件，结合中美对比分析，明确信用规模与信用结构对宏观经济运行的作用模式、作用途径、影响程度等，为本研究后续识别及防范信用规模无序变动提供理论基础。

第三，探究信用规模无序变动的作用机制和理论特征，在中国与美国不同的历史特征与信用规模变动特征的情况下，剖析信用规模无序变动与信用规模评价指标体系异质性对信用规模无序变动的识别及防范体系构建的差别，为中国信用规模无序变动的治理及监管策略提供理论支撑。

(二) 研究内容

本研究以协调发展、合成谬误、分解谬误、共生危机以及多重均衡理论为依据，以中国和美国为研究对象，深入分析中美信用规模与宏观经济运行关系的时空演变特征，并探寻造成这一演变特征的作用机制及影响路径，通过对比寻找美国信用规模与宏观经济运行的一般规律，以及与中国的差异；并在这一研究基础上识别及防范危害宏观经济健康运行的信用规模无序变动，通过中美对信用规模无序变动识别及防范的路径差异，进而提出中国信用规模无序变动的监管框架。鉴于此，本研究的主要内容安排如图 1-1 所示：

根据研究框架图将研究内容设定如下：全文一共八章内容，由基础性研究、应用性研究、政策建议三个板块的内容构成。第一章为研究导论，第二、五章为基础性研究，第三、四、六、七章为应用性研究，第八章为政策建议。

第一章：导论部分，展现了研究的总体设计框架。通过研究背景与意义以及研究方案的分析，得出研究信用规模与宏观经济关系的紧迫性和必要性，并确定了对比研究的对象——美国；通过对现有相关文献的梳理，寻找研究方向和理论依据；在研究背景与意义、研究方案以及文献综述研究的基础上，确定研究目的、研究内容、研究思路，并通过选择合适的研究方法，以期为后续研究的准确性和方向性提供支持。

第二章：信用规模与宏观经济运行关系的理论基础。本研究对信用规模变动与宏观经济运行关系进行分析的目的是实现信用规模变动与宏观经济运行协调发展。因此，本章主要从定义信用规模与宏观经济运行协调发展的理论内涵、基本框架以及内在机理出发，明确信用规模变动与宏观经济运行协调发展的关键问题，并在对判断事物"关系"的主要判别方法进

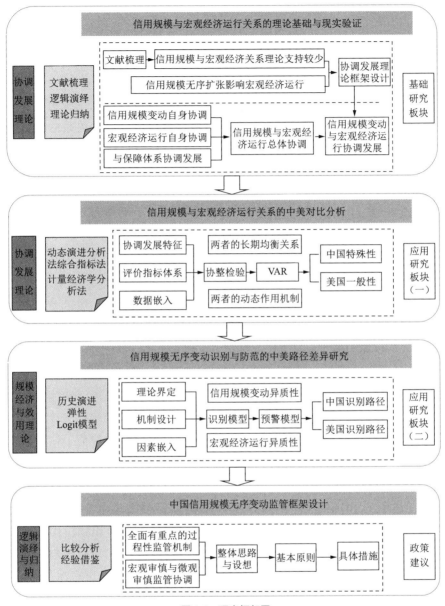

图 1-1 研究框架图

行梳理和总结的基础上,选择适合本研究特征的能够提升研究精确度和科学性的研究方法。本章的研究会为本研究后续章节的研究提供坚实的理论支撑。

第三章:中美信用规模变动的动态演进对比分析。本章由四部分内容构成:美国信用体系与信用交易演化概述、美国信用规模与宏观经济运行关系的现实分析、中国信用总规模与宏观经济运行关系的现实分析,以及中美信用总规模与宏观经济运行关系的对比分析及启示。本章利用动态演进分析范式对中美信用规模与宏观经济关系进行分析，以期找到美国信用规模与宏观经济运行相互作用过程中发展演变的脉络，并与中国的现实进行对比分析寻找差异。

第四章：信用规模与宏观经济运行关系实证研究的中美对比分析。本章的主要内容有三部分：对美国信用规模与宏观经济运行关系的实证研究、对中国信用规模与宏观经济运行关系的实证研究、中美信用规模与宏观经济运行关系实证结果的评析。通过本章的实证研究期望准确地刻画和描述信用规模与宏观经济之间的长期稳定关系、相互之间的作用机制、传导渠道、影响路径以及影响程度等，以期为本研究后续章节构建过程型监管机制起到支撑作用。

第五章：信用规模无序变动识别及防范的理论分析。本章的研究内容主要由信用规模无序变动的内涵和外延、信用规模无序变动的基本特征、对信用规模无序变动进行识别与防范的原因，以及识别及监管的重点四部分构成。本章对信用规模无序变动的内涵与外延进行了界定，并总结归纳出了信用规模无序变动的四大基本特征，即负外部性、动态变化性、诱发原因的复杂性、无序变动传递的多维度性，结合这四大特征，从合成谬误与分解谬误、系统传染性、多重均衡、共生危机、国际影响五个角度阐述对信用规模无序变动进行识别和防范的原因，并总结出了对信用规模无序变动进行识别和防范的四大重点。本章的研究能够为本研究后续关于信用规模无序变动的识别、防范及监管对策起到强有力的理论支撑。

第六章：美国信用规模无序变动的识别与防范。本章的研究内容主要由识别美国信用规模无序变动的方法、美国信用规模无序变动的识别、美国信用规模无序变动的防范三部分构成。本章首先在对识别信用规模无序变动的方法进行总结和梳理的基础上，选择适合美国信用规模与宏观经济运行特征以及数据特征的研究方法；然后，从理论分析、历史演进、弹性三个视角对美国信用规模无序变动进行识别；最后，通过构建 Logit 二元离散选择模型搭建美国的风险预警模型，并设定了美国信用规模风险预警体系。

第七章：采用两种方法来研究中国信用规模无序变动的识别与治理。其一，基于敏感性视角的中国信用规模无序变动的识别与治理。研究内容由美国信用规模无序变动识别与防范的相关结论与启示、中国信用规模无序变动识别机制设计、中国信用规模无序变动的现实考察，以及中国信用规模无序变动的识别及治理四部分内容构成。从对美国识别与防范信用规模无序变动研究中寻找结论与启示,并在此基础上设计中国信用规模无序变动的识别机制,引入敏感性公式,对中国信用规模无序变动的发展演变现状进行考察;通过研究为搭建中国信用规模无序变动的监管框架提供实证和现实支持。其二,基于 DEA 效率测算视角的中国信用规模无序变动的识别和治理。研究内容由中国 DEA 效率测算方法与数据样本的确定、中国信用规模投入效率测算、中国信用规模无序变动的识别及联动规律分析和中国信用规模无序变动的治理四部分构成,通过构建 Malmquist DEA 方法对中国信用规模无序变动进行识别和治理。

第八章:中国信用规模无序变动的监管框架设计。本章的研究内容分为三个部分。在明确构建中国信用规模无序变动监管框架的整体思路与设想,以及构建中国信用规模无序变动监管框架基本原则的基础上,提出建立健全中国信用规模无序变动监管框架的具体措施。

二、研究思路

研究的思路是按照理论与实践的互动关系进行设计的。所以本研究的逻辑主线为:单一个体的历史特殊性——信用规模与宏观经济运行关系的一般性规律——中国现实的特殊性——基于一般性与特殊性的对策研究。本研究主要分为基础研究和应用研究两大板块,具体如下:

基础研究分为研究准备和动态演进分析两部分。其中,研究准备由第一章导论、第二章信用规模与宏观经济运行关系的理论基础以及第五章信用规模无序变动的理论分析三部分构成。研究准备部分的主要目的是对研究范畴和概念进行基本界定、对研究主题已有的理论成果进行梳理、构建研究的理论支撑,为后续规范性学术研究提供基础支持。历史分析主要是指第三章,主要对美国信用体系、信用交易的动态演进分析,对美国信用规模变动与宏观经济运行之间的关系进行分阶段分析和对比,探索美国信用规模扩张的基本特征,并总结一般的演化规律。

应用研究板块主要由实证研究及其评价和对策研究两部分构成,包括第三章的第三、四节,第四章,第六章和第七章。其中实证研究同样由两部分构成:一是美国信用规模变动与宏观经济运行关系的实证研究与评价、美国信用规模无序变动的识别与防范,主要是本研究第四章的第一、二、五节和第六章;二是中国信用规模变动与宏观经济运行关系的实证研究与评价,以及中国信用规模无序变动的识别与防范,主要体现在本研究的第四章的第三、四、六节和第七章的内容。对策研究即为本研究第八章,内容是构建中国信用规模无序变动的监管框架设计,包括监管框架的整体思路与设想、构建监管框架的基本原则以及构建监管框架的具体措施三部分内容。

研究思路安排如图 1-2 所示：

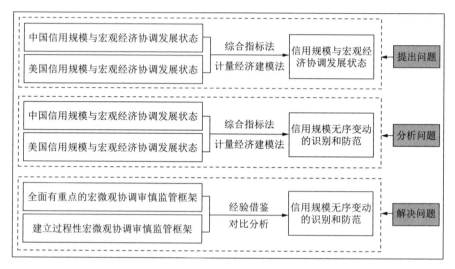

图 1-2 研究思路图

第五节 研究方法、创新与不足之处

一、研究方法

在引入经济学动态演进分析范式的基础上，综合运用的文献计量法、案例分析法、综合指标分析法、计量经济学建模法、经验判断法等方法，通过构建协整方程、误差修正模型、VAR、Logit 二元离散选择模型、DEA 效率测算模型等数据建模方法，使用协整检验、Granger 因果检验、风险预警、Malmquist DEA 效率测算等检验方法，围绕信用规模与宏观经济运行关系进行研究。具体研究了信用规模与宏观经济运行关系的中美差异、中美信用规模无序变动的识别与防范，以及中国信用规模无序变动的监管框架构建三部分内容。即在定性分析与定量分析、理论研究与实证研究相结合的指引下进行研究，不同部分所采用的具体方法各有侧重，主要包括：

第一，实证研究与规范研究相结合。实证方法以"证伪主义"为思想基础，尽管该方法受到了挑战和批判，但要认清信用规模与宏观经济运行之间关系演化的真实历程,澄清目前的许多模糊认识,实证分析断然不可或缺。对中国的启示与监管框架设计主要采用规范分析法。所依据的价值标准既来源于对信用规模与宏观经济之间关系一般演化规律的认识,又参考宏观经济审慎监管的客观要求。

第二,逻辑演绎与归纳相结合。逻辑推演不仅可以立足于从现象中发掘内在联系,也可以用已有的理论用作演绎的基础,本研究是在既有理论的基础上,在历史和现实中准确归纳共性特征,是揭示信用规模变动与宏观经济运行关系内在运行机理和一般演化规律的起点。本研究将按照时间顺序,归纳和总结与信用规模和宏观经济运行关系有关的主要现象及文献。

第三,国际经验借鉴与国内实际相结合。如何将美国的信用规模与宏观经济之间关系的一般规律与实践经验,创造性地应用于中国当前对信用规模监管的实践中,以此来完善中国宏观审慎监管,使中国宏观审慎监管框架得到有效发挥。

第四,文献分析法。将通过广泛的收集和整理信用规模与宏观经济关系的国内外的相关重要研究成果及最新成果,进行文献梳理和相关理论分析,不但找到了当前信用理论中信用规模理论的漏洞,为后续研究找到了努力方向,同时,对文献的分析和运用也有助于形成对事实的科学认识,使分析和论证有较强的逻辑性和学术性。

第五,统计分析与计量分析方法。本研究是对既有理论的验证,因此大量相关的统计数据和图表,以及计量经济学等定量分析手段的应用有助于在数据支撑的基础上,使观点或论据更具说服力和可靠性。

第六,理论与现实的拟合研究方法。这一研究方法将在第六章体现,该部分尝试构建美国的信用规模与宏观经济运行预警模型,把新构建的模型与现实情况进行拟合,来验证构建模型的有效性和现实意义。

二、 创新与不足

本研究的学术价值在于拓展了债务类系统性风险的识别、防范及监管理论,从信用规模变动的角度提出降低系统性风险的破解路径。本研究揭示了信用规模与宏观经济运行之间的深层次关系,开拓性地将经济学的动态演绎分析范式运用到信用规模与宏观经济运行关系分析领域。历史性地考察中美信用规模与宏观经济的发展特征,保证了分析的完整性和结果的可信性。在研究中注重对研究整体性、系统性的把握,尽量保证以全局性的视角、结构化的思维来研究信用规模与宏观经济的关系问题,得到了多项原创性的结论。而这些结论对解决中国当前宏观经济系统内债务高企的现象具有一定的理论指导意义，同时，本研究也对推进有关信用理论研究的发展具有一定的积极意义。

对构建中国信用规模无序变动监管框架的设想，是建立在相关理论研究的基础上，深入探究美国信用规模与宏观经济之间的关系，重点分析了中美信用规模变动与宏观经济运行关系的差异，发现对于信用规模无序变动的识别、防范与监管存在一定的缺失与不足，因此，对于建立中国信用规模无序变动的监管框架是现实的迫切需要。

本研究表明，信用规模在推动中国、美国宏观经济增长上的巨大作用毋庸置疑，但信用规模变动与宏观经济运行并非只存在积极作用的一面，无序的信用规模变动也会对宏观经济运行产生危害，因此，明确信用规模变动与宏观经济运行之间的相互作用机制、影响路径、影响程度，以及对信用规模无序变动进行识别与防范十分必要。研究发现，虽然美国信用市场发达程度很高，但信用规模变动也时常发生，并且导致了多次宏观经济运行危机，这意味着信用经济的发展程度并不与信用规模无序变动成正相关关系，同时，越发达的信用经济发展程度，信用网络的复杂程度更高、覆盖的广度范围更大，信用规模无序变动在信用关系网内会得到快速、广泛传播，信用规模无序变动对宏观经济的冲击就会被越加放大，甚至导致宏观经济运行危机。因此，对信用规模进行全面性统一监管势在必行，特别是信用规模无序变动监管框架的搭建尤为重要。如果这一论断能够得到普遍认同，将有助于改善中国信用规模无序变动的现状，解决全国性债务高企的问题，降低中国系统性风险爆发的可能性，促进信用规模变动与宏观经济运行的良性互动，提高社会经济的稳定性。

本研究拟在以下几个方面尝试进行创新：

（一）关于研究内容

其一，完善信用规模理论体系。在原有信用规模理论体系的基础上，完善信用规模理论的概念和内容、指标体系和量化方法、信用结构理论与实践。对于中美信用规模的量化使用了更加完善和合理的指标体系，并为未来关于信用规模统计口径的统一提供一定的基础。

其二，提出信用规模与宏观经济协调发展的理论体系。提出由"三大支柱"组成的一个协调发展的理论构架，三大支柱分别为：一是信用规模变动自身的协调发展；二是信用规模与宏观经济的协调发展；三是两者构成的协调发展系统与保障体系的协调发展，并针对性地对理论进行阐述，主要包括该理论体系的内在机理和关键问题。该理论体系对于正确认识信用规模变动与宏观经济运行起到指导和支撑作用,为宏观经济运行的研究提供一个新的视角。

其三,在完善信用规模概念的基础上提出信用规模无序变动的概念,并进行理论阐述和实证研究。本研究在对信用规模与宏观经济运行关系分析研究的基础上,在理论上对信用规模无序变动的内涵进行理论界定,并总结了信用规模无序变动影响宏观经济运行的四大特征,以及对信用规模无序变动进行识别与防范的五大原因、四大重点。该概念及相关理论丰富了当前防范和化解重大风险的理论和实践体系。

其四,提出中国信用规模无序变动的监管框架,并提出建议。设计建立全面、协调、有重点的过程型、宏微观审慎监管框架的整体思路,并尝试构建分别以市场风险防范为目标、以塑造和整顿市场秩序为目标和以保护市场主体利益为目标的三个层次的监管机制;在依据参考国际经验和立足中国实际、一部门一策和整体推进、评价指标应注重定量与定性相结合等基本原则前提下,提出建立信用规模统计指标体系,建立政府、信用规模监管机构与行业协会三位一体的协同监管体系。

(二) 关于研究方法

其一,对比分析法是贯穿研究的重点研究方法。研究运用动态演绎的分析范式,对中国 15 年、美国 70 年的信用规模变化与宏观经济运行关系进行系统性分析,试图通过寻找中国、美国信用规模变动与宏观经济运行之间存在的关系,并进行对比分析,寻找信用规模与宏观经济运行关系的一般演变规律。尤其是对美国的研究时间区间的拉长,涵盖了多个完整的经济周期,对本研究成果的适应性有重大的影响。

其二,尝试建立信用规模与宏观经济一般均衡模型、信用总规模与宏观经济动态响应模型,量化考察信用规模与宏观经济之间的关系,寻找信用规模与宏观经济之间的长期稳定关系、动态响应关系,以明确信用规模与宏观经济运行之间的作用机制、影响路径、影响程度等。

其三,研究通过理论分析、历史验证、计量经济分析法等研究方法,构建 Logit 二元离散选择模型,对美国信用规模无序变动进行识别、预警和防范。基于此研究能够为中国信用规模无序变动的识别、治理与监管提供经验参考。

其四,创新性地将"资源拥挤效应"引入中国信用规模无序变动的识别及防范的体系中,从投入产出视角来研究中国信用规模无序变动的相关问题,即将信用规模变动当成一种资源投入,产出为宏观经济运行(指标选用 GDP)。引用敏感性分析和 Malmquist DEA 模型对中国 1995—2020 年信用规模变动的效率进行评价,找出效率低下的原因,并得出治理的方向与措施。

本研究存在的不足之处和需要进一步研究的主要问题:

第一,由于本研究构建的中国信用规模指标体系数据披露时间不长,使得早期数据缺失,另外中国专门的信用规模指标体系尚未建立,使得信用规模数据存在关键数据不全和统计口径不统一的问题。正因为资料来源的局限性,一方面在一定程度上限制了模型的信息表达,另一方面可能会影响本研究部分计量经济学分析结果的准确性。

第二,相比先前资深学者研究所得的重大成果和对现实的指导意义,本研究深度仍有不足,如能起到抛砖引玉的作用,引起对信用规模相关问题的研究关注已是万幸。

第二章　信用规模与宏观经济
运行关系的理论基础

　　利用外部资金进行生产、投资、消费等已成为现代经济发展的一大特点,而且呈现出由小额化、大众化向规模化、专业化发展的特征,其活动也已经渗透到宏观经济的方方面面。宏观经济各部门利用外部资金的外在表现即为各部门的信用规模,各部门信用规模之和即为信用总规模,宏观经济各部门利用外资的变化,也外在表现为各部门信用规模与信用总规模的变化。正如第一章所述无序的信用规模变动会引起宏观经济运行危机,而有序的信用规模变动会促进宏观经济增长。因此,本研究的目的在于探索信用规模与宏观经济之间的关系,并在此基础上识别和防范信用规模无序变动,使其趋于有序变动,进而促进宏观经济增长,即最终要实现的是信用规模与宏观经济协调发展。那么,信用规模与宏观经济协调发展的内涵是什么? 其基本框架与内在机理又是什么? 如何判断信用规模与宏观经济运行之间的影响关系? 判断这一影响关系的评估方法有哪些? 以上是本章致力于解决的关键问题。

第一节　信用规模与宏观经济运行关系的理论内涵

　　本研究的主题是信用规模变动与宏观经济运行的关系,对两者的关系进行研究的目的是实现信用规模变动与宏观经济运行协调发展。那么,什么是信用规模与宏观经济协调发展? 其基本框架与内在机理是什么? 本节将对其进行科学的界定与详细的分析。

一、信用规模与宏观经济协调发展的内涵及其构成

(一) 信用规模与宏观经济协调发展的内涵

信用规模与宏观经济协调是一国或一地区宏观经济运行协调发展中

的一部分，属于局部协调发展范畴。信用规模包括信用总规模与政府、金融、非金融企业以及居民四部门信用规模构成的信用规模结构两个方面。因此，信用规模与宏观经济协调发展应该包括信用总规模变动与宏观经济运行协调发展，以及四部门信用规模结构变动与宏观经济运行协调发展两部分内容共同组成。由此可知，信用规模与宏观经济协调发展关系到宏观经济系统的各个部门的方方面面，信用规模与宏观经济协调发展是宏观经济运行协调发展的综合表现与基础。

（二）信用规模与宏观经济协调发展内涵的构成

从整个宏观经济协调发展的框架来看，信用规模与宏观经济协调发展的内涵应该是由"三大支柱"组成的一个协调发展的有机整体。三大支柱分别为：第一，信用规模变动自身的协调发展；第二，信用规模与宏观经济的协调发展；第三，两者构成的协调发展系统与保障体系的协调发展。信用规模与宏观经济协调发展的构成如图 2-1 所示：

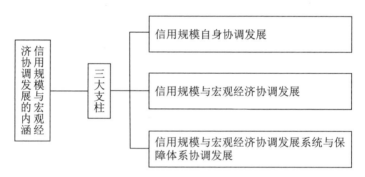

图 2-1　信用规模与宏观经济协调发展构成图

第一大支柱包括以下三部分内容：第一，信用规模结构的合理性。信用规模包含信用规模总量与信用规模结构两层含义，信用规模总量即信用总规模，是信用规模结构中各部门信用规模的总和，反映了信用规模的总体变动趋势。但信用规模总体变动趋势会掩盖信用规模结构的变动特征，若出现信用规模结构性危机或结构性不均衡，即使信用总规模与宏观经济是协调发展的，也会引发宏观经济运行危机。第二，各部门信用规模之间发展的匹配性。各部门信用规模之间并非是独立互不影响的，某一部门信用规模发生变动会引起其他部门信用规模也发生变动，这种影响关系可视为信用规模结构之间的内在联动性。这种联动性会随着信用经济的发展而逐渐增强。因此，若某一部门信用规模扩张过快，与其他部门的扩张特性不相匹配，那么，这种单一部门信用规模的无序变动就会很快地传递到其他部门。第三,信用规模代际发展的可持续性。本代人(可以是法人与自然人)的信用规模扩张不能以损害下代人为代价,应满足信用规模扩张的代际可持续发展的要求。

第二大支柱包括以下两部分内容:第一,信用规模的适度性。一国或一地区过大或过小的信用规模均不利于宏观经济的健康发展,只有适应宏观经济发展需求的信用规模才有利于宏观经济的增长。第二,信用规模发展速度的带动性。在一国或一地区信用规模对宏观经济发展具有巨大拉动作用阶段,即信用经济发展初期,信用规模的扩张速度应适当高于宏观经济的发展速度;而在信用经济发展的高级阶段,信用规模扩张的速度应与宏观经济的发展速度大致相当。

第三大支柱主要是涉及信用规模与宏观经济协调发展赖以生存的生态环境问题,通过这些保障体系可以使信用规模与宏观经济协调发展过程中各种主体利益得以实现,各种关系能够得到较好的协调。主要包括以下两部分内容:第一,公正的司法服务。信用规模扩张过程中出现的司法问题,以及信用规模与宏观经济协调发展过程中出现的司法问题,均能够得到公正的疏导和裁决,是保障信用规模与宏观经济之间良好协调发展关系的法律基础。第二,良好的信用环境。信用规模扩张是建立在信用关系基础之上的,即通过信用手段建立的债权债务关系或发生的权益性融资关系,而信用规模无序变动引发系统性风险的导火索也往往是因为信用链条断裂所引发的信用风险。若在宏观经济体系内拥有良好的信息披露制度,以及规范客观的信用评级公司、征信公司、会计事务所等专门"生产"完全信息的机构,那么,宏观经济体系内将会形成良好的信用环境,产生良好的守信、践信的社会氛围,这一结果将会在很大程度上降低道德风险与逆向选择,进而降低信用风险,保障信用规模与宏观经济良好的协调发展关系。

二、 信用规模与宏观经济协调发展的基本框架

从本节第一部分的分析和阐释可知,信用规模与宏观经济协调发展的内容是丰富和分层次的。因此,信用规模与宏观经济协调发展理论框架体系的构建应体现其内涵。其基本框架图如图 2-2 所示:

从相互关系来看,信用规模与宏观经济协调发展理论体系包括信用规模自身协调发展、宏观经济协调发展、保障体系协调发展三大部分内容。信用规模自身协调发展包括政府、金融、非金融企业、居民四部门之间信用规模的协调发展,以及四部门信用规模与信用总规模之间的协调发展两个部分内容。保障体系协调发展主要包括两者构成的协调系统与宏观经济

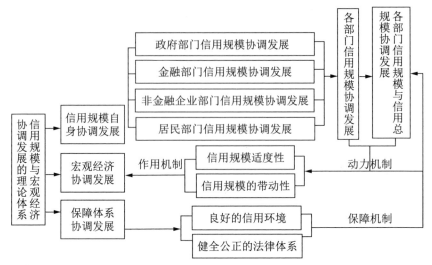

图 2-2　信用规模与宏观经济协调发展的理论体系基本框架图

信用环境的协调发展,以及与法律法规体系的协调发展两部分内容。宏观经济协调发展包括通过信用规模总量与宏观经济协调发展,以及信用规模扩张速度与宏观经济发展速度之间的协调发展两个方面,最终达到促进宏观经济的稳定快速发展,以及实现宏观经济可持续发展。

从各板块产生的作用来看,信用规模与宏观经济协调发展理论体系包括动力机制、保障机制、作用机制三部分内容。动力机制主要是从信用规模自身的协调发展出发,带动宏观经济的良性、可持续发展;保障机制主要是从信用规模与宏观经济协调发展系统赖以发展的生态环境而言,从其法律法规与信用环境的构建上来保障两者构成的协调发展系统的良性、健康运转;作用机制主要是在动力机制、保障机制的基础上,挖掘信用规模与宏观经济相互作用、相互影响的特征,并对其相互作用、相互影响的机制进行优化和升级,进而促进信用规模与宏观经济协调发展,最终达到宏观经济体系协调可持续发展的目的。

三、 信用规模与宏观经济协调发展的内在机理

信用规模与宏观经济协调发展是由三个子系统构成,三个子系统之间通过相互作用,形成遵循一定规律的协调发展态势。除此之外,在三个子系统内部依然存在特定的内在机理,使三个子系统分别达到协调发展的状态。通过整体内在机理与三个层次内在机理两种力量的共同作用,最终实现信用规模与宏观经济之间的协调发展,并达到稳定、可持续的发展模式。

（一）信用规模与宏观经济协调发展整体上的内在机理

信用规模与宏观经济协调发展并不是偶然发生的,而是有一定的内在推动力作用而产生的,这种内在推动力通过一定的传输渠道,按照一定的模式,形成一定的规律,发挥一定的作用机制,而最终形成信用规模与宏观经济协调发展结果的过程,而这一过程就是信用规模变动与宏观经济运行协调发展的内在机理。

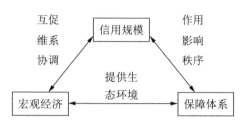

图 2-3　信用规模与宏观经济协调发展的内在机理

图 2-3 描述了信用规模与宏观经济协调发展的内在机理,其中信用规模与宏观经济协调发展的内在机理主要是通过信用规模、保障体系与宏观经济三个相互影响、相互作用的子系统构成的。并且,信用规模与宏观经济之间具有相互促进性,即宏观经济的发展能够带来信用规模的发展变化,信用规模的变动也能够引起宏观经济的发展变化,两者良性的相互影响、相互促进是维系信用规模与宏观经济协调发展的关键。保障体系为信用规模与宏观经济体系两个系统提供发展所需的生态环境,并通过相互作用构建保障秩序,进而通过相互影响重塑保障秩序,最终促进信用规模与宏观经济协调发展目标的实现。

另外,信用规模与宏观经济协调发展的内在机理也是有层次之分的:第一层次是信用规模自身协调发展的内在机理,该层次是信用规模与宏观经济协调发展的原动力与内在推动力;第二层次是保障体系的协调发展,该层次是信用规模与宏观经济协调发展的外在保障和间接推动力;第三层次是宏观经济协调发展的内在机理,该层次是信用规模与宏观经济协调发展的直接推动力,也是其协调发展的最终目标。三个层次之间通过相互影响、相互促进、相互约束形成一个复杂系统,该系统通过有规律的完美结合,最终形成较大"合力",推动信用规模与宏观经济协调发展。

（二）信用规模与宏观经济协调发展三个层次的内在机理

以下将分别从信用规模自身的协调发展、保障体系的协调发展以及宏观经济的协调发展三个方面阐释其各自系统的内在机理。

1. 信用规模自身协调发展的内在机理

从信用规模与宏观经济协调发展体系的内涵来看,两者协调发展的内因就是信用规模自身协调发展的内在机理。信用规模自身协调发展的实质是信用规模系统"自组织"能力和信用规模变动效率的帕累托改进。

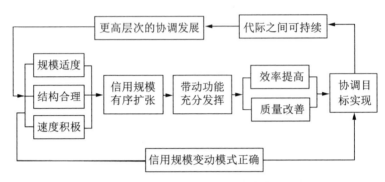

图 2-4　信用规模自身协调发展的内在机理

由图 2-4 所示,将信用规模自身协调发展的内在机理作用过程总结如下:在信用规模变动模式正确的前提下,适度的信用规模、合理的信用规模结构以及积极的信用规模发展速度,能够带来信用规模的有序扩张,信用规模的有序扩张能够使信用规模对宏观经济的带动作用充分发挥,进而提高信用规模的利用效率,改进信用规模发展变化的质量,并达到信用规模自身协调发展的目标。另外,从信用规模变动的长期发展来看,保持信用规模代际之间的连贯和可持续性,又能够实现信用规模发展变化,向更高层次的协调发展模式演进,更高层次的信用规模自身协调发展又重新作用于新一轮的信用规模协调发展内在作用过程,这一过程循环往复不断发展,使信用规模发展模式可以实现长久的可持续协调发展过程。信用规模自身协调发展的内在机理是信用规模与宏观经济协调发展的原动力和核心动力。

2. 保障体系协调发展的内在机理

从信用规模与宏观经济构成的协调发展系统的内涵来看,两者协调的外在推动力即为保障体系协调发展的内在机理。保障体系协调发展内在机理的实质是通过保障体系肃清和构建信用规模与宏观经济协调发展所需的健康公正的法律环境、良好的信用环境,以及保障体系随着两者协调发展新形势的开展或拓展,其为适应新的协调方式而进行的发展与完善。

由图 2-5 所示,将保障体系协调发展的内在机理作用过程总结如下:健全完善的相关法律法规体系、公正严格的司法过程以及准确透明的信息

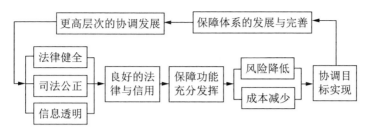

图 2-5 保障体系协调发展的内在机理

披露机制,能够带来信用规模与宏观经济协调发展赖以存续的良好的法律体系与信用环境,这些因素能够使保障体系的保障功能充分发挥,进而降低信用风险程度,减少信用规模与宏观经济协调发展各部门所需的相关成本,从而实现信用规模与宏观经济协调发展系统与保障体系协调发展的目标。另外,从信用规模变动的长期发展来看,保障体系随着信用规模与宏观经济协调发展不断适应调整过程中出现的新问题而进行的一系列的完善与发展,能够促进保障体系与协调系统向更高层次的协调发展模式演进,这种演进与信用规模自身协调机制的演进过程一样,均是循环往复不断进步的过程。其是信用规模与宏观经济协调发展的保障力与外在推动力。

3. 宏观经济协调发展的内在机理

从信用规模与宏观经济构成的协调发展系统的内涵来看,两者协调的直接推动力与最终目标即为宏观经济协调发展的内在机理。宏观经济协调发展内在机理的实质是宏观经济在信用规模有序变动与保障体系健全完善的基础上的"自我完善"、并与外部协调发展,最终实现宏观经济运行的可持续发展。

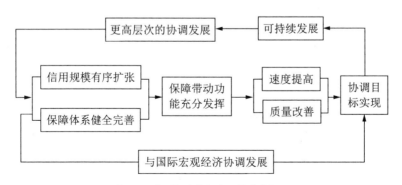

图 2-6 宏观经济协调发展的内在机理

由图 2-6 所示,将宏观经济协调发展的内在机理作用过程总结如下:在与国际宏观经济发展相协调的前提下,信用规模有序扩张、保障体系健全完善,能够使信用规模的带动作用以及保障体系的功能得到充分发挥,进而提高宏观经济的增长速度,改善其发展质量,从而达成宏观经济协调发展的目标。另外,从宏观经济的长期发展来看,通过促进其可持续发展模式的实现,从而使宏观经济协调发展体系向更高层次的协调发展模式演进,这种演进与信用规模自身协调发展以及保障体系协调发展的演进过程一样,均是循环往复不断进步的过程。

第二节　信用规模与宏观经济运行协调发展的关键问题

本章第一节分析了信用规模与宏观经济运行关系的理论基础,从上节的分析中可以看出,研究信用规模与宏观经济运行关系的目的是更好地实现信用规模与宏观经济协调发展。若要实现信用规模与宏观经济的协调发展,仅仅明确其内涵、基本框架以及内在机理远远不够,还要处理好若干关键问题,本节对影响信用规模与宏观经济协调发展的关键问题从四个方面进行阐述。

一、 正确认识信用规模变动与系统性风险的关系

信用规模变动与系统性风险的关系是决定信用规模与宏观经济运行关系的关键。我们可以以将信用规模无序变动引发的系统性风险分为时间和空间两个维度:一是信用规模无序变动随时间演化而引发的系统性风险,即"时间维度",克服信用规模无序变动"时间维度"的系统性风险的关键在于减弱或抑制信用规模变动强烈的顺经济周期性特征。二是信用规模无序变动在空间范围内传递或传染而引发的系统性风险,即为信用规模无序变动的"空间维度",其实质是信用规模无序变动在信用规模的各组成结构之间,以及在宏观经济系统内的实体经济之间传染、扩散,并逐渐放大引致系统性风险,甚至引发经济危机的过程。克服信用规模无序变动"空间维度"的系统性风险,关键在于减少系统性风险的空间积累特性。

由以上分析可知,从时间维度与空间维度两个方面把控和处理信用规模变动与系统性风险的关系,是实现信用规模与宏观经济协调发展的关键。即从时间维度上,有效地刻画、分析探究信用规模无序变动引发系统性风险在时间上的发展脉络、传导路径,以及信用规模无序变动在时间上的堆积过程,准确测度时间维度上信用规模无序变动对系统性风险的贡献程度;从空间维度上,有效地探索信用规模无序变动在空间维度上的扩散

过程、扩散机制,并准确测度空间维度上信用规模无序变动对系统性风险的影响程度。

二、 实现信用总规模与宏观经济运行协调发展

信用规模总量与宏观经济运行协调发展是指一国或一地区的信用总规模供给与宏观经济运行需求量在总体上相协调,即该国或该地区的债务总量与宏观经济发展基本保持平衡。这种状态的基本特征主要有三个:

(一) 信用总规模与宏观经济需求相一致

根据前文对信用总规模概念的界定,信用总规模即社会的债务与权益性外部资本的总称,其实质是宏观经济运行体系中的外源融资总规模,包括债务总额以及权益性资本总额,如股票、债券等。合理的信用总规模是实体经济或消费者需求的内在驱动,实体经济取得信用是为了进行再生产、再投资等经济活动;消费者取得信用是为了满足日常生活中对大额消费品或日常小额消费品的需求。鉴于信用规模的产生以及发展变化均来自宏观经济系统的需求,要实现信用总规模与宏观经济的协调发展,就必须要使该国或该地区的信用总规模能够满足其宏观经济发展需要,即其信用总规模应与宏观经济的需求相一致。

(二) 信用总规模增长速度与宏观经济增长速度大体一致

保持一国或一地区信用总规模变动与宏观经济相协调的增长速度,既要避免因信用总规模不足,造成实体经济正常运营所需的资金匮乏,又要避免因信用总规模过度膨胀,引起信用总规模的"资源拥挤"现象,从而降低债务资金的利用效率。信用总规模不足或过度膨胀均会引起宏观经济运行效率降低,不利于宏观经济的健康发展。前者会因资金供给不足,引起实体经济争抢资金,造成资金价格上涨、增加企业负担、降低企业利润等后果,进而降低宏观经济发展速度;后者会因实体经济过度利用外部资金,使企业运营杠杆率上升,降低资金的利用效率,造成资源浪费,同时也会增加宏观经济风险。因此,保持信用总规模增长速度与宏观经济增长速度相一致,使社会的债务总额与宏观经济发展需求相一致,是实现信用规模与宏观经济协调发展的又一个关键问题。

(三) 优化信用总规模的利用效率,促进宏观经济实现可持续发展

信用总规模与宏观经济协调发展离不开信用总规模的效率问题。经济理论中,效率的实质是资源配置最优化的状态,优化信用总规模利用效率的本质是使债务资金的使用效果最大化,即配置最优化的过程。经济学中,效率是一种"投入—产出"的比值,强调的是投入的资源节约与产出的

比较，是一种"投入—产出比"时间维度变化过程的描述指标，那么信用总规模的利用效率可以解释为投入的信用总规模带来的宏观经济产出在时间上的变化情况。通过对信用总规模利用效率的考察，准确把握宏观经济系统对该地区债务总资源的利用情况，根据债务总资源的利用效率特征，采取正确的处置措施，进而提升债务资源利用率，促进宏观经济的可持续发展。具体的方式有两种：一方面通过提升当前信用总规模配置方式下的债务资金利用效率；另一方面优化当前债务资金配置模式，将债务资金配置到破解制约当前宏观经济发展的"瓶颈"要素领域，开发和激励"瓶颈"要素的发展潜力，进而改善宏观经济运行质量，实现宏观经济的可持续健康发展。

综上所示，在保持该国或该地区信用总规模与宏观经济需求相匹配的基础上，保持信用总规模与宏观经济相一致的增长速度，通过优化信用总规模的利用效率，来实现信用总规模与宏观经济协调发展，最终达到宏观经济可持续发展的目标。

三、 实现信用规模结构与宏观经济运行协调发展

信用规模结构是指信用总规模的构成结构，即政府部门信用规模、金融部门信用规模、非金融企业部门信用规模以及居民部门信用规模在信用总规模中的占比。那么，信用规模结构与宏观经济运行协调发展，是指某国或某地区政府部门、金融部门、非金融企业部门、居民部门四部门信用规模与各子系统宏观经济发展的协调发展，它是信用总规模与宏观经济协调发展的基础。市场经济条件下，宏观经济系统中各种资源的配置均以货币资金配置为先导，货币资金中除去自有资金外，主要采用信用方式进行债务资金配置（包括股权式融资等方式）。因此，信用规模结构与宏观经济运行的协调性直接反映了该国或该地区宏观经济系统各种资源配置的合理性和协调性；同时，信用规模结构与宏观经济协调性问题，也能够反映该国或该地区宏观经济各部门发展中存在的问题。鉴于此，信用规模结构与宏观经济运行协调性是指宏观经济系统各部门合理的资金需求能够得到满足，并且达到有效利用的状态。这一状态有以下三个特征：

（一） 提高各部门信用规模的利用效率

信用规模结构与宏观经济协调发展，除了需要满足以上两点外，还存在一个可能成为制约其协调发展的因素。由前文分析可知，信用规模过大或过小均会引起宏观经济运行出现问题，严重者甚至导致宏观经济运行危机。那么如何判断信用规模的大小呢？另外本部分第二点也提到，优化信

用规模的配置比率,究竟如何优化呢? 宏观经济各部门对信用规模的需求,除了可以用总量增加这一方法来补充之外,最有效的手段应是提高各部门信用规模利用效率。假设将信用规模看作是一种投入,产出是宏观经济增长率,若各部门出现资金短缺,一方面可能是因为总量不足,另一方面也可能是部门内部的信用规模利用效率较低造成的,即 1 单位信用规模投入,带来的部门宏观经济增速却不足 1 单位,该单位即存在信用规模利用效率低下的现象。因此,信用规模大小的确定,应该是在其信用规模利用效率的前提下实现规模匹配;这种“规模式”粗放的信用规模增长方式,在一定条件下可能会带来宏观经济的增长,但是随着信用规模总量堆积的增加,其风险也逐渐增加。因此,信用规模增长与宏观经济“规模式”粗放的匹配方式,不利于宏观经济的可持续发展,而追求信用规模利用效率提高的“集约式”匹配方式,并不单纯追求信用规模总量的增长,而是在提高各部门当前信用规模配置效率的基础上,再进行差额总量配置。

(二) 优化各部门间信用规模的配置比例

仅仅保持各部门信用规模的增长速度与各子系统宏观经济增长速度相一致,并不一定能够实现信用结构与宏观经济协调发展。若政府部门、金融部门与非金融企业部门、居民部门四部门之间信用总规模的配置比例出现不适应,即四部门拥有的信用规模并不能够满足本部门发展的需要,在目前四部门之间信用规模配置现状的基础上,即使保持本部门信用规模与本部门宏观经济同速增长,其信用规模的配置方式依然具有不适应性,要保持信用规模结构与宏观经济协调发展,最主要的问题是使各部门信用规模的配置与各部门的资金需求相一致,并在此基础上使其增速与本部门的宏观经济增速保持同步,即可以达到信用规模结构与宏观经济运行协调发展的目标。

(三) 各部门信用规模增长速度与各宏观经济子系统增长速度大体一致

若要实现信用规模与宏观经济运行协调发展的目标,仅考虑信用总规模与宏观经济协调发展而忽视结构性问题,那么协调发展可能依然面临重重问题,难以达成目标。信用总规模是由各部门信用规模加总之后的一个总量值,信用总规模的变动是由各部门信用规模变动引起的,是各部门信用规模变动加总后的一个外在表现,内部结构变动的具体情况如何,在总量变动上无法看出,若存在结构性认知的缺失,也就无法清楚地描述和认清信用规模变动的路径和传导机制。如信用总规模整体上呈现扩张的趋势,但这一结果并不意味着四部门的信用规模均是呈现扩张趋势,可能存在某些部门收缩、某些部门扩张，但扩张的力度大于收缩的力度，最终导致信用总规模扩张。也就是说，虽然信用总规模的发展速度与宏观经济的发展速度保持一致，且总体上信用总规模的利用效率也较高；但这并不意味着，信用规模结构与宏观经济运行也是协调发展的。因此，在处理信用总规模与宏观经济协调发展问题时，结构性问题的解决才是治本之道。那么，保持各部门信用规模的增长速度与各部门宏观经济增长速度相一致，避免宏观经济各部门因信用规模不足或过多，引起资金匮乏或"资金拥挤"现象，是保持信用规模结构与宏观经济运行协调发展的关键之处。

四、 经济新常态为信用规模变动和宏观经济运行协调发展增加了新的内容

2015 年以来，中国经济进入新常态的发展状态，给信用规模变动和宏观经济运行协调发展增加了新的内容。经济新常态一般是指经济可持续发展和稳定增长，伴随着经济下行压力，不再单单强调经济总量增长，而更注重经济发展质量。同时，伴随着信用规模的逐年增长而带来的经济运行风险压力，以防范和化解重大风险为导向，除了前文所述的三个关键问题之外，还需要注重以下三个影响信用规模变动与宏观经济运行协调发展的关键问题。

第一，宏观经济运行应当以实体经济发展作为基本出发点。一国经济发展的重要内容就是实体经济发展，是体现一国经济实力的重要表现，而实体经济发展的好坏也关系着整个宏观经济运行的质量。因为实体经济发展所创造的产品和服务是社会主体日常生产生活所必须之基础，也是社会经济生活发展赖以生存的必备品。注重实体经济发展势必会减少社会盲目的投资与投机，减少宏观经济运行的风险因素，有助于实现可持续发展。

第二，防范和化解重大风险成为现阶段的重点关注问题。经过长期的经济高速发展不仅仅给我国的社会经济生活带来了翻天覆地的变化，也在长期的发展中累积了一系列的风险因素，为系统性风险的发生埋下了不小的隐患，威胁着宏观经济的健康平稳运行。尤其是伴随着科技的发展和互联网技术的普及应用，对于风险来说又被无形地放大，基于不同社会主体之间的关联关系，风险在不同部门之间的传递也成为常态，严重威胁着宏观经济的长远可持续发展。因此，信用规模变动和宏观经济运行协调发展也应当注重在发展的过程中，以防范和化解重大风险为导向，消除潜在的风险因素，最大限度地处置当前的存量风险。

第三,四部门信用规模变动有新的侧重点。在经济新常态的进程中,要提升宏观经济发展质量,四部门信用规模变动应当有新的侧重点或导向。政府部门应当以化解地方债务和地方债务风险为重点,防范系统性风险的发生和传递;金融部门应当以支持实体经济为导向,以"脱虚向实"为指引,在信用规模变动中发挥关键性作用;非金融企业部门要在经济和产业结构优化调整中实现转型,以高新技术、科技型和绿色发展等为依托,提升自身的竞争力;居民和家庭应当实现消费升级,主动实现合理负债和适度消费,并处理好投资与消费的关系。

综上所述,在提高各部门信用规模利用效率的前提下,优化各部门信用规模配置比率,并保持各部门信用规模的增长速度与各子系统宏观经济增长率相一致的信用规模结构发展方式,才能实现信用规模结构与宏观经济的协调发展。

第三节　信用规模变动对宏观经济运行影响的判别方法

要实现信用规模变动与宏观经济运行协调发展,正确识别和准确判断现实生活中信用规模变动与宏观经济运行之间的真实关系是关键。要准确对信用规模与宏观经济关系进行判断,适当和精确的研究方法是前提,因而,本节对判别事物之间关系的方法进行总结分析,为后续准确判断信用规模与宏观经济运行关系选择最适合的判别方法提供理论基础。

一、"关系"判别方法的梳理与总结

通过对研究事物之间关系的判别方法的梳理,本节将研究事物之间关系的判别方法分为四大类:经验判断法、案例分析法、综合指标法、计量经济学分析法,具体的方法介绍如下:

(一)经验判断法

经验判断法一般是在缺乏完善和较为系统的历史资料的情况下采用的一种优选方案。一般是在实地调研的基础上,采用"老手评估法"和"专家意见法"相结合的方法,即聘请相关领域的专家、顾问或企业相关层次的有丰富经验的人员,根据他们的经验以及专家意见,运用定性和定量相结合的分析方法,对事物之间的关系进行判断。这种判断并非一次完成,可以根据第一次反馈的意见进行归纳和整理,再分别聘请或寄送给相关专家、顾问或经验丰富的"老手",并经过几次反复,最终形成较为统一的意

见,并得出结论的一种方法。这种方法简便易行,直接可靠,费用较低,并能够克服对数据完整程度的限制,因此,在现实生活和工作中是较为常见的一种判断方法。

经验判断法虽有很大的优势,但也具有无法忽略的劣势,如若面临复杂的数量变动和数量推断的情况,单凭借专家、"老手"的人脑记忆和判断,容易出现失误或遗漏;另外,判断的结果可能带有较为强烈的主观性,也容易受个人情绪、知识结构等因素的影响。因此,为了弥补这些不足之处,人们从两个方面对经验判断法做出了补充:第一,加强经验判断法评估的各个环节,尽可能多地获得信息,常见的做法有二,其一是加强各个方面、各个环节的市场调研,努力获得各个方面的影响因素的变化特征;其二是在进行判断或进行预测时尽可能地使用多种方法进行,比较不同方法的结果,并在此基础上作出合理的判断;第二,尽量降低个人的主观影响,增强经验判断的客观性和科学性,常见的做法有二,其一是尽可能地减少使用定性分析的方法,使定性分析转化为定量分析,如将不同专家、"老手"的判断结果赋予不同的权值,再根据不同的情况进行加权平均,尽可能地减少判断的主观性,其二尽可能是多样化专家或"老手"团队进行判断,使经验判断尽可能地覆盖方方面面,努力发挥集体的力量,弱化或减少个人的主观影响,增加判断结果的客观性和科学性。

(二) 案例研究法

案例研究法又称个案研究法,最早在1880年哈佛大学首创,并应用到学校教学中。案例法可以通过实地调研、系统性地搜集和整理文献与数据等方式,对某一特定案例进行深入研究,研究主要集中在"是什么"、"为什么这样发展"以及"发展的结果如何"等领域。通过案例研究得出的具有一般性规律的结论,以及较为全面和整体的观点,可以对具有同种属性或具有类似发展趋势的事件或事物提供较为有意义的借鉴和启示。

案例研究要保证它的典型性和研究的全面性,案例研究法是具有设计性的。案例研究的设计性主要体现在五个方面:第一,选择目标案例。进行案例研究的第一步也是最重要的一步即研究案例的确定,在确定研究案例时往往遵循问题导向,即研究的主要问题是什么,明确案例研究的目标。第二,确定案例研究的研究目的。即进行案例研究是对已有理论的检验,还是对新提出理论和假设的验证。第三,进行资料搜集。案例研究中定性资料和定量资料的搜集是分析的基础和出发点,因而,资料收集的正确与否、完整与否直接关系到案例研究结论的精确度和完整度。第四,对搜集的资料进行分析研究,资料分析是获得案例研究结论的前提,对资料进行研究分析的深入程度、方法选择的正确与否,直接决定着案例研究结果的深度和精确度。对资料的分析方法主要包括检查案例资料的准确度和完整度、对研究资料进行分类整理、对整理过的案例资料进行列表和画图性的定量分析、构建数学模型,运用统计手段和统计软件进行深入的定量分析等。第五,撰写研究报告。研究报告的内容是对案例研究结论呈现,一般没有统一的要求,灵活度较大,往往采用与研究过程相匹配的格式对研究结果进行展示,如研究背景、对研究问题和现象的描述、分析和讨论、最终给出研究结论。

(三) 综合指标法

综合指标分析法是指通过构建相应的指标对获得的数据资料进行定量分析,以揭示事物之间的数量关系、相互作用规律以及发展趋势等特征的方法,是统计分析法最基本的研究方法之一。综合指标法根据指标的性质可以分为总量指标、相对指标以及平均指标三种指标分析法。

总量指标分析法可以用来反映被研究事物的总体数量的发展特征或某一时点的特征。总量指标根据数据的特点不同分为时期总量指标以及时点总量指标两类。时期总量指标反映的是在一定时期内事物发展总量的数值,这类数据是一个连续的时间序列,能够反映事物的总体数量的发展变化规律。时点总量指标反映的是某一时点上事物的总量,这类数据是一个节点数据,能够反映事物在某一时点上的总体数量所处的状态。

相对指标分析法是用来反映两个具有相互作用、相互影响的事物相对变化的情况。相对指标分析法常用来研究被研究事物的发展程度、强度、利用程度,以及事物与事物之间的相互关联程度、相对发展程度或总量中的占比等。相对指标分析法是将绝对数值相对化处理的过程,属于对数值的概括和抽象化处理的过程,目的是将原先不便于直接进行比较的事物通过相对化处理可以进行比较。相对指标分析法根据指标的性质可以分为计划完成程度指标、结构性指标、比较指标、强度指标以及动态变化指标五种。计划完成程度指标主要是对实际值与计划完成值之间进行比较而产生的指标,常以百分数表示,反映的是特定时间段内对计划执行情况的总体评价;结构性指标是为了研究总体中各部分的占比,主要用以说明总体的构成情况,通常也是以百分数表示;比较类指标主要是用于在同一时期内同一现象事物之间数量的对比情况,常以倍数或百分数表示;强度指标是用于具有密切联系的事物之间总体的对比情况,用以表示事物发展的强度、密度或利用度,如某地区的人口出生率,或本研究的经济信用化率、杠杆率等,通常也以百分数表示;动态变化指标主要是用于同一事物在不同时间上的对比情况，常用以衡量事物的发展速度等发展效益类问题，数值也常取百分数或倍数类指标。

平均指标分析法是用来反映被研究事物总体数量的平均发展特征，或某一数量值的一般水平。平均指标分析法根据数据的不同特征可以分为时期平均指标和时点平均指标两大类。时期平均指标反映的是在一定时期内某一事物的平均发展水平，属于对该事物在该时期内总量指标构成的时间序列求均值，代表的是一定时期内事物的平均发展状况。时点平均指标反映的是某一时点上同类事物发展总量的平均值，属于横截面数据的均值，能够反映这类事物在某一时点上的平均发展状况。

（四）计量经济学分析法

计量经济学分析法是指通过运用一定的统计手段，构建相应的评价指标体系，运用特定的分析软件，建立相应的统计模型，对所获得的数据资料进行定量的实证分析，以揭示事物之间的相互关系、因果关系、相互作用规律以及发展趋势等特征的方法，是在统计分析方法基础上延伸而来的研究方法之一。我们根据构建模型的不同类型将模型分为：

1. 研究自身发展之间关系的判别方法——自回归滑动平均模型（ARMA）

自回归滑动平均模型是研究被解释变量受自身变化的影响，以及受其在不同时期误差项的影响，即研究的是事物本身的发展变化对自身的影响，属于自身与自身发展之间关系的判别方法。该模型是由自回归模型（AR）以及滑动平均模型（MA）两种模型混合而成，具体模型形式如公式（2.1）所示。

$$Y_t = \frac{\beta_0 + \beta_1 Y_{t-1} + \beta_2 Y_{t-2} + \cdots + \beta_p Y_{t-p}}{p \text{ 阶自回归模型}} + \frac{\varepsilon_t + \alpha_1 \varepsilon_{t-1} + \alpha_2 \varepsilon_{t-2} + \cdots + \alpha_q \varepsilon_{t-q}}{q \text{ 阶滑动平均模型}}$$

公式(2.1)

其中，$t=1, 2, \cdots, p$ 以及 $t=1, 2, \cdots, q$，参数 β_0 为常数项，自回归系数为 $\beta_1, \beta_2, \cdots, \beta_p$ 以及 $\alpha_1, \alpha_2, \cdots, \alpha_q$，自回归模型阶数为 p，滑动平均阶数为 q，而 u_t、ε_t 是一个均值及方差分别为 0 和 σ^2 的白噪声序列。随机误差项 u_t 与滞后变量 $Y_{t-1}, Y_{t-2}, \cdots, Y_{t-3}$ 不相关。

该类模型常被用来长期追踪某一被解释变量的变化，如研究被解释变量的发展模式变迁特征或具有时间变动特征的某些预测等。该方法用于研究具有平稳特征的随机过程，属于时间谱系分析中常用的分析方法之一，该模型同时兼顾了自回归模型（AR）的变量滞后阶的影响，与滑动平均模型(MA)的误差时期依存关系的影响,因而该模型较自回归模型(AR)以及滑动平均模型(MA)拥有更为精确的估计和更为优良分辨率性能,但估计过程较 AR 模型以及 MA 模型繁琐。

2. 研究多个变量之间相互依赖关系的判别方法——回归分析

回归分析是一种运用非常广泛的统计分析法,经常用于衡量两种或两种以上变量之间存在的相互依赖关系或发现变量之间的因果关系,这种分析方式也属于一种预测分析常用的方法。回归分析有多种类型,根据解释变量的个数可以分为一元回归和多元回归;根据被解释变量的个数可以分为简单回归和多重回归;根据解释变量和被解释变量之间的关系可以分为线性回归和非线性回归。而根据不同的特征可以将回归分析进行分类,分类标准有解释变量的个数、因变量的类型、回归线的形状三种。根据以上三种回归分析的标准,本节将常用的回归分析分为 5 种类型进行介绍,5 种类型分别有:线性回归、逻辑回归、多项式回归、岭回归、套索回归等。具体介绍如下:

(1) 线性回归分析方法

线性回归是回归分析中最常见的一种分析方式,也是人们在进行数据建模时常选择的一种分析方法。线性回归假设被解释变量和解释变量之间存在简单的线性关系,即他们之间存在一条最佳的拟合直线,因此,用线性回归分析方式来对被解释变量和解释变量之间的关系进行判断,或者在已有相关研究资料的前提下,对被解释变量进行预测。线性回归的被解释变量通常是一个且具有连续性特征,而解释变量则没有这一要求,其个数可以是一个也可以是多个,其数据可以是连续的也可以是离散的。线性回归分析方式的数学表达式如公式(2.2)所示:

$$Y = c + \sum_{i=1}^{n} \beta_i X_i + \varepsilon \qquad 公式(2.2)$$

其中,c 表示截距项,β_i 表示回归系数,ε 表示误差项,Y 表示被解释变量,X_i 表示解释变量,i 表示解释变量的个数,当 $i=1$ 时,该模型构建的即为一元回归模型,当 $i>1$ 时,该模型构建的为多元回归模型。

(2) 逻辑回归分析方法

逻辑回归分析是回归分析中常见的一种,与线性回归分析唯一的不同在于被解释变量的特征,逻辑回归模型中被解释变量具有离散数据特征,我们常用的是二元离散选择模型,此时被解释变量的类型属于二元变量。逻辑回归分析方式的数学表达式如公式(2.3)所示:

$$Y^* = c + \sum_{i=1}^{n} \beta_i X_i + e \qquad \text{公式(2.3)}$$

其中，Y 表示被解释变量，X_i 表示解释变量，i 表示解释变量的个数，当 $i=1$ 时，该模型构建的即为一元逻辑回归模型，当 $i>1$ 时，该模型构建的为多元逻辑回归模型；c 表示截距项，β_i 表示回归系数，e 表示误差项。

根据模型中误差项 e 的分布不同，又将逻辑回归分为 Probit 回归模型与 Logit 回归模型，其中，Probit 模型对误差项 e 的要求是服从正态分布，Logit 模型对误差 e 的要求是服从 Logistic 分布。多数情况下 Probit 与 Logit 回归模型的边际效应十分接近，曲线几乎重合，区别在于对尾部数据的解释上；两个模型的估计系数一般没有经济意义，一般不进行解读，模型分析的目的在于测算被解释变量发生的概率，即 $p(y=1|x)$ 的值，一般认为两类回归模型测算出来的 P 值可能存在一定的规律，即 $P\_Logit = 1.6 * P\_Probit$。正因为 Logit 的估计结果更具有直接性和简单性，因而，Logit 回归模型较 Probit 回归模型应用更广泛。

（3）多项式回归分析方法

多项式回归分析方法与线性回归分析方法相同的是被解释变量为连续时间序列，并且只有一个被解释变量；不同的是解释变量的阶数，线性回归分析中解释变量为 1 阶，在多项式回归分析中解释变量为高阶。即多项式回归分析被解释变量与解释变量之间的关系不是线性的，而是非线性的，其拟合的数据点也不是一条直线而是一条曲线。当被解释变量与解释变量之间存在非线性关系时，多采用多项式回归分析方法对其进行预测或因果关系判断。多项式回归分析方式的数学表达式如公式（2.4）所示：

$$Y = a + \beta_j^* X_j^i + \varepsilon \qquad \text{公式(2.4)}$$

其中，$i=2, 3, \cdots, n$，$j=1, 2, \cdots, n$，Y 表示被解释变量，X_j 表示解释变量，i 表示解释变量的幂，即阶数；a 表示截距项，β_j 表示回归系数，ε 表示误差项。

（4）岭回归分析方法

在线性回归分析中，若解释变量之间存在高度自相关时，由于误差项的方差较大，即使回归系数不存在偏差，在进行预测时观测值与实际值的差别也会很大，这样直接用线性回归分析将会降低模型的精度。此时若建立岭回归分析，在回归估计值的基础上添加一个偏差值，将会大大地降低标准误差。在回归分析中，引起误差的原因可能是偏差也可能是方差，也有可能是偏差和方差共同作用的结果。本节只给出由方差引起误差的岭

回归模型,岭回归分析方式的数学表达式如公式(2.5)所示:

$$L_2 = \underbrace{\mathrm{argmin} \parallel y - x\beta \parallel_2^2}_{\text{Loss}} + \underbrace{\lambda \parallel \beta \parallel_2^2}_{\text{Penally}}$$

公式(2.5)

其中,L_2 表示惩罚函数,β 表示相关系数向量。由公式可知,岭回归分析法中由两部分构成:一部分是最小二乘结果,一部分是 β 平方的 λ 倍,岭回归模型主要是通过收缩 λ 达到降低误差的目的。

(5) 套索回归分析方法

套索回归分析方法与岭回归分析方法相类似,均是对回归系数向量给出一个惩罚值项,通过收缩 λ 进而降低回归分析的误差。但与岭回归不同的是其采用的惩罚函数不是 L_2,而是 L_1,套索回归分析方法对其惩罚要比岭回归分析方法重,若解释变量中存在很强的多重共线性时,其会在众多自变量中选取一个,将其收缩为零。套索回归分析方法的数学表达式如公式(2.6)所示:

$$L_2 = \underbrace{\mathrm{argmin} \parallel y - x\beta \parallel_2^2}_{\text{Loss}} + \underbrace{\lambda \parallel \beta \parallel_2^2}_{\text{Penally}}$$

公式(2.6)

其中,L_1 表示惩罚函数,β 表示相关系数向量。

二、 对现有相关关系判别方法的评析与本研究的选择

(一) 对现有相关关系判别方法的评析

经验判断法的优点是在无法获得较为详尽的信息的前提下,依然可以凭借经验得出所需结论,该方法在现实生活中较为常用。但该方法无论怎么改善仍然存在无法解决的局限性,如得出的结论较高地依赖于所请专家、"老手"以往的工作经验与知识结构,可能有失偏颇;另外,资料的获得往往依赖于详尽和细致的市场调研或实地调研,可能产生较大的人力资源和时间的消耗。

案例研究法的优点是能够给研究者提供一个较为全面系统的支持,可以通过对研究对象的观察、分析和思考,从而建立较为深入和相对周全的理解。但案例研究法同样存在一些局限性:一是案例研究法不是统计分析,而是个案研究,对案例的选择主要取决于个人偏好,具有较强的主观性和随意性;二是由于技术上的局限以及研究者知识结构的局限使研究过程和研究结论可能存在不完全性的特点;三是案例分析的基础是完整的资料统计以及正确的技术支持,无论是资料搜集还是技术支持,均可能需要耗

费大量的时间与人力资源。若能够将以上三点克服,案例分析法在"关系"判别方法中,确实具有不可替代的作用。

综合指标法是依靠构建相应的指标体系,去定量分析和评价研究对象的某些特征和性质的方法。综合指标法能够在定性分析的基础上进一步挖掘研究对象的深层次特征,揭示其发展规律,但依然存在不足之处,如根据综合指标法揭示的一般规律稳定性可能存在疑问;另外,综合指标法也无法进一步揭示研究对象之间相互作用的机制、路径以及确定影响程度的大小等问题。

计量经济学分析法是在综合指标分析法的基础上,通过数学建模,运用统计方法和统计软件来揭示研究对象之间各种关系的一种方法。这种分析方法具有很强的客观性和科学性,得出的结论也具有稳定性,并且能够深层次挖掘研究对象之间隐藏在现象之下的规律。因此,计量经济学分析方法在关系研究的各种判别方法上具有很强的优势。但是,计量经济学研究法依据的均为历史资料,往往根据历史的规律去预测和判断未来的发展,若在现实宏观经济运行中发生了较大的改变,计量经济学分析法将因为无法对这种变化做出应对,而显得有失灵活性。

由以上对"关系"研究判别方法的梳理和分析可知,每种方法均具有一定的科学意义,但又均具有一定的局限性,并不存在十全十美的分析方法。因而,在选择信用规模与宏观经济关系的研究方法时,不能简单地将某种研究方法抛弃,只选择一种单一的判别方法。鉴于此,在研究信用规模与宏观经济运行关系时将综合使用经验判断法、案例研究法、综合指标法、计量经济学分析方法四种研究方法,以弥补其各自的不足之处,增强研究的严谨性和科学性。

(二) 信用规模与宏观经济关系研究方法的确定

1. 信用规模与宏观经济运行关系研究方法的确定

首先采用案例研究法从现实爆发的宏观经济运行危机中寻找信用规模在危机中扮演的角色,并通过对现有资料的研究和分析,总结出信用规模变动影响宏观经济运行的一般规律。鉴于案例研究所得的结论可能由于资料限制,以及理论结构不同造成分析结果可能存在偏差,本研究在案例分析的基础上,运用综合指标分析法,运用指标详细分析刻画中国与美国信用规模变动与宏观经济变动两者的曲线,找到异同点。在案例分析和综合指标分析方法的基础上,本研究通过构建计量模型,综合运用一定的统计方法和统计软件,对中国与美国两个国家信用规模与宏观经济运行的关系进行详细研究和深度挖掘,寻找信用规模影响宏观经济运行的作用规律、作用机制、传导途径以及影响程度等，并建立信用规模无序变动的识别与预警模型。通过之前的案例分析法、综合指标分析法以及计量经济学分析法的研究，并在其研究结论的基础上，运用经验判断法，从美国信用规模与宏观经济相互作用的分析结果，以及中美差异的基础上，提出可供中国借鉴的经验与启示。

2.各类研究方法在本研究的具体运用

（1）案例研究法在本研究中的应用

首先，在研究信用规模与宏观经济运行关系时，将美国作为一个研究案例，在对美国70年信用规模与宏观经济运行关系进行深入研究，得出相关研究结论的基础上，通过中美信用规模与宏观经济运行的特征与关系进行对比以明确差异，再结合研究的一般规律、中美差异以及中国的特殊性，提出中国应对信用规模无序变动的政策建议。其次，在分析研究国际以及美国信用规模无序变动的现实依据中，均采用案例研究法，在宏观经济发展的历史中寻求信用规模与宏观经济运行关系的线索和踪迹，为本研究后续章节的定量分析定下基调。首先在国际范围内爆发的具有代表性的经济与金融危机中寻找案例，从历次国际性经济金融危机的产生、发展和蔓延中，探寻国际范围内信用规模与宏观经济运行之间可能存在的相关关系，并总结出相关规律。其次，在研究美国70年的研究区间内对爆发的10次危机进行了详细分析，并揭露10次危机的发生发展过程中，信用规模变动起到的作用。

（2）综合指标法在本研究中的应用

首先，在分析中国与美国信用规模与宏观经济运行现状时，采用的综合指标分析方法，通过量化分析与作图拟合，研究信用规模变动与宏观经济运行之间发展变动的轨迹，从中找寻两者之间可能存在的关系及从中分别总结出中国与美国信用规模变动的规律；并通过对中美之间信用规模与宏观经济之间关系的对比分析，总结中美之间的差异。其次，在研究中国与美国信用规模无序变动的识别时，依然采用综合指标法，通过设立弹性指标，即一单位的信用规模消耗带来GDP变动的比例，并以此为依据识别信用规模的无序变动。

（3）计量经济分析法在本研究中的应用

案例分析与综合指标分析法能够从定性与定量两个方面去研究信用规模与宏观经济运行之间关系的表层次规律，但这类研究得出的规律与结论是否是稳定正确的，还有待考量。鉴于此，本研究在前两个分析方法的基础上引入计量经济学分析方法，采用数学建模的方式对之前研究得出的规律进行验证和拟合，以保证研究的严谨性、精确度和科学性。在研究信用规模与宏观经济关系时，将分别构建协整方程、误差修正模型、VAR、Logit 回归模型以及数据包络 Malmquist DEA 方法五种模型进行深层次的定量分析。

第一，协整方程以及 VEC 模型在本研究中的应用。本研究在验证中国与美国信用规模与宏观经济的长期均衡关系时引入了协整检验分析法。本研究选取的中国与美国的信用规模指标、宏观经济 GDP 指标原序列均不平稳，不能直接进行回归分析，但均是一阶单整序列满足构建协整检验的前提条件。因此，本研究将在后续研究信用规模与宏观经济关系实证研究的中美对比分析中，拟构建协整检验模型来验证两者之间是否存在长期均衡关系，若存在，则进一步研究是长期正向拉动作用还是长期负向牵制作用；并且在此基础上构建误差修正（VEC）模型来探索若某一个变量受到非对称性冲击后，信用规模与宏观经济运行偏离其长期均衡状态后的调整过程。

第二，VAR 模型在本研究中的应用。即使本研究通过构建协整检验模型与误差修正（VEC）模型对中国与美国信用规模与宏观经济运行之间存在的长期均衡关系进行了验证，但也仅仅是验证了中美信用规模与宏观经济之间的长期影响关系，而中美信用规模与宏观经济两个指标在短期内的相互作用过程，仅依靠这两个模型是无法验证的。为了验证短期内中美信用规模与宏观经济之间的相互作用与相互影响路径，本研究拟构建 VAR 模型进行研究。并在构建的 VAR 模型的基础上进行 Granger 因果检验，用以揭示中美信用规模与宏观经济之间的影响机制，即是否存在 Granger 因果关系，若存在相互影响，那么影响是双向还是单向；另外，在 Granger 因果检验的基础上再进行脉冲检验，目的是深入分析信用规模与宏观经济短期内的影响路径；最后，在明确的信用规模与宏观经济的影响机制、影响路径的基础上，进行方差分解分析，主要目标是要衡量信用规模与宏观经济变化中，各自对对方变动的贡献度大小，并得出具体的贡献值。

第三，Logit 回归模型在本研究中的应用。在构建美国信用规模风险预警模型时引入了逻辑回归分析方法，选取的是 Logit 回归分析法。考虑到美国信用规模与宏观经济数据较为完整和易得，并且时间序列较长，本研究在研究美国信用规模与宏观经济之间关系时，选用的时间窗口是1952 年至 2021 年，涵盖 70 年、278 个季度。并且研究窗口的 70 年间，美国发生了大大小小近 10 次经济金融危机，因此，根据美国数据的特征可知,美国信用规模风险预警模型的构建,可以凭借 Logit 二元离散选择模型来进行研究。本研究将发生危机的年份赋值为 1,同时将没有发生危机的年份赋值为 0,并将其当作 Logit 模型的因变量,然后分别将美国的信用总规模、四部门信用规模当作自变量,来分别建立美国的信用总规模风险预警模型以及美国四部门信用规模风险预警模型,并对构建的模型进行拟合,来验证模型的准确度和精度。通过模型结果测算风险发生的概率,并根据风险发生的不同概率构建风险预警体系。

第四,Malmquist DEA 方法在本研究中的应用。在研究中国信用规模无序变动的预警时,由于受数据长度的限制,中国研究的时间窗口是从 2006 年至 2021 年,共 15 年 61 个季度。在研究中国信用规模与宏观经济运行之间关系的这段时间内,中国宏观经济运行发生危机的次数不超过两次,不符合构建 Logit 风险预警模型的前提。鉴于此,本研究选择 Malmquist DEA 方法对中国信用规模无序变动进行识别和预警。本研究假定将信用规模作为一种资源投入,产出为 GDP,因此,将中国的信用总规模数据作为 Malmquist DEA 模型的输入变量,将 GDP 作为输出变量,来测算研究时间段内,中国信用规模变动带来的 GDP 产出效率,根据效率值与数值 1 之间进行比较,得出信用规模无序变动与有序变动的年份。并通过对 Malmquist DEA 效率值的分解,得出信用规模无序变动年份的冗余值与最优值,或者 GDP 的最优值,并以此,作为对中国信用规模无序变动进行治理的统计依据。

第四节　信用规模影响宏观经济运行的危机事件评析

20 世纪 90 年代的亚洲金融危机、21 世纪初的国际金融危机和欧洲主权债务危机是距今最近、影响最大的三次宏观经济危机,尤其是全球性的金融危机和欧洲主权债务危机的波及和影响至今仍在持续,通过对几次重要危机的回顾,通过信用规模对危机爆发影响启示的分析可以发现,信用规模在几次危机中的表现既有共性,又有差异。

一、　导致危机发生的根源均是信用规模的无序扩张

宏观经济运行需要有与其相适应的信用规模的推动,适度的信用规模能够拉动宏观经济的快速发展,信用规模的无序变动往往会突破经济发展所能承受的边界而导致危机的发生。亚洲金融危机中危机国家或地区金

融部门的信用规模无序变动主要是因为其资本账户的开放给国际短期投机资本带来了可乘之机；美国次贷危机引起的国际金融危机是因为银行等贷款性金融机构降低了购房者的标准，进而引起居民部门信用规模的无序扩张；欧洲主权债务危机是因为政府部门信用规模的长期持续增长超过了宏观经济所能承受的压力。这些部门信用规模的膨胀最终导致一国信用总规模的无序变动，与其所支撑的宏观经济运行发生严重的偏离，且隐藏了诸多风险因素，当宏观环境或宏观因素发生逆转时，风险的传递导致危机一发而不可收。

二、 治理及监管的缺失是导致信用规模无序变动的重要原因

纵观三次危机的起源国——泰国、美国和希腊，在危机爆发前的一段时期内均出现了经济的快速增长，这也是信用规模增长推动宏观经济阶段性发展的结果，之所以发生后来的各种危机，是因为信用规模的增长并没有控制在相对适度的范围内，也归结于治理及监管的缺失、盲目和滞后性。泰国的银行等金融机构因资本账户的放开从国际金融市场融得大量的短期资金，导致金融部门信用规模高度膨胀时，没有采取相应措施对资本账户进行管控而越陷越深；美国长期实行的不干预政策放任市场的发展，而导致进入 21 世纪之后美国信用规模的极度扩张；希腊长期实行积极的财政政策带来的财政赤字和公共债务导致政府债台高筑。这些事实不仅反映了相关机构和部门对信用规模无序变动疏于管理，同时危机的爆发也督促了政府当局应当联合相关部门构建信息共享机制，建立风险预警体系，以此来识别和预防因信用规模持续的无序变动而引发的宏观经济运行危机。

三、 不同部门信用规模的无序扩张引发危机爆发的机制有所差异

虽然三次宏观经济运行危机均是由信用规模无序变动所引起，但是危机爆发前后信用规模变动的传导机制却有所差异，明确这种差异对于政府当局具有针对性的监管和调控有着重要的作用。例如在亚洲金融危机中，泰铢汇率盯住美元的汇率制度使得泰国的经济走势受美国很大的影响，同时为了吸引外资，在 20 世纪 90 年代中期慢慢放开资本账户，导致金融部门信用规模快速膨胀，并将短期国际资本转化为国内的长期投资，又诱使非金融企业部门和居民部门的信用规模大幅上升；美国次贷危机前信用规模的膨胀最初是因为政策性因素导致居民部门信用规模膨胀，引发银行等贷款性金融机构因过度金融创新使金融部门信用规模急剧膨胀，最终一发

不可收;欧债危机中的希腊债务危机则是政府部门长期的财政赤字和公共债务引发政府部门信用规模的持续性膨胀引起的,同时其他部门的信用规模变动没有使经济有实质性的发展,最终违约风险暴露而引发进一步的危机。明确危机中信用规模变动的传导机制,有助于在不同阶段实施不同的、最有效的监管和调控措施。

第三章　中美信用规模变化的
动态演进对比分析

  美国信用规模的演化是由特定的历史条件决定的，从其早期宗教时期的信用发展雏形，到英属殖民地时期的新特点，再到两次世界大战使美国的信用领域蓬勃发展，其信用活动、信用交易演化呈现出明显的历史特征，信用规模的变动也体现了美国信用领域的发展趋势。本章的研究先对美国信用体系和信用交易的历史演变及其时代背景作了详细的阐述，并对其中影响因素的变化和作用作了针对性的分析。然后对美国近现代 50 多年的数据进行了现实考察，并与宏观经济的发展作了对比，试图从数据上挖掘它们的相互关系。这样本章的研究就具备了研究对象质和量的前提，为后面章节的实证研究提供了可靠的依据。

第一节　美国信用体系与信用交易演化概述

一、美国信用体系演化概述

  对美国信用体系的演化分析是从历史时期的演进角度进行的，首先分析了早期宗教时期信用体系初始发展阶段的各种特征，然后对信用体系发展的重要推动因素——商业进行了历史演变分析，最后对信用体系的主导部门——政府的角色特征及其演变进行了阐述。

（一）早期富有宗教色彩的信用活动

  早在 15 世纪末，欧洲殖民者已经将宗教活动传播到北美大陆，那时美国殖民地的信用活动已经受到欧洲宗教色彩信用活动的影响。殖民地时期的美国，教会对美国的社会经济以及生活都有极大的影响作用。

  1. 早期的基本信用形式

  美国殖民地教会时期，教会在全国社会、政治、经济和生活当中起主导作用，受欧洲宗教地位的影响，美国殖民地时期，教会也已经成为社会的一股独立力量,并影响美洲大陆的方方面面。教会作为全社会权力的中心和象征,它亦成为财富集聚的中心,为了满足长期积累的巨额财富升值和扩大的需求,教会长期充当着贷款人的角色。当时最盛行的就是土地抵押贷款,即借款人将土地抵押给教会以获得贷款,这使得教会愿意提供更多的贷款以获得更多的土地。

土地抵押贷款作为一种永续的信用形式,只是殖民地教会时期的基本信用活动之一。另外,在更宽泛的信用活动中,教会也充当信用中介,给那些好的或者有影响力的统治者提供相应的贷款,因为那些需要资金周转的统治者基于教会在整个社会活动的影响力,愿意将自己的土地等财产抵押给教会,而不愿意直接从私人手中进行融资。

宗教在社会中起的主导地位,尤其是美洲大陆殖民地时期,教会在社会信用活动中很大意义上充当了信用中介,很大程度上维持了社会信用体系的形成和运行。

2. 信用制度的早期演变

信用制度是信用体系的保障性条件和信用体系构建的内部制约因素。诚信是作为一个宗教徒最基本的素质和道德观念,在宗教色彩的感染下,人们对诚信非常重视和崇尚,它是在宗教体系下交往的基本条件。因此,诚信成为西方国家宗教时期建立信任的重要基础,信用制度也是在诚信的基础上不断依据信用活动的范围、参与者、信用对象等产生和完善的。例如,爱德华三世曾在遗嘱中表现出他对诚信的重视,他希望他的后继者能够为他偿还自身的债务,而这种债务是私人债务,并非国家债务。

但是,早期教会的教规使人们从事商业买卖就不可避免地出现犯罪行为,也使商业活动蒙上了一层罪恶的面纱,从而导致人们对商业行为的质疑。直到19世纪末20世纪初,这种观点才被资本主义兴起时期的新制度所打破。不过,早在11世纪末和12世纪的天主教会就鼓励追求财富和金钱,但是这种商业活动也要遵循一定的目的性和活动准则。到13世纪的欧洲,作为一种普遍投资形式的银行存款,银行家在该过程中支付一定的利息,这也成为信用活动的一种表现形式,并在这些活动中不断地延伸出相关的信用制度。当然,这些以教会为中心的信用活动的规则往往是为那些制定规则的主体所服务的。

由此可见,宗教影响下的信用活动所依据的信用制度与教会原本的教义一定程度上是背离的。完善的信用制度是为了服务信用活动的正常开展并促进社会进步的,而在宗教的阴影下,则在某种程度上成为教会获取利益的保障。

3. 信用制度的变革

如前所述,在欧洲教会影响下的美国殖民地的信用活动,其信用体系下的信用制度的制定,某种程度上是为了维护教会的利益而设立的,即制度的设立者和执行者均为同一个主体,教会的这种两面身份决定了当时法律法规都以社会统治者的利益为导向。

资本主义的兴起打破了教会教义下的信用活动状态,教会在社会、经济、政治和生活的主导地位不断被削弱,教会不再是整个信用活动的中心,围绕着资本主义商业活动而不断加速发展的信用活动,成为繁荣整个社会经济的重要力量。金融机构和团体的出现成为信用活动加速发展的催化剂,与之相关的信用制度不断演化成为整个社会信用活动的保障,而且也在商业快速发展的阶段逐渐趋向于成熟。

（二）商业繁荣推动信用体系进一步巩固

受英国国内发达经济的影响,美国在英国殖民统治时期,国内商业氛围已经渐渐出现繁荣的迹象,虽然早期的美国主要向英国等欧洲殖民国家输出资源密集型产品,但是这为美国独立后几百年的商业发展奠定了基础。商业的繁荣和发展必然促进信用活动的频繁,两者之间互为促进,为美国的信用体系建设提供了良好的条件。

1. 19 世纪中期以前

18 世纪中后期,美国作为英国的殖民地,国内经济的发展很大程度上依赖英国和美国之间的资源输出与输入,美国的绝大多数进口来自英国,英国半数以上的进口来自美国。虽然当时美国人口稀少、交通极其不便利,但是美英之间的双边往来也会促进国内商业的发展。当时商业的形式比较简单,交易主要是以物易物形式,此时的商业信用也只是处于萌芽的状态。

正因为英国和美国之间的殖民关系,受英国经济的影响,从独立战争到 20 世纪初的第二次英美战争期间,美国的经济延续了良好的发展势头。联邦制的确立使全国的经济和市场得到了统一,原来州与州之间的各种壁垒被打破,放开了劳工、货物和资本的输出限制,美国的商业得到了空前的发展。商业的不断繁荣必将挣脱旧模式的束缚,商业信用得到了空前的发展,信用活动不断扩展到国内各个领域,为商业的进一步发展提供了充足的空间。

18 世纪前半叶,随着美国国内经济的不断繁荣和市场的扩大,一个重要的角色——商人资本出现且开始独立运作,并向专业化方向发展。此时,商业银行、保险公司等金融机构也得到了长足的发展,信用活动也趋于规范化,各种信用制度不断地建立和完善,信用体系在逐步形成。

2. 19 世纪中期到 20 世纪中期

这期间的百年发展使美国在世界上的地位得到了巩固,尤其是两次世界大战给美国带来的经济和政治上的利益,确定了美国在世界上的领导地位,经济的繁荣必然伴随频繁的信用活动。

此时,信用体系的建设势在必行,一个健全的信用体系可以促进一个国家或地区经济交易方式的变革,打破经济交易的局限性。早期简单的信用活动已经不能承载发达经济的需求,原有的支付方式已经逐渐向信用支付方式过渡,为了保持市场的繁荣,必然需要创造良好的经济环境。首先需要营造一个良好的信用环境,这样才能有序地扩大市场需求,提升商业经济的繁荣程度,促进经济进一步增长。信用体系建设是市场经济发展的必然选择,也为市场经济下的信用活动提供制度保障。美国在这段时期的经济增长和良性循环,一定程度上源自美国长期对信用体系建设的重视,并逐步建立良好的信用管理体系。

3. 第二次世界大战至今

经过第二次世界大战至今的快速发展,美国的商业经济已经在世界上占有举足轻重的地位,其商业扩展的广度和深度都达到了一定的高度,与之伴随的美国信用体系的内涵更加丰富,内容更加复杂,主要体现在企业信用的发展、信用产品的极大丰富和信用监管的完善。

(1) 企业信用趋于完善

从美国近现代来看,企业都是参与社会经济活动和信用活动最活跃的主体,公司制企业更是其中的中坚力量,因此企业信用的完善对信用体系产生了重要的影响。美国 1929 年经济危机时期,一方面,对上市公司的信息披露没有强有力的措施,甚至出现拒绝上报财务报表的现象,大量的保证金杠杆式交易加速了信用规模的无序扩张,同时又缺乏行之有效的监管;另一方面,全国的商业银行大多数直接参与了证券交易,且规模巨大,市场上充斥着虚假信息、内幕交易和黑市操作等非法行为。信用的过度膨胀与当时的信用主体的信用活动是分不开的,而且是主导因素。

美国关于企业信用的完善主要从加强企业信用行为展开,一方面是针对公司制企业,普遍针对企业参与经济、信用活动的行为,来完善现代企业制度;另一方面重点针对金融机构,如银行、证券公司和保险公司等,规范其信用行为,加强公司组织结构建设,减少委托代理产生的信用风险,打击内幕交易、虚假信息等欺诈行为,保证所有参与主体的正当利益,提高信息披露制度的及时性和客观性,满足市场对真实信息的充分需求,降低市场信用风险。美国 1929 年经济危机后至 20 世纪末相继出台和修订了一系列的法律法规，如《证券法》《证券交易法》《证券投资者保护法》《保护储户法》等。

（2）监管模式的变革

监管机构的发展对信用体系的建设和完善起到至关重要的作用，监管职能的合理性是根据当期金融市场和信用市场的状态来划分的。美国在1999 年以前实行的是个别立法，分层、分业监管的模式，其中以 1933 年颁布的《格拉斯·斯蒂格尔法》、1934 年颁布的《证券交易法》和《投资公司法》等法案成为美国分业经营的制度性文件，这也促使了美国信用监管进入分业监管阶段。联邦政府和州政府均是监管部门，又针对银行业、证券业和保险业设立专门的监管机构，其中美国联邦储备委员会、储贷监理署、货币监理署和国家信用管理局四个监管机构共同负责对银行的监管。1999 年美国国会通过的《金融服务现代化法案》标志着美国进入混业经营的新阶段，美联储的监管职能也得到了进一步的提升，美联储成为同时对银行业、证券业和保险业监管的唯一监管机构，当然在该阶段的信用主体及其信用行为逐渐规范、监管体制及相关信用监管制度都已经成熟和完善，这就为混业经营提供了良好的保障条件。

监管模式变革是伴随着信用活动的广度和深度不断发展而进行的，尤其是在此期间经济、金融的全球化发展，随之产生信用风险的复杂化加深，给信用监管带来了新的挑战，促使需要与之相适应的监管模式的变化。

（3）信用产品种类层出不穷

二战后，美国商业的蓬勃发展带来了金融业的高度发展，技术的进步为信用产品的创新提供了良好的基础，市场需求向多元化和精细化发展，作为信用体系下最活跃的因素，信用产品的创新向广度和深度双向演进。全球化经济金融的空前发展为信用产品的丰富提供了现实条件，信用产品的丰富是与金融创新同步的，两者互为促进。信用产品的极大丰富提升了信用活动的效率，使市场上的信用交易的可能性得以提高，奠定了信用体系在美国社会经济中的坚实地位。信用风险是随着信用的产生而来的，信用产品种类的大量增加必然增加相应的信用风险，无论是信用产品自身的风险规避，还是作为一种外部对其进行监管的对象，均为信用体系的改革提供契机，都会加速信用体系的不断完善。

（三）政府角色的转变促进信用体系进一步完善

无论所谓的政府是早期的教会，或是君主，抑或是现在的国家权力机构，信用对于政府来说先天地具有双重身份，一是政府作为一个社会单位具有信用,即政府主体信用,二是政府往往又是信用体系的构建者、完善者和监管者。随着社会的变迁和进步,经济的变革和发展,政府参与信用活动的目的和方式都在发生变化。

1. 政府主体信用

政府主体信用,即政府信用,集中反映的是社会公众和团体对政府的信任关系,政府作为社会公众的代理人形象,要接受公众对政府诚信、政府行为和政府能力的综合评价。在信用体系的不断演化过程中,政府作为一个主体参与信用活动同样要和其他信用主体一样强调客观后果,更重要的是政府还要考虑对其他信用活动参与主体的影响,同时也要顾及社会及其公众对政府行为的态度。即便是早期简单的信用活动,作为社会主导地位的教会教义也对所有信用主体的诚信度有一定的要求。

实质上,当前政府信用是权力机关在政治行为、制定政策和进行社会管理时产生的道德和伦理问题。因此政府信用具有一定的示范性,在其参与社会经济、政治活动时,对社会公众和其他社会团体有很强的影响作用,政府应作为信用体系框架主体的一部分,必须遵守相应的信用规则,为整个信用体系的建设和完善起到良好的带头和促进作用。

2. 政府信用监管

基于政府在信用体系的特殊性,政府信用监管分为政府自身行政信用和对其他社会信用的监督和管理,两者共同构成了社会信用体系中政府信用监管的内容。在信用体系中,政府作为社会行政管理当局拥有特殊的管理职能,主要包括对自身的信用监管、非政府组织信用监管、企业和行业信用监管以及个人信用监管,由于政府参与信用活动的两面性,不仅要强化政府的信用监管权力,而且要接受法律法规和信用规则的约束。在构建信用体系和政府制定信用监管措施时需要从多角度出发,制定和完善行之有效的信用法律法规,完善信用制度,建立征信企业的准入标准,构建数据征集的规范与标准,明确监管机构的权力和责任等,其监管内容涉及人财物以及信息化领域等社会各个领域。

从政府信用本质上看,政府在信用体系当中所进行的信用活动必须是透明的和可预见的,需要建立信息公开和披露制度,实现政府权力和责任的对等,否则就会发生政府信用危机。

3. 政府主体信用与信用监管的结合

在近现代的美国信用体系中,政府的职能模式和地位都随着不断完善的产权制度在逐渐发生变化,政府在信用体系中充当的角色被逐渐分割,信用制度也随着信用活动形式的改变和信用体系的演化而发生改变。

(1) 政府角色明晰化

各个时期的政府或国家权力机构在信用活动中,都会通过执法与立法的兼顾性来维护政府最终受益,甚至在某种程度上不受法律的实质约束,这也是信用领域乃至其他领域导致政府腐败的根源,这样不仅会使政府在社会活动中的权威性和公正性受到质疑,也会使其他相关信用主体的利益受到威胁。在整个信用体系下,这种权责不分的政府角色强制力的不断加强,会导致政府盲目趋利信用行为矛盾的深化,最终危害到社会经济的健康发展。

随着商业资本家和商人阶层力量的壮大,长期并存的多元化组织机构,君王政府乃至联邦政府对信用和商业经济的依赖性增强,约束政府的信用行为、改革政府权力组织机构成了信用体系进一步完善和协调的必然趋势,也是商业资本家、其他社会团体和组织的长期诉求,这就为政府角色的转变奠定基础,也提供了契机和突破口。一个明显的转折因素——产权制度的形成和明晰化使美国信用活动得到了良好的发展,对政府信用行为的约束上升到正式的法律层面,此时由宪法来界定和约束立法机关和政府的权力,同时也是依据正式的制度来强化。这样,在经济活动、信用活动中政府和其他的社会参与主体通过法律保持了权利的对等。

此时,政府作为参与社会经济信用活动的一个主体,要履行信用体系所涵盖的所有规则,它在信用体系中强势而独有的地位和特权已经随着时间和信用市场的变革逐渐丧失,而地位等同于其他拥有同样权利和义务的信用主体。例如,需要议会审议批准后,政府才能举债,后期的偿债环节又由对立于立法机关的司法机构监督。政府盲目过度使用信用的权利和可能性大大降低,政府在信用交易中的信用水平不断提高。

(2) 政府信用监管的外在性

信用体系的运行中,政府作为一个信用主体参与正常的信用活动,更重要的是政府又要对信用体系的构建和运行起主导和维持作用,也就是说,立法机关要通过合规的立法程序制定信用活动的准则和相关法律,又要通过执法机关的公正执法行为来维护既定程序的公正和民主,还要发挥司法系统的职责来保证执行层面的顺畅和有序,主要体现在对相关信用制度的保障和执行。这都依赖于政府立法机关、行政机构和司法系统的权责分离,在信用社会实现制度上的政治分工,信用体系的建立、完善和进步分别由不同的政府分支机构在不同的时期和阶段来实现,也使在该领域实现政府信用监管外在性的无缝分工,保证信用活动的有序进行。由于社会经济的高度发展,信用的急剧膨胀,加之信用相关领域的复杂化加深,延伸出了一些以中央银行为代表的相关的信用专业监管机构,共同承载主体信用和信用监管的权责。

二、 美国信用交易演化概述

信用的产生是与信用交易的产生同步的,信用交易是信用得以发展的动力,信用交易的形式和规模是随着社会经济形势不断变化的。美国信用交易形式和规模的演化跟促进社会经济进步的三个重要因素是分不开的。

(一) 分工提升了信用交易的空间

分工是社会发展经济发展到一定阶段的必然产物,源于原始社会后期的三次社会大分工,陆续形成了农业、畜牧业、手工业和商业,与之伴随的经济形式也从简单化到复杂化发展,信用交易的形式和规模也在经济发展的过程中得以不断变化。

1. 初级阶段分工下的信用交易

社会经济发展各个阶段产生的信用交易的实质内容和对信用交易的需求是不断变化的。社会分工决定了生产力的发展层次和生产关系的性质,如早期封建社会的生产规模有限,技术水平较低的时候,社会分工相对比较模糊,市场对分工的需求也相对有限,此时的信用交易就受到很大的局限,形式单一,规模偏小。最早的社会大分工导致了畜牧业和农业分离,当时的社会生产力随着社会分工有一定的进步,生产力的提高必将带来社会产品的不断丰富,逐渐产生了产品过剩,就为交易提供了更大的空间,也是信用交易产生与发展的源泉和依据。生产工具的不断进步产生了第二次社会大分工,这一时期的生产力水平虽有一定的提高,但是信用交易已经伴随着商品交易有了一定的发展。城商经济的出现,使社会分工程度有了很大的提高,基本上在经济、社会生活、政治等领域形成了相对完整但不完善的社会分工,虽然信用交易的形式和规模有了突飞猛进的进步,但还处在发展的初级阶段。

总之,受分工的限制,社会经济的发展尚未达到一定的高度,经济活动带来的信用交易行为的发展就会受到束缚,但是在此阶段为信用交易空间的扩展提供了现实基础和框架。

2. 现代化分工下的信用交易

到近现代资本主义时期,随着工业化进程的加快、科学技术的广泛应用,产生了相应的市场需求,社会分工向明细化、复杂化和专业化发展,社会生产力得到了极大提高,社会经济活动逐渐繁荣,相应的信用交易也随之频繁,在形式和规模上都有了长足的发展。

现代化分工是早期分工基础上的精细化和复杂化,一方面,国内的生产部门和生产领域随着分工进步带来的社会需求在不断地增加和多样化,微观主体内部生产的分工明确化,生产和制作过程呈现出专业化特点,分工不断提高社会生产效率,对资金运作的用途和方式也有了更高的要求,激发了信用交易方式的不断创新,大幅提升了信用交易的规模。另一方面,随着经济的全球化发展,且美国在全球经济中举足轻重的地位,决定了在参与国际分工时,产生了信用交易方式的创新需求,信用交易体现出了多元化和现代化的特征。

由此可见,信用交易受社会经济发展程度的影响,社会经济的发展又是随着社会分工的加深不断进步的,无论是早期的社会分工还是现代化的社会分工,对信用交易产生的影响都会体现在信用规模的变化趋势当中。

(二) 产权制度的确立提供了信用交易的机会

总结制度经济学对产权的界定,该理论认为产权制度是社会进步中的一项基本经济制度安排,产权制度的完善与否决定着经济发展效率的高低,也就是说根据一定的界定和规则实现产权关系中各个对象的高效组合,其功能是提高资源配置效率。

1. 产权与私有制的关系

新制度经济学认为,私有制的产生明确了社会资产的具体归属,这样必然保证资产所有者的所有权权益。产权制度是私有制的重要体现,产权制度也为私有制的实现提供了制度依据。在私有制条件下,个人天生禀赋的差异必然导致个人在社会上可支配资源不同,个人对可支配资源的处置及用途也千差万别,上升到组织团体或者国家,同样具有类似的特征。

2. 产权制度影响信用交易发展

私有制条件的经济活动,是依据交易主体自身拥有的可支配资源进行的,各个交易主体将自身所拥有的社会闲置资源在市场上进行交换,让渡这部分权利,而获得相应的利益和目的。一旦这样的形式发生,随着社会进步和经济发展程度的提升,必然导致信用交易的产生和扩大,在该层面上,信用交易的实质是对私有可支配资源的配置,以达到一定的经济目的和信用需求。

产权的界定自古就有,但它是随着社会不断发展而明确的。从历史上私有财产的出现到市场经济的发展,产权一直被认定为一个静态的概念,到市场经济发展到一定的程度时,它已经被动态演绎,且意义在不断地加深。这个过程是产生信用交易的温床,信用交易的对象是私有权益,包括所有权、收益权、使用权和支配权等,当现实的经济交易满足不了各个主体的需求时,信用交易就会起到弥补和促进作用,二者以并存的、永续的交易形式互相促进。

现代产权制度的广度和深度都与早期不可同日而语,完善的产权制度保证了产权的归属更加明晰化,对产权的保护更加严格,权利和责任的关系划分更加明确,在此条件下的产权交易也更加有序和顺畅。在此基础上,经济行为当中的信用交易也更加有据可依,信用交易主体和对象明确化,为信用交易提供保障的信用监管制度不断完善,信用监管机构的权责也体现得更加清晰。所以说,产权归属的明晰和产权制度的完善为信用交易提供了良好的机会,也为信用管理制度的建设提供了现实依据。

(三) 技术进步加速信用交易扩张

随着现代信用领域的发展和国家对信用领域的重视,技术的进步为信用交易提供了强有力的手段,不仅促进了信用工具的不断创新和各种信用交易方式的实现,也急剧加速了信用规模的膨胀,同时也引起了对信用交易监管的重视。

1. 技术进步扩大了信用交易的广度

早期的信用交易受社会、经济发展程度的限制,发生较多的是"熟人信用""熟人借贷"等,交易空间极其局限,技术的落后也使各种信息局限在一定的狭小范围内,与外界发生经济来往和信用活动的概率相对较低。随着生产力的发展,生产工具的不断创新,科学技术在社会经济生活中影响的增大,初始的局部信用活动向外部迅速扩展,并随着范围的增大而形成复杂的信用交易网络。受信息技术和科技革命,尤其是计算机和网络技术应用的影响,信用交易的范围不断扩大,跨越了区域限制、行业限制和主体限制。首先,技术进步导致信用交易跨区域进行,不再局限在某个狭小的区域内,而是根据交易的需求寻求交易标的,跟随经济金融全球化的发展,信用交易也早已跨越国界实现全球化,这些无不是通过科学技术革新来实现的;其次,信用交易突破了行业的限制,通过经济体系中的各种中介机构实现各个行业之间资源的共享和配置,信用交易向行业多元化方向发展;最后,信用交易主体的复杂化,早期的家族内部交易逐渐过渡为当前广泛的、各个主体均可参与的、复杂的信用交易体系,信用交易的过程中并非都是面对面的交易,而是通过技术手段实现的广泛的信用交易。

2. 技术进步加深了信用交易的深度

技术进步不仅扩大了信用交易的广度,更加深了信用交易的深度,使信用交易更加技术化和复杂化。主要体现在以下几个方面:

（1）交易对象的丰富

技术进步导致信用交易需求的增强，早期的物物交易已不能满足交易主体的多样化需求，而且交易的效率低下，已经不能实现社会进步的需要。因此，在技术手段发展的过程中，重点以金融产品为载体的信用交易对象不断地创新和丰富，信用交易依托股票、债券等信用工具，并在一定的程度上为满足信用交易的需要进行再创新，都极大地丰富了信用交易的内容。

（2）交易时间的改变

原始的信用交易是在某一特定时点上完成的，也是一个交易的结束。而当前的信用交易已经超越了时间的限制，实现了跨时间交易，信用交易并非总是在一定的时点上完成的，一笔信用交易可能有一定的存续期，有的甚至是几年或几十年，这都依靠信息技术的处理和储存，如 1 年期定期存款，10 年期长期债券等。

因此，信用交易产生的后期发展不是偶然因素造成的，信用交易的演化总是伴随着社会的进步、经济的发展和服务于社会经济相关领域因素而变化的，同时信用交易的扩张产生的风险因素，也造成了美国特定时期社会、经济的变动。

第二节　中国信用体系与信用交易演化概述

一国或一地区信用规模的变动很大程度上取决于该国信用体系的完善程度，以及信用交易的特征与规律，因此，要明确该国或该地区信用规模变动的规律需要先对其信用体系与信用交易的发展演进进行考察和分析。鉴于此，本节对中国信用体系与信用交易从动态演进的视角进行历史性考察，以便总结出中国信用体系与信用交易的发展演化规律，为本研究后续研究提供支撑，并与美国信用体系与信用交易的发展演进规律进行对比，以便寻找差异，找出中国信用体系与信用交易发展演进的特点。

一、　中国信用体系演化概述

社会信用体系是保障社会经济持续、稳定、高效发展的一种长效机制（章政和田侃，2015）。中国社会信用体系建设经历了"萌芽期—快速发展期—规范化发展期"三个阶段。信用体系萌芽期出现在中国古代的传统社会，快速发展阶段出现在信用经济繁荣期，规范化发展阶段出现在我国现代市场经济兴起时期。各时期中国信用体系建设的特点各不相同。

（一）早期以诚信思想为主导的信用体系

诚信是中华民族的传统美德，在我国传统道德观中一直是最重要的一个道德规范。诚信的基本思想内涵早在春秋时期已经被确定。孔子在《论语·卫灵公》和《论语·为政》中均阐释过诚信的重要性，把诚信作为"治国之道"的重要准则。孟子进一步拓展了诚信的含义，他认为诚信是做人的基本原则，是人类和自然界最高的道德规范。西汉哲学家董仲舒继承和发展了孔孟思想，其将诚信与"仁、义、礼、智"并列为"五常"之一，也就此确立了诚信在传统道德规范中的重要地位。"五常"的确立使其与"三纲"一起，作为人们修身养性的基本道德规范，传统儒学大家通过在社会中推广和教化这些基本道德规范来维护社会稳定和政治制度，自此中国早期传统社会以诚信思想为主导的信用体系正式确立。

该时期受到交通条件、交易条件和资源条件的限制，人们之间的往来被限制在地理邻近的范围之内，各类商业交易也都局限在熟人之间。熟人之间存在相互了解的基础，信用交易的发生多是以诚信思想为前提的，如传统社会时期发生在个人之间的民间借贷和契约信用，均是以交易双方诚实守信为基石交易才能顺畅进行。诚信思想对这一时期信用交易的重要性可想而知。荀子认为只有在商业经营过程中注重诚信，即重视和培育商业道德，商业才能更好地发展起来，其甚至将商业道德与国家的繁荣稳定结合起来，认为商业道德不仅仅决定商业经营的成败，还会影响国家经济的发展。吕不韦也认为诚信对商业经营十分重要，其认为只有取信于民，才是"万利之本"（全国整顿与规范市场经济秩序领导小组办公室等，2006）。这些思想奠定了中国古代传统时期的诚信经营的商业原则，早期的信用体系开始萌芽。

该时期即使已经出现了商业早期的商业信用体系和社会信用体系的萌芽和思想，但信用体系建设并未被专门提出，也没有引起足够的重视。该时期，信用体系的建设是通过对诚信观念的传播和教习，即弘扬守信行为、谴责失信行为建立的，此时的信用体系属于社会和经济系统的"自组织"体系。这一体系产生作用主要依靠道德激励和谴责，实质性的惩罚并不足够。因此，此时虽然信用交易已经产生，但由于违约概率较高，也没有其他有效的处置措施，使这一时期的信用交易多集中在日常生活用品、农产品等跟人们生活息息相关的必需品上，信用交易的规模也较小。因此，在以诚信思想为主导的传统社会信用体系建设时期，虽然违约风险很低，但信用交易的规模和范围并不大，这也形成了我国早期的信用交易环境。

（二）公有制经济主导下的信用体系

中华人民共和国成立以后，我国正式建立了公有制经济体制。公有制经济体制的基本特征是国家通过公有制经济力量引导各类经济形式，如个体经济、私营经济和外资经济，向着有利于社会主义方向发展。即公有制经济体制是以国有经济形式为主导，带动和激发其他社会经济形式快速发展，实现国家经济增长的目标。因此，在这一经济体制下，中国各类信用活动具有了新的特征——社会信用活动表现为高度集中的政府信用，社会信用体系建设也呈现出高度政府信用引导下的社会信用体系建设。

由于人们对公有制经济体制认识的局限性，在我国经济建设初期的计划经济时期，企业部门生产方式、生产规模、产品分配和交换，均依赖于政府的行政指令，家庭部门的吃穿用度以及消费交易，也均由政府统一调配。政府部门的介入，虽然使经济和家庭部门在一定程度上缺乏灵活性，但高度集中的政府信用弥补了单纯依靠诚信思想下社会信用体系的不足，使我国信用交易规模有了极大的突破。这段时期的信用交易是我国发展历程中的一个特殊时期，也是信用体系建设的一个过渡时期。

（三）改革开放后的信用体系

改革开放后，中国社会主义市场经济体制已成为社会主义基本经济制度的重要组成部分，中国社会主义市场经济体制的建立，大大激发了个体与私营经济的发展动力和活力，企业投资热潮涌现；经济体制的改变，也激发了人们对多样化生活的渴望，社会需求大大增加。在供给和需求的共同作用下，中国信用交易规模空前扩大。

随着经济市场化程度的加深，一方面，信用交易的手段和方式日益增多，另一方面，经济发展中的诚信问题也一再凸显，严重阻碍着中国经济的发展壮大。也正因如此，中国社会信用体系建设开始受到党中央和国家领导人的关注，市场上也涌现出大量的信用服务机构，如以大公国际、中诚信、联合资信、上海远东、鹏元资信和长城资信为代表的信用评级公司；以北京信用管理有限公司、上海自信有限公司等为代表的征信公司；以华夏国际企业资信咨询公司、北京新华信商业信息咨询有限公司、中华征信所等为代表的资信调查企业。这些信用服务机构的出现，从信用信息征集、风险揭示，以及信用培育等方面为企业和个人提供信用服务，规范了社会公众的信用行为，极大地推动了我国信用体系的建设，也为我国经济健康稳定发展提供了巨大的帮助，为我国信用体系建设向正规化发展提供了现实支撑。

（四）"新常态"下规范化发展阶段的信用体系

2014年6月14日,我国颁布了《社会信用体系建设纲要(2014—2020年)》(以下简称纲要),纲要的颁布标志着中国社会信用体系建设顶层设计框架基本搭建完成,信用体系建设进入规范化发展阶段。纲要规定了当前我国社会信用体系建设的主要领域:政府诚信、商务诚信、社会诚信和司法公信;指明了以推进诚信文化建设、建立守信激励和失信惩戒机制为重点建设内容。纲要的出台为我国社会信用体系建设指明了方向,也划了重点。

自此之后我国中央政府与地方政府均出台了多个操作性更强的信用体系建设规划,各类型、各层级有关信用体系建设政策法制度的出台,为信用体系规范化建设营造了良好的制度环境。社会信用体系建设的四大内容均呈现出重大突破:如以政务公开和加强反腐倡廉为特征的政务诚信建设;在生产、流通、税务、价格等商业运作的多个方面、多个领域展开的商务诚信建设;在劳动保障、教育科研、人力资源等重点领域开展的社会诚信建设;围绕法院、检察院、公共安全、法律从业人员素质等方面进行的司法公信建设。这些建设均推动了我国诚信文化与守信意识的增强,培育和优化了我国社会信用体系建设的环境和氛围。

二、 中国信用交易演化概述

（一）居间信用的出现打破了"熟人"信用交易的桎梏

中国传统社会商业信用何时出现,当前尚无定论,从最早的史料《周记》记载,战国时期已有与国家有关的商业信用形式出现(谢秀丽和韩瑞军,2012)。与商品生产、流通和居民消费有关的信用形式最早出现在汉代(姜锡东,1993)。但受条件所限,当时的商业信用交易缺乏信用自证能力,使这些交易被局限在"熟人"之间。由国家参与的商业信用在一定程度上缓解了这一现象,但并没有从根本上解决。宋代以前"牙人""牙郎"的出现,是居间信用模式的萌芽,到宋朝以后才正式有了居间信用的代表——"牙行"之说,且该行业也受到了官方的承认和支持,出现了"官牙"和"私牙"之分(谢秀丽和韩瑞军,2012)。且"牙行"这种居间信用在明朝后期开始全商业信用交易中广泛存在,并对信用交易起到极大的推动作用。

此时的居间信用模式牙行是民间自发形成的,主要从事交易代理性质的商业运营活动,是商品的生产者和消费者信用交易的桥梁。客商销售的购买货物都需从牙行处获得,他们之间的信用交易一般具有交易规模大、维持时间长、重复性强的特点。清朝牙行还被官府赋予征税与管理市场的职能（谢秀丽和韩瑞军，2012）。牙行这种居间信用模式的兴起，克服了"熟人"信用交易信用自证能力较弱的桎梏，使信用交易的对象不仅仅局限于"熟人"之间，极大程度推动了信用交易范围的扩大。

（二）商业网络的出现提升了信用交易的范围

如果说居间信用模式的出现大大提升了陌生人之间信用交易的可能性，那么，由"坐商—贩运商—摊贩"之间形成的商业网络却使信用交易范围进一步扩大成为现实。

清朝是我国传统社会商业信用发展的又一个巅峰期，商人组织也不再是简单的居间信用，从事信用交易的商人分工更加复杂，商人之间信用交易活动的层次分工，形成了早期的商业网络。清朝前期，商业网络的节点依靠在城镇的店铺——将其称为坐商，坐商囤积的货物可以直接销售，更多是依靠摊贩助其销售给最终消费者，而摊贩的作用是将各个固定的网络节点联动起来，形成了"坐商＋摊贩＋消费者"的动态下游销售模式。而坐商囤积的货物，主要来自组织货源，即将货物生产商与市场联系起来的贩运商，因此，依靠流动性较强的贩运商，坐商又建立起了"生产者—贩运商—坐商"的动态上游销售模式。动态上游销售模式与动态下游销售模式的结合，构成了完美的商业网络。

在这个商业网络之间，各类商人由于多次交易建立了紧密的"商业"联系，这些联系即为交易产业链，处于统一产业链上的商业具有"共荣辱"的特点，这也成为他们之间可能进行大量"赊销"和"预付"的信用。若这种信用模式出现在生产者、贩运商、坐商和摊贩之间，我们称之为商业信用，若发生在生产者、坐商、摊贩与消费者之间，我们称之为消费信用。在传统社会商业信用发生的规模远大于消费信用。

（三）信用契约的出现提升了信用交易的安全性

由以上分析可知，商业网络的出现使信用交易的范围进一步扩大，信用交易的出现并非没有风险，其所具有的违约风险，并不会由于存在紧密的商业关联而消失。反而由于商业关联的建立，会出现信用能力空前繁荣的假象，信用交易也会出现空前繁荣，即使一个微小的信用风险发生，也可能由于存在复杂的商业网络，使信用风险在网络上传播。

信用契约的出现是为了在一定程度上提升信用交易的安全性，信用契约的种类包括在进行信用交易之前订立书面的契约，在我国传统社会契约的形式大概包括借贷契约、买卖契约、赠与契约、租赁契约等。各类契约的出现确实缓解了只有口头约定的违约风险，但一旦发生信用风险，仅依靠没有事后处置能力的契约并不足以弥补事后损失。自此,信用契约的形式也发生了改变,主要有包含抵押要求的信用契约和具有连带责任的担保人。这些契约的出现为风险发生后的风险处置提供了可供操作的内容,大大提升了信用交易的安全性。具有风险处置能力的信用契约的存在,为化解信用交易风险提供了解决之道,进而使我国信用交易的规模又得到了大大的提升。

(四)信用票据的出现加速了信用交易的扩张

在以纸张为币材的代金券出现之前,跨地区信用交易最大的障碍是体积庞大的金属货币运输的困难性和安全性较低。而信用票据的出现使轻便的跨地区信用交易成为可能。信用票据的币材为纸张,体积较小也较易保存,具有运输成本低、便于携带和不易被发现的特点。这些特点的存在使得中等规模、甚至是小额和零星的跨地区交易成为可能,极大地增加了信用交易的规模,而且使跨空间的信用交易更加普及,极大地加速了信用交易的扩张。

三、 中美信用体系与信用交易发展演化的对比分析

由以上对中美信用体系与信用交易演化分析的对比分析能够发现,中美信用体系与信用交易演化之间既存在相同点,也存在不同之处。

首先,从相同点来看,无论是中国的信用体系演变还是美国的信用体系演变,信用体系的萌芽和发展并非依靠外力作用,均属于信用体系的"自组织"建设过程。另外,信用体系高速演化和发展阶段也均是发生在商业繁荣期。最后,在规范的信用体系出现之前,政府或国家信用在信用体系建设中的作用十分重要。从信用交易来看,中国的信用交易发展演变过程也离不开分工的深化、产权制度的明晰和技术的进步;美国的信用交易发展历程同样离不开中国信用交易发展过程中呈现出来的规律作用,如居间信用和商业网络的出现、信用契约的普及,以及信用票据的推广。由此看出,无论中国还是美国信用体系的建设与信用交易的发展内在作用规律并无太大差异,而这些规律是从不同角度提炼出信用体系与信用交易发展演变固有的作用路径。

其次,从不同点来看,中国信用体系与信用交易发展演化过程较美国漫长和缓慢,原因是中国社会制度较为稳定,特别是中国传统社会模式的存续期较长。另外,在中国信用体系的演化过程中,中华民族的思想精髓作用更大,如诚信思想从道德准则向商业原则转化的过程,即体现出中国"民族文化"解决经济发展问题的过程。

第三节　美国信用规模变化动态演进的现实考察

本章前两节对美国信用体系和信用交易的演化进行了论述,可以得出,信用规模的变动是信用发展程度和阶段的直观表现,因为所有的信用交易都会通过时间的积累产生一定的规模。本节主要从现实角度分析美国信用规模和宏观经济运行的关系,根据数据的可得性,本节将美国从1945—2020年的数据进行分类汇总,挖掘两者之间的关系。

一、 信用规模与宏观经济关系概述

顾名思义,信用总规模是一个量的概念,它是可以通过一定的手段统计得出的。根据 WU'S 信用理论对信用总规模的定义,信用总规模(GC,the Gross Credit)是由政府部门负债、金融部门负债、非金融企业部门负债和居民部门负债组成,四部门的局部信用共同构成了信用总规模。由此可以看出,信用规模指标包含信用规模总量与信用规模结构两个部分。根据美国几百年的信用活动的开展,各部门信用交易不断地累积而产生了四部门信用规模与代表其总和的信用总规模。尽管近几十年美国爆发的金融危机与信用总规模的不断膨胀密不可分,但是信用总规模仍旧会伴随着经济的增长而不断扩大,并且在社会领域是一个永续的变量。

GDP 是衡量宏观经济运行的关键指标之一,它和信用总规模(GC)均属于总量指标。GDP 是衡量一个国家或地区经济发展水平的重要指标,现代信用管理出现后,信用规模就伴随着经济的增长而不断变化,两者互为影响。根据信用总规模的组成部分,可以从现实角度了解各种信用主体的发展状况,以及各个时期的相关政策产生的影响,进而研究如何从各个信用主体部门的信用行为,规避经济发展中的各种风险,选择与之适应的信用发展政策,最终促进经济的良性发展。

二、 20 世纪中期至今美国的经济发展历程

如图 3-1,总体上看,除了 2007—2009 年间全球性金融危机时期和2019—2020 年新冠疫情期间之外,美国 GDP 总量呈现上升趋势,75 年间有了超过 90 倍的增长,而 GDP 的增长率大致经历了一个由高到低、由大幅变动到相对稳定的历程,2010—2019 年间一直维持在 2%—6% 之间,2020 年新冠疫情蔓延导致 GDP 增长率呈现断崖式下降,甚至跌为负值。

美国经济发展的历程在一定程度上也反映了世界经济的发展历程,而推动这种发展的因素非常多,本节将从经济全球化角度和科技革命角度来阐述美国经济的发展历程。

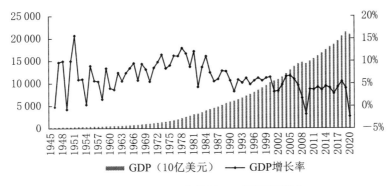

图 3-1　1945—2020 年美国 GDP 增长及其变化

数据来源:U.S. Bureau of Labor Statistics(www.bls.gov)。

(一) 20 世纪以后美国经济发展历程——经济全球化视角

美国无疑是经济全球化发展最大的受益国,从两次世界大战的军工输出,到近代以来世界工厂的全球发展,从美元成为最重要的国际货币到国际金融一体化,美国都获得了庞大的经济利益。

1. 经济全球化酝酿阶段的经济发展(第二次世界大战之前)

19 世纪末 20 世纪初,美国的经济开始崛起,积极通过外交政策和军事手段扩张海外利益,主要依靠对外自由贸易的发展和军事扩张来谋取殖民利益,如为了排斥欧洲殖民者在拉美的经济势力,实行了"门罗主义",在中国施行"门户开放政策",美国通过参与第一次世界大战而跻身世界强国之列。第二次世界大战的爆发又为美国提供了良好的发展契机,在二战中,美国作为世界军事工厂,通过大量向战争国家输入武器装备大发战争财,极大地促进了国内相关产业的繁荣,也拉动了国内经济的发展。此时的经济全球化还处于萌芽状态,而且此阶段的经济全球化很大程度上是依托军事扩张进行的,这一时期也为美国在二战后的经济腾飞提供了良好的条件。

2. 经济全球化初步形成阶段的经济发展(二战末期至冷战结束)

二战后,美国为了建立和维持以美国为中心的经济和金融框架,极力推动了关贸总协定(GATT)、国际货币基金组织(IMF)和世界银行(World Bank)的建立,很大程度上促进了以美国为中心的资本主义经济全球化的扩张。同时,为了推动二战后日本和欧洲国家的重建,通过"道奇计划"和"马歇尔计划"等向这些国家提供贷款等经济援助,扩大了被援助国的投资与消费需求,使经济得以迅速恢复,实质上这是一种变相的资本入侵和资本控制,但也繁荣了世界经济,加快了经济全球化进程。二战结束后,美国凭借在世界政治经济中的强有力地位,以跨国公司、国际贷款等形式大量向国外输出资本以加快经济全球化的进程,旨在实现本国的政治和经济利益。另外,在美国国内,政府加强了对经济的干预,实行了一系列促进经济发展的政策,加速了美国经济的发展;冷战期间的军备竞赛使美国的军工产业蓬勃发展,也带动了相关产业的发展;国内产业向西部和南部的转移极大地活跃了国内市场,美国大型跨国公司在此期间大量拓展国际市场,为美国经济腾飞和全球化发展奠定了基础。此时的经济全球化在以美国为代表的推动下有了长足的发展,同时美国的经济在此期间也一直保持了相对较高的增长速度。

3. 经济全球化趋于成熟阶段的经济发展(20 世纪 90 年代至今)

美国真正实现其经济全球化是在 20 世纪 90 年代以后,在此期间国际贸易和国际分工更加广泛而深入,随着金融国际化趋势的发展,国际间的资本流动越来越频繁,规模越来越大,跨国区域间的合作越来越广泛,区域间的合作进一步加快了经济全球化进程。冷战结束后,国际政治、经济格局发生了根本性的变化,以美国为中心的国际政治、经济单极世界形成,美国利用其地缘优势和经济政治优势,依托经济全球化,大量依靠外力来发展国内经济。一是美国国内经济的繁荣使得国际资本大量投向美国市场,给经济的发展提供了充足的资金;二是通过输出技术,使用国外尤其是第三世界国家大量的原材料和廉价劳动力,生产高附加值产品和服务用于出口;三是美国文化的全球化推进,大量的高端人才被吸引到美国,为美国的经济建设做出了很大贡献。

由此可知,经济的全球化给美国的经济带来了前所未有的发展机遇,并且从 20 世纪 90 年代开始,美国的经济增长都相对比较稳定。

(二) 20 世纪以后美国经济发展历程——科技革命视角

第三次科技革命更加奠定了美国全球超级大国的地位,科技革命跨越式地提高了劳动生产率,丰富了社会物质财富,也改变了以往的交易模式,极大地促进了美国经济的快速增长。

1. 第三次科技革命准备阶段的经济发展(第二次世界大战结束前)

从 20 世纪初到二战结束前美国的经济发展充满了机遇与挑战,但无论是机遇还是挑战均为美国掀起第三次科技革命准备了充分的条件,机遇主要体现在两个角度:其一,两次世界大战的爆发使美国获得了良好的发展机遇,不仅使美国借助战争的因素获得了大量的海外资源用于国内经济建设,也极大地刺激了两方面的需求,一是出于战争的需要,美国国内的军工产业异常繁荣,持续的战争物资需求的膨胀,极大地刺激了美国提升生产率的动力,也带动了相关产业的繁荣;二是其间国内经济的发展带来了更加多元化的社会需求,社会需求的提升要求提高社会生产供给,这就促使美国加强多个领域的技术革新,以满足国内外的需求。其二,20世纪20年代末经济危机的爆发,美国加强政府干预,为了刺激经济的恢复和发展,一场新的科技革命的产生就有了时代的前提。在科技革命的准备阶段,美国经济受国外战争的影响而不断发展,又受国内经济危机的影响而衰退,总体上增长趋势不明显,但是为二战后科技革命的到来提供了基础,也为经济发展黄金期的到来做了准备。

2. 第三次科技革命初步发展阶段的经济发展(二战末期至20世纪70年代末)

第二次世界大战结束后,美国迎来了近30年的经济发展黄金期。二战后美国进入了发展相对稳定的阶段,二战后形成的世界格局使美国的经济得以快速发展,第三次科技革命的爆发,新技术、新材料和新设备的出现为美国的经济发展注入了新的动力。在此期间,得益于美国在世界上的经济和政治地位,以及科技革命的影响,美国经济增长的绝对量和增长率都在不断地提高,增长趋势表现得相对比较稳定。这也说明了两方面的影响,一是战争的影响,美国为了维持其世界经济政治的地位,使美国的政策倾向于国内市场的稳定发展,二是由美国掀起的第三次科技革命成果,虽然在国内对经济发展已经起到了很大的助推作用,但是科技革命的成果还没有广泛地、彻底地转化为社会生产力。

3. 第三次科技革命应用阶段的经济发展(20世纪80年代至今)

进入20世纪70年代后,第三次科技革命在经济快速发展的推动下被广泛地应用,尤其是到了20世纪80年代,计算机技术和网络技术的不断进步,为其经济的多元化发展提供了技术条件,加快了美国经济的全球化扩张步伐,美国的经济总量规模越来越庞大。1980年较1945年美国的国内生产总值增加了2.63万亿美元,而2020年较1981年国内生产总值增长多达17.85万亿美元,两个时间区间的GDP平均增速分别为7.39%和5.15%,虽然增长速度差别不大,但是规模却相去甚远,这种经济的增长趋势很大程度上依赖于科技革命带来的技术创新导致生产效率的大幅提高。

三、 美国信用总规模发展的五阶段特征及四部门信用规模变化特征

无论是美国信用总规模,还是四部门信用规模的发展总是呈现出一定

的阶段性特征,既是经济周期的阶段性表现,又是信用规模变动对宏观经济运行影响的重要表现。

（一）美国信用总规模的指标选取和样本选择

美国信用总规模包括四部门信用规模,即政府部门、金融部门、非金融企业部门和居民部门的负债总和。依据数据的可得性,信用总规模的统计根据四部门的负债产生,对美国信用总规模的考察,选取的是 1945—2020 年美国信用总规模和 GDP 的历年数据,其样本长度为 76 年,重点考察进入第二次世界大战以来美国信用总规模的变化趋势和形态演进。

信用总规模公式如下:

美国信用总规模
＝政府部门负债＋金融部门负债＋非金融企业部门负债＋居民部门负债
＝联邦政府证券债务和贷款
　＋州或地方政府证券债务和贷款＋国内金融部门证券债务和贷款
　＋非金融企业证券债务和贷款
　＋非金融公司证券债务和贷款＋家庭和非营利组织的证券债务
　＋家庭和非营利组织的住房抵押贷款和消费贷款

公式(3.1)

（二）美国信用总规模发展的五阶段特征

总体上,美国的信用总规模总量上呈现历年上升的趋势,仅在 21 世纪初的全球性金融危机中略有下降,从 1945 年的 0.35 万亿美元增长到 2020 年的超 71 万亿美元,在 76 年间增长了 200 多倍,这也是促进美国经济快速发展的重要原因。但是,总量上升的过程中,历年来的增长速度却有

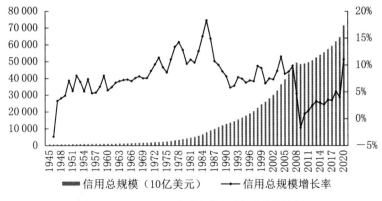

图 3-2　1945—2020 年美国信用总规模及增长率

数据来源:*Board of Governors of the Federal Reserve System*:*Economic Research & Data*。

很大差异,基本上呈现出阶段性特征,大致可以分成六个阶段,其中两个变动相对较为明显的阶段(1945—1959 年、1971—1990 年),两个相对稳定且增速上升阶段(1960—1970 年、1991—2007 年),一个急剧下降逐步恢复的阶段(2008—2019 年),一个急速上升的阶段(2019—2020 年)。

1. 总规模偏小,增速小幅波动阶段(1945—1959 年)

受历史发展阶段性的影响,二战后美国的经济主要是靠工业拉动,如钢铁、汽车和建筑工业,为美国后来的经济发展奠定了基础。二战后美国能够实现在全球的霸权地位与战争期间其军事输出有很大关系,而且当时的科技水平和赖以进行信用交易的基础条件有限,所以该阶段的信用规模总体较小,处于初级阶段。受布雷顿森林体系建立的影响,美元逐渐成为世界货币,美国政府通过发行美元实现对资源的掠夺,国际市场的变化也会影响到国内信用市场的短期波动,信用总规模增速波动明显但是幅度较小,基本上是在 6%—9% 的区间浮动。

2. 增长稳定、小规模上升阶段(1960—1970 年)

20 世纪 60 年代可谓是美国经济发展的黄金期,肯尼迪政府期间,实施积极的财政政策,扩大财政赤字、实施减税政策、降低就业率、扩大社会总需求等,信用交易在政府信用行为为主导的信用交易的基础上不断地膨胀,信用总规模在该阶段有了提升,但是增速相对稳定,其信用总规模的增速基本保持在 7.5% 左右,但是却为下一个阶段的快速增长奠定了基础。

3. 增速较快、波动较大阶段(1971—1990 年)

因为科技革命带来的技术的进步,尤其是信息技术和计算机技术的应用,原先的交易方式已经不能满足经济发展的需要,美国国内的经济交往活动产生了大量的信用交易需求,并由此引发信用总规模的不断上涨,信用总规模的增长率在此期间也在整体上保持上涨的趋势,其中在 1985 年达到了 18.27%,是历年信用总规模增长率的最高值。这 20 年间,美国的信用规模总量在前一阶段的基础上不断扩大,但是美国信用规模增速的波动却是非常大的。受第三次科技革命的影响,大量的先进技术被转化为生产力,信用交易需求越来越大,但是资本主义社会深层次矛盾也越来越突出,在此期间的经济危机影响也越来越频繁,加上美国信用监管政策的滞后性和短期性,造成了该阶段信用交易活动的不稳定性,信用规模增长率的变动越发频繁。由图 3-2 可以看出,在该阶段信用总规模由 1971 年的 1.6 万亿增长到了 1990 年的 12.7 万亿,增长了 7.9 倍,信用规模的增长率浮动较大,在 8%—18% 之间。

4. 增速稳定、总量大幅度增长阶段(1991—2007 年)

经历了前 20 年的快速增长之后,此阶段信用规模增长率迅速放缓,但在以后的 10 多年间,无论是总量规模还是增长率都有明显的上升趋势。美苏冷战结束后,经济全球化战略正式确立并进入快速发展阶段,信用交易已经在国际贸易、国际资本流动等领域得到了广泛的开展,此时美国的计算机和互联网技术已经成熟,各种信用主体的信用活动在此基础上被无限放大和加深,依托金融创新的信用交易创新层出不穷,信用总规模呈现逐年稳定上涨的局面,信用总规模的总量被显著放大。从 1991 年到 2007 年,信用总规模的年增长率除个别年份外基本上维持 6%—10% 之间,整体相对比较稳定,但是总量上却有明显的扩大,增长了近 34 万亿美元,是之前任何阶段的信用总规模增长不可比拟的。

5. 美国次贷危机及后危机时代(2008—2018 年)

在该阶段,最明显的特征是信用总规模首次出现负增长,增速急剧下滑,但在后期出现了相对稳定的状态。信用规模的长期不断积累,尤其是 20 世纪 90 年代以来信用规模的暴涨,酝酿了一场由美国次贷危机引起的全球性金融危机。原因是该阶段的信用总规模已经超出了经济的实际承受范围,虚拟经济过度发展,金融创新层出不穷且过度深化,因片面的逐利行为和转移信用风险的创新行为,严重增加了信用风险的强度,信用泡沫被无限放大,当信用链条底端信用风险开始蔓延的时候,信用危机的爆发就不可避免。受金融危机影响,美国的信用规模急剧收紧,首度出现了负增长,2009 年为负增长,但下降幅度较小,下降了 0.83 万亿美元。经过金融危机的冲击,美国政府开始更加重视政府对金融等领域的监管,美国经济进入一个调整时期,信用总规模在 2011 年就基本恢复到了金融危机前的水平,但是截至 2019 年,信用总规模增长不断稳定加速,并有维持此状态的趋势。

6. 总规模偏大、增速较快阶段(2019—2020 年)

在该阶段,受突如其来的新冠疫情的冲击,在美国政府信用扩张提速推动下,政府部门宏观信用快速扩张,债务融资规模继续扩大,市场利率进一步降低,宏观杠杆率迅速攀升,以全力对冲疫情影响,财政货币逆周期调节力度空前。

(三) 美国四部门信用规模的变动特征分析

如图 3-3 分别表示了美国四部门信用规模历年来的变动趋势,总体上看,除了个别年份外,四部门信用规模基本上一直处于总量上升的趋势,这与美国长期以来经济发展所需要的信用交易不断扩大有密切的关系,但是

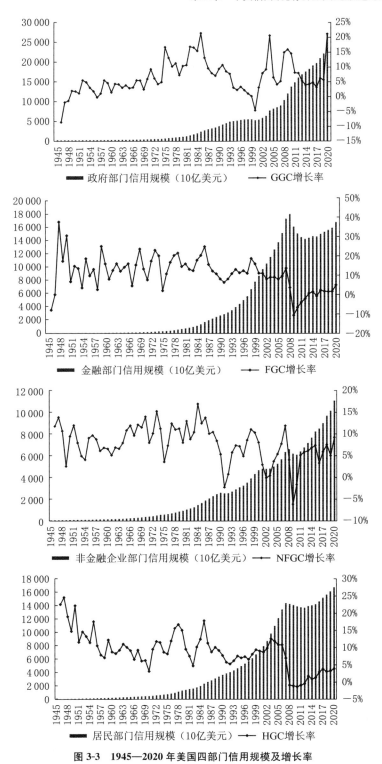

图 3-3　1945—2020 年美国四部门信用规模及增长率

数据来源：*Board of Governors of the Federal Reserve System*；*Economic Research & Data*。

四部门信用规模增长率相对波动比较大,这也是美国经济在近70多年频繁出现经济危机的根源。

1. 政府部门信用规模呈现四阶段特征

第一阶段(1945—1985年)增速徘徊上升阶段,该阶段是爆发战争比较频繁的时期,政府连年施行扩张性财政政策,增加政府赤字,尤其是体现在危机年份的救市行为,政府部门信用规模增加就更加明显;第二阶段(1986—2000年)增速急剧下降阶段,一方面,始于20世纪80年代的"新经济政策"使得美国的财政赤字逐年下降,甚至在20世纪末出现盈余,另一方面也是政府对经济实行不干预的新自由主义经济的直接结果;第三阶段(2001—2018年)增速大幅振动阶段,在自由主义、不干涉经济的基础上,政府为了挽救进入21世纪的两次宏观经济危机,导致部门信用规模的快速增长,造成了政府部门信用规模的大幅波动;第四阶段(2019—2020年)增速急剧上升阶段,该阶段受突如其来的新冠疫情冲击,经济有所回缩,政府为了挽救衰退的经济,政府部门宏观信用规模快速扩张以全力对冲疫情影响。

2. 金融部门信用规模呈现四阶段特征

第一阶段(1945—1987年)增速高频大幅波动阶段,该阶段信用规模增长率基本上围绕着15%频繁波动,一方面说明金融部门信用规模长期处在高速增长阶段,另一方面说明其变动的不稳定,因为在早期金融部门信用规模基数小的基础上,其变动均会受到其他三个部门的影响而形成放大效应;第二阶段(1988—2007年)加速增长阶段,美国20世纪80年代至今,信息和互联网技术的应用最大限度地打破了原有的信用交易边界,金融部门信用规模的膨胀也为其他部门的发展提供支撑,这也是造成全球金融危机的重要因素;第三阶段(2008—2018年)增速急速下滑和调整阶段,与居民部门情况相似,受次贷危机的影响,金融部门信用规模急剧下降,在2009—2012年持续了4年的负增长,在历史上持续时间最长,在2013年信用规模开始正增长之后也进入了调整期;第四阶段(2019—2020年)增速有所上升阶段,该阶段受突如其来的新冠疫情冲击,经济有所回缩,在中央政府信用扩张提速推动下,金融部门信用规模有所提升。

3. 非金融企业部门信用规模呈现三阶段特征

第一阶段(1945—1984年)高频小幅波动阶段,第二次世界大战、朝鲜战争、越南战争等使美国的军工企业获得了极大的发展空间,也是非金融企业部门信用规模在该阶段常年维持高位增长的原因,同时数次经济危机、生产过剩的发生又使得非金融企业部门信用规模增速下滑,所以形成了高频率波动但波幅不大的增长趋势;第二阶段(1985—2018年)——低频大幅波动阶段,20世纪80年代以来,以房地产及其相关产业为代表的非金融企业部门是反映美国经济发展的重要参照,如20世纪90年代和21世纪初非金融企业部门信用规模连年上升,体现了美国的房地产及其相关产业、汽车工业、科技型企业等产业的持续迅速发展,而在20世纪80年代、20世纪90年代末以及2009—2010年的急速下滑,则表示上述非金融企业为代表的大量企业的破产倒闭,这也充分体现了经济周期的阶段性特征;第三阶段(2019—2020年)增速平稳上升阶段,该阶段受突如其来的新冠疫情冲击,经济有所回缩,政府为了挽救衰退的经济实施宽松积极的宏观政策,利率下降,利用银行贷款和债券融资推动企业部门信用规模平稳扩张。

4. 居民部门信用规模呈现五阶段特征

第一阶段(1945—1970年)增速徘徊下降阶段,该阶段居民部门信用规模增长率从1946年的22.50%逐步下降到1970年的3.06%,增速不断下滑,军工产业在常年战争中的繁荣挤占了国内其他市场,以至于消费需求严重不足,加上通货膨胀导致的购买力不足,整体上在该阶段居民部门增长率呈现波动下滑的趋势;第二阶段(1971—1991年)增速大幅波动阶段,受美元危机、中东石油危机和通货膨胀的影响,在该阶段危机的爆发与经济的增长是交替比较频繁的时期,伴随着经济周期的影响,该阶段居民部门信用规模变动比较剧烈;第三阶段(1992—2006年)增速稳定增长阶段,该阶段居民部门信用规模增速保持不断稳定上涨的趋势,得益于20世纪末美国房地产市场的繁荣和居民消费方式的改变,大量的住房抵押贷款是拉动居民部门信用规模上涨的重要原因;第四阶段(1997—2018年)增速急剧下滑和调整阶段,受美国次贷危机的影响,居民部门信用规模大幅下滑,并且在2008—2012年持续了5年的负增长,直到后危机时代,居民部门信用规模才有所回升,但增速远低于历史水平;第五阶段(2019—2020年)——增速有所上升阶段,该阶段受突如其来的新冠疫情冲击,经济有所回缩,政府实施宽松积极的宏观政策,利率下降,主要受中长期贷款推动,杠杆率持续攀升,居民部门信用规模扩张速度维持高位。

四、 信用总规模变动的结构性原因剖析

信用总规模是反映一个国家信用交易和信用活动总体状态的指标,而构成信用总规模的各个部门,在历史演进的各个阶段所发挥的作用却不尽相同,甚至有较大差异,以下内容将从部门信用规模贡献度和信用结构两

个角度来考察引起信用总规模变动的深层次原因。

(一)部门信用规模对信用总规模的贡献度与信用规模结构的概念界定

所谓部门信用规模对信用总规模的贡献度(以下简称部门信用规模贡献度),即其中一个部门信用规模占四部门信用总规模的比重,反映了该部门对信用总规模的贡献程度。信用结构指的是各个部门信用规模在信用总规模中的占比情况,也是经济运行中信用活动形成的均衡状态。它表现的是包括宏观与微观在内的各类信用活动的有机关系,以及形成的信用活动布局和正在变化的动态布局。信用结构也可以代表各种信用工具或金融资产的比例构成,各种金融工具和金融机构的现状、特征和相对规模构成一个国家的信用结构特征。

信用结构表示如下:政府部门信用贡献度占比、金融部门信用贡献度占比、非金融企业部门信用贡献度占比、居民部门信用贡献度占比。

其中,部门信用规模贡献度=单个部门信用规模/GC。

(二)美国各部门信用规模贡献度及信用结构历史考察

由上文概念可知,信用结构的情况是通过各个部门信用规模的贡献度体现出来,历年来各部门信用规模贡献度的变动就决定了信用结构的动态变化,在信用总规模不断增长的情况下,促进规模增长的内部动力是在不断发生变化的,所以下文将从单个部门信用规模贡献度的变化和信用结构内部变化两个角度来对美国信用总规模的变动进行现实考察。

1. 从部门信用规模贡献度角度的考察分析

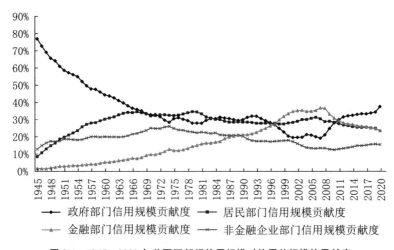

图3-4　1945—2020年美国四部门信用规模对信用总规模的贡献度

数据来源:*Board of Governors of the Federal Reserve System*:*Economic Research & Data*。

从总体上看,自 1945—2020 年各个部门信用规模贡献度呈现收敛状态,并且各个部门信用规模贡献度从较大的差异逐渐均衡在 16%—40% 区间内,并有维持该均衡状态的趋势,其中居民部门和非金融企业部门信用规模贡献度高位保持,政府部门和金融部门信用规模贡献度,一降一增呈反向变化趋势。但是从历年来的变化趋势来看,有增有减且差异较大,大致可分为以下四个阶段:

(1) 政府部门信用行为发挥重要作用,但不断弱化(1945—1968 年)

受 20 世纪 30 年代经济危机的影响,美国施行罗斯福新政,推崇凯恩斯主义,主张国家干预经济生活,通过积极的财政政策拉动社会总需求,以刺激经济的复苏和发展,并且得到了很好的成效,这也是在研究时间区间的初始政府信用规模贡献度居高的主要原因。但是随着经济的发展,凯恩斯主义的弊端不断显露出来,即只解决了短期经济危机中总需求不足的问题,割裂了与中长期发展之间的关系,没有解决社会收入分配问题,更没有解决资本主义经济危机的根源性矛盾,因此到了五六十年代其主张不断地被社会否定,这也是在该阶段政府信用规模贡献度不断下降并开始低于其他部门的原因。同时,居民部门的信用规模贡献度增速较为明显,并且在 1964—1967 年间突破了 40%,金融部门和非金融企业部门信用规模贡献度也有较快增长,但增速有限。

(2) 金融部门信用规模贡献度增速明显,并超过了政府部门,而其他部门徘徊发展(1969—1997 年)

该阶段最明显的特征是金融部门信用贡献度增速较为明显,从 5.6% 增长到了 18.42%,增长幅度不断向其他部门靠拢。在该阶段,信用规模贡献度的大小依次为:居民部门>非金融企业部门>政府部门>金融部门,但只有金融部门呈现明显的上升趋势,其他部门基本呈现不断下降的趋势。20 世纪 50、60 年代兴起的货币主义学派和 70、80 年代的理性预期学派,均否定凯恩斯主义的观点。随着经济发展背景的变化,货币主义学派被社会所推崇,他们坚持反对政府过度干预经济生活,主张经济自由主义,认为货币最重要,一切经济形势的发展都与货币分不开,借助货币政策的调整才是解决经济发展问题的根本途径。在此基础上,金融部门的信用行为得到了空前的重视,金融部门的信用行为实际上就成为货币当局调控货币供应量的重要依据,在此阶段有了长足的发展。

(3) 金融部门信用贡献度在此猛增,居民部门信用贡献度仍居高位,非金融企业部门和政府部门信用贡献度继续弱化(1998—2011 年)

由图 3-4 所示,一方面,在该阶段金融部门所代表的虚拟经济信用行为非常活跃,金融部门的信用规模贡献度首次居于领先并持续。21世纪初,电子计算机和互联网已经深度普及,新兴的互联网行业发展急剧升温,大量投机资金的注入使得互联网泡沫不断膨胀,加上金融创新的进一步深化和"次级贷"的兴起,金融部门信用规模贡献度的占比节节攀升。图3-4显示,2000年以后稳定在23%以上,2008年达到最高24.69%,政府部门信用规模贡献度进一步逐渐弱化,在2007年达到历史最低值12.85%。另一方面,由虚拟经济带来的居民部门信用规模的巨大增长和金融工具的不断创新,尤其是在次贷危机中所表现的资产证券化等形式,为居民的消费提供了多样化的选择,使居民的消费信贷行为不断增长,伴随着信用规模的膨胀,在2006—2008年一直徘徊在40%左右的高位,几乎达到了历史最高值。同时虚拟经济对实体经济的冲击也不容小觑,在该阶段实体经济增长乏力,导致非金融企业部门的信用规模贡献度进一步下降,其中在2006年下降到了22.89%,达到了该部门历史最低值。

(4)四部门信用规模贡献度趋于稳定状态(2012年至今)

受全球金融危机的影响,在该阶段美国政府加强了对金融市场的监管,政府信用行为对调节市场发挥的作用越来越大,因此政府信用规模贡献度在全球金融危机之后是有明显提升的,而金融部门信用规模贡献度也因为金融危机而首次出现明显下降趋势。总体上,四部门的信用规模贡献度趋于相对稳定状态,这也是在信用管理领域长期探索所形成的结果,也是信用规模从无序变动向有序变动过渡的信号释放,并预计在未来一段时间内将处于该种状态。

2. 从信用结构变动角度的考察分析

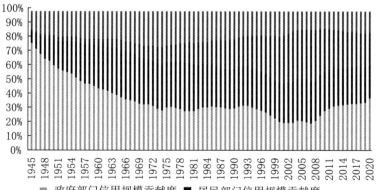

图3-5 1945—2020年美国各部门信用结构占比

数据来源:*Board of Governors of the Federal Reserve System；Economic Research & Data*。

如前所述,各个部门信用规模贡献度是形成信用结构状态的基础,结合图 3-5,我们不难发现,信用总规模中各部门信用规模的变动呈现此消彼长的态势,尤其是体现在金融部门和政府部门之间的关系,同时金融部门所影响的虚拟经济又是影响非金融企业部门和居民部门经济行为的重要因素,因此在趋势上会发现各个部门之间的关联变动。同时,可以看出美国的信用结构长期处于严重不均衡的状态,而且这种不均衡的持续,又容易引发系统性风险而导致金融危机或经济危机。

(1) 早期以政府信用为主导的信用结构不均衡引起系列经济危机

如图 3-5 所示,二战后美国推行政府主导经济发展的政策,通过扩大财政赤字、加大基础设施建设、固定资产投资及规模更新等措施刺激经济发展,此时信用总规模的增长主要依赖政府部门的信用活动,并取得了明显的效果。但是这种短期性目标的实现并不能完全消除资本主义经济危机的爆发,在 1945 年至 1970 年间,频繁地爆发了 5 次经济危机(1948—1949 年、1953—1954 年、1957—1958 年、1960—1961 年、1969—1970 年),这与各部门信用结构比例严重失衡,各部门信用规模无序变动有着重要的关系,也是资本主义固有的根本矛盾所引发的危机。在此期间,政府部门信用规模占比由 62.35% 逐渐下降到 21.50%,增速急剧下滑。

20 世纪 50—70 年代,美国发动了两次对外战争,国民经济军事化显著,工业部门得到蓬勃发展的同时带动了居民消费和就业,经济逐渐得到恢复,各部门信用结构不断调整,居民部门、企业部门和金融部门的信用结构占比逐年增长,经济危机爆发频率降低。经过"黄金 60 年代"的经济高速发展,信用规模逐渐累积形成规模效应,到 20 世纪 70、80 年代,企业部门和居民部门的信用规模在信用结构中的占比基本维持在 35% 以上,而金融部门在信用结构中的占比仍相对较低。

(2) 金融部门信用规模在信用结构中的占比持续增长引发结构性失衡

尤其是进入 21 世纪之后,随着科学技术进步以及互联网时代的到来,国际资本迅速向美国的航空、航天、电子等新兴产业注入,房地产市场逐渐看涨,国内的投机者为在庞大的利益体系中分得一杯羹,纷纷转向股票、证券市场,金融市场迅速在经济中占据优势地位,金融部门信用规模急剧扩大。截至 2008 年,金融部门信用结构占比达到最大,接近 25%。次贷危机爆发后,金融部门首当其冲,信用交易迅速遇冷,经济下滑导致企业部门信用规模有所收缩。在此情况下,政府积极"救市",其信用规模占比逐渐上升。截至 2018 年,四部门的信用规模占比基本保持在 25% 左右相对均衡的状态,说明当前美国信用结构的状态相对比较成熟,各部门信用结构对经济发展的影响平分秋色。2019—2020 年由于新冠疫情的影响,政府部门信用规模贡献度略有提升。

着眼于战后美国宏观经济发展历程,信用结构严重失衡极易导致信用体系的紊乱,风险防控被弱化,信用规模的无序扩张使信用风险敞口扩大,信用交易的虚假繁荣诱导经济脱离实际轨道,而信用交易虚假繁荣的泡沫破灭时,往往伴随着经济危机的到来。随着信用结构占比趋于平衡,美国的经济运行逐渐平稳,经济危机爆发的频率逐渐降低,说明美国信用交易的秩序得到改善,各部门对宏观经济运行的正向支持效应不断提高,信用结构状况对国民经济的发展发挥着越来越重要的作用,即信用规模的扩张与宏观经济的运行存在着密切的联系。

五、 美国经济信用化率考察

(一) 经济信用化率的概念

经济信用化率衡量的是一国经济发展中的信用发展程度,信用化率的提高表示一国信用总规模的提高速度高于经济总量增长速度,或者说是信用对经济增长的贡献度提高[①]。随着信用经济在社会经济中活跃度的提高,用经济信用化率去衡量一国市场的发达程度越来越受到重视。

经济信用化率用公式表示如下:

$$经济信用化率 = GC/GDP \qquad\qquad 公式(3.2)$$

其中,GC 表示年度信用总规模。

(二) 美国经济信用化率的现实考察

如图 3-6 所示,整体上美国半个世纪以来的经济信用化率是在不断提升的,由 1945 年的 1.52 增长到 2020 年的 3.41。其中,2007—2010 年的经济信用化率达到 3.25 以上,表示美国的信用活动在社会经济中表现得越来越活跃,并且已经超过美国的承受能力,引发了宏观经济运行危机。

美国经济信用化率的变动可以分为四个阶段,分别是:1945—1980年;1981—2009 年;2010—2018 年;2019—2020 年。

第一阶段,1945—1980 年的经济信用化率有所增长,但维持得相对比较稳定,受战争和国内宏观经济政策的影响,在该阶段美国经济的发展中

---

① 吴晶妹.现代信用学[M].中国人民大学出版社,2009 年,第 165 页。

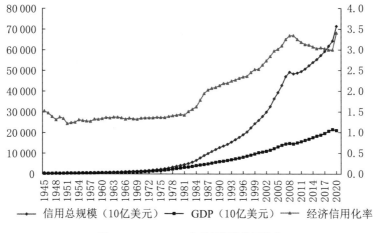

图 3-6 1945—2020 年美国经济信用化率

数据来源:*U.S. Bureau of Labor Statistics*(*www.bls.gov*);*Board of Governors of the Federal Reserve System*;*Economic Research & Data*。

金融部门信用行为的贡献度相对较低,因为其他部门所服务于经济发展的信用交易多与金融业的发展有着千丝万缕的联系,同时受制于信息技术、科技水平的影响,信用交易在该阶段大体上显得并不是非常活跃,因此在该阶段的经济信用化率相对较低,但是不断持续增长。

第二阶段,1981—2009 年间,美国的经济信用化率有了快速的提高,尤其是在 2007—2009 年间达到了历史最高值,最终导致了严重的全球金融危机。进入 20 世纪 80 年代之后,第三次科技革命的成果被应用于经济发展,信息革命带来的信息全球化和国界弱化的全球经济一体化,以及新技术的应用和互联网技术的普及,刺激了金融市场的广度和深度发展,基于信用交易的经济发展模式不断被推向高潮。因此,在该阶段经济信用化率不断被放大,最终突破宏观经济运行所能承受的底线,而爆发严重的金融危机。

第三阶段,2010—2018 年的经济信用化率是美国历史上的首次下降,且表现出三个特征:其一,美国次贷危机的爆发,信用交易的空前膨胀导致经济泡沫破裂,政府加强了对金融市场及金融创新的监管,信用交易规模逐步下降;其二,信用总规模在该阶段短暂地收缩之后又迅速地上升,说明危机的爆发和政府的监管并不能也不会从根本上遏制信用交易的进行;其三,经济信用化率经过 2010—2012 年的逐步下降后继续保持稳定,并在 2016 年有所上升,在金融危机后,信用交易仍然是促进经济增长重要的动力。

第四阶段，2019—2020 年受突发性的全球公共卫生事件的冲击，在美国政府信用扩张提速推动下，政府部门信用规模快速扩张，债务融资规模继续扩大，经济信用化率急剧提高，以全力对冲新冠疫情影响。

从经济危机爆发的角度来看，经济信用化率的急剧变动容易导致信用危机的爆发，也就是说信用规模的无序扩张会引起信用交易风险的增加，信用活动开展的强度背离了经济发展的需求，呈现一定的虚假信用繁荣或信用泡沫，当其突破一定的界限，必然导致危机的爆发。如 20 世纪 60 年代末、80 年代后期信用规模经济信用化率的急剧增加均导致了经济危机；21 世纪初期的几年间信用规模的急剧增长使该时期的经济信用化率保持在高位，并有增长趋势，经济信用化率几乎一直保持在 3 以上，并且在 2009 年达到最高点 3.35。经济的信用化程度远远超过了经济增长所能承受的限制，不可避免地引起了一场严重的信用危机，随着信用危机的爆发，金融危机和经济危机在所难免，该事实在以上图中表现得最为明显。经济信用化率在 20 世纪 80 年代以前的变动趋势，与信用总规模和 GDP 的变动趋势具有类似的表现，这表明在此期间的信用总规模和宏观经济是同步变动的。从 20 世纪 80 年代开始的走势表明信用对宏观经济的影响明显加强，信用市场的发达程度不断得到提高。经济信用化率的总体上升趋势，表明美国半个多世纪以来的信用发展程度在不断提高，信用活动在经济活动中的表现越来越活跃，经济信用化率的提高也意味着信用对国民经济的影响作用加强，对其的贡献度在日益提升。换言之，信用总规模的变动和宏观经济波动之间有一定的相关性，这也是后面章节实证研究的一项重要内容。

第四节　中国信用规模变化动态演进的现实考察

一、中国信用总规模的指标选取和样本选择

信用总规模是一个国家或地区在一定时间内可计量的全部信用交易总额，包括政府部门、金融部门、非金融企业部门和居民部门四个部门的负债总和。依据数据的可得性，本章的信用总规模的统计根据四部门的负债产生，对中国信用总规模的考察，选取的是 1995—2020 年中国信用总规模和 GDP 的历年数据，其样本长度为 26 年，重点考察进入 20 世纪 90 年代中期以来中国信用总规模的变化趋势和形态演进。

信用总规模公式如下：

$$信用总规模＝政府部门负债＋金融部门负债$$
$$＋非金融企业部门负债＋居民部门负债$$
$$＝M_0＋金融机构存贷款余额＋同业拆借成交额$$
$$＋债券发行量＋股票市场筹资金额$$

公式(3.3)

其中,金融机构存贷款余额表示社会各部门对金融机构负债和金融机构对社会各部门负债的总和;金融机构存款余额表示金融机构对社会的负债,同业拆借成交额表示金融机构之间的负债;债券发行量表示各部门通过债券市场产生的负债,股票市场筹资额表示各部门通过资本市场产生的负债;M_0 表示流通中的现金。当前,中国尚未建立官方的统计指标体系,所以本章中国信用总规模的统计不免会存在一定的误差。

二、 1995—2020 年中国信用总规模发展的现实考察

(一)信用总规模稳步发展,经历了两个发展阶段

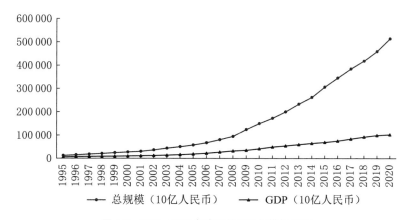

图 3-7　1995—2020 年中国信用总规模与 GDP

数据来源:国家统计局网站整理;wind 数据库。

如上图为 1995—2020 年信用总规模与 GDP 的总体变化趋势,整体上二者均处在不断上升的过程中,但是又呈现出不同的阶段性特征。

1. 1995—2008 年呈现稳步上升过程

在此期间,中国在个别年份实施了积极的财政政策和适度宽松的货币政策,但主要实行的是"双稳健"的财政政策和货币政策。随着中国经济建设速度的加快,社会经济领域的一些问题不断显现出来,如为了加速建设,社会信贷规模不断上涨,从而引起了一定程度上的投资热,同时,随着原材

料价格的不断上涨,企业商品物价指数(CGPI)和居民消费物价指数(CPI)一路攀升,市场上的流动性过剩,造成了一定的通货膨胀压力。因此国家实施了相对紧缩的财政政策和货币政策,一方面缩减财政赤字,压缩国债规模和政府信用规模,降低其在 GDP 中的占比,另一方面与相关产业政策相结合,完善市场准入机制建设,控制盲目投资的趋势,避免重复建设造成的社会资源浪费。另外,相较于 2008 年以后,20 世纪 90 年代到 21 世纪初的这段时间,中国的信息技术、互联网技术和金融创新的程度及普及程度相对较低,信用规模膨胀的倍数效应及相互传导机制不如近些年显著,从而社会信用总规模的扩张始终控制在一定的范围内,不至于因信用总规模盲目扩大而造成一系列的信用风险。因此,从 1995 年到全球金融危机的到来,中国的信用总规模的增长趋势表现得相对比较平稳。

2. 全球性金融危机后的大幅提升

由图 3-7 可以明显看出,此后的信用总规模增长趋势较之前更加显著,信用总规模和 GDP 两者之间的差距明显增加。受全球金融危机的影响,中国的经济、金融也受到了前所未有的影响,尤其是外向型企业和资本市场受到的打击就更加严重。因此,为了恢复市场秩序和繁荣经济,国家实施了一系列经济政策。在危机爆发后,为了经济建设,政府实施了积极的财政政策,大量发行国债支持基础设施建设,直接增加了社会固定资产投资,使金融危机的影响得到了一定程度上的缓解;央行实施适度宽松的货币政策,银行信贷大量发放,货币供应量也再度提升,这些都造成了信用总规模的不断上升趋势。

3. 中国信用总规模的扩张具有明显的政策效应

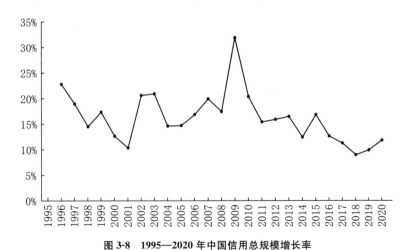

图 3-8 1995—2020 年中国信用总规模增长率

数据来源:国家统计局网站整理。

如图 3-8 所示,中国信用总规模的增长速度波动比较明显,但基本维持在 10%—25% 的区间内,但在有些年份如 1996 年、2003 年、2007 和 2009 年、2015 年等增速较快,这是与中国的社会经济背景相适应的。其一,20 世纪 90 年代初期,因为中国的证券市场和债券市场刚刚起步,证券市场和债券市场融资无疑增加了信用规模的总量,同时在信用总规模本身绝对量较低的情况下,增速表现得比较显著;其二,2003 年是中国连续实施积极财政政策的第五年,也是中国加入 WTO 的第一年,为了适应经济快速增长和融入国际化的需求,无论是财政政策还是货币政策均对市场主体进行了大力的支持,同时在微观领域也出台了一系列支持企业发展的政策,在多重政策的共同作用下,2003 年的信用总规模的增长率空前提高,达到了 20.91% 高增速;其三,2007 年和 2009 年增速较高,尤其是 2007 年达到了 19.92%,很明显是受到国际金融危机的影响,中国的经济发展也遭受了空前的影响,尤其是外向型企业,另外国内的消费需求动力不足,国家为了恢复经济,实施了一系列积极的宏观经济政策,造成中国信用总规模及各个部门的信用规模随之增长;其四,2015 年增长率达到 16.83%,这与中国自 2012 年互联网金融、信息技术的创新和普及等密切相关,信用总规模增长的杠杆效应凸显出来,从而促成高速增长。

(二) 中国经济信用化率呈现上升趋势

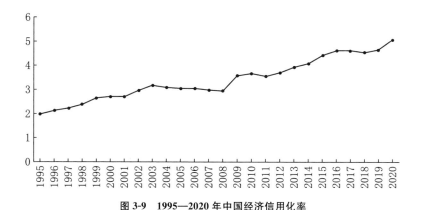

图 3-9 1995—2020 年中国经济信用化率

数据来源:wind 数据库。

如图 3-9 所示,中国历年来的经济信用化率整体上呈现不断上升趋势,从 1995 年的 2.00 上升到 2020 年的 5.06,信用总规模对经济增长的推动作用较为显著,信用经济发展程度在中国不断加深,但是局部上却呈现出五阶段特征:

1. 稳步上升阶段(1995—2008 年)

即从 20 世纪 90 年代中期到美国次贷危机爆发前。在该阶段,中国的经济信用化率整体上呈稳步上升趋势,除 2003 年的增长速度较快之外,其余年份保持相对稳定增长的状态,是因为在该阶段中国长期实行稳健的宏观经济政策,同时中国的股票市场和债券市场虽然已经起步,但是发挥的作用相对较小,在此前的很长一段时间内通过股市和债市的融资额还处在较低水平。政策和市场状态的双重作用导致中国经济信用化率增速较小,且呈现出稳定特征。

2. 相对稳定却又频繁小幅波动阶段(2009—2014 年)

如图所示,2009—2014 年中国经济信用化率一直保持在 4.0 左右,但是又呈现出交替增减的特征。受美国次贷危机引起的全球性金融危机的影响,中国社会经济发展中的很多不稳定因素不断暴露出来,虽然没有导致严重的系统性风险而引发全面的经济危机,但是对于危机治理以及后危机时代的经济稳定发展却提出了新的挑战。因此在该阶段防止系统性风险爆发的前提下,要使经济信用化率或者社会总杠杆水平稳定在一定的范围内,信用总规模有增长过快趋势的时候会受到政策的限制。为了防止经济衰退,当经济信用化率有下降趋势时,政策又会起推动作用。因此,在该阶段整体稳定的情况下,呈现频繁小幅波动的特点。

3. 快速提升阶段(2015—2016 年)

很明显,2015 年和 2016 年的经济信用化率呈现明显的上升趋势,主要有来自两个方面的原因。其一,近几年经济进入新常态,供给侧结构性改革优化了经济增长的模式,经济增速在这几年有所下降,更加注重质的发展而非一味强调量的提升;其二,近两年积极的财政政策对一系列国家级战略和"一带一路"等国际战略的实施发挥了重要作用,同时利率市场化改革的推进和完成,2014—2016 年连续的降准降息为市场提供相对充足的流动性。在互联网金融和信息技术程度加深与普及的背景下,宏观经济政策的实施必将引起信用总规模的快速增长。因此近年来中国的经济信用化率呈现明显的增长趋势。

4. 维持相对平稳阶段(2017—2019 年)

2017—2019 年间,中国一直施行稳健略偏松的货币政策,为有效实现实体经济信用环境改善、对企业经营和中长期投资活动形成进一步支持的政策方面并未改变,这些年一直保有较好的信用环境,所以中国的经济信用化率 2017—2019 年一直保持在 4.6 左右的较高水平。

5. 快速增长阶段(2019—2020 年)

受突如其来的新冠疫情冲击,中国经济有所收缩,中国政府施行宽松积极的宏观政策全力对冲疫情影响,财政货币逆周期调节力度空前。在中央政府信用扩张提速推动下,政府部门信用扩张较快,中国宏观信用快速扩张,债务融资规模继续扩大,市场利率进一步降低,宏观杠杆率迅速攀升,中国经济信用化率快速增长。

三、 中国四部门信用规模发展变化的现实考察

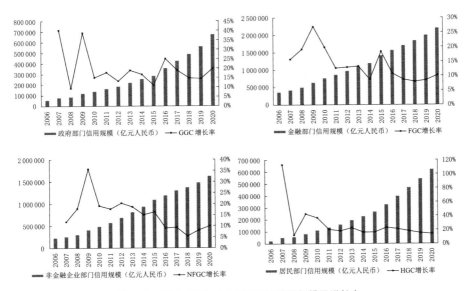

图 3-10　2006—2020 年中国四部门信用规模及增长率

数据来源:wind 数据库。

如图 3-10 分别表示了中国四部门信用规模历年来的变动趋势,总体上看,除了个别年份外,四部门信用规模基本上一直处于总量上升的趋势,这与中国长期以来经济发展所需要的信用交易不断扩大有着密切关系,但是四部门信用规模增长率相对波动比较大,这也是中国经济在近 14 年间频繁出现波动的根源。

(一)政府部门信用规模呈现六阶段特征

第一阶段(2006—2008 年)增速急剧下降阶段,该阶段是投资过热、通货膨胀的时期,政府为了抑制通货膨胀,施行紧缩性财政政策,减少政府赤字,政府部门信用规模下降明显;第二阶段(2008—2009 年)增速急剧上升阶段,受美国次贷危机对全球经济的冲击,中国经济在这段时期有所收缩,政府在危机年份的救市行为,施行扩张性财政政策,增加政府赤字,故政府部门信用规模增加在这段时期体现得尤为明显;第三阶段(2009—2010 年)增速大幅下降阶段,政府为了挽救 2008 年的宏观经济危机,采取的救

市行为导致部门信用规模的快速增长，造成经济过热、通货膨胀严重的问题，为了抑制通货膨胀，政府实行紧缩性财政政策，故政府部门信用规模又大幅度下降；第四阶段（2010—2016年）增速徘徊上升阶段，该阶段处在后危机时代，政府连年施行扩张性财政政策，增加政府赤字，尤其是体现在2015年结构性去杠杆的政策，政府部门信用规模增加就更加明显；第五阶段（2016—2019年）增速有所回落阶段，2016年结构性去杠杆政策效果显现，政府部门信用规模增速居高位，之后增速有所回落，维持在15%—20%之间；第六阶段（2019—2020年）增速明显上升阶段，该阶段受新冠疫情冲击，中国经济有所收缩，中国政府施行宽松积极的宏观政策全力对冲疫情影响，故政府部门信用规模增速明显较快。

（二）金融部门信用规模呈现五阶段特征

第一阶段（2006—2009年）增速急剧上升阶段，该阶段信用规模增长率从2007年的15.78%急剧上升到2009年的27.09%，说明受美国次贷危机的影响，金融部门信用规模处在高速增长阶段；第二阶段（2009—2011年）增速急剧下降阶段，该阶段抑制通货膨胀、防止投资过热，金融部门信用规模从2009年的27.09%快速下降到2011年的12.75%，处于大幅度下降阶段；第三阶段（2011—2015年）增速稳定增长阶段，该阶段处于后危机时代，信用规模增速明显，2015年信用规模增速将近20%；第四阶段（2015—2019年）2015年12月召开的中央经济工作会议提出"三去一降一补"后，去杠杆成为供给侧结构性改革的五大任务之一。2016年去杠杆效果显现，金融部门杠杆率有所下降，部门信用规模增速回落到维持稳定阶段，2015—2016年金融部门信用规模增速有一个较为明显的回落，2016年之后信用规模增速趋于稳定，2017—2019年内增速维持在8%—9%；第五阶段（2019—2020年）增速有所上升阶段，该阶段受新冠疫情冲击，中国经济有所收缩，中国政府施行宽松积极的宏观政策全力对冲疫情影响，政策加持之下宏观经济环境形势良好，故金融部门信用规模增速明显加快。

（三）非金融企业部门信用规模呈现四阶段特征

第一阶段（2006—2009年）增速急剧上升阶段，该阶段信用规模增长率从2007年的11.87%急剧上升到2009年的35.75%，说明受美国次贷危机的影响，非金融企业部门信用规模处在高速增长阶段；第二阶段（2009—2011年）增速急剧下降阶段，该阶段抑制通货膨胀、防止投资过热，非金融企业部门信用规模处于大幅下降阶段；第三阶段（2011—2018年）增速徘徊下降阶段，该阶段非金融企业部门信用规模增长率从2011年的17.74%逐步下降到2018年的5.33%，增速不断下滑，在2015年12月中央提出结构性去杠杆政策的影响下,非金融企业部门杠杆率下降,故部门信用规模增速 2015—2016年有较为明显的下降;第四阶段(2018—2020 年)增速稳步上升阶段,该阶段受新冠疫情的影响,中国经济有所收缩,政府施行宽松的宏观政策以救市,利率下降,非金融企业部门持续加杠杆,部门信用规模增速呈现上升趋势。

(四) 居民部门信用规模呈现四阶段特征

第一阶段(2006—2008 年)增速急剧下降阶段,该阶段居民部门信用规模增长率从 2007 年的 113.85% 急剧下降到 2008 年的 12.59%,下降幅度明显,这段时期国内掀起了投资热潮,为了抑制通货膨胀施行紧缩的宏观政策,利率下降,杠杆率下降,故居民部门信用规模增速急剧下降;第二阶段(2008—2009 年)增速明显上升阶段,受美国次贷危机对全球经济的影响,在该阶段政府施行宽松的宏观政策,利率下降,故居民部门信用规模增速明显上升;第三阶段(2009—2011 年)增速稳定下降阶段,该阶段居民部门信用规模增速保持不断稳定下降的趋势,是抑制通货膨胀、规范投资等政策出台导致的;第四阶段(2011—2020 年)增速维持平稳阶段,到了后危机时代,居民部门信用规模有所回升,除个别年份如 2013 年和 2016 年增速较高,超过了 20%,其余年份增速维持在 15%—20%。

四、 中美信用规模的差异分析

(一) 中美信用总规模发展变化差异分析

1. 中国信用总规模前期明显低于美国信用总规模,但差距越来越小甚至后期反超

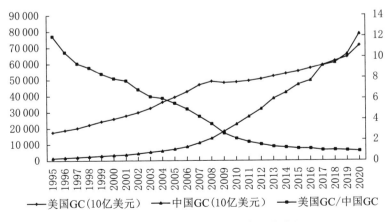

图 3-11　1995—2020 年中美信用总规模对比

数据来源:国家统计局网站整理;美联储网站数据库整理。

图 3-11 是中国和美国信用总规模的走势图,以及中美两国信用总规

模的比率，无论是从总量变动还是比率变动，均可以在实际经济发展中得以证实。通过分析本图我们可以看出以下几个特征：

第一，中国的信用总规模比美国的信用总规模总量上少得多。中国真正的信用经济发展至今，不过20多年的时间，虽然在社会信用体系建设的进程中取得了许多成果，对经济增长起到了强有力的推动作用，但是受国内社会经济状况和需求的限制，中国的信用总规模相对于发达的美国信用市场来说还有一定的差距。这也说明了，中国的信用市场尚处在不发达阶段，需要进一步加强对信用市场的建设。

第二，中国的信用市场相对比较稳定，信用总规模呈稳定上升趋势。从1995年至今，中国的信用总规模虽一直处在不断地上升趋势当中，但是没有过于明显的波动，这也与中国的社会经济体制、经济增长模式和历年的宏观经济政策是相互关联的。相对于中国，美国的信用总规模总量庞大，也存在一定的增长趋势，但是波动比较明显，一直处于不稳定状态。

第三，中美信用总规模差距不断缩小。从趋势上看，中美两国的信用总规模总量大致都是处在上升的趋势当中，但是两者的比率却急剧缩小。1995年美国的信用总规模是中国信用总规模的12.01倍之多，随着中国信用总规模量的不断上升，到2020年中国的信用总规模达到美国的1.1倍。也就是说，中美两国信用总规模的相对距离在进入21世纪之后逐步缩减，甚至在2019年和2020年中国信用总规模反超美国信用总规模。

2. 中国经济信用化率前期低于美国，近二十年快速提升

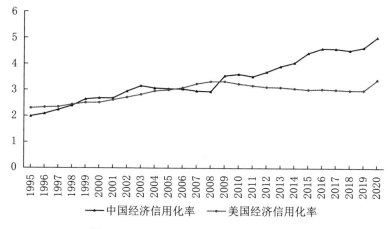

图3-12　1995—2020年中美经济信用化率对比

数据来源：国家统计局网站整理；美联储网站数据库整理。

从1995—2020年中美信用经济信用化率的数据及图形趋势来看，中

国的经济信用化率在信用规模和宏观经济运行的相互作用下,多年来保持稳健的增长趋势,尤其在近十年的时间内提升明显。1999 年中国的经济信用化率首次超过美国,并有不断扩大差距的趋势。美国的经济信用化率自 1995 年至今,在略有增减的情况下保持相对平稳。这说明中国经济信用化率近几年快速增长。近年来中国经济信用化率呈现明显的上升趋势,预示着中国经济发展总杠杆率在不断提高,当信用规模处于无序增长状态,并且超过了实体经济承载能力的时候,极易爆发系统性风险。

(二) 中美四部门信用规模发展变化差异分析

1. 中美四部门信用规模差异对比分析

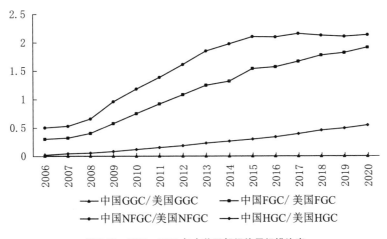

图 3-13　2006—2020 年中美四部门信用规模比率

数据来源:国家统计局网站整理;美联储网站数据库整理。

图 3-13 是中国和美国四部门信用规模对比的走势图,中美四部门信用规模比率变动可以在实际经济发展中得以证实。从图形走势上大致看出,中美四部门信用规模比率在 2006—2020 年都呈现上升的趋势,不难看出中美非金融企业部门信用规模比率攀升最快,从 2006 年的 0.51 增长到 2020 年的 2.13,说明在这段时期内中国非金融企业部门信用规模扩张得最快。其次是中美金融部门信用规模比率近 15 年的时间内涨幅也非常明显,部门信用规模之比从 2006 年的 0.30 增长为 2020 年的 1.91,后期逼近中美非金融企业部门信用规模的比值。中美居民部门信用规模比率 2006—2020 年平稳上升,涨幅不是很大。而中美政府部门信用规模的比值近 15 年来一直维持在 0 的附近。如图分析,我们可以看出中国四部门的信用市场相对比较稳定,四部门信用规模呈稳定上升趋势。从 2006 年至今,中国四部门的信用规模一直处在不断地上升趋势当中,相对于中国,

美国四部门的信用规模也存在一定的增长趋势,但是增长趋势不如中国的明显。近十五年以来,中美四部门信用规模比率一直呈现上升走势,说明中美四部门信用规模差距都在不断缩小。

2. 中美四部门信用规模增速差异对比分析

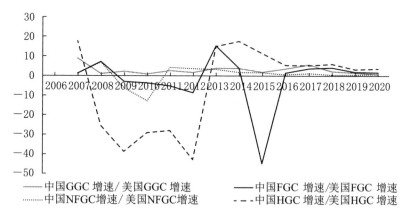

图 3-14　2006—2020 年中美四部门信用规模增速对比

数据来源:国家统计局网站整理;美联储网站数据库整理。

图 3-14 展示的是中美四部门信用规模增速对比,从图中可以看出,中美政府部门信用规模增速的比率曲线在 2006—2020 年基本维持在 0—10 的区间内,变化起伏较小、波动较为平稳。中美非金融企业部门信用规模增速的比率曲线近 15 年来,波动起伏也不是很大,除个别年份之外大多数年份比率都为正值,且同样维持在 0—10 的区间内。2008 年受美国次贷危机的冲击影响,中美非金融企业部门信用规模的比值达到了峰值点,接近 10。2009—2010 年因为施行宽松的货币政策,导致经济过热,为了抑制通货膨胀的现象,又相继实施紧缩性的货币政策,所以 2009 年中美非金融企业部门信用规模增速之比首次出现负值,且负比率维持至 2010 年。2006—2020 年中美金融部门信用规模增速的比值从曲线趋势来看,在某些年份波动幅度很大,尤为明显的是,2015 年 12 月召开的中央经济工作会议首次提出"去杠杆"的结构性改革之后,中国的杠杆率下降幅度明显,故中国金融企业部门的信用规模急剧降低,所以 2015 年中美非金融企业部门信用规模增速的比率达到了近 15 年以来的历史最低点,接近−45。中美居民部门的信用规模增速的比率在前期断崖式下降,2009—2011 年略有回升,2012 年又下降至历史最低点,比率为−42.72,2012—2013 年增速比值大幅度上升,到 2014 年为止,比值上升至 17.92,2015—2016 年比值回落至 5.69,此后近 4 年的时间比值维持在 5 左右。

3.中美四部门经济信用化率差异对比分析

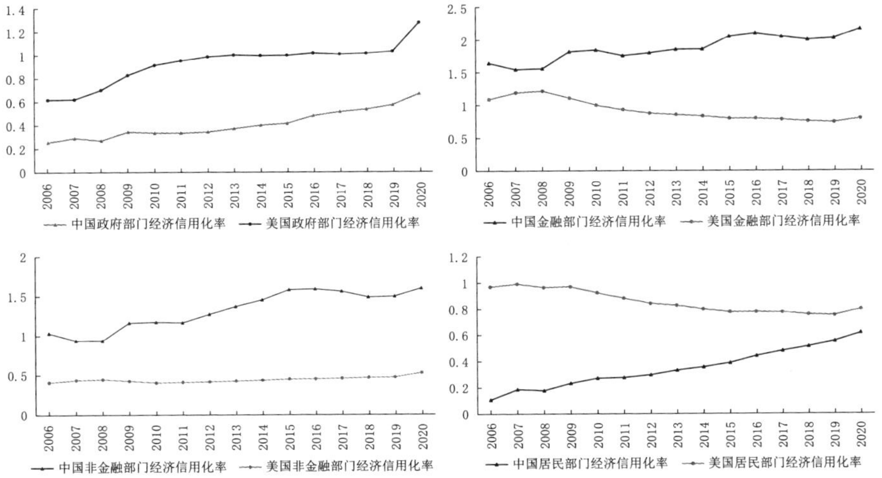

图 3-15　2006—2020 年中美四部门经济信用化率

数据来源:国家统计局网站整理;美联储网站数据库整理

图 3-15 是中国和美国四部门经济信用化率的走势图。从 2006—2020 年中美四部门经济信用化率的数据及图形趋势来看,中国四部门经济信用化率在四部门信用规模和宏观经济运行的相互作用下,表现出相对稳定的增长趋势。美国四部门经济信用化率在四部门信用规模和宏观经济运行的相互作用下,美国政府部门的经济信用化率 2006—2020 年都维持在较高的水平上,且近 15 年来呈现稳定的上升趋势,尤其在新冠疫情全球大流行以来,美国政府为缓解新冠疫情对经济的影响出台并施行了一系列宽松的宏观政策,故美国政府部门经济信用化率在 2019—2020 年明显攀升,中国政府部门经济信用化率在这段时间亦是如此,只不过相较于美国,增长幅度没有如此显著。美国居民部门经济信用化率近年来有下降的趋势,而中国居民部门经济信用化率近些年来持续稳步上升,因此虽然历年来美国居民部门经济信用化率高于中国居民部门经济信用化率,但两者之间的差距在不断缩小,从 2006 年两者之差将近 0.9 到 2020 年两者之差不足 0.2,说明缩小的趋势十分明显。中国金融部门经济信用化率近 15 年来呈现徘徊上升趋势,美国金融部门经济信用化率除个别年份如 2006—2008 年、2019—2020 年略有增长外,其余年份呈现稳定下降趋势。中美金融部门经济信用化率差距有不断扩大的趋势。这说明了以下两个方面的问题:其一,中国金融部门经济信用化率波动增长,与经济进入新常态在经济增长上的表现关系密切;其二,美国金融部门经济信用化率大致呈现稳定下降

的趋势，是由本身高度发达的美国金融部门信用体系和美国近几年对经济危机治理的监管加强导致的，2008年美国次贷危机以及后危机时代，加强了对金融部门的监管力度，而金融监管的加强对金融部门的信贷规模起到了重要的遏制作用，从而导致金融部门经济信用化率在后面的年份都呈现下降趋势。2006—2020年中国非金融企业部门经济信用化率大致呈现上升趋势，美国非金融企业部门经济信用化率维持在0.4—0.6之间。中国非金融企业部门经济信用化率呈现波动增长，是因为中国长期实施稳健货币政策的效应，且反映了货币政策的灵活性方面，以及外部冲击频发的影响。中国非金融企业部门获得信用的渠道有银行贷款、债券、银行表外融资。与国有企业相比，民营企业信用扩张波动较大，2018年以来出现收缩态势。2018年和2019年债券市场违约高发以及以民企为主的表现形式，实质是在去杠杆大政策之下信用结构性分化，民企在总体债务、债券市场、表外融资等方面收缩严重。但近些年来中国非金融企业部门经济信用化率大体呈现明显的上升趋势，预示着当前中国经济增长中的风险隐患在不断堆积，经济发展的总杠杆率实则在不断提高。

五、 美国信用规模发展对中国的启示

纵观美国信用规模发展的历程，不难发现信用规模扩张虽然造成了多次宏观经济危机，但不能否认美国宏观经济高速发展与信用规模的扩张有密切关系，或者说离不开活跃的信用交易。从国内来看，中国信用总规模对GDP的拉动作用比美国的还要强，但是由于中国信用总规模总量过小，虽拉动作用大，但现实效果却达不到，整体原因是中国信用市场交易不活跃，信用交易市场化程度很低，因此，加快信用交易市场化步伐，增强信用规模扩张的内在驱动力，进而推动信用交易市场化进程势在必行。本节从以下三个方面进行论述。

（一）从信用主体角度促进信用规模质和量的双提升

信用主体是信用活动和信用交易的参与者，是信用规模的创造者，因此要促进信用规模的有序扩张，规范、活跃各信用主体的信用交易行为是重中之重。

1. 规范政府信用交易行为，明确政府与信用交易市场边界

政府是国家的形象，在中国信用社会建设中起到导向作用，政府信用交易的主要目的是引导和激发市场主体的信用交易行为。但政府过度干预信用交易市场会产生挤出效应，从而影响公平竞争。因此，政府信用交易应主要体现在政治领域和经济领域。一是政府作为国家领导机构，要保

证以人民的合理利益为导向,提高政府工作效率和服务意识,在公正的立场上解决社会上存在的矛盾。政府要加强公共意识建设,避免不正之风的滋生,严厉打击以权谋私等影响政府信用的行为,在社会建设中起到良好的信用形象作用。二是政府作为经济领域的参与者和指导者,要充分发挥政府信用在经济生活中的作用。根据国家经济运行状况,适时合理地制定相关经济政策,制定长远的经济发展目标,不以当前的短期利益为目的,保证市场长期健康有序的发展。政府作为信用主体参与社会信用活动,其重点是要发挥市场调节器的作用,在经济过热时收缩政府信用,在经济萧条时,扩大政府信用,适时对整个社会的信用规模进行调节,保证市场的有序发展,避免危机的爆发。

2. 完善企业信用交易行为

企业是社会信用活动的主要载体,是中国特色社会主义市场经济建设的中流砥柱,企业信用建设直接影响整个社会信用环境和信用规模的走向,而且信用规模与经济发展之间的影响是相互作用的。企业分为非金融企业和金融企业,非金融企业主要是指生产型和服务型等一般性企业,它们是信用的需求者;金融企业主要是指银行等金融机构,它们不仅是信用的需求者,也是信用的供给者。

一方面,从信用交易角度,无论是非金融企业还是金融企业都要加强企业内部信用管理,完善企业财会制度建设,健全企业信息披露制度,在参与信用活动时,合理开展信用交易,杜绝盲目逐利的过度投机行为,维护市场正常秩序。另一方面,作为信用的提供者,以商业银行为代表的金融机构要制定明确的信用标准,建立完善的信用评级指标体系,充分了解非金融企业或个人的信用状况,防范信用风险的发生而造成的大量的呆账、坏账,提高信用资源的配置效率,使市场上的信用活动和信用交易维持在合规的状态,有效降低信用规模的盲目膨胀。

3. 着力培育和发展个人信用交易

个人是社会信用体系中最微观的信用主体,它与一切信用交易和信用活动的完成都有着紧密的联系。个人的信用行为不仅是信用活动的基础,也是信用规模变动的重要原因。因此,不仅要重视个人在信用活动中的诚信行为,也要求个人信用活动对信用规模有着良好的促进作用。

首先,诚信是中国千百年来的传统美德,在建设社会主义和谐社会的进程中,诚信建设是一项重要的内容。个人信用的完善,不仅使人们的道德观念和精神领域得以净化,更重要的是在市场经济中,人们参与信用活动和信用交易有了守信的基础。

其次,从信用规模的角度来看,个人信用的提升主要包括消费信用和消费信贷的提升,两者属先后关系。在社会主义市场经济快速发展的同时,中国的个人消费信用观念相对比较封闭,所以要解放思想,从政策角度鼓励和支持信用消费,增加信用交易的形式和内容,在无形中扩大国内需求,刺激经济的发展。大力发展消费信贷,在巩固原有信贷内容的基础上,增加消费信贷的形式,扩展消费信贷的领域,丰富和扩大消费信贷市场,为信用活动和信用交易提供更多的空间,使信用规模的合理提升成为现实。在这样一个过程中,以个人诚实守信为基础,以提高个人信用消费意识为促进,以提高个人消费信贷为手段,必然会增加社会信用活动的活跃性和信用交易的频繁性,提升社会有效信用规模,促进社会经济的进一步增长。

(二)充分发挥信用服务机构的信用规模调节器作用

由于市场上掌握各种信用信息资源的主体不同,向市场上提供的信用信息的客观性就会受到质疑,尤其是信用需求者的主观性往往比较强,呈现信用信息不对称的现象。随着专业性信用服务机构的出现及其功能的不断完善,对解决市场上的信用信息不对称起到了关键作用,是实现信用信息有效配置的枢纽。这样,依据信用信息产生的信用交易规模,在一定程度上受信用服务机构的调节,而信用服务机构的合规性操作则自然成了关注的问题。

信用服务机构在信用市场发挥的作用并非是单一的,而是一个复杂的信用信息处理体系,涉及信用信息的收集、标准化处理和评价、公开,所以必须保证过程的真实性、客观性和合理性,才能实现信用信息供需双方的对等,保证信用交易的合理进行,从而有效地调节信用规模。因此,首先要设立严格的信用收集指标,既要保证评价对象所提供信用信息的客观可得性,又要去伪存真,排除信用需求者的主观趋利因素影响,使获得的信用信息真实可靠,这是保证整个信息处理体系有效的基础。其次是要建立严谨的信用信息评价模型,可以通过历史经验的总结或借鉴发达国家成熟的信用评价标准,根据中国信用市场的实际状况,优化信用信息评价模型,以期达到信用信息处理的标准化、并在实践的过程中不断修正和优化的目的,这样就保证了信用信息使用的可行性。最后是信用信息评价的公开必须适时且真实,信用信息的公开是信用信息处理的最后一环,只有保证其适时性和真实性,才能使信用主体作出及时可靠的判断,实现信用资源的合理配置。

(三)通过信用交易创新创造信用规模

中国尚处在建立信用经济的初级阶段,信用活动对中国经济的促进作用尚不明显,经济活动中的信用交易行为还需要进一步提升。基于美国经济发展的经验,大力开展信用交易创新,可以扩大信用交易的广度和加深信用交易的深度,两者的共同作用促进信用规模的提升。

1. 信用产品的创新

信用产品的创新能够直接创新信用交易的形式和内容,对信用规模的提高有很大的促进作用。当前金融市场对社会经济的影响越来越大,创新型金融产品对信用规模的扩大作用也越来越显著,基于金融创新的信用产品创新对信用规模的影响占有举足轻重的地位。金融创新是一个宽泛的领域,包括金融工具创新、金融制度创新、金融机构创新和金融监管的创新等,是一个复杂的综合体,引申到信用交易的创新则不仅是指信用产品的无限创新和使用,而是要结合多种因素来提高信用产品的创新水平和其安全指数。因此信用产品的创新要以金融创新为依托,充分把控其风险因素,创造有效的信用规模,也就是说金融产品创新会通过信用交易来扩大信用规模。

2. 信用资源的开发

随着中国经济建设步伐的不断加快,社会主义农村建设也在不断地进步,然而对于信用来说,在占半数以上人口的农村还没有完全普及,农村蕴藏着巨大的潜在信用规模。随着人们生活水平的提高,用于消费和投资的信用需求越来越多,受中国金融市场、信贷市场等发展的不均衡影响,农村信用的需求尚未得到满足,现代化的信用交易模式在农村市场并没有得以展开。因此,挖掘农村信用资源,不仅能够活跃农村信用市场、完善农村信用体系和刺激农村经济的快速发展,缩减城乡意识形态和经济生活状态的差异,而且能够大规模地增加有效信用规模,带动社会信用交易的均衡发展。

第四章　信用规模与宏观经济运行关系实证研究的中美对比分析

信用总规模对宏观经济运行的影响存在短期动态变化性与长期均衡一致共存的现象,本章对美国、中国信用总规模与宏观经济运行关系的研究,是在确认信用总规模与宏观经济运行存在长期均衡关系后,进一步挖掘信用总规模变动冲击对宏观经济运行的短期动态关系。由于信用总规模的时间序列并非是平稳的,依靠传统的计量回归模型来验证其与宏观经济的长期均衡关系,缺乏理论基础,因此,本章依靠构建协整方程来验证这一长期均衡关系,并尝试构建误差修正模型来描述短期内偏离这一长期均衡状态的动态调整过程。另外,本章通过构建 VAR 模型,并进行 Granger 因果检验来探寻信用规模变动对宏观经济运行的影响,以及相互作用的程度,在分别对中国、美国作出实证分析后,对其进行对比分析,寻找差异。

第一节　美国信用规模变动的四部门内联动关系研究

信用规模的变动是信用交易与信用活动的变化导致的,信用规模是信用活动与信用交易的量化或外在表现形式,也就是说信用总规模是对政府、居民、金融以及非金融企业四部门信用活动与信用交易变化的总体量化。四部门信用活动与信用交易的变化引发了四部门信用规模的扩张或收缩,使得信用总规模的变化具有层次变动与结构性变动的特征,对四大部门信用规模变动的内在联动关系的研究,有助于挖掘市场信用活动与信用交易的深度与成熟度,也有助于挖掘信用活动与信用交易部门间的交互影响程度。

一、　美国四部门信用规模变动的内在联动关系的实证理论基础

对四部门信用规模变动内联动关系的研究,实质是要挖掘某部门信用

规模变动对其他部门信用活动与信用交易的影响,以及这些影响被其他部门消化吸收后又反作用于其自身的问题。各部门通过信用活动与信用交易所产生的债权债务关系而形成的信用网络越发达,四部门信用规模变动联系就越紧密,信用市场就越成熟。也就是说信用市场的成熟程度,取决于信用活动与信用交易网络的密集程度,原因是发达的信用交易网络会大大降低信息的传递时滞,并且提高信用活动与信用交易的效率。四部门信用规模变动的内在联动机制依靠信用交易网络发生作用,内在联动作用的强弱也受到信用网络发达程度的制约。

一般认为,信用规模变动产生的冲击会通过信用网络进行传播与扩散。在成熟的信用市场中,通过信用网络传播的冲击具有三个特点:首先,信用网络无法分辨冲击所带的属性,无论是信用规模有序变动还是无序变动,所产生的冲击均会通过网络进行传播。这意味着不仅有序的信用规模变动会随着信用网络在四部门间进行传播,无序的信用规模变动也会随着信用网络在四部门间进行传播和蔓延,这也是信用规模无序变动会引起系统性风险爆发的原因所在。其次,信用网络节点上信用规模变动的传播方向并非单向而是多向的,而且这种变动也会通过网络节点的逆向传播反作用于变动发出方。由于在足够成熟的信用市场中,信用活动与信用交易时时刻刻都在进行,这就使冲击具有"不停歇"的特点;同时,由于信用网络是无形的,又使冲击具有隐蔽性。最后,每个部门间的信用活动与信用交易虽是可以相互影响的,但并非同质,其均具有自身的特点。因此,当该部门接收到一个来自其他部门的冲击后,会首先对该冲击进行反应和消化,也正是因此,冲击与逆向冲击的性质都可能会发生改变。也就是说,虽然第一个冲击是信用规模有序变动,但也可能因为另一部门的过度反应,在逆向冲击传递产生作用时,可能已经成为引发系统性风险的信用规模无序变动。现实的信用市场并非是成熟的,也就是说,四部门之间的内在联动关系可能由于部门与部门间的信用活动与信用交易的紧密程度不同而呈现出不同的特点。因此,信用规模变动产生的冲击在网络中的传导并非完全符合上述两个特点,可能由于信用市场的发达程度不同而具有多样性的特点。

由以上分析可知,信用市场的成熟与否对信用规模变动在部门间的传递特点有不同的影响,所以本节的研究目的设定为以四部门信用规模变动为代表,验证美国信用市场的成熟度,以及信用规模变动信息在信用网络传递的特点与趋势,为从信用规模变动引起的宏观经济运行危机的防范提供支撑。本节的研究思路如下:通过对四部门信用规模变动的线性关联机制的研究来量化美国信用市场的成熟程度,以及信用规模变动在四部门之间的传播特点。

二、 变量选择与数据特征

本节研究的对象是美国信用规模变动在四部门间的传递过程,即检验某一部门信用规模的变动是否是其他部门信用规模变动的 Granger 原因。本节选取信用总规模(GC)、政府部门信用规模(GGC)、居民部门信用规模(HGC)、金融部门信用规模(FGC)以及非金融企业部门信用规模(NFGC)来进行研究。

第三章中已给出信用总规模和四部门信用规模的计算公式。考虑到信用规模变动较为频繁,在建立模型与进行模型检验时采用季度数据。各层次信用规模指标来源于美联储(FRB)。根据季度数据的可获得性,样本区间为:1952 年第一季度至 2021 年第二季度,样本长度为 278。

本节对数据进行了事先处理。首先,本节对各名义值用 1952 年为基期的 CPI 指数进行了平减,即以 1952 年第一季度的 CPI 为 100 进行物价指数平减,剔除物价影响,得到了可比的实际值(用 gc、ggc、hgc、fgc、$nfgc$ 表示);其次,为了消除可能存在的异方差影响,对数据均进行了取对数操作(用 ln 表示);最后,为了保证数据序列的平稳性,进行了对数一阶差分处理(用 d 表示)。以上表达方式下文相同。

本节对四部门间内联动关系的研究,借助建立多变量的 VAR 模型,然后在 VAR 模型的基础上,运用 Granger 因果分析,检验变量之间变动的因果关系。

三、 单位根检验

对时间序列进行分析的前提是保证序列的平稳性,以避免出现伪回归问题,本节对各变量的原序列进行了单位根检验,用以判断时间序列的平稳性。单位根检验的结果表示各变量原序列均不平稳,但是各变量数据均为一阶单整。为此,本研究对各变量取一阶差分得到后的数据序列构建VAR 模型。

四、 美国各层次信用规模变动的内在联动 Granger 因果检验

Granger 因果检验的目的在于考察某一部门信用规模的所有滞后项对其余变量当期信用规模变动是否有影响。如果检验结果为存在Granger 因果关系,则说明该部门信用规模变动对某一部门或某几个部门

信用规模变动的影响显著。为了判断各层次信用规模变动之间的相互影响情况,我们用变量实际对数值的一阶差分项构建 VAR 模型,即用 $dLngc$、$dLnggc$、$dLnfgc$、$dLnnfgc$、$dLnhgc$ 构建向量自回归模型。

(一) 信用总规模与四部门信用规模变动的 Granger 因果关系

1. 信用总规模与四部门 Granger 因果关系总结分析

表 4-1　基于 VAR 的信用总规模与四部门信用规模的 Granger 因果检验结果

原假设	卡方统计量	Prob.	结　论
$dLnggc$&$dLngc$	3.305	0.038 2	拒绝
$dLngc$&$dLnggc$	4.518	0.011 7	拒绝
$dLnfgc$&$dLngc$	10.328	0.001 5	拒绝
$dLngc$&$dLngc$	28.363	0.000 0	拒绝
$dLnnfgc$&$dLngc$	2.830	0.025 2	拒绝
$dLngc$&$dLnnfgc$	—	—	不拒绝
$dLnhgc$&$dLngc$	6.116	0.014 0	拒绝
$dLngc$&$dLnhgc$	—	—	不拒绝

注:(1)"&"表示在检测的 1 至 8 期内前者不是后者的 Granger 因果关系的原因;(2)"拒绝"表示在 10%的显著水平下拒绝不存在 Granger 因果关系的原假设;(3)"—"表示在检测的 1 至 8 期内前者不是后者的 Granger 因果关系的原因。

由表 4-1 可知,四部门信用规模的变动均为信用总规模变动的 Granger 原因,从该检验结果可以总结出以下结论:这一检验结果与信用总规模的理论含义是一致的。信用总规模是由四部门信用规模的总和得出,四部门中任何一部门的信用规模发生变动,均会引起信用总规模的变动,实证对理论起到了很好的支撑效果。

由表 4-1 中还可看出,信用总规模的变动也是政府部门和金融部门信用规模变动的 Granger 原因,从该检验结果可以得出以下三个结论:第一,信用总规模变动的冲击对四部门信用规模变动的影响并不一致。由检验结果可知,信用总规模变动在 1%的水平上是金融部门信用规模变动的 Granger 原因,同时在 5%的水平上是政府部门信用规模变动的 Granger 原因,但是与居民部门和非金融企业部门的信用规模变动的 Granger 因果关系并不显著。第二,某一部门信用规模变动的冲击作用于信用总规模后,会反作用于自身。由上部分可知,某一部门信用规模的变动会引起信用总规模的变动,而信用总规模的变动又是某部门信用规模变动的 Granger 原因,也就是说,信用总规模的变动会进一步传递回去,反作用于该部门。因此,美国信用总规模与某部门信用规模变动的相互影响的信用网络是畅通的。第三,某一部门信用规模变动的冲击均会经由信用总规模的变动传递给其他部门。由表 4-1 可知,信用总规模变动是金融和政府两部门信用规模变动显著的 Granger 原因,也就是说,无论引起信用总规模变动的原因为何,信用总规模的变动均会引起这两部门信用规模的变动。由此,美国四部门之间信用规模的变动经由信用总规模的变动搭建起来了一个相互影响的多方传递渠道。

2. 信用总规模与四部门 Granger 因果关系比较分析

表 4-2　美国四部门信用规模与信用总规模各滞后期 Granger 因果关系表

变　　量	Lag=1	Lag=2	Lag=3	Lag=4	Lag=5	Lag=6	Lag=7	Lag=8
dLnggc&dLngc	9.101***	3.304**	2.994**	2.344*	2.729**	2.455**	3.442***	3.346***
dLngc&dLnggc	0.396	4.518**	2.722**	2.132*	1.970*	1.717	1.551	1.839*
dLnfgc&dLngc	6.116**	2.439*	1.175	0.981	2.760**	2.236**	2.451**	2.265**
dLngc&dLnfgc	0.274	0.278	0.413	0.930	0.982	0.733	0.715	0.703
dLnmfgc&dLngc	10.328***	1.701	6.311***	5.449***	3.835***	4.120***	4.675***	3.416***
dLngc&dLnmfgc	28.362***	7.825***	10.711***	5.352***	4.181***	4.272***	3.821***	2.744
dLnhgc&dLngc	1.477	2.718*	2.241*	2.830**	2.393**	2.049*	1.858*	1.514
dLngc&dLnhgc	1.572	0.419	0.290	0.249	0.227	0.194	0.180	0.263

注:"&"表示前者不是后者的 Granger 因果关系的原因;***、**、* 分别代表在 1%、5%、10%的显著水平下拒绝不存在 Granger 因果关系的原假设。

第一,四部门信用规模变动对信用总规模的传输影响机制效果不尽相同。由 Granger 因果检验结果可知,政府部门、金融部门、非金融企业部门和居民部门的信用规模变动均显著地是信用总规模变动的 Granger 原因,但是各部门的因果关系的显著程度不一致。其中:政府部门的信用规模变动在 8 个滞后期都显著是信用总规模变动的 Granger 原因,并且除了滞后期为 4 时,其他滞后期均达到 95%以上置信水平,即使是滞后期为 4,也达到了 90%以上的置信水平;金融部门信用规模变动在滞后期为 3 和 4 时对信用总规模的 Granger 因果关系并不显著,除这两期外的各期均显著,且置信水平达到 95%以上;非金融企业部门信用规模变动除在滞后期为 2 时,其余各滞后期均显著是信用总规模的 Granger 原因;居民部门信用规模在滞后期为 1 和 8 时并不是信用总规模的 Granger 原因,在其余各期的 Granger 因果关系虽然显著,但是置信未达到 99%。这样的检验结果与经济学理论和现实宏观经济都一致,本研究的信用总规模是由各部门信用规模总和得到,所以任意一部门信用规模变动都会对信用总规模有影响,但是因为各部门信用规模在信用总规模中占比不同,有的部门信用规模占比较大,对总规模的影响比较显著。

第二,信用总规模的变动对四部门信用规模的影响传递效果也不尽相同。信用总规模的变动显著的是政府部门、非金融企业部门信用规模变动的 Granger 原因,但是对金融部门和居民部门的影响并不显著。在信用总规模与政府部门信用规模的 Granger 因果检验中,除滞后期为 1、6、7 时,其余各期均显著,且在滞后期为 2、3 时置信水平在 95% 以上,滞后期为 4、5、8 时置信水平在 90% 以上;在信用总规模与非金融企业部门的 Granger 因果检验中,除滞后期为 8 时不显著,其余各期均可以得出信用总规模变动是非金融企业部门信用规模变动的 Granger 原因,并且置信水平在 99% 以上;但是在信用总规模对金融部门、居民部门两部门信用规模的 Granger 检验中,8 个滞后期内均无显著 Granger 因果关系。这样的检验结果与现实经济运行相符合:首先,信用规模变动意味着宏观经济运行出现大的变化,政府出于宏观调控的目标,需要变动自身的支出以控制经济整体运行。其次,信用规模变动也意味着市场上可预见的时期内供求关系发生变化,非金融企业部门为了实现自身利益最大化,需要根据信用规模变动来调整自己的生产计划,即扩张或缩减自身的信用规模。但是金融部门作为信用市场上的供给方,只能被动地跟随市场需求变动,而且自身的信用规模变动受到央行等金融监管机构的监管,所以信用总规模变动对金融部门信用规模变动影响并不显著,而居民部门信用规模更多的是依据自身的需求变动,很少会因为外部供给、他人需求等因素发生变动,因此信用总规模对居民部门信用规模的影响也不显著。

(二)四部门信用规模变动的内在联动的 Granger 因果关系

1. 四部门内 Granger 因果关系总结分析

表 4-3　基于 VAR 的四部门信用规模变动的 Granger 因果检验结果

原假设	卡方统计量	Prob.	结论
$dlnggc \& dlnhgc$	—	—	不拒绝
$dlnhgc \& dlnggc$	2.395	0.068 7	拒绝
$dlnggc \& dlnfgc$	5.984	0.015 1	拒绝
$dlnfgc \& dlnsggc$	—	—	不拒绝
$dlnggc \& dlnnfgc$	5.901	0.003 1	拒绝
$dlnnfgc \& dlnggc$	5.036	0.007 1	拒绝
$dlnhgc \& dlnfgc$	17.398	0.000 0	拒绝
$dlnfgc \& dlnhgc$	4.181	0.006 5	拒绝
$dlnhgc \& dlnnfgc$	11.756	0.000 7	拒绝
$dlnnfgc \& dlnhgc$	—	—	不拒绝
$dlnnfgc \& dlnnfgc$	7.153	0.007 9	拒绝
$dlnnfgc \& dlnfgc$	29.206	0.000 0	拒绝

注:(1)"&"表示在检测的 1 至 8 期内前者不是后者的 Granger 因果关系的原因;(2)"拒绝"表示在 10% 的显著水平下拒绝不存在 Granger 因果关系的原假设;(3)"—"表示在检测的 1 至 8 期内前者不是后者的 Granger 因果关系的原因。

由上表的检验结果可知，四部门之间信用规模变动的 Granger 因果检验存在一定的差异，大部分部门之间存在内在联动关系，信用变动的冲击在部门内部进行双向传递，但部分部门间冲击的传递只有单向影响作用。具体总结如下：

第一，政府部门与非金融企业部门、居民部门与金融部门、金融部门与非金融企业部门三组两部门组合均存在显著的双向 Granger 因果关系。以上结论可以从三方面进行理解：(1)三类组合中两两部门之间建立了双向的内在联动机制。也就是说，以上三组组合之中任何一个部门的信用规模变动形成的冲击，均会对组合中另一部门信用规模产生影响，这种影响双向且持久。(2)政府、金融、非金融企业、居民四个部门由于这种双向的 Granger 因果关系，建立起了一个跨部门的复杂的内在联动机制。由检验结果可知，若金融部门的信用规模发生变动，将会对居民部门和非金融企业部门发出第一波变动冲击。居民部门受到冲击后，会对金融部门发出第二波变动冲击；非金融企业部门受到金融部门的第一波冲击后，会对金融部门和政府部门发出第二波变动冲击；之后的逆向冲击又会从政府部门、居民部门传递到金融部门。从第二波之后的冲击可以看出，虽然第一波冲击是金融部门发出，但是第二波冲击中，金融部门接受到两个逆向冲击，这些冲击进行叠加以及在信用交易网络中蔓延，将会继续发出第三波、第四波等无数次冲击，通过这些冲击渠道，各部门间建立了复杂的内在联动网络。(3)各部门与其他部门建立的双向 Granger 因果关系越多，其在信用规模变动冲击的传播中作用越大。由检验结果可知，金融部门与居民部门和非金融企业部门均建立了双向的 Granger 因果关系，非金融企业部门也与金融部门和政府部门建立起了双向的 Granger 因果关系，因此，其在冲击的传播过程中，起到非常大的作用，如其在第二波冲击中就接收到了两次冲击；而居民部门与政府部门只与其他两部门中的一个存在显著的双向 Granger 因果关系，因此在双向传导的过程中，第二波受到了一次冲击。

第二，居民部门与政府部门、政府部门与金融部门、居民部门与非金融企业部门三组两部门组合，存在显著的单向 Granger 因果关系。由检验结果可以进行以下三点总结：(1)居民部门是政府部门信用规模变动的 Granger 原因，但政府部门并非居民部门信用规模变动的 Granger 原因。也就是说，居民部门信用规模发生变动，变动冲击会在信用网络中蔓延，进而引起政府部门信用规模发生变动；但是政府部门信用规模变动，并不会直接引起居民部门信用规模变动。这与经济现实非常接近，宏观经济系统中,政府信用规模变动意味着财政政策变动,财政政策会直接影响工商业以及金融业,而不会直接影响家庭,故而政府部门信用规模变动不会直接引起居民部门信用规模变动。但是居民部门的信用规模变动意味着居民的收入和支出有大的变动,说明宏观经济运行出现变化,政府出于宏观调控的责任,会变动财政政策以调节经济。(2)政府部门是金融部门信用规模变动的 Granger 原因,但金融部门并不是政府部门信用规模变动的显著的 Granger 原因。政府部门信用规模的变动主要是通过金融机构发挥作用,无论是发行债券还是商业贷款,本质上都是政府部门从金融部门获取信用。但是金融部门的信用规模变化却不会直接影响到政府部门,因为金融部门的行为更多的是受到中央银行的监管,与政府部门及其行为无直接关系。(3)居民部门信用规模变动显著的是非金融企业部门信用规模变动的 Granger 原因,但非金融企业部门信用规模变动并不是居民部门信用规模变动的显著的 Granger 原因。居民部门信用规模变动对非金融企业部门意味着,商品市场上消费发生变化,非金融企业部门为了应对此种市场需求变动,需要变动自身的生产计划,从而改变自身的信用规模;但是非金融企业部门代表的是市场上的供给力量,并不直接显著地影响市场的需求,也就不会改变居民部门的支出以及信用规模。

由以上分析可知,美国信用规模变动的冲击在四部门之间的传递,在第一层次的内在联动上,并没有实现覆盖全部门的双向传导机制。但是,在第二层面上建立了覆盖全部门的信用交易网络,实现了信用在部门间的传递。

2. 四部门内 Granger 因果关系比较分析

表 4-4　美国四部门信用规模各滞后期 Granger 关系表

变　　量	Lag=1	Lag=2	Lag=3	Lag=4	Lag=5	Lag=6	Lag=7	Lag=8
$dlnggc \& dlnfgc$	5.983**	1.793	1.740	1.343	1.147	1.275	1.397	1.600
$dlnfgc \& dlnggc$	0.251	1.673	0.802	0.629	0.634	0.658	0.668	0.600
$dlnggc \& dlnmfgc$	11.513***	5.900***	3.483**	3.248**	3.988***	2.707**	2.792***	2.542**
$dlnmfgc \& dlnggc$	0.758	5.036***	2.291 57*	1.929	2.313**	2.074*	2.055**	2.004**
$dlnggc \& dlnhgc$	0.070	0.563	1.686	1.558	1.964*	1.653	1.490	1.525
$dlnhgc \& dlnggc$	0.993	2.212	2.395*	2.182*	1.841	1.648	1.531	1.718*
$dlnfgc \& dlnmfgc$	7.152***	3.762**	2.685**	1.910	2.176*	1.377	1.637	1.465
$dlnmfgc \& dlnfgc$	29.206***	4.873***	4.844***	2.813**	1.864	1.796	1.332	1.411
$dlnfgc \& dlnfgc$	3.831*	2.363*	4.180***	6.513***	5.290***	5.643***	6.035***	4.694***
$dlnhgc \& dlnfgc$	46.65***	20.638***	17.398***	10.913***	12.150***	8.749***	8.339***	6.587***
$dlnmfgc \& dlnhgc$	1.420	0.046	0.087	0.409	0.323	0.496	0.462	0.359
$dlnhgc \& dlnfgc$	11.755***	4.569**	2.842**	2.753**	3.233**	2.787**	2.637**	2.508**

注:"&"表示前者不是后者的 Granger 因果关系的原因;上表中的数据为 ***、**、* 分别代表在 1%、5%、10%的显著水平下拒绝不存在 Granger 因果关系的原假设。

第一,政府部门与非金融企业部门、金融部门与非金融企业部门、金融部门与居民部门,三组两部门组合均存在显著的双向 Granger 因果关系;政府部门对金融部门、居民部门对政府部门、居民部门对非金融企业部门存在单向的 Granger 因果关系。从以上结论可以从三方面进行理解:(1)三类存在双向因果关系的组合中两两部门之间建立了双向的内在联动机制。也就是说,以上三组合之中任何一个部门的信用规模变动形成的冲击,均会对组合中另一部门信用规模的变动产生影响,这种影响是双向的,并且这些影响是持续的。(2)政府、金融企业、非金融企业以及居民四大部门由于这种双向的 Granger 因果关系,建立起了一个跨部门的复杂的内在联动机制,这种机制导致任一部门信用规模变动均会传递到其他部门,并且经过一段时间之后传递回自身部门,通过这些冲击渠道,各部门间建立了复杂的内在联动网络。(3)各部门与其他部门建立的双向 Granger 因果关系越多,其在信用规模变动冲击的传播中作用越大。由检验结果可知,金融部门与非金融企业部门均建立了两个双向 Granger 因果关系,因此,其在冲击的传播过程中,起到了非常大的作用,这两部门在上述的联动网络中会作为桥梁将彼此不存在因果关系的部门联系在一起。

第二,从 Granger 持续的时间特点和反应特点来看。政府部门对非金融企业部门、金融部门对居民部门、居民部门对金融部门、居民部门对非金融企业部门四组关系中均显现出显著的 Granger 因果关系,从第 1 期就显现,并且一直持续到第 8 期;政府部门对金融部门的 Granger 关系显现时间较早,在第 1 期就出现,但也仅持续这一期,之后不再显著;非金融企业部门对政府部门信用规模的 Granger 因果关系从第 2 期开始显现,并且持续到第 8 期;政府部门对居民部门信用规模的 Granger 因果关系仅在滞后期为 5 这一期显现;居民部门对政府部门信用规模的 Granger 因果关系在第 3 期开始显现,仅持续两期,在第 5 期消失,而在第 8 期又显现;金融部门对非金融企业部门的 Granger 因果关系在第 1 期就显现,并且持续三期,在第 4 期消失,在第 5 期再次出现,但是显著水平较低,并且之后不再出现;非金融企业部门对金融部门的 Granger 因果关系在第 1 期就显现,持续四期,在第 5 期消失;金融部门对政府部门、非金融企业部门对居民部门均不存在显著的 Granger 因果关系。这背后的经济含义与上部分的分析相一致,此处不再重复。

第二节 美国四部门信用规模与 宏观经济运行关系的实证研究

本节致力于研究四部门信用规模与美国宏观经济运行之间是否存在长期均衡关系,以及短期内四部门信用规模的变动对美国宏观经济运行的动态影响。对信用总规模与美国宏观经济运行长期均衡关系的研究借助协整检验与 VEC 模型进行;信用总规模对美国宏观经济的动态影响的研究,主要借助构建 VAR 模型,进行 Granger 因果检验来进行。同时,考虑到四部门信用规模变动对宏观经济的影响大小与路径具有不同的特征,本研究对四部门信用规模与宏观经济的长期均衡关系以及动态变化关系构建模型进行研究。

一、 美国四部门信用规模与宏观经济长期均衡关系的实证检验

信用总规模是四部门信用规模的总和,由本章第一节各层次信用规模的内在联动关系研究可知,四部门信用规模的变动均可以影响信用总规模的变动,四部门信用规模与宏观经济 GDP 之间也存在一定的关系。GDP 与四部门信用规模之间的关系,本节用协整方程以及 VEC 模型来考察。先进行 Johansen 协整检验,验证宏观经济 GDP 与政府、金融、非金融企业和居民部门实际信用规模的长期均衡关系,再通过 VEC 模型进行误差修正,考察短期内偏离其长期均衡关系后调整过程。

(一) 模型建立

为分析四部门信用规模与实际 GDP(用 gdp 表示;该表达方式下文相同)运行的长期均衡关系。构建协整方程如下:

$$y_t = \varphi_0 + \varphi_k x_{k,t} + u_t \qquad \text{公式}(4.1)$$

其中,y_t 为被解释变量(gdp);φ_0 为常数;x 为解释变量,表示四部门信用规模;当 k 分别等于 1、2、3、4 时,x_t 分别是政府、金融、非金融企业、居民部门信用规模;φ_k 为各部门信用规模的回归系数;u_t 为随机扰动项。

为考察其短期内偏离长期均衡关系后的调整过程,构建 VEC 模型如下:

$$\Delta Y_t = \alpha ECM_{t-1} + A_1 \Delta Y_{t-1} + A_2 \Delta Y_{t-2} + \cdots A_p \Delta Y_{t-p} + \varepsilon_t$$

$$\text{公式}(4.2)$$

其中,ECM 表示根据以上协整方程得出的误差修正项,该项代表着短期内偏离其长期均衡状态的非均衡误差,α 即为调整系数。

(二) 结果分析

通过协整方程与 VEC 模型对四部门实际信用规模与 gdp 的长期均衡关系进行估计,结果如表 4-5 所示。

表 4-5 四部门信用规模变动对 GDP 影响效应实证结果

	ggc	fgc	$nfgc$	hgc
gdp	-2.5108	0.1896	1.2733	0.5325
F	5.4454	17.8105	11.3932	5.5627
R^2	0.2160	0.4740	0.4022	0.2473
$Johansen$ 协整检验结果	1 个协整关系 (1.273974)	1 个协整关系 (4.997621)	1 个协整关系 (3.712657)	1 个协整关系 (13.52632)
α	$\begin{bmatrix} -0.0001 \\ 0.0018 \end{bmatrix}$	$\begin{bmatrix} -0.0087 \\ 0.0022 \end{bmatrix}$	$\begin{bmatrix} -0.0278 \\ 0.006 \end{bmatrix}$	$\begin{bmatrix} -0.0202 \\ -0.0019 \end{bmatrix}$
N	278	278	278	278

注:括号内为 Trace 统计量的值;α 为调整系数,$\alpha = \begin{bmatrix} A \\ B \end{bmatrix}$,$A$ 为当四部门实际信用规模不变的前提下,gdp 在 t 期的变化可以减少前一期的非均衡误差数量;B 为当 gdp 不变的前提下,四部门实际信用规模的变化将会减少前一期的非均衡误差数量。

表 4-5 给出了四部门信用规模对宏观经济 GDP 影响效应的实证结果,由检验结果对宏观经济 GDP 与四部门信用规模的长期均衡关系进行总结,具体如下:

第一,四部门信用规模变动对 GDP 在长期均呈现显著影响,且均存在一个协整关系,但影响效应有正有负。其中,政府部门信用规模变动对 GDP 的变动呈现出显著的负向影响,模型回归系数为 -2.5108,表示政府部门实际信用规模每增加 1 单位,会带来实际 GDP 减少 2.5108 个单位。金融部门、非金融企业部门和居民部门信用规模变动对 GDP 的变动呈现出显著的正向影响,由模型回归系数可知,在这三部门中,非金融企业部门信用规模的变动对 GDP 影响作用最大,其系数为 1.2733,表示非金融企业部门每增加 1 单位,会带来实际 GDP 增加 1.2733 个单位,其次是居民部门和金融部门。

第二,短期内,当 GDP 与四部门信用规模的长期协整关系发生偏离时,其调整过程不同。在四部门实际信用规模不变的前提下,实际 GDP 在 t 期的变化均可以减少前一期的非均衡误差。其中,修正作用最强的是非金融企业部门的信用规模,其调整系数为 0.0278,即当非金融企业部门信用规模不变的前提下,实际 GDP 在 t 期的变化可以减少前一期 2.78% 的非均衡误差;但在宏观经济 GDP 不变时,四部门自身信用规模对前一期非均衡误差作用均不明显。

二、 美国四部门信用规模与宏观经济运行动态关系的实证研究

本节构建 VAR 模型,并在模型基础上进行 Granger 因果检验分析其相互影响的过程与机制。五组变量取一阶差分得到后的数据序列构建 VAR 模型。VAR 模型构建如下:

$$Y_t = \beta_1 + \beta_2 Y_{t-1} + \varepsilon_t \qquad\qquad 公式(4.3)$$

其中,ΔY 分别为 $\begin{bmatrix} dlngdp \\ dlnggc \end{bmatrix}$,$\begin{bmatrix} dlngdp \\ dlnhgc \end{bmatrix}$,$\begin{bmatrix} dlngdp \\ dlnfgc \end{bmatrix}$ 和 $\begin{bmatrix} dlngdp \\ dlnnfgc \end{bmatrix}$。

通过分别对 gdp 与四部门信用规模的向量自回归模型进行 Granger 因果检验,将检验结果做了整理,如表 4-6 所示:

表 4-6 四部门信用规模与 GDP 的 Granger 因果检验结果

原假设	滞后期	卡方统计量	Prob.	结论
$dlnggc\&dlngdp$	1	8.780	0.0033	拒绝
$dlngdp\&dlnggc$	1	2.873	0.0912	拒绝
$dlnfgc\&dlngdp$	5	2.085	0.0676	拒绝
$dlngdp\&dlnfgc$	5	13.055	0.0000	拒绝
$dlnnfgc\&dlngdp$	2	2.626	0.0742	拒绝
$dlngdp\&dlnnfgc$	2	21.242	0.0000	拒绝
$dlnhgc\&dlngdp$	1	14.555	0.0002	拒绝
$dlngdp\&dlnhgc$	1	5.168	0.0238	拒绝

注:(1)"&"表示在检测的 1 至 8 期内前者不是后者的 Granger 因果关系的原因;(2)"拒绝"表示在 10% 的显著水平下拒绝不存在 Granger 因果关系的原假设。

上表给出了四部门信用规模与 GDP 的 Granger 因果检验的检验结果,由检验结果对四部门信用规模与宏观经济 GDP 的 Granger 因果关系进行总结,具体如下:

1. 四部门信用规模与 GDP 之间 Granger 因果关系的总结分析

第一,政府部门信用规模与 GDP 存在显著的双向 Granger 因果关系。由检验结果可知,政府部门信用规模变动是 GDP 变动的 Granger 原因,显著程度很高,P 值为 0.033;GDP 变动也是政府部门信用规模变动的 Granger 原因,检验结果在 10% 的水平上显著。由此可以看出,政府部门信用规模变动与宏观经济运行之间存在双向影响机制,即政府部门信用规

模变动的冲击能够直接引起 GDP 的变动,不必经过其他渠道的间接传递;GDP 变动的冲击也可以直接影响政府部门信用规模的变动,不必经由其他渠道间接传递。

第二,金融部门信用规模与 GDP 存在双向的 Granger 因果关系。由检验结果可知,金融部门的信用规模变动是 GDP 变动的 Granger 原因,其变动可以直接引起 GDP 的变动,检验结果在 10% 的水平上显著,GDP 的变动也是金融部门信用规模变动的 Granger 原因。即 GDP 的变动可以直接带来金融部门信用活动的增加或减少,金融部门信用规模的变动也可以直接引起 GDP 的变动,金融部门与宏观经济运行之间具有双向传导机制畅通的特点,无须经由其他渠道间接地发生效果。

第三,非金融企业部门信用规模与 GDP 存在显著的双向 Granger 因果关系。由检验结果可知,非金融企业部门信用规模的变动与 GDP 的变动互为 Granger 原因,即非金融企业部门信用规模的变动,会带来 GDP 的变动;而 GDP 的变动同样可以直接引起非金融企业部门信用规模的变动。由此可见,非金融企业部门与 GDP 之间建立了双向影响机制,两部门之间的影响均是直接作用,同样无须经由其他途径间接影响。

第四,居民部门信用规模与 GDP 存在显著的双向 Granger 因果关系。由检验结果可知,居民部门信用规模的变动是 GDP 变动的 Granger 原因,且检验的显著水平很高,P 值为 0.0002;GDP 的变动也是居民部门信用规模变动的 Granger 原因,并且在 5% 的水平下显著。由此可见,居民部门信用规模变动与宏观经济运行之间也搭建起直接的双向影响机制,即居民部门信用规模的变动可以直接引起 GDP 的变动,GDP 的变动也可以直接影响居民部门信用规模的变动,无须经过其他部门的间接传导。

2. 四部门信用规模与 GDP 之间 Granger 因果关系的比较分析

表 4-7　美国四部门信用规模与实际 GDP 各滞后期 Granger 关系表

F 值	Lag=1	Lag=2	Lag=3	Lag=4	Lag=5	Lag=6	Lag=7	Lag=8
$dlnggc\&dlngdp$	8.779***	4.608**	3.381**	2.701**	2.405**	2.102*	1.915*	1.654
$dlngdp\&dlnggc$	2.872*	0.132	0.406	0.556	0.766	0.620	0.723	1.103
$dlnfgc\&dlngdp$	0.002	0.405	0.703	0.555	2.085*	2.209**	1.836*	2.087**
$dlngdp\&dlnfgc$	20.352***	16.553***	15.779***	16.480***	13.055***	10.259***	8.373***	6.391***
$dlnmfgc\&dlngdp$	0.222	2.625*	2.579*	2.030*	1.671	1.379	1.248	1.087
$dlngdp\&dlnmfgc$	19.503***	21.241***	14.714***	13.069***	10.694***	8.858***	7.528***	6.671***
$dlnhgc\&dlngdp$	14.555***	5.469**	4.262***	3.714**	3.168**	2.908**	2.636**	2.320**
$dlngdp\&dlnhgc$	5.167**	3.870**	3.316**	3.170**	2.454**	2.475**	2.806***	2.176**

注:"&"表示前者不是后者的 Granger 因果关系的原因;上表中 ***、**、* 分别代表在 1%、5%、10% 的显著水平下拒绝不存在 Granger 因果关系的原假设。

　　第一,四部门信用规模变动对 GDP 都存在影响,但是传输影响机制效果不尽相同。由 Granger 因果检验结果可知,四部门对 GDP 均存在显著的 Granger 因果关系,其中:政府部门信用规模对 GDP 的 Granger 因果关系从第 1 期开始显现,并且一直持续到第 8 期;金融部门信用规模对 GDP 的 Granger 因果关系在第 5 期才开始显现,持续到第 8 期;非金融企业部门信用规模变动对 GDP 的 Granger 因果关系在第 2 期才开始显现,持续 3 期,在第 5 期消失;居民部门信用规模对 GDP 的影响在第 1 期就开始显现,持续到第 8 期,显著水平始终较高。这样的检验结果与经济学理论和现实宏观经济都一致:政府部门与居民部门获得信用,无论是投资或消费,都会及时并显著地影响 GDP。但是金融部门获得信用是为了服务性的投资,金融部门作为服务产业,本身并不生产价值,主要是通过服务其他部门而分享利润,因此从金融部门获得信用到 GDP 有显著变动,需要经历一个较长的周期,这一周期是其他部门生产所必需的时间。非金融企业部门获得信用主要是为了生产,由于生产周期的限制,从获得信用到影响 GDP 需要一定时间,并且因为非金融企业部门对 GDP 影响主要来自自身的生产计划以及市场力量,所以非金融企业部门信用规模变动对 GDP 的影响显著程度并不明显。

　　第二,GDP 的变动对四部门信用规模的影响传递效果也不尽相同。GDP 变动显著的是四部门信用规模变动的 Granger 原因,其中对金融部门、非金融企业部门、居民部门的因果关系的显著性较高,并且持续时间较长,但是对政府部门信用规模变动仅出现一期,即第 1 期,而且仅在 10% 的水平上显著。这背后的经济含义也十分明显,GDP 的核算分为收入法和支出法,因此可以视为其同时核算了一定区域一定时期内的收入和支出。对政府部门而言,GDP 增长意味着经济发展,为了使财政政策能够实现同等的作用,需要使财政资金实现与 GDP 同比例的增长,经济增长后,其他部门对基础设施等设备的需求会增加,这也引导政府部门扩大建设规模,亦即扩大信用规模。但是对金融部门而言,它作为整个社会信用系统的枢纽,其他部门信用规模会随着 GDP 增加而显著增加,金融部门为了满足市场对信用的需求,也会扩大自身的信用规模。对非金融企业部门而言,GDP 增长意味着市场部门的收入增加,可以预见的时期内的消费会增加,故而会扩大生产计划,增加信用的获取量。对居民部门而言,GDP 增加意味着收入增加,自身的信用等级会有一定变化,居民为了实现消费或发展,会相应增加信用满足需求。

第三节　中国信用规模变动的四部门联动关系研究

由美国四部门信用规模对宏观经济运行关系实证研究的结果可知，四部门信用规模之间也存在联动关系，即四部门信用规模变动存在相互影响、相互作用机制。因此，本章在对中国信用规模与宏观经济运行关系进行实证分析之前，首先对中国四部门信用规模变动的联动关系进行研究，以探明中国四部门信用结构相互影响、相互作用的传导机制与影响程度。

一、　变量选择、数据特征与 VAR 模型构建

在研究中国四部门信用规模变动联动关系时，主要通过构建 Granger 因果检验四部门信用规模季度数据的量化，运用中国人民银行和国际清算银行给出的中国信用总规模以及政府、金融、非金融企业与居民部门四部门的信用规模，GDP 来自 wind 数据库。

本部分在选择实证模型所需数据时所遵循的原则与美国相同，即基于信用规模变动的频繁性，在进行 Granger 因果检验和 VAR 模型回归时所选数据为季度数据，数据起始时间为 2006 年第 1 季度至 2021 年第 1 季度，时期长度为 15 年，61 个季度。随后以 2006 年第 1 季度的 CPI（数据来自中经网统计数据库）进行平减处理，获得四部门信用规模的实际值，在进行模型回归时，GDP、中国信用总规模、四部门信用规模数据均先剔除了季节效应，同时为了消除数据间可能存在的异方差，进行了取对数处理，最后得到模型回归数据均为经过对数处理的实际信用规模数据。首先进行单位根检验，检验结果如表 4-8 所示：

表 4-8　单位根检验结果

变量	ADF 值	P 值	(C, T)	结论
gc	−1.032	0.931	(1, 0)	不平稳
$lngc$	−5.958	0.000	(1, 0)	平稳
$dlngc$	−5.296	0.000	(1, 1)	平稳
ggc	3.559	1.000	(1, 0)	不平稳
$lnggc$	−2.386	0.383	(1, 0)	不平稳
$dlnggc$	−2.744	0.073	(1, 0)	平稳
fgc	−1.557	0.798	(1, 1)	不平稳

变量	ADF 值	P 值	(C, T)	结论
$lnfgc$	−5.319	0.000	(1, 0)	平稳
$dlnfgc$	−5.814	0.000	(1, 1)	平稳
$nfgc$	−3.249	0.085	(1, 1)	平稳
$lnnfgc$	−4.054	0.002	(1, 0)	平稳
$dlnnfgc$	−4.387	0.005	(1, 1)	平稳
hgc	3.320	1.000	(0, 1)	不平稳
$lnhgc$	−7.418	0.000	(1, 1)	平稳
$dlnhgc$	−5.360	0.000	(1, 1)	平稳
gdp	−3.089	0.118	(1, 0)	不平稳
$lngdp$	−2.855	0.057	(1, 0)	平稳
$dlngdp$	−8.982	0.000	(1, 1)	平稳

注：表中显示的中国各类信用规模和GDP均消除了季节性影响，后文做同样处理。

由上表可知，因变量 $lngc$ 和与自变量 $lnggc$、$lnfgc$、$lnnfgc$、$lnhgc$ 序列是非平稳序列，但五组变量的一阶差分序列属于平稳序列，因此，本研究对五组变量取一阶差分得到后的数据序列构建四个 VAR 模型。VAR 模型构建如下：

$$Y_t = \beta_1 + \beta_2 Y_{t-1} + \varepsilon_t \qquad 公式(4.4)$$

其中，ΔY 分别为 $\begin{pmatrix} dlngc \\ dlnggc \end{pmatrix}$，$\begin{pmatrix} dlngc \\ dlnhgc \end{pmatrix}$，$\begin{pmatrix} dlngc \\ dlnfgc \end{pmatrix}$ 和 $\begin{pmatrix} dlngc \\ dlnnfgc \end{pmatrix}$。

二、 中国四部门信用规模变动联动关系的 Granger 因果检验

（一）信用总规模与四部门信用规模联动关系分析

1. 信用总规模与四部门 Granger 因果关系总结分析

表 4-9　基于 VAR 的信用总规模与四部门信用规模的 Granger 因果检验结果

原假设	Lag	卡方统计量	Prob.	结论
$dlnggc\&dlngc$	8	1.856	0.099	拒绝
$dlngc\&dlnggc$	—	—	—	不拒绝
$dlnfgc\&dlngc$	—	—	—	不拒绝
$dlngc\&dlnfgc$	—	—	—	不拒绝
$dlnnfgc\&dlngc$	1	3.878	0.054	拒绝
$dlngc\&dlnnfgc$	8	3.912	0.002	拒绝
$dlnhgc\&dlngc$	8	4.517	0.000	拒绝
$dlngc\&dlnhgc$	4	5.246	0.001	拒绝

注：(1)"&"表示在检测的1至8期内前者不是后者的Granger因果关系的原因；(2)"拒绝"表示在10%的显著水平下拒绝不存在Granger因果关系的原假设；(3)"—"表示在检测的1至8期内前者不是后者的Granger因果关系的原因。

第一，政府部门信用规模与中国信用总规模存在显著的单向 Granger 因果关系。由检验结果可知，政府部门信用规模变动是中国信用总规模变动的 Granger 原因，显著程度很高，但中国信用总规模对政府部门信用规模的影响途径不畅通。中国信用总规模与政府部门信用规模之间不具有双向传导机制畅通的特点。

第二，金融部门信用规模与信用总规模不存在双向的 Granger 因果关系。由检验结果可知，金融部门信用规模变动不是信用总规模变动的 Granger 原因，其变动无法直接引起中国信用总规模的变动，信用总规模的变动也不是金融部门信用规模变动的 Granger 原因。即信用总规模的变动无法直接带来金融部门信用活动的增加或减少，金融部门信用规模的变动也无法直接引起中国信用总规模的变动，金融部门与信用总规模运行之间在数据统计上不存在显著的双向关系。

第三，非金融企业部门信用规模与信用总规模存在显著的双向 Granger 因果关系。由检验结果可知，非金融企业部门信用规模的变动与信用总规模的变动互为 Granger 原因，即非金融企业部门信用活动的扩张或收缩，会带来信用总规模的增长或减少，而信用总规模的增长或减少同样可以直接引致非金融企业部门信用活动的扩张或收缩。非金融企业部门与信用总规模运行之间具有双向传导机制畅通的特点，无须经由其他渠道间接发生效果。

第四，居民部门信用规模与信用总规模存在显著的双向 Granger 因果关系。由检验结果可知，居民部门信用规模的变动是中国信用总规模变动的 Granger 原因，且检验的显著程度很高，同时中国信用总规模的变动也是居民部门信用规模变动的 Granger 原因，显著程度很高。由此可见，居民部门信用规模变动与宏观经济运行之间也搭建起了直接的双向影响机制，即居民部门信用规模的变动可以直接引起中国信用总规模的变动，中国信用总规模的变动也可以直接影响居民部门信用规模的变动，无须经过其他部门的间接传导。

2. 信用总规模与四部门 Granger 因果关系比较分析

表 4-9 给出了中国四部门信用规模与中国信用总规模的 Granger 因果检验的检验结果，下表 4-10 对滞后期 1 至 8 时四部门信用规模与中国信用总规模 Granger 因果关系进行总结分析，具体如下：

表 4-10　中国四部门信用规模与中国信用总规模各滞后期 Granger 关系表

变　　量	Lag＝1	Lag＝2	Lag＝3	Lag＝4	Lag＝5	Lag＝6	Lag＝7	Lag＝8
dlnggc&dlngc	0.382	0.539	0.934	0.844	1.890	1.376	1.055	1.856*
dlngc&dlnggc	1.467	1.023	0.919	1.975	1.869	1.560	1.342	1.587
dlnfgc&dlngc	0.001	0.649	0.771	0.709	0.633	0.606	0.431	0.680
dlngc&dlnfgc	0.634	0.327	0.040	0.260	0.270	0.450	0.324	0.571
dlnmfgc&dlngc	3.878*	0.471	0.918	0.578	0.722	0.492	0.353	4.389***
dlngc&dlnmfgc	0.634	1.843	1.096	0.835	0.223	0.556	0.454	3.912***
dlnhgc&dlngc	0.000	0.456	1.039	0.602	1.103	1.066	1.565	7.510***
dlngc&dlnhgc	0.752	0.613	0.776	5.246***	4.142***	4.379***	4.711***	7.903***

注："&"表示前者不是后者的 Granger 因果关系的原因；*** 、** 、* 分别代表在 1%、5%、10%的显著水平下拒绝不存在 Granger 因果关系的原假设。

第一,四部门信用规模变动对信用总规模的传输机制效果不尽相同。由 Granger 因果检验结果可知,非金融企业部门以及居民部门的信用规模变动均显著的是信用总规模变动的 Granger 原因,而政府部门信用规模变动虽也显著是中国信用总规模变动的 Granger 原因,但其显著程度不高,这一检验结果也具有一定的经济含义与现实意义。居民部门、非金融企业部门,其信用活动与信用交易通常可直接推动信用总规模的增加或减少,而政府部门的信用活动和信用交易需要通过其他途径的转化才能作用于信用总规模,反应慢且效果不明显,因此显著程度较低。

第二,信用总规模的变动对四部门信用规模的影响效果也不尽相同,信用总规模变动是非金融企业部门以及居民部门的显著 Granger 原因,但和政府部门信用规模在 1 至 8 期并未显示出 Granger 因果关系。此检验结果同样具有一定的经济意义和现实意义。如上一点分析可知,四部门信用规模的增长都会对信用总规模起到传递作用,信用总规模也能反作用于非金融企业部门以及居民部门。政府部门主要负责对于经济的调控,其信用规模变动具有政策性,一般情况下受信用总规模的冲击反应较小。因此在上表滞后期内并未显示出信用总规模对政府部门信用规模的 Granger 原因。

第三,从 Granger 关系显现时间和持续时间差异上来看,一方面,四部门信用规模均是信用总规模的 Granger 显著原因,但其时间特点各有不同。政府、居民部门在检验的 1 至 8 阶中,都在第 8 期显现出 Granger 因果关系。但是非金融企业部门在第 1 期显现出 Granger 因果关系后,直到第 8 期才显示出 Granger 因果关系;另一方面信用总规模对非金融企业、居民部门均存在 Granger 关系，但其存在的 Granger 时间特点不尽相同。信用总规模对非金融企业部门的 Granger 关系在检验的 1 至 8 阶中，在第 8 期才显现出显著的 Granger 因果关系，而对于居民部门的 Granger 关系在第 4 期就已经显现并且持续到第 8 期。上述结论同样存在一定的经济意义和实际意义，政府、居民部门在信用总规模中占比较小，以 2021 年第 1 季度为例，政府、居民部门占比仅为信用总规模的 13% 和 12%，贡献度较小。而金融部门本属于服务行业，其本身并不直接创造产出，只是为实体经济提供服务，其对信用总规模的推动作用更多地体现在更好地对实体经济提供资金配置上，对信用总规模为间接推动作用，因此无显著的直接关系。非金融企业部门为实体经济部门，对信用规模的变动反应较快，但是持续期较短。信用总规模对非金融企业部门本身的传递作用较小，更多的是间接影响。

（二）四部门信用规模变动内在联动关系分析

1. 四部门内 Granger 因果关系总结分析

表 4-11　基于 VAR 的四部门信用规模的 Granger 因果检验结果

原假设	Lag	卡方统计量	Prob.	结论
dlnnfgc&dlnfgc	—	—	—	不拒绝
dlnfgc&dlnnfgc	—	—	—	不拒绝
dlnfgc&dlnggc	4	3.284	0.019	拒绝
dlnggc&dlnfgc	—	—	—	不拒绝
dlnggc&dlnnfgc	8	4.525	0.001	拒绝
dlnnfgc&dlnggc	—	—	—	不拒绝
dlnhgc&dlnggc	8	2.904	0.014	拒绝
dlnggc&dlnhgc	7	2.081	0.030	拒绝
dlnnfgc&dlnhgc	4	4.626	0.003	拒绝
dlnhgc&dlnnfgc	1	6.728	0.012	拒绝
dlnhgc&dlnfgc	8	2.276	0.045	拒绝
dlnlnfgc&dlnhgc	4	4.386	0.004	拒绝

注：(1)"&"表示前者不是后者的 Granger 因果关系的原因；(2)"拒绝"表示在 10% 的显著水平下拒绝不存在 Granger 因果关系的原假设。(3)"—"表示在检测的 1 至 8 期内前者不是后者的 Granger 因果关系的原因。

第一，由上表可知中国四部门之中，金融部门和非金融企业部门之间不存在显著的双向关系，即金融部门和非金融企业部门信用规模存在影响途径不畅通的情况，无法通过直接的途径传播，需要转化为其他途径。

第二，金融部门和政府部门、政府部门和非金融企业部门存在单向的 Granger 关系。金融部门是政府部门的显著的 Granger 原因，政府部门是非金融企业部门的显著的 Granger 原因。但政府对金融部门的传递途径在所测定的 1 至 8 期内无反应，非金融企业部门对政府部门也是如此。

第三，居民部门和非金融企业部门、居民和金融部门皆存在双向的 Granger 因果关系。由检验结果可知，居民部门信用规模的变动是非金融企业信用规模变动的 Granger 原因，非金融企业信用规模的变动也是居民部门信用规模变动的 Granger 原因。居民部门信用规模的变动是金融部门信用规模变动的显著的 Granger 原因，检验的显著程度较高，金融部门信用规模对居民部门信用规模也存在显著的 Granger 因果关系。由此可见，居民部门信用规模变动与非金融企业部门信用规模运行之间也搭建起了直接的双向影响机制，即居民部门信用规模的变动可以直接导致非金融企业信用规模的变动，无须经过其他部门的间接传导。金融部门信用规模的变动可以直接带来居民部门信用活动的增加或减少，金融部门信用规模的变动也可以直接引起居民部门的信用规模的变动，金融部门与居民部门信用规模运行之间具有双向传导机制畅通的特点，无须经由其他渠道间接发生效果。

2. 四部门内 Granger 因果关系比较分析

表 4-12　中国四部门信用各滞后期 Granger 关系表

变　　量	Lag＝1	Lag＝2	Lag＝3	Lag＝4	Lag＝5	Lag＝6	Lag＝7	Lag＝8
$dlnnfgc\&dlnfgc$	1.863	0.691	0.718	0.494	0.421	0.200	0.114	0.836
$dlnfgc\&dlnnfgc$	2.051	2.238	1.679	1.896	0.859	0.849	0.766	0.958
$dlnfgc\&dlnggc$	1.312	1.146	1.147	3.284 **	2.749 **	2.1245 *	1.834	1.710
$dlnggc\&dlnfgc$	0.014	0.065	0.097	0.200	0.818	0.637	0.542	0.883
$dlnggc\&dlnnfgc$	0.975	1.025	0.723	1.523	0.508	0.374	0.586	2.904 **
$dlnnfgc\&dlnggc$	0.058	0.004	0.092	2.939 **	1.780	1.854	2.080 77 *	5.027 ***
$dlnhgc\&dlnggc$	0.240	0.752	0.532	0.711	1.112	1.003	0.725	4.525 ***
$dlnggc\&dlnhgc$	0.386	0.287	0.219	1.009	0.456	0.564	0.461	2.172
$dlnnfgc\&dlnhgc$	0.414	0.283	0.926	4.626 ***	4.032 ***	3.513 ***	3.057 **	7.972 ***
$dlnhgc\&dlnnfgc$	6.728 **	2.867 *	1.722	1.397	0.445	0.699	0.683	8.182 ***
$dlnhgc\&dlnfgc$	0.139	1.250	1.075	0.927	1.228	0.886	0.900	2.276 **
$dlnlnfgc\&dlnhgc$	1.206	1.179	0.890	4.386 ***	2.923 **	3.263 ***	3.916 ***	4.166 ***

注："&"表示前者不是后者的 Granger 因果关系的原因；*** 、** 、* 分别代表在 1%、5%、10%的显著水平下拒绝不存在 Granger 因果关系的原假设。

第一，居民部门与非金融企业部门、金融部门与居民部门，两组两部门组合均存在显著的双向 Granger 因果关系，同时金融和政府部门，政府和非金融企业部门存在单向的 Granger 因果关系。以上结论可以从几方面进行理解：(1)两类组合中两两部门之间建立了双向内在联动机制。也就是说，以上两组合之中任何一个部门的信用规模变动形成的冲击，均会对组合中另一部门信用规模的变动产生影响，这种影响是双向且持久的。(2)政府、金融、居民以及非金融企业四个部门由于这种双向的 Granger 因果关系，建立起了一个跨部门的复杂的内在联动机制。(3)各部门与其他部门建立的双向 Granger 因果关系越多，其在信用规模变动冲击的传播中作用越大。

第二，从 Granger 持续的时间特点和反应时间特点来看，首先，金融部门和非金融企业部门的信用规模对于居民部门的信用规模 Granger 关系显现时间较早，持续时间较长。其次，金融部门对于政府部门的 Granger 关系显现同样是第 4 期，但是相比上述两组，持续的时间较短，为 3 期。再次，居民部门对于非金融企业部门的 Granger 关系的显现最早，在第 1 期就有所显现，但是在第 3 期消失，直至第 8 期才再次显现。最后，其他各个部门中 Granger 关系的显现都相对滞后，在第 7 期或第 8 期才显现出显著的 Granger 关系，例如政府部门对金融部门，政府部门对居民部门。

第四节　中国四部门信用规模与宏观经济运行关系的实证研究

信用规模的变动分为总量变动与结构变动两种类型，中国信用规模的变动也不例外，为了更详细地挖掘信用规模变动与宏观经济运行的关系，本节拟对中国四部门信用规模变动对宏观经济运行之间存在的作用机制、影响机制以及影响程度进行实证研究。

本节延续本章第二节的研究思路，致力于研究四部门信用规模与中国宏观经济运行之间是否存在长期均衡关系，以及短期内四部门信用规模的变动对中国宏观经济运行的动态影响。对四部门信用规模与中国宏观经济运行长期均衡关系的研究，借助协整检验与构建 VEC 模型进行；对四部门信用规模对中国宏观经济的动态影响的研究，主要借助构建 VAR 模型，进行 Granger 因果检验。同时，考虑到四部门信用规模变动对宏观经济的影响大小与路径具有不同的特征，因此对四部门信用规模与宏观经济的长期均衡关系以及动态变化关系单独构建模型进行研究。

一、 中国四部门信用规模与宏观经济长期均衡关系的实证检验

本节致力于研究四部门信用规模与中国宏观经济运行之间是否存在长期均衡关系，以及短期内四部门信用规模的变动对中国宏观经济运行的动态影响。对政府、金融、非金融企业、居民四部门信用活动与宏观经济运行之间关系的测定，仍然采用 Johansen 协整检验和构建误差修正模型。

（一）变量选择与数据特征

本节研究的是中国宏观经济运行情况与四部门信用规模之间的关系，探讨四部门信用规模变动对 GDP 的影响。

数据资料与本章第三节一致，由于各变量原序列均不平稳，但是各变量数据的二阶差分（用 dd 表示）序列均为平稳序列，符合构建协整方程的条件，为此，本研究对各变量取原序列数据构建协整方程与 VEC 模型。

表 4-13　单位根检验结果

变　量	ADF 值	P 值	(C, T)	结论
ggc	4.108	1.000	(0, 0)	不平稳
$dggc$	0.821	0.886	(0, 0)	不平稳
$ddggc$	−8.361	0.000	(0, 0)	平稳
fgc	1.987	1.000	(1, 0)	不平稳
$dfgc$	−1.740	0.406	(1, 0)	不平稳
$ddfgc$	−15.926	0.000	(0, 0)	平稳
$nfgc$	1.070	0.997	(1, 0)	不平稳
$dnfgc$	−2.541	0.112	(1, 0)	不平稳
$ddnfgc$	−4.546	0.000	(0, 0)	平稳
hgc	13.143	1.000	(1, 0)	不平稳
$dhgc$	−5.655	0.000	(1, 1)	平稳
$ddhgc$	−12.096	0.000	(0, 0)	平稳
gdp	0.236	0.998	(1, 1)	不平稳
$dgdp$	−4.956	0.001	(1, 1)	平稳
$ddgdp$	−3.493	0.001	(0, 0)	平稳

（二）GDP 与四部门信用规模协整方程与 VEC 模型的构建与估计

先进行 Johansen 协整检验，来验证宏观经济 GDP 与政府、金融、非金融企业和居民部门实际信用规模的长期均衡关系，再通过 VEC 模型进行误差修正，考察短期内偏离其长期均衡关系后，再调整过程。

1. 模型建立

本部分协整方程与误差修正模型的建立与本章第二节一致，在此不再

赘述。

2. 结果分析

通过协整方程与误差修正模型对四部门实际信用规模与 GDP 的长期均衡关系进行估计,结果如表 4-14 所示。其中,经过 Johansen 协整检验,政府部门和金融部门实际信用规模与 GDP 均存在 2 个协整方程,根据误差修正模型检验后,只显示了误差修正系数为负的一个协整方程,而其他两部门均只有 1 个协整方程。

表 4-14 四部门信用规模变动对 GDP 影响效应实证结果

	ggc	fgc	$nfgc$	hgc
gdp	1.400 0	0.080 8	−0.295 4	0.111 7
F	73.075 2	85.298 2	53.711 3	107.412 9
R^2	0.964 2	0.935 6	0.956 1	0.964 9
Johansen 协整检验结果	2 个协整方程	2 个协整方程	1 个协整方程 (3.712 657)	1 个协整方程 (11.531 39)
α	$\begin{bmatrix} -0.013\ 0 \\ -0.003\ 9 \end{bmatrix}$	$\begin{bmatrix} -0.047\ 3 \\ 0.556\ 3 \end{bmatrix}$	$\begin{bmatrix} -0.161\ 0 \\ -0.368\ 0 \end{bmatrix}$	$\begin{bmatrix} -1.356\ 4 \\ -0.287\ 2 \end{bmatrix}$
N	61	61	61	61

注:括号内为 Trace 统计量的值;α 为调整系数,$\alpha = \begin{bmatrix} A \\ B \end{bmatrix}$,$A$ 为当四部门实际信用规模不变的前提下,实际 GDP 在 t 期的变化可以减少前一期的非均衡误差数量;B 为当实际 GDP 不变的前提下,四部门实际信用规模的变化将会减少前一期的非均衡误差数量。

表 4-14 给出了四部门信用规模对宏观经济 GDP 影响效应的实证结果,由检验结果对宏观经济 GDP 与四部门信用规模的长期均衡关系进行总结,具体如下:

第一,四部门信用规模变动对 GDP 在长期均呈现显著影响,但影响效应有正有负且影响效应的大小不同。其中,政府部门、金融部门和居民部门信用规模变动对 GDP 的变动均呈现出显著的正向影响,而非金融企业部门对 GDP 的变动则呈现出显著的负向影响。由模型回归系数可知,在这四部门中,政府部门信用规模的变动对 GDP 影响作用最大,回归系数为 1.4,即政府部门信用规模每扩张 1%,就会带来 GDP 增长 1.4%;而金融部门信用规模的变动对 GDP 影响作用最小,回归系数为 0.0808,即金融部门信用规模每扩张 1%,就会带来 GDP 增长 0.0808%。

第二,在短期内,当 GDP 与四部门信用规模的长期协整关系发生偏离时,其调整过程不同。在四部门实际信用规模不变的前提下,实际 GDP 在 t 期的变化均可以减少前一期的非均衡误差。其中,修正作用最强的是居民部门的信用规模,调整系数为－1.3564,即当居民部门信用规模不变的前提下,实际 GDP 在 t 期的变化可以减少前一期 135.64％的非均衡误差。在宏观经济 GDP 不变的前提下,政府部门、非金融企业部门和居民部门自身实际信用规模的变化均会减少前一期的非均衡误差,其中,修正作用最强的是非金融企业部门的信用规模,调整系数为－0.368,即当实际 GDP 不变的前提下,非金融企业部门实际信用规模的变化将会减少前一期 36.80％的非均衡误差;而金融部门自身实际信用规模的变化会增加前一期的非均衡误差,调整系数为 0.5563,即当实际 GDP 不变的前提下,金融部门实际信用规模的变化将会增加前一期 55.63％的非均衡误差。

二、 中国四部门信用规模与宏观经济运行动态关系的实证研究

前文已经证明政府、金融、居民部门信用规模与宏观经济运行之间均存在正向的长期一般均衡关系,非金融企业部门信用规模与宏观经济运行之间存在负向的长期一般均衡关系。要进一步挖掘四部门信用规模与 GDP 的动态演绎路径,本节采取构建 VAR 模型,并在模型基础上进行 Granger 因果检验分析其相互影响的过程与机制。

(一) VAR 模型构建

本研究对五组变量取一阶对数差分得到后的数据序列构建四个 VAR 模型。VAR 模型构建如下:

$$Y_t = \beta_1 + \beta_2 Y_{t-1} + \varepsilon_t \qquad\qquad 公式(4.5)$$

其中,ΔY 分别为 $\begin{pmatrix} dlngdp \\ dlnggc \end{pmatrix}$,$\begin{pmatrix} dlngdp \\ dlnhgc \end{pmatrix}$,$\begin{pmatrix} dlngdp \\ dlnfgc \end{pmatrix}$ 和 $\begin{pmatrix} dlngdp \\ dlnnfgc \end{pmatrix}$。

(二) GDP 与四部门信用规模的 Granger 因果检验

通过分别对 GDP 与四部门信用规模的向量自回归模型进行 Granger 因果检验,将检验结果做了整理,如表 4-15 所示:

表 4-15　四部门信用规模与 GDP 的 Granger 因果检验结果

原假设	滞后期	卡方统计量	Prob.	结论
$dlnfgc \& dlngdp$	—	—	—	不拒绝
$dlngdp \& dlnfgc$	—	—	—	不拒绝
$dlnnggc \& dlngdp$	1	4.897	0.031	拒绝
$dlngdp \& dlnnggc$	—	—	—	不拒绝

续表

原假设	滞后期	卡方统计量	Prob.	结论
dlnnfgc&dlngdp	—	—	—	不拒绝
dlngdp&dlnnfgc	4	2.12	0.093	拒绝
dlnhgc&dlngdp	4	2.821	0.035	拒绝
dlngdp&dlnhgc	7	2	0.081	拒绝

注:(1)"&"表示在检测的1至8期内前者不是后者的Granger因果关系的原因;(2)"拒绝"表示在10%的显著水平下拒绝不存在Granger因果关系的原假设;(3)"—"表示在检测的1至8期内前者不是后者的Granger因果关系的原因。

表4-15给出了四部门信用规模与GDP的Granger因果检验的检验结果,由检验结果对四部门信用规模与宏观经济GDP的Granger因果关系进行总结,具体如下:

1. 四部门信用规模与GDP之间Granger因果关系的总结分析

第一,政府部门信用规模与GDP存在显著的单向Granger因果关系。由检验结果可知,政府部门信用规模变动是GDP变动的Granger原因,检验结果在5%的水平上显著,而GDP变动不是政府部门信用规模变动的Granger原因。由此可以看出,政府部门信用规模变动与宏观经济运行之间尚未建立起双向影响机制,即政府部门信用规模变动的冲击能够直接引起GDP的变动,不必经过其他渠道的间接传递,但GDP变动的冲击不能直接影响到政府部门信用规模的变动,需要由其他渠道间接传递。

第二,金融部门信用规模与GDP之间不存在Granger因果关系。即GDP变动不直接带来金融部门信用活动的增加或减少,金融部门信用规模变动也不直接引起GDP的变动,金融部门与宏观经济运行之间尚未建立起双向传导机制,需经由其他渠道间接发生效果。

第三,非金融企业部门信用规模与GDP存在单向Granger因果关系。由检验结果可知,非金融企业部门信用规模变动不是GDP变动的Granger原因,而GDP变动是非金融企业部门信用规模变动的Granger原因。即非金融企业部门信用活动的扩张或收缩,不会直接带来GDP的增加或减少,而GDP的增加或减少却可以直接引致非金融企业部门信用活动的扩张或收缩。由此可见,非金融企业部门与GDP之间尚未建立双向影响机制,非金融企业部门信用规模对GDP变动的影响,需经由其他途径间接传递。

第四,居民部门信用规模与GDP存在显著的双向Granger因果关系。由检验结果可知,居民部门信用规模的变动是GDP变动的Granger原因,且检验结果在 5% 的水平上显著;GDP 的变动也是居民部门信用规模变动的 Granger 原因,检验结果在 1% 的水平上显著。由此可见,居民部门信用规模变动与宏观经济运行之间搭建起了直接的双向影响机制,即居民部门信用规模的变动可以直接引起 GDP 的变动,GDP 的变动也可以直接影响居民部门信用规模的变动,无须经过其他部门的间接传导。

2. 四部门信用规模与 GDP 之间 Granger 因果关系的比较分析

表 4-15 给出了中国四部门信用规模与 GDP 之间 Granger 因果检验的结果,下表 4-16 对滞后期为 1 至 8 期的四部门信用规模与中国总信用 Granger 因果关系进行总结分析,具体如下:

表 4-16　中国四部门信用规模与 GDP 各滞后期 Granger 关系表

ADF	Lag＝1	Lag＝2	Lag＝3	Lag＝4	Lag＝5	Lag＝6	Lag＝7	Lag＝8
$dlnmggc\&dlngdp$	4.897 **	3.155 *	2.482 *	3.412 **	2.600 **	2.581 **	2.258 *	1.698
$dlngdp\&dlnmggc$	0.026	0.089	0.177	0.970	0.198	0.267	0.309	0.417
$dlnfgc\&dlngdp$	1.627	1.493	1.476	1.280	1.011	0.776	1.153	1.770
$dlngdp\&dlnfgc$	0.000	0.146	0.494	0.799	1.073	1.179	1.025	1.819
$dlnmfgc\&dlngdp$	1.579	1.058	1.017	0.688	0.908	0.681	0.960	1.117
$dlngdp\&dlnmfgc$	0.016	0.143	1.213	2.120 *	2.936 **	2.939 **	2.214 *	6.011 ***
$dlnhgc\&dlngdp$	0.576	0.482	0.796	2.821 **	2.456 **	2.755 **	2.619 **	2.235 **
$dlngdp\&dlnhgc$	1.058	0.511	0.457	0.497	0.709	0.809	2.000 *	4.808 ***

注:"&."表示前者不是后者的 Granger 因果关系的原因;***、**、* 分别代表在 1%、5%、10% 的显著水平下拒绝不存在 Granger 因果关系的原假设。

第一,四部门信用规模变动对 GDP 的传输影响机制效果不尽相同。由 Granger 因果检验结果可知,政府部门与居民部门的信用规模变动均显著的是 GDP 变动的 Granger 原因,而金融部门和非金融企业部门的信用规模变动却不是 GDP 变动的 Granger 原因。这一检验结果也具有一定的经济含义与现实意义。政府部门、居民部门均为实体经济部门,其信用活动与信用交易可直接推动 GDP 的上升或下降。另外,由本章第三节的四部门信用规模变动内在联动关系分析可知,金融部门信用规模变动是政府部门和居民部门信用规模变动的 Granger 原因,非金融企业部门信用规模变动是居民部门信用规模变动的 Granger 原因。联系实际情况,金融部门本属服务行业,其本身并不直接创造产出,对 GDP 的推动更多是间接作用,体现在更好地对实体经济提供资金配置与金融服务。因此,金融部门信用规模变动则会通过对居民和政府部门信用规模的变动,间接对 GDP 的变动产生影响。同样地,非金融企业部门则通过对居民部门的影响,间接推动 GDP 的增加或减少。

第二,GDP 变动对四部门信用规模变动的传输影响机制也不尽相同。由 Granger 因果检验结果可知,GDP 变动是非金融企业部门和居民部门信用规模变动的 Granger 原因,但不是政府部门和金融部门信用规模变动的 Granger 原因。这一检验结果也有其经济意义。GDP 增长会引起居民可支配收入增加和企业利润增加,可能进一步增强非金融企业与居民部门的负债意愿,促进两部门信用规模的增加。同时,由本章第三节的四部门信用规模变动内在联动关系分析可知,居民部门信用规模变动是政府部门和金融部门信用规模变动的 Granger 原因。联系实际情况,在居民部门信用规模扩张后,政府部门为进一步刺激经济增长,还会继续保持以前的政策,采取降低税收,或直接为居民提供担保等政策,从而间接引起政府部门信用规模扩张。而金融部门作为服务业,受到居民信用规模扩张的影响,也进一步增加负债,以增加资金的来源,为经济发展提供更多的后续资金,进而引发金融部门信用规模的扩张。因此,GDP 的变动会通过对居民部门信用规模变动的影响,间接导致政府部门和金融部门信用规模产生变动。

第五节　美国信用总规模与宏观经济运行关系的实证研究

本节致力于研究信用总规模与美国宏观经济运行之间是否存在长期均衡关系,以及短期内信用总规模的变动对美国宏观经济运行的动态影响。对信用总规模与美国宏观经济运行长期均衡关系的研究,借助协整检验以及构建 VEC 模型进行,对信用总规模对美国宏观经济的动态影响的研究,主要借助构建 VAR 模型。

一、　美国信用总规模与宏观经济长期均衡关系的实证检验

前面章节的论述可以看出,信用总规模的变动对宏观经济的安全运行有着至关重要的作用,有序的信用规模变动可以促进宏观经济发展,无序的信用规模变动将会阻碍宏观经济发展,甚至引致宏观经济运行危机。鉴于此,可以推断信用总规模与宏观经济运行之间存在长期稳定的协整关系。因此,本节将检验信用总规模与宏观经济 GDP 两个变量之间的协整关系,并以此建立 VEC 模型,检验短期内若偏离其长期均衡关系的调整过程。

（一）变量选择与数据特征

本节研究的是美国宏观经济运行情况与信用总规模之间的关系,即信用总规模对 GDP 的影响。因此,选取代表宏观运行情况的 GDP 作为因变量,信用总规模指标作为自变量。信用总规模(GC)和 GDP 与本章第一节的含义与数据序列相同,信用总规模(GC)其原始数据来源于美联储(FRB),GDP、CPI 来自美国劳工统计局(BIS)。数据为季度数据,样本区间为:1952 年第一季度到 2021 年第二季度,样本长度为 278。

本节对数据依然进行事先处理,对各名义值以 1952 年为基期的 CPI 指数进行了平减,即以 1952 年第 1 季度的 CPI 为 100 计算其他年度的 CPI,剔除物价影响,得到了可比的实际值。

（二）GDP 与信用总规模协整方程与 VEC 模型的构建与估计

为了确定部门信用总规模与 GDP 之间的长期均衡关系,本研究通过构建协整方程与 VEC 模型来进行考察。具体如下:

1. 协整方程的构建与估计

由本章第一节单位根检验可知序列 gdp、gc 均为一阶单整序列,符合构建协整方程的条件,因此序列构建协整方程如下:

$$gdp = \alpha gc + \mu \qquad 公式(4.6)$$

由于 GDP 与信用总规模(GC)均为一阶单整时间序列,因此对两个变量之间的协整关系进行检验,检验方法为 Johansen 检验,检验结果如下:

表 4-17 Johansen 检验结果

Unrestricted Cointegration Rank Test(Trace)

Hypothesizd No. of CE(s)	Eigenvalue	Trace Statistic	0.05 Critical Value	Prob. **
None*	0.079 740	22.534 66	15.494 71	0.003 7
At most 1	0.000 362	0.097 813	3.841 466	0.754 5

Unrestricted Cointegration Rank Test(Maximum Eigenvalue)

Hypothesizd No. of CE(s)	Eigenvalue	Max-Eigen Statistic	0.05 Critical Value	Prob. **
None*	0.079 740	22.436 84	14.264 60	0.002 1
At most 1	0.000 362	0.097 813	3.841 466	0.754 5

由表 4-17 可知,迹统计量与最大特征值统计量的检验结果一致,均表明 gdp 与 gc 之间至少存在一个协整关系。

表 4-18　对数似然值最大的协整关系式

1 Cointegrating Equation(s):	Loglikelihood	−3 113.610
Normalized cointegrating coefficients(standard error in parentheses)		
gc	gdp	
1.000 000	−4.304 338	
	(0.202 28)	
Adjustment coefficients(standard error in parentheses)		
dgc	−0.000 889	
	(0.003 67)	
dgdp	−0.009 922	
	(0.002 53)	

表 4-18 显示了对数似然值最大的协整关系式,该关系式也是我们后面需要建立误差修正模型中的回归关系式,根据标准化后的协整关系值得出的协整方程如下:

$$gdp = 0.230gc$$

由协整方程可知,实际 GDP 与实际信用总规模存在正相关的长期均衡关系,即信用总规模每扩张 1%,就会带来 GDP 增长 0.23%。

2. 误差修正模型的构建

为进一步考察信用总规模与宏观经济 GDP 之间的长期均衡关系,在上部分构建的协整方程的基础上,进一步构建误差修正模型,即 VEC 模型,用以考察短期内偏离其长期均衡关系后其调整过程。构建的 VEC 模型如下:

$$\Delta Y_t = \alpha ECM_{t-1} + A_1 Y_{t-1} + A_2 Y_{t-2} + \cdots + A_p Y_{t-p} + \varepsilon_t \quad 公式(4.7)$$

其中,ECM 表示根据以上协整方程得出的误差修正项,代表着短期内偏离其长期均衡状态的非均衡误差,α 为调整系数。

VEC 模型的估计结果如表 4-19 所示,由估计结果写成的误差修正模型如下:

$$\Delta Y_t = \begin{bmatrix} -0.000\ 9 \\ -0.009\ 9 \end{bmatrix} ECM_{t-1} + \Delta Y_{t-1} + \cdots + \Delta Y_{t-p} + \varepsilon_t \quad 公式(4.8)$$

其中,$\Delta Y = \begin{pmatrix} dlngdp \\ dlngc \end{pmatrix}$。

由 VEC 模型的估计结果可知,在短期内发生了偏离 GDP 与信用总规模的长期协整关系时的调整过程如下:当 gc 不变的前提下,gdp 在 t 期的变化可以减少前一期 0.09% 的非均衡误差；当 gdp 不变的前提下，实际信用总规模的变化将会减少前一期 0.99% 的非均衡误差。

表 4-19　VEC 模型估计结果

Cointegrating Eq:	CointEq1	
gc(−1)	1.000 000	
gdp(−1)	−4.304 338	
	(0.202 28)	
	[−21.279 6]	
C	6 422.535	
Error Correction:	dgc	dgdp
CointEq1	−0.000 889	−0.009 922
	(0.003 67)	(0.002 53)
	[−0.242 19]	[−3.927 87]

注：鉴于篇幅过大，若有需要完整的 VEC 模型估计结果，可以向作者索要。

二、　美国信用总规模与宏观经济运行动态关系的实证研究

我们认为，信用总规模对宏观经济运行的影响是存在短期动态变化性与长期均衡一致共存的现象，对美国信用总规模与宏观经济运行动态关系的研究，是在确认信用总规模与宏观经济运行存在长期均衡关系后，进一步挖掘信用总规模变动冲击对宏观经济运行的短期动态关系。一般而言，信用总规模对宏观经济的动态影响程度的大小，取决于宏观经济对信用总规模变动发出冲击的接受效率与影响程度大小。本节第一部分已经得出，信用总规模变动能够带来 0.23 倍的 GDP 变动，也就是说信用总规模对宏观经济运行的影响程度已经得出。那么，信用总规模变动信息在网络间的传递效率如何确定？本节借助于构建 VAR 模型，并在 VAR 模型的基础上进行 Granger 因果检验。

（一）变量选择、数据特征与 VAR 模型构建

本节以 GDP 作为因变量，信用总规模（GC）作为自变量。信用总规模（GC）原始数据来源于美联储（FRB），GDP、CPI 来自美国劳工统计局（BIS）。数据为季度数据，样本区间为：1952 年第一季度到 2021 年第二季度，样本长度为 278。

本节对数据进行了事先处理，首先，对各名义值以 1952 年为基期的 CPI 指数进行了平减，即以 1952 年第 1 季度的 CPI 为 100，计算其他年度的 CPI，剔除物价影响，得到了可比的实际值；其次，为了消除可能存在的异方差影响，对信用总规模变量均进行取对数处理。

由本章第一节可知，自变量 *lngc* 序列是非平稳序列，但是 *lngc* 和 *lngdp* 的一阶差分均为平稳序列。为此，本研究对各变量取一阶对数差分后得到的数据序列构建 VAR 模型如下：

$$Y_t = \beta_1 + \beta_2 Y_{t-1} + \varepsilon_t \qquad 公式(4.9)$$

其中，$\Delta Y = \begin{bmatrix} dlngdp \\ dlngc \end{bmatrix}$。

（二）GDP 与信用总规模变动存在显著的双向 Granger 因果关系

1. GDP 与信用总规模 Granger 因果关系总结分析

表 4-20　GDP 与信用总规模的 Granger 因果检验结果

原假设	滞后期	卡方统计量	Prob.	结论
dlngc&*dlngdp*	1	9.856	0.002	拒绝
dlngdp&*dlngc*	1	26.819	0.000	拒绝

注：(1)"&"表示前者不是后者的 Granger 因果关系的原因；(2)"拒绝"表示在 10% 的显著水平下拒绝不存在 Granger 因果关系的原假设。

由表 4-20 的结果可以看出，信用总规模的变动与 GDP 的变动呈现出双向 Granger 因果关系，即信用总规模的变动会带来 GDP 的变动，GDP 的变动也同样会引起信用总规模的变动。由该检验结果可以得出以下结论：

信用总规模变动对 GDP 的冲击以及 GDP 变动对信用总规模变动的冲击均十分显著。由检验结果可知，两个 Granger 因果检验的 P 值均在 1% 的水平上显著，说明 GDP 与信用总规模之间已经建立起十分有效的双向传递机制，无须通过其他渠道间接影响。

2. GDP 与信用总规模 Granger 因果关系对比分析

表 4-20 给出了 GDP 与信用总规模的 Granger 因果检验结果，下表 4-21 对滞后期为 1 至 8 时 GDP 与信用总规模的 Granger 因果关系进行了总结分析，具体如下：

表 4-21　GDP 与信用总规模各滞后期 Granger 关系表

ADF	Lag=1	Lag=2	Lag=3	Lag=4	Lag=5	Lag=6	Lag=7	Lag=8
dlngc&*dlngdp*	9.856 ***	6.100 ***	4.906 ***	3.85 ***	3.383 ***	3.230 ***	2.846 ***	2.666 ***
dlngdp&*dlngc*	26.819 ***	11.115 ***	6.461 ***	4.795 ***	4.018 ***	3.587 ***	3.658 ***	3.032 ***

注："&"表示前者不是后者的 Granger 因果关系的原因；*** 、** 、* 分别代表在 1%、5%、10% 的显著水平下拒绝不存在 Granger 因果关系的原假设。

　　由表 4-21 的关系表可以得出以下结论：

　　第一，GDP 与信用总规模之间具有双向信息传输渠道。从显现时间、持续时间和显著程度上来看，GDP 变动对信用总规模的 Granger 因果关系，与信用总规模变动对于 GDP 的 Granger 因果关系持续时间均较长，都在第 1 期就有所显现，并均持续 8 期，并且 1 至 8 期内都在置信区间为 1% 的水平显著，显著程度极高。说明由 GDP 到信用总规模之间具有双向的信息传输渠道。当信用规模变动的冲击作用于 GDP 后，该冲击在 GDP 系统内消化和吸收后，第二波冲击会沿着 GDP 到信用总规模的信用网络传输回来，反作用于信用总规模自身。

　　第二，虽然变动冲击具有反作用于自身的特性，但两次冲击性质和力度可能会有所不同。当 GDP 受到信用总规模变动的冲击后，GDP 系统内会有对该冲击的吸收和反应的过程，该过程结束后外在表现为 GDP 发生变动，该变动对信用总规模发出冲击，该冲击与前一次冲击已经不同，所以力度也不同，力度大小取决于 GDP 系统对信用总规模变动冲击的吸收与反应是过度还是收缩；若过度反应太剧烈，超过了宏观经济的承受能力，也会引起宏观经济运行危机，因此，就算信用总规模变动的冲击并非是破坏属性，但传回来的冲击也可能会发生性质"逆转"。

第六节　中国信用总规模与宏观经济运行关系的实证研究

　　本节拟对中国信用总规模与宏观经济运行关系的考察，研究方法与美国的研究方法相同。通过构建协整方程与误差修正模型来确定中国信用总规模与宏观经济之间是否存在长期稳定的均衡关系，并确定是正向稳定关系，还是负向稳定关系；通过构建 VAR 模型，进行 Granger 因果检验来探究中国信用总规模与宏观经济之间的动态作用关系。

一、　中国信用总规模与宏观经济长期均衡关系的实证检验

　　从本研究前面章节的论述可以看出，中国信用总规模与宏观经济之间存在正向稳定的长期协整关系，且信用总规模的变动对宏观经济的安全运行有着至关重要的作用。鉴于此，本节将检验中国信用总规模与宏观经济两个变量之间的协整关系，并以此建立 VEC 模型，来检验短期内若偏离其长期均衡关系的调整过程。

(一) 变量选择与数据特征

本节研究的是中国宏观经济运行与信用总规模之间的关系,构建的协整方程、VEC 模型、VAR 模型三个模型所用数据与前文相同;样本为 15 年的季度时间序列,长度 61,时间区间为 2006 年第一季度至 2021 年第一季度。

本节对数据进行事先处理:首先,用 2006 年为基期的 CPI 指数进行了平减,即以 2006 年第 1 季度的 CPI 为 100 计算其他年度的 CPI,剔除物价影响,然后对名义值剔除了季节效应,得到了可比的实际值;其次,为了消除可能存在的异方差影响,对信用总规模、GDP 两个变量均进行了取对数操作。本节涉及的数据、变量名称、符号以及含义均与本章第三节相同。

(二) GDP 与信用总规模协整方程与 VEC 模型的构建与估计

1. 协整方程的构建与估计

由本章第三节可知序列 $lngdp$、$lngc$ 符合构建协整方程的条件,因此,以此序列构建协整方程如下:

$$lngdp = \alpha lngc + \mu \qquad \text{公式}(4.10)$$

表 4-22　Johansen 检验结果

Unrestricted Cointegration Rank Test(Trace)				
Hypothesized No. of CE(s)	Eigenvalue	Trace Statistic	0.05 Critical Value	Prob. **
None*	0.431 743	47.901 60	25.872 11	0.000 0
At most 1*	0.251 890	16.251 47	12.517 98	0.011 3
Unrestricted Cointegration Rank Test(Maximum Eigenvalue)				
Hypothesized No. of CE(s)	Eigenvalue	Max-Eigen Statistic	0.05 Critical Value	Prob. **
None*	0.431 743	31.650 13	19.387 04	0.000 5
At most 1*	0.251 890	16.251 47	12.517 98	0.011 3

对两个变量之间的协整关系进行检验,检验方法为 Johansen 检验,检验结果如下:

表 4-22 是在滞后期为 5 时,GDP 与信用总规模的 Johansen 检验结果。由检验结果可知,迹统计量与最大特征值统计量的检验结果一致,即 $lngdp$ 与 $lngc$ 之间至少存在 2 个协整关系,下列为最优的协整

关系。

表 4-23　对数似然值最大的协整关系式

1 Cointegrating Equation(s)：	Log likelihood	314.336 4
Normalized cointegrating coefficients(standard error in parentheses)		
lngdp	lngc	@TREND(06Q2)
1.000 000	−1.283 687	0.002 776
	(0.283 89)	(0.010 55)
Adjustment coefficients(standard error in parentheses)		
dlngdp	−0.066 226	
	(0.031 90)	
dlngc	0.059 466	
	(0.010 14)	

表 4-23 显示对数似然值最大的协整关系式,该关系式也是我们需要建立的误差修正模型中的回归关系式,根据标准化后的协整关系值得出的协整方程如下:

$$lngdp = 1.284lngc + 0.002776$$

由协整方程可知,实际 GDP 的对数值与实际信用总规模的对数值存在正相关的长期均衡关系,即信用总规模每扩张 1%,就会带来 GDP 增长 1.284%。从表 4-23 中的调整系数值也可以看出,实际 GDP 对数值的调整系数以及实际信用总规模对数值的调整系数均为负值,说明当短期波动偏离其长期均衡关系时,偏离的非均衡误差将会得到修正,说明该协整关系有效。

2. 误差修正模型的构建与估计

为了进一步地考察信用总规模与宏观经济 GDP 之间的长期均衡关系,我们在上部分构建的协整方程的基础上,进一步地构建误差修正模型,即 VEC 模型,用以考察短期内偏离其长期均衡关系后的调整过程。构建的 VEC 模型如下:

$$\Delta Y_t = \alpha ECM_{t-1} + A_1 Y_{t-1} + A_2 Y_{t-2} + \cdots + A_p Y_{t-p} + \varepsilon_t$$

公式(4.11)

其中,滞后的系数矩阵在此不再列出。

表 4-24 给出了 VEC 模型的估计结果,由模型的估计结果可知,在短期内发生偏离时,GDP 与信用总规模的长期协整关系时的调整过程如

下:当信用总规模不变的前提下,实际 GDP 在 t 期的变化可以减少前一期 6.62% 的非均衡误差;当实际 GDP 不变的前提下,政府部门实际信用规模的变化将会增加前一期 5.94% 的非均衡误差。

表 4-24　VEC 模型估计结果

Cointegrating Eq:	CointEq1	
lngdp(-1)	1.000 000	
lngc(-1)	$-1.283\,687$	
	(0.283 89)	
	$[-4.521\,70]$	
@TREND(06Q1)	0.002 776	
	(0.010 55)	
	$[0.263\,08]$	
C	6.128 112	
Error Correction:	dlngdp	dlngc
CointEq1	$-0.066\,226$	0.059 466
	(0.031 90)	(0.010 14)
	$[-2.075\,80]$	$[5.867\,34]$

注:限于篇幅,VEC 模型估计结果后半部分没有全部给出,若有需要可以向作者索取。

二、 中国信用总规模与宏观经济运行动态关系的联动分析

本节第一部分已经得出,中国信用总规模对宏观经济运行存在一个长期稳定的正向影响。关于信用总规模变动与宏观经济运行之间相互影响作用机理,本节构建 VAR 模型进行分析。

(一) 变量选择、数据特征与 VAR 模型构建

本节对因变量和自变量的选取依然延续本节第一部分的设定,信用总规模(GC)原始数据、中国信用总规模、CPI 的数据均来自 wind 数据库中国宏观数据库。数据为季度数据,样本区间为 2006 年第一季度到 2021 年第一季度,样本长度为 61。

本研究对两变量取一阶差分得到后的数据序列,因变量 $dlngdp$ 与自变量 $dlngc$ 构建 VAR 模型。

$$Y_t = \beta_1 + \beta_2 Y_{t-1} + \varepsilon_t \qquad 公式(4.12)$$

其中,$\Delta Y = \begin{bmatrix} dlngc \\ dlngdp \end{bmatrix}$。

（二）GDP 与信用总规模联动关系总结分析

1. GDP 与信用总规模 Granger 因果关系总结分析

表 4-25　中国信用总规模与 GDP 的 Granger 因果检验结果

原假设	Lag	卡方统计量	Prob.	结论
dlngdp&dlngc	6	2.105 0	0.073	拒绝
dlngc&dlngdp	8	1.905 4	0.091	拒绝

注：（1）"&"表示前者不是后者的 Granger 因果关系的原因；（2）"拒绝"表示在 10％的显著水平下拒绝不存在 Granger 因果关系的原假设。

GDP 与信用总规模存在显著的双向 Granger 因果关系。由检验结果可知，GDP 的变动与信用总规模的变动互为 Granger 原因，即 GDP 的增长或减少，会带来信用总规模的增长或减少，而信用总规模的增长或减少同样可以直接引致 GDP 的增加或减少。由此可见，GDP 与信用总规模之间建立了双向影响机制，两部门之间的影响均是直接起作用，无须经由其他途径间接影响。

2. GDP 与信用总规模 Granger 因果关系对比分析

下表 4-26 对滞后期 1 至 8 时 GDP 与中国信用总规模的 Granger 因果关系进行了总结分析，具体如下：

表 4-26　GDP 与中国信用总规模各滞后期 Granger 关系表

变　量	Lag＝1	Lag＝2	Lag＝3	Lag＝4	Lag＝5	Lag＝6	Lag＝7	Lag＝8
dlngdp&dlngc	0.053	0.091	0.517	0.987	1.639	2.105 *	1.600	3.832 ***
dlngc&dlngdp	2.700	2.076	2.039	1.753	1.489	1.214	1.362	1.905 *

注："&"表示前者不是后者的 Granger 因果关系的原因；*** 、** 、* 分别代表在 1％、5％、10％的显著水平下拒绝不存在 Granger 因果关系的原假设。

由表 4-26 的结果可以看出，GDP 的变动与中国信用总规模的变动呈现出双向 Granger 因果关系，即信用总规模的变动会带来 GDP 的变动，GDP 的变动也同样会引起信用总规模的变动。由该检验结果可以得出以下结论：

第一，GDP 变动对信用总规模变动的冲击较信用总规模变动对 GDP 的冲击更为显著，从 P 值显著程度来看，GDP 对信用总规模的冲击在第 8 期在 1％水平上显著；信用总规模对于 GDP 的冲击在测试的第 1 至 8 期内，仅第 8 期在 10％水平上显著。

第二，从 Granger 关系显现时间和持续时间差异上来看，GDP 变动对信用总规模的 Granger 因果关系较信用总规模对于 GDP 的 Granger 因果关系显现较早且持续时间较长，GDP 变动对信用总规模的 Granger 在第 6 期就有所显现，并且在第 8 期也有所显现，而信用总规模对 GDP 的 Granger 因果关系仅在第 8 期有所显现。上述两点结论具有一定的现实和经济意义：宏观经济的运行在一定程度上会反映在金融业的发展上，并且作用较大，显现早，持续时间长。在经济全球化的背景下，宏观经济运行的取决因素较多，国内信用总规模只是反映其变动的一部分，而并非是影响宏观经济运行的主要因素。

第七节 中美信用规模与宏观经济关系的 实证结果评析

一、美国信用规模与宏观经济关系的实证结果评析

本章主要从两个方面来阐述美国信用规模与宏观经济的关系，一方面验证了信用总规模与 GDP 之间的长期均衡关系，以及动态变化的演绎路径与影响程度；另一方面分别考察了美国四部门信用规模与 GDP 之间的短期均衡关系，以及短期内动态变化的演绎路径与影响程度。为了更好地刻画和验证各层次信用规模与 GDP 的影响路径，本章最先对美国信用市场成熟度与信用信息传递网络进行了判断与验证，结论如图 4-1 所示，即信用规模变动冲击在宏观经济中的传递网络四通八达。

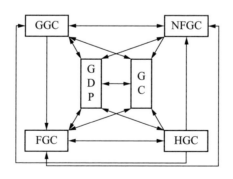

图 4-1 宏观经济与各层次信用规模变动冲击的传导网络图

注：其中，GC 表示信用总规模；GGC 表示政府部门信用规模；FGC 表示金融部门信用规模；NFGC 表示非金融企业部门信用规模；HGC 表示居民部门信用规模；另图中双箭头表示为双向传导机制，单箭头表示为某因素到箭头指向因素的单向传导机制。

图 4-1 给出的是四部门信用规模与信用总规模以及 GDP 之间,各因素发生变化产生的冲击在系统内的传导途径,以及传播路径。由图 4-1 可以作出如下总结:

第一,第一层传导网络畅通,GDP 与各层次信用规模之间均存在双向传导的作用机制。由图 4-1 可以看出,GDP 与信用总规模、政府部门信用规模、金融部门信用规模、非金融企业部门信用规模、居民部门信用规模之间均为双向传导机制。

第二,第二层传导网络并非完全畅通,信用总规模与各部门信用规模之间存在传导作用机制,但有双向和单向之分。由图 4-1 可以看出,信用总规模与政府部门信用规模、金融部门信用规模之间均为双向传导机制。而信用总规模与非金融企业部门与居民部门信用规模之间为单向传导关系,即非金融企业部门和居民部门都对中国信用总规模有影响。

第三,第三层网络传导并非完全畅通——各部门信用规模之间并不存在完全的双向传导机制。由图 4-1 可知,政府部门与非金融企业部门之间存在双向传导机制,金融部门与居民部门、非金融企业部门之间存在双向传导机制。但居民部门与政府部门以及非金融企业部门之间存在单向的传导机制,政府部门与金融部门之间也为单向的传导机制。第三层网络传导机制看起来是断裂的,而且冲击在网络中的传导具有方向不确定性。因此,由于 GDP、信用总规模与各部门之间的联系非常紧密,第三层次的非完全畅通的网络传导机制,也会因为其他网络而进行间接传导,进而形成了覆盖全因素的全网络传导机制。由本章第一节的论述可知,在网络中传导的冲击可能是"好的",也可能是"坏的",网络本身并不识别冲击的属性。因此,网络中传输的冲击不仅会带来 GDP 的增长,也有可能会带来 GDP 的下降,甚至导致宏观经济运行危机。

二、 中国信用规模与宏观经济关系的实证结果评析

(一) 中国信用总规模与宏观经济关系的实证结果评析

本章也主要从两个方面来阐述中国信用总规模与宏观经济的关系,一方面验证了信用总规模与 GDP 之间的长期均衡关系;另一方面,刻画探寻动态影响的演绎路径与影响程度。由于中国对信用规模的统计指标缺乏长期的四部门负债数据,所以对中国信用规模与宏观经济之间关系的实证研究中,没有考虑四部门的结构影响。本章对中国信用总规模与宏观经济

运行关系的实证研究可以进行总结,如表 4-27 所示:

表 4-27　GDP 与中国信用总规模的实证结果对比表

类　别	实证检验结果
长期均衡关系	存在正向长期影响关系,信用总规模对 GDP 的影响大于 1
Granger 检验	互为因果
脉冲响应	最小值:−0.032%;最大值:4.43%;均值:0.09%
方差分解	最小值 1.71%;最大值:4.40%;均值:3.76%
作用机制	GDP 对信用总规模的影响随时间的推移减弱 信用总规模对 GDP 的影响随时间的推移渐强 GDP 对信用总规模的影响小于信用总规模对 GDP 的影响

　　注:GDP 与信用总规模之间作用机制的结论产生于两者之间的脉冲响应与方差分解。两者的脉冲响应与方差分解图见附图 1 和 2。

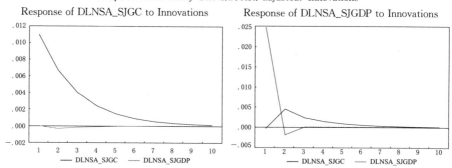

附图 1　GDP 与中国信用总规模的脉冲响应图

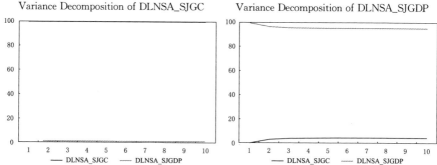

附图 2　GDP 与中国信用总规模的方差分解图

表 4-27 给出的是中国 GDP 与信用总规模长期一般均衡模型与短期动态影响模型的检验结果。

1. 信用总规模与宏观经济运行之间存在长期的正向影响关系

由本章第六节构建的信用总规模与宏观经济运行的协整方程与误差修正模型可以看出,信用总规模对 GDP 存在稳定的正向协整关系,系数为 1.284;即从 16 年的历史数据来看,信用总规模变动 1 个百分点,能够带来 GDP 同向变动 1.284 个百分点。若将信用总规模当作一种投入,产出为 GDP,中国信用总规模投入带来 128.4% 的 GDP 产出,说明信用总规模的投入产出效率较高。

2. 当非均衡性变动发生时,均存在一个非对称反向消除作用

从误差修正模型的结果来看,信用总规模对 GDP 的影响确实存在一个正向的长期协整关系,并且当之前构建的协整方程出现非均衡性误差时,模型能够进行自行修复,且修复能力较强。也就是说,当信用规模与宏观经济构成的系统,只有一个变量发生变化时,这样一种非均衡性变化系统会对其进行反向修正,最终趋向于长期均衡状态,且 GDP 可以修正 6.62% 的上期非均衡变化,而信用总规模会扩大 5.95% 的上期非均衡变化。

3. 存在双向的 Granger 因果关系

由本章第六节的 Granger 因果检验结果可知,中国信用总规模与 GDP 之间存在显著的双向因果关系,即中国信用总规模与宏观经济运行之间确实存在着相互作用及相互影响的关系。

(二) 中国四部门信用规模与宏观经济关系的实证结果评析

本章主要从两个方面来阐述中国四部门信用规模与宏观经济的关系:一方面,验证了信用总规模与 GDP 之间的长期均衡关系,以及动态变化的演绎路径与影响程度;另一方面,分别考察了中国四部门信用规模之间的短期均衡关系,以及短期内动态变化的演绎路径与影响程度。为了更好地刻画和验证各层次信用规模与 GDP 的影响路径,本章最先对中国信用市场成熟度与信用信息传递网络进行了判断与验证。具体结论如下:

1. 信用规模变动冲击在宏观经济中的传递网络四通八达

图 4-2 给出的是四部门信用规模与 GDP 之间和信用总规模与 GDP 之间,以及各部门之间各因素发生变化产生的冲击在系统内的传导途径,以及传播路径。由图可以作如下总结:

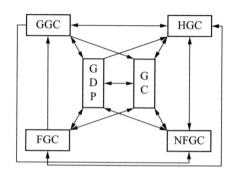

图 4-2　宏观经济与各层次信用规模变动冲击的传导网络图

注：其中，GC 表示信用总规模；GGC 表示政府部门信用规模；FGC 表示金融部门信用规模；NFGC 表示非金融企业部门信用规模；HGC 表示居民部门信用规模；另图中双箭头表示为双向传导机制，单箭头表示为某因素到箭头指向因素的单向传导机制。

第一，第一层网络传导并非完全畅通，GDP 与各部门信用规模之间并不是完全的双向传导的作用机制。GDP 到信用总规模、政府部门信用规模、金融部门信用规模以及非金融企业部门信用规模之间均为双向传导机制，GDP 到居民部门信用规模之间为单向传导机制。

第二，第二层网络传导并非完全畅通，四部门信用规模与中国信用总规模之间并不是完全的双向传导的作用机制。中国信用总规模与金融部门、非金融企业部门和居民部门之间为双向传导机制，而中国信用总规模与政府部门之间为单向传导机制。

第三，第三层网络传导并非完全畅通，居民部门与政府部门、金融部门和非金融企业部门之间存在双向传导机制，政府部门与金融部门、非金融企业部门之间为单向传导机制，而从检验结果来看，金融部门与非金融企业部门之间不存在传导机制。

综上，三个层次网络传导机制是断裂的，双向传导机制并不完全畅通。第一层中，宏观经济与居民部门之间仅存在单向传导机制；第二层中，信用总规模与政府部门之间存在单向传导机制；第三层中，居民部门则是影响对象最多的部门，与其他三部门信用规模之间都存在着直接影响，说明居民部门信用规模与宏观经济之间存在着间接的传导机制，因此会因为其他网络而进行间接传导，进而形成了覆盖全因素的全网络传导机制。但是由于传导机制的影响不同，在网络中传导的冲击可能是正向积极作用，也可能是负向消极作用，网络本身并不识别冲击的属性。因此，网络中传输的冲击有可能会带来 GDP 的增长，也有可能会带来 GDP 的下降，甚至导致宏观经济运行危机。

2. 各层次信用规模与 GDP 之间的长期均衡关系与动态关系总结

表 4-28　GDP 与各层次信用规模的实证结果对比表

各层次信用规模	长期均衡关系	Granger 检验
GGC	存在,正向	GGC 是 GDP 的因
FGC	存在,正向	无因果关系
NFGC	存在,负向	GDP 是 NFGC 的因
HGC	存在,正向	互为因果

注:表示该部门在短期内对 GDP 无拉动作用,不是造成 GDP 变动的直接原因。

由表 4-28 可知,各层次信用规模与 GDP 均存在长期协整关系,其中政府部门、金融部门和居民部门与 GDP 为正向协整关系,非金融企业部门与 GDP 为负向协整关系。其中,政府部门、金融部门和居民部门信用规模的变动均可以导致 GDP 的同向变动,即信用规模扩张,GDP 增加,反之,则减少。这里的正向变动关系仅表示方向的变化,不区分推动作用的大小。而非金融企业部门信用规模的变动会导致 GDP 的负向变动,即信用规模扩张,GDP 减少,反之,则增加。同时,政府、居民和金融部门的正向变化为双向,非金融企业部门的正向变化为单向。

三、 中美信用规模与宏观经济关系的实证结果差异分析

(一) 中美信用总规模与宏观经济关系的实证结果差异分析

由本章第五、六节中美 GDP 与信用总规模的协整检验确定的协整方程结果可知,中美信用总规模对 GDP 均存在长期正向影响,但美国的作用力小于中国。美国信用总规模对宏观经济 GDP 的边际效应为 0.23,中国信用总规模对宏观经济 GDP 的边际效应为 1.284。由此可以看出,无论是中国还是美国从长期来看信用总规模对 GDP 的作用均为正向拉动,但是中国信用总规模对 GDP 的拉动作用要强于美国。从另一个角度讲,美国信用总规模增长 1 单位,能够带来 0.23 个单位的 GDP 增长;而中国信用总规模增长 1 单位,能够带来 1.284 单位 GDP 的增长;若将信用规模当作一种投入,GDP 为产出时,中国信用规模的投入产出效率远高于美国,美国存在较为严重的信用总规模效率低下的问题。

(二) 中美四部门信用规模与宏观经济关系的实证结果差异分析

为了对比中美四部门信用规模与 GDP 的影响路径的差异,根据图 4-1 和图 4-2 绘制出中美宏观经济与各层次信用规模变动冲击的传导网络对比图,如图 4-3 所示。

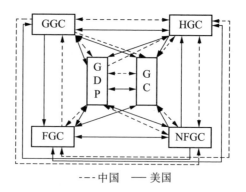

图 4-3　中美宏观经济与各层次信用规模变动冲击的传导网络图

注:其中双箭头表示为双向传导机制,单箭头表示为某因素到箭头指向因素的单向传导机制。

　　第一,中美之间的传导网络畅通性存在差异。美国的第一层次完全畅通,即 GDP 与信用总规模以及各部门之间存在着双向传导机制,说明之间的联系非常紧密;而中国第一层次网络并不是完全畅通的,GDP 到居民部门信用规模之间为单向传导机制。第三层网络传输渠道中美两国都呈现出不完全畅通的特点。

　　第二,中美各部门之间的传导渠道存在差异。虽然在第二层网络传输渠道中中美都是不完全畅通,但是美国金融部门和非金融企业部门与其他部门信用规模之间存在着直接的传导机制,这两个部门信用规模发挥着沟通其他部门之间传导的中介作用。而对于中国,居民部门则是影响对象最多的部门,与其他三部门信用规模之间都存在着直接影响。

第五章　信用规模无序变动识别及防范理论分析

本研究之前章节的研究表明,有序的信用规模变动能够对宏观经济运行起到拉动作用,而无序的信用规模变动则会危害宏观经济的健康运行,甚至引起宏观经济危机。鉴于此,要实现信用规模与宏观经济之间的协调发展,识别和防范信用规模无序变动便成为关键。因此,若能够识别信用规模的无序变动特征,并及时对信用规模的无序变动进行治理,尽量减少信用规模无序变动发生的次数与概率,最大程度上发挥信用规模有序变动对宏观经济的拉动作用。综观现有国内外研究,有关信用规模无序变动的概念、基本特征的研究不够透彻,导致对信用规模无序变动进行识别,以及实施治理的原因缺乏逻辑起点,这些都在一定程度上影响到信用规模无序变动对宏观经济影响的审慎治理效果。本章总结归纳出了信用规模无序变动的四大基本特征:负外部性、动态变化性、诱发原因的复杂性、无序变动传递的多维度性。结合这四大特征,从合成谬误与分解谬误、系统传染性、多重均衡、共生危机、国际影响五个角度阐述对信用规模无序变动进行识别和防范的原因,并总结出了对信用规模无序变动进行识别和防范的四大重点。

第一节　信用规模无序变动的内涵与外延

关于信用规模无序变动的定义、特征以及如何进行识别等问题的研究几乎无人涉及,本部分将致力于解决什么是信用规模无序变动,以及如何识别信用规模无序变动等问题。

一、信用规模无序变动的内涵

(一) 信用规模无序变动的性质

信用规模无序变动是信用规模变动的两种形式之一,信用规模无序变动会引发信用风险的产生,信用风险会随着信用交易网络在各部门之间进行传播与扩散,进而产生系统性风险,危害宏观经济的稳定运行,甚至产生宏观经济运行危机。那么,什么是信用规模无序变动呢? 我们将宏观经济运行看成是一个系统,若信用规模的变动按照经济发展的内在逻辑与秩序有条不紊地进行扩张或收缩,此时,我们认为信用规模变动是有序的,否则,是无序的。换句话说,信用规模无序变动表示的是信用规模变动带来的宏观经济运行系统的紊乱程度,即信用规模变动之后所引发的相关变化的可能性多少,若将信用规模变动看成一个对宏观经济的冲击,该冲击可能带来的宏观经济运行向坏处变化的可能性越多,系统向坏处变化的可能性越多,我们就认为该冲击是系统紊乱冲击,即信用规模变动是无序的。这种可能性即风险,可能性多少,即风险堆积程度,这种堆积是随着信用规模无序变动程度的不断加深,范围是不断延展而变化的,并非是固定不变的。这个不断堆积的过程,即为宏观经济运行危机从产生到爆发的过程。也就是说,信用规模无序变动是一个逐步加深的过程,宏观经济危机的爆发并非瞬时行为,是一个风险不断积累的过程,当信用规模无序变动的广度与深度超过了宏观经济的承受能力边界时,危机就会爆发。

(二) 本研究对信用规模无序变动的界定

根据前文我们对信用规模的定义可知,本研究信用规模的实质是债务规模;信用规模根据构成不同可以分为信用总规模与四部门信用规模两层含义,对应的债务规模也有债务总规模与四部门债务总规模两层含义,即包含债务总量与债务结构两部分内容。鉴于此,信用规模的变动包含债务总规模的扩张或收缩,以及债务结构的改变两部分内容,那么,信用规模无序变动应该也包含债务总规模的无序扩张或收缩,与债务结构的失衡发展两种情况。

二、 识别信用规模无序变动的关键因素

结合前文的内容与信用规模无序变动的特征,本研究认为无论是对信用总规模还是四部门信用规模,识别信用规模无序变动的关键因素至少包括三个方面:规模性、结构性与内在关联性,具体分析如下:

(一) 规模性

规模性是各类信用活动与信用交易的量化指标,也是信用活动与信用交易的最终结果。一般来讲,规模性指标包括各部门信用活动的负债总和、资产总和、客户群体等,通过规模性指标能够清晰地观测到某一部

门在信用总规模变动和宏观经济运行中的地位和重要程度。通过这类指标,可以反映风险爆发时,某部门的信用活动和信用交易对其他部门或机构的影响程度。因此,规模性是识别信用规模无序变动的首要关键指标。

当然,规模性指标并不是信用规模无序变动的绝对指标,即信用规模扩张或收缩并不意味着就是无序的,规模性指标不是固定不变的。如计算机技术与信息技术的应用与普及,带来的信用规模的扩张,对宏观经济运行起到促进作用。原因是技术的进步改变了人们信用活动与信用交易的方式,扩大了信用活动与信用交易的内涵与内容,同时技术进步也扩大了整个宏观经济的容纳程度,因此,该类信用规模的变化并没有引起宏观经济危机。也就是说信用规模无序变动与规模性指标并没有100%的必然联系,但是信用规模发生无序变动时,一定伴随着规模性指标的变化,并且信用规模无序变动对宏观经济的冲击程度与规模性指标的变动幅度是呈现正向变动关系,即信用规模扩张或收缩的程度越大,则对宏观经济的冲击越大。所以,规模性指标是识别信用规模无序变动的关键指标。

当然,规模性指标并不是唯一的,本研究对规模性指标的选取是用各部门信用活动或信用交易的总负债来表示,即政府、金融、非金融企业与居民四大部门的总负债表示四部门信用规模,四部门信用规模再次相加总和表示信用总规模。

(二) 结构性

结构性这一识别因素反映的是政府、金融、非金融企业与居民四大部门的信用规模的变动以及其对比关系,即信用总规模变动中四大部门的结构性分析、四大部门信用规模变动对宏观经济运行影响的结构性分析等。结构性是信用规模变动中在某一时点上的各组成部分之间变动规律的反映,如果对不同时期的信用结构的变动情况进行分析,则可以获得信用规模变动各组成部门构成的动态运动情况。也就是说,信用规模结构性是在构建的结构指标的基础上,分析某现象的结构性特征,以及该特征随着时间维度的推移所表现出来的规律性。

通过信用规模无序变动的结构性分析,可以深入地分析和剖析隐藏在规模性背后的深层次原因,更准确地寻找引起信用规模无序变动的源头。某种意义上,结构性因素可以反映信用规模变动的各部分组成中,某一部门对信用规模无序变动的贡献程度。一般而言,在识别信用规模变动是有序还是无序时,我们将结构性作为第二个维度。

（三）内在关联性

内在关联性主要反映的是某部门的信用活动与信用交易引起的信用规模无序变动，以及引致的系统性风险对其他部门和宏观经济稳定运行的影响。信用规模变动的内在关联性主要体现在部门与部门之间的跨部门信用活动与信用交易，如金融部门支持非金融企业部门、居民部门以及政府部门发展，而调配资金与服务的跨部门的配置，引起的信用规模变动的内在关联性，主要形式有企业信贷、企业上市、PE、VE、消费信贷、住房贷款等；还包括政府部门对企业部门、居民部门和金融部门的支持，如免税、补贴等，甚至还包括各部门与国外各行业在跨国信用活动与信用交易过程中，建立起来的信用规模变动的关联性。信用规模变动的内在关联性的高低，主要由跨部门、跨国的信用活动与信用交易建立起来的信用网络的发达程度决定。信用规模变动的内在关联性与信用交易网络的发达程度呈现正相关关系，也就是说，信用交易网络越发达，信用规模变动的内在关联性就越强，反之，就越弱。

信用规模变动的内在关联性是使信用规模无序变动具有很强传染性的根本原因，信用规模无序变动通过信用交易网络在部门间与国际间进行传播与扩散，从而进一步加大了信用规模无序变动的程度，增加了系统性风险产生与传播的复杂性和广泛性。由此可见，传统的部门间各自为政的局部微观审慎监管已经不能满足目前信用规模无序变动引致的系统性风险的新特征。因此，在识别信用规模变动是有序还是无序时，我们将内在关联性作为第三个维度。

第二节　信用规模无序变动对宏观经济运行影响的基本特征

2007年爆发国际金融危机后，理论界对四大部门各子系统信用规模无序变动的监管政策和工具不断完善，但对信用规模无序变动基本特征的研究相对比较零散和分散，缺乏系统性。鉴于该问题是构建信用规模无序变动识别及防范框架的逻辑起点，对其进行分析显得尤为必要。本节主要分四点进行阐述，具体如下：

一、负外部性

信用规模无序变动负外部性主要是指当信用规模变动产生过度反应

时,鉴于其可能导致的宏观经济运行影响,甚至是社会影响的严重性,政府在权衡利弊后,一般均采用救助和风险控制措施。由本研究的第一章和第三章对信用规模概念的确定我们知道,信用规模主要是由政府、金融、非金融企业、居民四部门的负债综合构成的。因此,信用规模无序变动巨大的负外部性,可以用四大部门信用规模无序变动负外部性来解释。具体分析如下:

（一）政府部门信用规模无序变动的负外部性

政府部门作为国家或地区经济发展和社会进步的决策者和统筹者,其所有的信用活动与信用交易都与该国家或地区的社会发展与经济发展息息相关。政府部门信用规模的变动是该国家或地区发展战略的最直接的外在表现,政府部门信用活动与信用交易的有序开展,标志着整个国家经济和社会的健康有序发展,是国家强盛和地区发展的象征。因此,如果政府部门开展的信用活动或信用交易是无序的,引起信用规模的无序扩张,将会在国内和国际上释放一种经济运行出现问题的信号。一旦这种信号在社会上进行传播,将会形成不利的预期,该预期将会在很大程度上影响该国的宏观经济运行。

（二）金融部门信用规模无序变动的负外部性

金融部门信用规模无序变动的负外部性主要体现在以下几个方面:一是金融部门与社会经济各部门具有很强的关联性。金融行业首先是服务业,它最根本的业务是服务于社会上的各职能部门,因此,金融部门的信用活动与信用交易与社会其他部门具有很强的关联性,甚至随着社会各职能部门的跨国活动,使得金融部门同时具有了很强的跨国关联性问题。这样一旦金融部门信用规模无序变动产生,或者是出现危机,就会影响与它具有关联性的其他社会职能部门的正常运作,进而影响宏观经济运行。二是互联网技术的发展复杂化了金融交易链条,金融信息会沿着金融交易链条迅速传播。互联网技术的出现加强了金融部门同各行各业的关联性,使得金融咨询,无论是好的还是坏的,能够很快地传递出去,进而对其他部门的活动产生影响。三是金融部门在社会各部门正常经营和运转中起到非常大的推动作用。金融部门具有进行资源配置、专业化服务、宏观经济的"晴雨表"等作用,因此,金融部门健康高效运转对社会各职能部门与宏观经济运行具有非常大的助推作用,一旦金融部门信用规模出现无序变动,势必降低其资源配置和专业服务效率,加深资源错配程度,进而影响宏观经济运行。因此,一国或一地区经济部门通过金融部门创造的债权债务关系,相互间紧密捆绑在一起,成为了"命运共同体",如果金融部门产生问题，这些因素将成为金融部门的放大器或缓冲器，可能会引起其他社会职能部门的"多米诺骨牌效应"，具有非常大的负外部性。

（三）非金融企业部门信用规模无序变动的负外部性

非金融企业部门在社会经济发展中具有非常大的作用。首先，组织社会生产产品和服务，创造社会价值促进经济发展，成为国民经济的重要支柱。其次，其生产的产品和服务，用以满足人们的物质和精神需求，促进社会的安定与发展，成为人类生存和发展的主要依靠。最后，非金融企业部门在组织生产的过程中，为人们提供了多种多样的就业机会，为人们实现自身价值，创造更多的社会价值提供了平台，解决了人们收入和价值实现的问题，履行了重要的社会责任。所以，非金融企业部门有序健康的信用活动与信用交易，是非金融企业部门发挥重要的经济利益和社会效益的重要前提。一旦非金融企业部门陷入巨大负债困境，产生了无序的信用活动和信用交易，将会损害继续发挥其在社会经济部门中重要作用的能力。一方面，提供产品和服务的能力继续下降，企业效益下滑，国民经济增长下降；另一方面，人们面临失业压力，将会导致严重的社会问题和家庭问题。信用规模无序变动在宏观经济中传播，将会引起一系列的连锁反应，带来巨大的负外部性。

（四）居民部门信用规模无序变动的负外部性

居民是参与社会各种活动的最小社会团体，他们以血缘关系为纽带紧密地联系在一起。在一国或一地区的经济发展过程中，居民一直都扮演着无比重要的作用，如可以提供经济发展所需的人力资源，可以使居民资源在居民成员整个生命周期内实现合理配置，实现最原始的社会收入分配，亲朋好友通过亲情的纽带也可以实现最初级和最常见的社会救助，从而实现小有所养，老有所依，解决了重大的社会民生问题，缓解了社会矛盾。居民部门若产生不合理的巨大负债，一方面，将会增加家庭负担，甚至陷入借新贷还旧贷的恶性循环泥潭中不能自拔，使家庭成员失去收入分配的来源，生活将会难以为继；另一方面，也会因过重的偿债压力失去亲朋好友的信任，从而使得很难再次获得亲朋好友的救助。

造成居民部门信用规模无序变动的原因有多种。其一，经济周期。在经济繁荣期，一般认为家庭成员容易获得人力资源报酬，或很容易寻找到投资机会而获得收益，居民产生的负债将会较少，存在信用规模无序变动的情况较为少见；但若处于经济衰退期，一方面由于公司裁员或倒闭使得家庭成员难以获得或获得很少部分的人力资源报酬，另一方面以家庭为单位的企业或个体工商户，其承受经济冲击的能力相对较弱，因此，其投资可能难以获得收益。经济周期带来的居民部门信用规模的无序变动是具有普遍意义的,并不是某一个特例。其二,居民部门的过度消费。这与家庭构成的年龄结构和消费习惯相关,若仅仅是家庭的年龄结构问题,则该原因引起的信用规模无序变动属于特殊行为,一般与经济周期不相关也较难引起系统性风险。但若是消费习惯属于社会性的消费习惯,则会产生大范围的家庭提前消费和过度消费问题,则也会引起普遍的信用规模无序变动,进而可能形成系统性风险。

居民部门信用规模无序变动的负外部性主要体现在以下两个方面:一是可能会引起民生问题,使家庭成员生活艰难。社会安定和谐最重要的是要实现小有所养,老有所依,要实现该目标,居民部门要负起最主要的责任。一旦家庭深陷债务的沼泽,将会很难承担起其最基本的责任,此时需要政府和社会救助,为政府和居民带来负担。若居民信用规模无序变动是由于经济周期等宏观风险引起的,那么经济信用规模无序变动为一种常态,此时,将会为政府和社会带来更大的压力。二是居民部门负债增加,当期的家庭收入用于还债的情况下,将会降低人们的消费意愿和消费能力,进而影响宏观经济增长。

二、　动态变化性

信用规模无序变动或收缩的深层次原因是信用交易或信用活动的扩张或收缩,信用交易或信用活动是动态的,所以信用规模无序变动也是动态的。信用规模无序变动属于信用规模变动中的一个特殊的变动模式,这种变动与有序的信用规模变动可以促进宏观经济增长不同,它会对宏观经济的健康稳定运行产生不良的影响。这种影响的大小既取决于信用规模无序变动的程度,即其过度信用扩张的程度,又取决于宏观经济的承受能力。另外这种影响也是一个动态的过程,信用规模无序变动的冲击与其他因素共同作用推动,使得宏观经济运行处于一种平衡和非平衡、有序和无序相互转变的动态变化过程中,而宏观经济运行貌似静止的构成只是动态过程的一种表现形式。因此,从一定意义上说,信用规模无序变动对宏观经济运行的影响是时间的函数,因此,对信用规模无序变动的监控要实现动态过程监管。

造成信用规模无序变动的原因有很多。一是信用结构不合理。社会信用总规模的变动是由于政府、金融、非金融企业、居民四大部门的信用交易与信用活动,四部门中某一或某些部门的信用活动与信用交易的扩张与收缩,超过了宏观经济运行的承受能力,也打乱了宏观经济运行的稳定运行,甚至产生宏观经济运行危机。换句话说,当某一或某些部门的信用交易过度扩张或过度收缩,发生了过度反应,就会对宏观经济的运行产生危害。二是宏观经济信用交易链条的复杂程度。宏观经济信用交易链条复杂程度取决于所处国家或地区的信用经济发展的深度与广度。不同深度与广度的信用经济发展引起的信用规模无序变动对宏观经济的冲击和影响可能会不同,信用经济发展较为深入的国家或地区,信用链条随着信用交易的深化与推广变得越发复杂,信用规模无序变动就会沿着复杂的信用交易网络对宏观经济运行的方方面面进行冲击,冲击力度大、范围广、程度深;相反,如果一个国家或地区信用交易并不是很深入,信用交易的链条相对简单清晰,那么信用规模无序变动对宏观经济的冲击一方面力度较小,另一方面很容易被发现和治理。三是信用交易链条的国际延展程度。信用规模无序变动对宏观经济运行影响程度的大小与信用交易链条的国际延展程度呈正相关。信用交易链条的国际延展程度越大,该国家或该地区的信用经济开放程度就越高,信用活动和信用交易的国际化程度就越深,若该国家或该地区信用规模的无序变动对宏观经济产生了不利影响,这种不利影响很容易沿着信用交易链条的国际网络输出出去,不利影响由其他国家或地区共同承担,造成更广范围的不利影响,但这种不利影响能够被国际化渠道消化掉,将不会产生危机,但会产生风险堆积,一旦这种风险超过了世界经济当前的承受能力,则会爆发更大规模的危机。当然,输出和输入是同时发生的,并不是单向的,也就是说,国际上的各种不利影响同样会沿着国际信用网络传入国内,增加对信用规模无序变动的管控难度。

正因为上述因素的存在,才需要建立信用规模无序变动的识别与防范体系。识别与防范体系建立的首要任务是识别何为信用规模无序变动,因为信用规模无序变动是一个动态过程,因此,要识别信用规模无序变动建立的评价标准和评价指标体系也必须是动态的,而这一点也是构建信用规模无序变动识别及防范体系的重点和难点所在。

三、诱发原因的复杂性

造成信用规模无序变动的原因有很多种,我们可以从具有无限可分性的系统理论来理解。系统理论的思想最早是由 L. V. 贝塔朗菲(L. Von. Bertalanffy)(1932—1948)提出的,而作为一门学科受到重视开始于《一般系统理论:基础、发展和应用》(贝塔朗菲,1968)。一般认为,系统是以一定的形式将若干要素联接构成的有机整体,而这个整体具有特定的功能,其中主要表现在要素与其本身,要素与系统以及系统与环境之间的关系。系统理论的整体性原则认为系统是一个整体,它由两个或两个以上的要素构成,这里特别强调要素之间的联系是非线性的。同时构成系统的要素又可以被看作是一个独立的系统,成为次系统,它具有系统的一般特征,而次系统中又可以被分为无数个子次系统,因此系统被认为是无限可分的。

　　本研究的主要内容是信用总规模变动对宏观经济运行的影响,根据系统理论将信用总规模和宏观经济运行分别看成两个系统,我们研究的是两个系统之间相互作用、相互影响的关系。其中,宏观经济运行作为一个整体,不再进行结构性拆分,只对信用规模进行结构性拆分,以便详细研究每一个子系统变动对宏观经济的影响。本研究是按照政府、金融、非金融企业、居民四大部门对信用总规模进行拆分,也就是说,本研究将信用总规模拆分成了能够独立存在的四个子系统。虽然本研究对信用规模的结构性拆分只进行了一级拆分,但其实四个子系统并不是信用规模大系统的最后的子系统,如金融部门依然可以根据金融业务的不同划分为银行、保险、证券、互联网金融等,也可以根据金融机构在全社会乃至全球的影响力划分为系统重要性金融机构和一般性金融机构等等,而金融机构还可以再进行细分,如银行业可以分为中央银行、商业银行、专业银行等等,如此还可以进行再次细分;当然除了金融部门,政府部门、非金融企业部门、居民部门也可以根据各种标准进行结构性拆解。

　　从系统理论的无限可拆分性原理来看,引起信用规模变动无序变动的最原始的原因可能有很多。同时,由于信用规模变动的各个子系统并不是孤立存在的,他们之间通过复杂的信用活动和信用交易网络相互影响、相互作用,因此最原始的原因经过复杂的信用链条传递,原因自身也可能发生各种"变异"。另外,信用规模变动的各个次级系统对宏观经济的影响,在方向和冲击力度上也存在不同,因此,在分析各种原因时的权重或重要性也是不同的,这些不同通过宏观经济运行对信用活动和信用交易的反作用,又产生了新一轮的原因冲击。这些因素综合起来共同造成了信用规模无序变动原因的复杂性和多维度性,同时也为信用规模无序变动的识别与防范增加了难度。

四、 无序变动传播的多维度性

　　信用规模无序变动在宏观经济体系内进行传播可以分为纵向的"时间

维度"和横向的"空间维度"两个维度。纵向的"时间维度"主要是指信用规模无序变动在 T_0 期发生之后，无序变动随着时间变化的演化过程。时间维度的传播特征主要是信用规模无序变动随着时间跨度的增加，逐渐被宏观经济系统消化、接受或通过信用活动和信用交易的继续开展，无序变动在宏观经济系统范围内被放大、被复杂化，甚至可以导致宏观经济运行危机。信用规模无序变动传播的时间维度可以被视为信用规模变动的顺周期行为，是随着时间的延长无序变动被减轻或抑制的行为。横向的"空间维度"是信用规模无序变动在信用活动或信用交易内部的传播或传染的过程，是信用规模无序变动在各部门信用活动与信用交易中的积累或堆积的过程。空间维度上最重要的是有效准确地测度各部门信用活动或信用交易对信用规模无序变动的贡献程度。信用规模无序变动在宏观经济中的传播途径主要体现在时间和空间两个维度上。

第三节　基于四大特征的识别及防范原因分析

本节从合成谬误与分解谬误、系统传染性、多重均衡、共生危机与国际影响五个方面阐述了对信用规模无序变动进行识别的原因，具体如下：

一、合成谬误与分解谬误

合成谬误的理论内涵是即使四部门信用规模变动是有序的，四部门信用规模相加之后的信用总规模的变动却不一定是有序的；分解谬误的理论内涵是即使信用总规模的变动是有序的，但把信用总规模拆解成四部门信用规模后，各部门信用规模的变动却不一定是有序的。因此，建立信用规模无序变动的整体性即结构性的识别及防范框架是十分必要的。

（一）信用规模无序变动存在显著的合成谬误现象是建立整体性识别及防范理念的原因

合成谬误的概念是美国著名经济学家保罗·萨缪尔森（1948）[①]提出来的，他认为局部正确的判断在整体上却可能是错误的，也就是说这种正确的判断具有局限性，如"囚徒困境""火灾逃生"等。在经济学领域则有宏观和微观之说，合成谬误认为微观上正确的东西在宏观上可能是错误的。合成谬误理论在研究信用总规模和宏观经济变动这个复杂问题时，起到了

[①]　保罗·萨缪尔森（Paul A. Samuelson）.经济学[M].麦格劳-希尔出版公司出版，1948 年。

重要的理论指导作用。本研究的信用总规模是由政府、金融、非金融企业、居民四部门信用规模相加而来，并且信用总规模与四部门信用总规模之间，既存在相互影响关系，又存在相互联系关系，其相互之间可以独立存在，又相互依存。这样信用总规模与四部门信用规模就构成了一种整体与局部的关系。现实生活中，信用总规模的局部变动效果不一定代表总体效果，也就是说从四部门信用规模的局部变动看来，是有序且合理的，但相加之后的信用总规模变动可能就是无序的，会对宏观经济的稳定运行产生危害。因此，建立信用规模无序变动的识别及防范框架时应注重整体性原则，识别与防范信用总规模的无序变动成为识别与防范经济危机的重要工作之一。

（二）信用规模无序变动存在显著的分解谬误现象是建立结构性识别及防范理念的原因

相对于合成谬误，分解谬误认为若整体具备某些特质，那么构成整体的每一部分均应具有该特质，这一判断是有误的。分解谬误与合成谬误相同，均没有认识到整体与局部之间并不存在这种转化关系，即整体并不是局部的简单相加，局部也不是整体的简单拆分，整体与局部、局部与局部之间可能存在相互作用、相互影响的关系。该理论解释了在研究信用规模无序变动时出现的一些问题，如信用总规模的变动虽然是有序的，但某些部门信用规模的变动可能是无序的。换句话说，当某些部门的信用规模已经暴露出无序变动的特征，但是整体上无序变动的特征没有显现。这意味着信用规模无序变动的风险集中在某一领域，并没有在宏观经济系统中传播，属于局部风险或行业风险范畴。但这些局部无序变动引发的风险依然需要进行处置，处置的目的在于防止信用规模无序变动在时间维度和空间维度上的传播。因此，依据分解谬误理论，建立结构性信用规模无序变动的识别与防范框架，是识别与防范信用规模无序变动的重中之重。

二、系统传染性

信用规模无序变动巨大的系统传染性，是由于信用规模无序变动对宏观经济的冲击，会通过各种信用交易网络进行传播。这种传播经过全球互联互通的计算机系统和互联网的加持，具有十分巨大的系统传染性。

（一）信用规模无序变动的系统传染性源自信息在宏观经济系统中的传播

信用规模的无序变动属于一种数据或运动过程类"信息"，信用规模的无序变动带来冲击，进而影响到宏观经济运行的过程，就是包含信用规模无序变动的信息在宏观经济系统内传播，被人们所认识、消化和作出决策的过程。信息在传播出去之后，不同的人面对相同的信息会有不同的认知，也就决定了其作出的反应和决策也存在巨大的个体差异，这些都可以用信息传播理论的基本内容来进行说明。具体分析如下：

1. 信息传播过程中的不灭性和无限可复制性的特点，决定了信息的系统传染性是一种常态

信息传播的对象是信息本身，信息在中国有的地方称之为"消息"，有些地方称之为"资讯""情报"，国际上大部分用"Information"来表示。那么信息的内涵具体是什么呢？关于信息的内涵，理论界作出了很多的有益探索，但均是从自身的研究特点和领域出发，缺乏全面性。最早作为科学术语出现是在哈特莱（R. V. Hartley）于 1928 年撰写的《信息传输》一文中。1948 年信息理论领域的奠基人——数学家香农（C.E. Shannon）在题为"通讯的数学理论"的论文中指出"信息是用来消除随机不确定性的东西"。香农（C.E. Shannon）对信息的定义是从数学学科角度阐述了信息所具备的功能，虽然对信息有了一个明确的定义，但遗憾的是对信息的认识其实并不全面。管理学专家认为"信息是提供决策的有效数据"；计算机或电子学专家认为"信息是计算机系统线路中传输的信号"；信息学专家认为"信息是对事物存在方式或运动状态的直接或间接的表述"。控制论创始人维纳（Norbert Wiener）认为信息是社会上传播的一切内容和名称，人们通过对不同信息的获得、识别来认知整个人类世界，并通过这些认知来改造世界的过程。维纳对信息的认知相对于香农对信息的定义更全面、更具体、更具有普适意义。从以上对信息内涵的理论研究和定义来看，信息是对整个人类世界人、事、物自身生长、运动状态与变化的客观反映，也是他们之间相互联系和相互作用过程的反映，反映的是他们之间运动状态与变化的实质内容。

信用规模的扩张或收缩本身表征的是四大部门信用活动和信用交易的结果变化，即信用规模的扩张或收缩是四大部门信用活动或信用交易运动状态和变化的客观反映。人们通过对这种客观反映的结果与信用结构对宏观经济稳定运行的影响进行加工、处理和分析，可以得出是有序还是无序、促进宏观经济发展还是阻碍宏观经济发展、能否引发宏观经济运行危机等多种结论。因此，信用规模的扩张和收缩本身是具有其一定的内容和意义的信息，那么信用规模无序变动也属于信息的一种形式。

2. 互联网技术和计算机技术的出现,提升了信息传播的速度和准确度

随着人类社会的发展和科学技术的进步,信息的传播途径或介质经历了四次翻天覆地的变化,也大大拓展了信用传播的内涵、内容和形式,提高了信息传播的效率和质量,总结如下:

第一,远古时代口耳相传式的信息传播方式。远古时代人们在传递信息时大多靠口耳相传的方式,如大家族的重要传承或一般消息在人群中的散播、军事信息的远距离传送,这种传播方式大大降低了信息本身的精确度,若是辗转传递结果可能会产生偏差,甚至出现相反的情况。随后世发现这种问题后,在信息传递过程中,将要传递的信息记载于载体上,用载体来传递原始消息。这种做法虽然在一定程度上降低了信息在传递过程中出现偏差或错误的风险,但受制于当时的社会发展水平和科技水平,信息传递速度慢这一弊端并没有得到改善。一般信息所载内容都具有时效性,信息在传递过程中若时间过长,那么信息将会失去其原本的意义或作用。

第二,近代依靠邮政系统交通工具的信息传播方式。近代纸张的出现大大推动了信息载体向轻便化发展的趋势,也提高了信息传递的内容含量和准确度。相较于远古时代信息载体笨重、体积大的缺点,纸张轻薄、易折叠、体积小的特点,确实为信息的传递带来了巨大的方便;另外纸张不但轻便而且所能记载的信息量也大大超过了之前的竹简、兽皮、帛布、丝卷之类的载体,大大提升了单次信息传递的内容和含量;同时,纸张低廉的成本相较于竹简、兽皮、帛布、丝卷等更易普及和获得,降低了信息传递的成本。纸张的出现如果说是降低了信息传递的成本、难度,使信息的较快传递成为可能,那么,公路和汽车、飞机等交通工具的出现则使较快的信息传递成为现实。纸张、公路与汽车、飞机等交通工具的出现,以及专门从事信息传递业务的邮政系统的出现,为信息传递带来了一次大的飞跃。相较于口耳相传或依靠驿站等来传递信息,近代邮政系统的信息传递加快了信息的流通速度,在一定程度上弥补了远古时期传递时间过长造成的信息失效问题。

第三,现代依靠电话、电报等手段的信息传播方式。电话的出现再次改变了信息的传播方式。依靠电话进行的信息传播类似于远古时期的口耳相传式的传递方法,但克服了距离的限制,只要双方有电话等通信手段就可以进行信息传递。电话式信息传递方式大大提高了信息的传播速度和信息的时效性,但由于其依然是靠语言来传递信息,所以依然存在远古时期信息失真的缺陷。电报技术的出现使信息的传播形态打破了电话传播方式仅靠语言描述的弊端,也可以传播文字,使信息在传播过程中更稳

定更接近原始状态，保证了信息在传播过程中的准确性和原始性。另外，电报传播方式在远距离传递时一样实现了快速传播的效果。但是无论是电话还是电报，信息传递的方式太单一，有实物的信息无法传递，依然要依靠邮政系统。

第四，当代依靠计算机和互联网的信息传播方式。计算机技术的出现大大丰富了信息的记载和传播形式，利用计算机可以实现声音、图片、文字、影像、数据和视听文件等多种方式来记载信息。互联网的出现、发展和普及为信息的传播带来了前所未有的变革。所谓互联网指的是全世界的计算机、计算机网络互相连通的信息传送网络，互联网是网络信息高效共享的平台，是信息交互和关联的平台，是创造信息和转化信息的平台。在计算机技术和互联网普及的今天，社会模式基本转化为互联网平台＋个人或互联网平台＋社会团体的形式。人们的生活、社交、购物等越来越多地依靠和依赖互联网。在互联网上存在的网络信息具有不灭性、无限可复制性等特点，并且无限可复制性是瞬间或短时间内就可以完成的，这些特点是先前传播方式中传递的信息所不具备的。另外，通过网络进行的信息传播，还具有速度快、范围广、信息准确、消耗低和形态多的特点。正因为这些特点大大提高了当代人们获得信息的时效性和准确性。同时由于互联网使全球计算机或计算机网络关联互通，所以，非加密信息在传播过程中，传播方向是多样的，信息传递的范围受制于互联网连通节点的数量。因此，当今，伴随全球计算机技术和互联网技术的普及，人们通过互联网可获得的消息每时每刻都有很多，且不受时间和空间的限制。

（二）信息传播内容识别的异质性特征，造成对相同信息反映的个体化差异性明显

1. 传播过程中一条信息所包含信息量的衡量

信息传播过程中人们对信息的识别，在于他们从信息中提取到的信息量的多少。一般一条信息传播出去，它本身所包含的信息量就是确定的，那信息量到底是多少呢？如何衡量呢？在信息理论当中，信息量的多少可以由数学函数，即概率的大小来衡量，一般认为某条传播的信息包含的信息量与该条信息确实发生的概率成反比。也就是说，一条信息发生的概率越大，其包含的信息量越小，概率越小，包含的信息量越大。若某条信息是由若干条子信息构成的，那么这条信息所包含的信息量应该等于各条子信息所包含的信息量的和。也就是说，信息包含的信息量的大小，在不同的信息之间不存在扩大效应，也不存在抵消效应，它是一个客观的存在。

2. 信息发生的不确定性，造成了个体识别信息结果的异质性特征

综上可知，一条信息所包含信息量的大小与该信息发生的概率成反比变化的特征。换言之，若某条消息发生的概率为1，也就是说这是人人皆知的事情，所以，这条信息包含的信息量就为0；若某条信息发生的概率接近于0时，那么，这条信息发生的可能存在许多不确定性，因此，该条信息就包含各种可能的信息组合。也正因为这种不确定性，造成了信息在不同人群中的应对策略或作出决策的个体化差异，而个体化差异又反作用于信息发生的不确定性特征，进一步加强了信息发生的不确定性。同时，由于一个信息组所包含信息量也是各子信息所包含信息量的总和，由于不同的人对不同的信息有不同的反应，或正确恰当，或偏颇过度，或反应延迟等，因此，信息组所含子信息越多，那么对该信息的反应和认知的异质性就越明显。

（三）信息发生的不确定性和个体反映的异质性与信用交易网络的复杂性，决定了信用规模无序变动巨大的系统传染性

信用规模变动的信息属性与其他，诸如声音、图片、影像等实物信息不同，属于虚拟信息的范畴。虚拟信息相较于其他实物信息具有更方便的人际互动、更快的传播速度、更复杂的信息传播链条等特点，目前的信用活动更多转移至网络所构成的虚拟平台。信用交易双方与中介组织可以通过这些网络虚拟平台进行"背靠背"的交易，这些平台的构建不仅仅局限于某一地区或某一国家，网络平台以全球计算机与计算机网络的互联互通为基础，搭建的是全球性的信用交易平台。虚拟网络信用交易平台的建立，一方面扩展了信用交易的范围，扩大了信用规模；另一方面无限延展和扩大了信用交易链条，形成日益复杂纵横交错的信用关系网；最后，增加了包含信用规模变动信息组的复杂性。

规模变动信息组在宏观经济中的传播不仅仅依靠方便快捷的虚拟网络平台，其他途径如口耳相传等等一样会起到传播作用。但不可否认的是，在其传播过程中传播效率最高、时效性最强、波及范围最广的非虚拟网络平台莫属。也因为虚拟网络平台的高效便捷，可能会产生不可预估的后果。一般信息是客观描述一个事物的存在状态或变化过程，信息本身没有好坏之分。但是不同的信息会让人们采取不同的决策，做出不同的反应，这种反应可能会带来有利于决策者或不利于决策者的结果。信用规模无序变动是属于信用规模变动信息组中的一个子信息组，这个子信息组在宏观经济中的传播造成宏观经济运行混乱，失去平稳性，若这种冲击过大，超过了某一地区宏观经济的承受能力，则有可能在这一地区产生宏观经济运

行危机。同时由于虚拟网络平台信用链条的四通八达，连通全球，危机也会沿着信用交易链条传播出去，由于网络的迅速高效的特点，这种危机的传播速度与影响面将是巨大的。

三、多重均衡

多重均衡现象最早被凯恩斯发现，他在研究宏观经济状态时，认为宏观经济系统应该存在两种均衡状态，即依靠市场调节达到的非充分就业均衡和依靠政府干预的充分就业均衡。多重均衡的一个典型例子来自博弈论中的"囚徒困境"纳什均衡，即在信息不对称的情况下，个体理性博弈过程达到的纳什均衡，在现实中并非最优的选择。在信用规模无序变动的系统中存在众多的均衡状态，各均衡状态的存在也造成了信用规模无序变动的复杂性。

（一）信用规模无序变动是非完全信息下多方共同参与动态博弈的过程

信用规模无序变动是超出适度信用规模合理区间的状态，处于该状态时信用规模的变动将会对宏观经济运行产生负面影响，甚至产生宏观经济运行危机。信用规模无序变动从产生、传播到蔓延，是以各种信息的形式向外传递，对这些信息的识别即为人们对信用规模无序变动的认知过程，识别程度即为认知程度，认知程度越高，信用规模无序变动的可能性就越小，其蕴含的风险也越小。互联网时代信息的传递具有成本低、不易销毁的特点，使人们在识别信用规模变动并作出判断时，会受到很多其他无关信息的干扰，增加人们认知判断的困难性和复杂性。信息传递的层级越多，干扰信息就越多，有用的信息可能会被干扰信息所取代，造成信息的丢失。综上，人们对信用规模变动的判断，大多是在非完全信息的情况下作出的，这样就会影响人们对信用规模变动判断的准确性，从而出现过度反应的决策。因此，信用规模无序变动是由本国政府部门、金融部门、非金融企业部门、居民部门甚至是外国政府、金融、非金融企业和居民四部门共同参与的非完全信息的动态博弈过程。

（二）信用规模无序变动存在多重均衡现象，需要多方协调

在宏观经济系统中，四部门信用活动与信用交易并不相互孤立，它们依靠发达的信用网络建立了紧密联系，所以信用规模的变动也存在联动关系。理论上说，信用规模变动的根本原因是由四个信用主体部门信用变动成本和信用变动收益决定的，若某部门判断信用扩张成本小于信用扩张收益时，它将实施扩张信用规模的决策。有时，部门与部门之间通过签订各

种契约条款,达成在某一条件下实现相同的信用规模变动策略,这种策略将会降低信用变动成本,扩大信用变动收益,达到多赢的局面。因此,信用规模变动会依靠各种形式实现部门与部门之间的相互结合,进而建立各种次级均衡系统,如金融部门与非金融企业部门之间的次级均衡系统:金融部门与非金融企业部门之间合作,可以降低企业的融资成本,降低金融部门的信息不对称成本,同时由于企业的拓展经营可能会产生更多的经济利益,使金融部门和非金融企业部门同时受益。再如金融部门、非金融企业部门与居民部门之间的次级均衡系统、金融部门与政府部门之间的非完全信息下的次级均衡系统等,均是居于信用总规模变动之下的次级信用规模变动。这种看似"组团"式的结合,其实质还是在于收益本身,只要收益不消失,这种"组团"式结合便不会消失,该种组合看似脆弱,其实却是信用规模变动中最常见的一种方式。正因为多重均衡现象的存在,使得信用规模无序变动更加复杂,同时也具有了跨部门传染的性质。

四、 共生危机

共生危机最早出现在金融领域,指的是金融行业内银行危机与货币危机共同出现的危机,这种现象在 1997 年爆发的东南亚金融危机中被再次发现,并引起研究热潮。1998 年 IMF 特地为共生危机下了一个概念——认为在同一年爆发的银行危机与货币危机称为共生危机。Glick 和 Hutchison(1999)将共生危机爆发的年份进行了扩张,认为如果货币危机在 T 年爆发,银行危机在当年、滞后一年或提前一年爆发也可以认为出现了共生危机现象,这种共生危机现象可以是货币危机引起的银行危机,也可以是银行危机引起的货币危机,只要是危机共生,无所谓先后之分。

(一) 共生危机现象出现的本质是系统之间存在相互作用机制

Fumiko Takeda(2003)的研究认为银行危机与货币危机产生共生危机现象,是基于不完全信息前提下,处于信息劣势的个体和小储户跟随处于信息优势的大型交易商和大储户的行为而产生的。Bleaney、Bougheas 和 Skamnelos(2008)分析了银行危机与货币危机之间的相互作用机制,认为共生危机产生的原因是银行的存款挤兑可能会滋生投资者对货币的投机性攻击,即银行发生存款挤兑现象会成为货币投机攻击者获取资金的渠道,进而引发货币危机;同时货币危机产生的高回报预期,将会诱导人们作出存款挤兑的选择,从而产生银行危机。Rajesh Singh(2008)从资产价格角度研究了银行危机与货币危机的共生危机特点,认为银行危机与货币危机产生共生性是由于资产价格的变动,且银行危机先于货币而产生。从前人的研究中可以发现,银行系统与货币系统共生危机的出现,是由于某些因素的相互作用引发的。

（二）四部门信用规模变动存在很强的相关性,易滋生共生危机现象

共生危机虽最早出现在金融领域,但非金融领域特有的。由于四部门的信用活动与信用交易之间存在着很强的相关性,因此信用规模无序变动引起的宏观经济运行危机应该同样具有很强的危机共生性。如若金融部门出现信用交易无序变动,势必会影响资金的配置效率和资金价格;若资金配置效率较低,资金价格上涨,不仅导致企业的融资成本上升,同样会产生由于资金配置效率下降引起的企业资金链断裂的危险;企业运行困难产生的信用规模无序变动会反过来作用于金融部门,使金融部门产生被动惜贷行为,进一步加深金融部门信用规模的无序变动程度。另外,由于企业部门运行困难,势必会影响居民部门的可支配收入,甚至会产生失业现象,影响居民消费,进而发生居民部门信用规模无序变动现象,这一现象一方面会导致企业的产品生产过剩,另一方面也会滋生金融部门产生坏账风险等问题;随着信用规模无序变动波及广度和深度的加深,政府部门也必将介入,如此循环往复,每一个部门的信用规模变动产生异常,影响都不是单方面或单向的,势必会通过部门间的相关作用,产生共生危机现象。2007年美国爆发由次贷危机引起的全球经济危机,就是信用规模无序变动共生危机现象的典型案例。

五、 国际影响

目前全球化与国际化进程加快,中国与世界的联系愈加紧密。各部门的信用活动与信用交易随着全球化与国际化进程的推进,跨国或跨地区的特征日益明显。这就加大了信用规模无序变动的跨国或跨地区的传染能力,复杂化了信用规模无序变动的传播途径,为输出国的识别及监管增加了难度,也对输入国的宏观经济发展和社会稳定提出了挑战,甚至为输入国带来爆发危机的可能性。经济全球化与国际化的今天,信用规模无序变动在国际间的输出输入成为常态,这是我们要建立信用规模无序变动国际化识别及防范机制的原因。

信用规模无序变动在国际间输出输入对各部门的影响如下:对于金融部门,该国金融机构与投资者若在不同程度上参与了输出国金融产品及衍生品的交易,则信用规模无序变动将会随着这些金融活动传入国内,对本国金融体系产生冲击,引起金融部门信用规模无序变动。对于非金融企业部门,与输出国贸易联系最紧密的国家最先受到冲击。一方面,输出国对

输入国原出口商品或服务的需求下降,将导致输入国企业的生产销售出现问题;另一方面,输出国的汇率可能会下降,输入国企业产品的国际相对价格上涨,降低了输入国产品的国际竞争力,进而影响输入国企业的发展。对于居民部门,信用规模无序变动的产生、传播与输出后,与其信用链条相连接的国家都将受到波及,在全球化和国际化发展的今天,这种传播和影响将是全球性的。因此,全球的经济发展将会衰退,企业产能过剩,国民收入下降,居民的可支配收入也会随之下降,影响居民的生活水平和生活质量。随着信用规模无序变动对宏观经济影响的进一步发展,抗风险能力弱的企业将会破产,失业率将会节节上升,居民可支配收入将进一步下降,人们的购买能力和购买欲望更加萎缩,企业的产能进一步过剩,危机全面爆发。对于政府部门,一是直接影响,直接影响又可分为两个方面:一方面,若输入国政府持有输出国的有价证券,将会受到有价证券缩水的危险;另一方面,输入国企业、服务业均遭受损失,此时将会导致输入国外汇储备下降,对外支付能力下降。二是间接影响,由于信用规模无序变动的输入,对本国金融、非金融企业、居民部门均会产生冲击,政府为了稳定本国经济稳定和人民生活安定,将会增加政府支出,助力经济社会稳定发展。

第四节　基于四大特征的识别及防范重点分析

美国历次宏观经济运行危机爆发的最大原因之一就是缺乏对信用规模无序变动建立有效的识别及防范体系,2007 年爆发的国际金融危机亦如是。信用规模无序变动是一个全新概念,因而对信用规模无序变动进行识别与防范不能直接套用或沿用以往既有的部门型识别及防范框架。信用规模无序变动实施识别及防范,应该从微观和宏观两个层面入手,微观上防范四部门或各部门信用规模结构的信用规模无序变动对宏观经济运行的影响,宏观上防范信用总规模无序变动对宏观经济运行的影响。结合信用规模无序变动的四大特征,建议构建其识别及防范体系时应注意以下四个重点。

一、 建立信用规模无序变动的识别体系

信用规模无序变动与宏观经济运行发生系统性风险之间的关系是识别信用规模无序变动的关键之处。识别是防范的基础,在制定信用规模无序变动的防范体系之前,必须要理清信用规模无序变动的理论脉络。建立

信用规模无序变动的识别体系，最重要的是识别信用规模无序变动在"时间维度"和"空间维度"两个维度上的传播和积累。本研究建立的信用规模无序变动的识别体系与现有的各部门信用规模无序变动的识别体系并不冲突，原因是引起各部门信用规模无序变动的因素，由于缺乏传染性，不会全都纳入整体的宏观识别体系中，也就是说并非所有影响各部门信用规模变动的因素都可视为整体的宏观识别体系的影响因素。两个体系与其他宏观政策相互作用，共同影响社会的信用活动和信用交易，维护宏观经济安全稳定运行。

二、 注重信用规模变动的结构化特征，建立"整体—局部—整体"的识别及防范体系

信用规模无序变动对宏观经济运行的影响不仅仅来自信用总规模变动，还在于信用规模结构无序变动传播在时间维度和空间维度的连锁反应。因此，对信用规模无序变动需要建立事前结构化限制，既要防止信用规模水平过大，又要防止由于信用活动和信用交易的关联度过高，而导致的传递链条过度复杂而引起的信用规模结构失衡。鉴于此，需要根据四部门与宏观经济稳定运行的关联度高低，以及与其他系统的关联度高低，完善结构化识别及防范措施，对各个部门信用规模的变动进行有层次、有区别的识别及防范，建立"整体—局部—整体"的信用规模无序变动的识别及防范体系，实现对信用链条的关联度和复杂度的识别及管控，具体内容有以下几个方面：一是树立整体观念，建立信用总规模无序变动的识别及防范体系。以往对信用规模无序变动的识别与防范，大都是四部门独立进行，无视了各部门之间的相互联系，缺乏整体性观念，鉴于信用活动和信用交易各部门之间复杂的关联程度，对信用规模无序变动应当建立整体性风险管理理念。二是建立分部门的风险识别与防范体系。设立结构化指标体系，实现对各部门信用规模无序变动的有效识别，对能够引起信用规模无序变动，以及能够对宏观经济运行产生连锁反应的无序变动建立提前的识别体系与风险预警体系，以降低或减弱信用规模无序变动的结构性传染程度。三是建立信用总规模无序变动的评价指标体系，对于国际输入型或结构传染型的无序变动进行提前识别与防范。

三、 建立过程性识别及防范适应风险传导的动态变化性特征

强化过程性识别及防范机制，是为了应对信用规模无序变动对宏观经济运行影响的动态变化性特征。考虑到信用规模无序变动属于信用规模

变动的一个结果性概念,若指标体系仅仅只能识别信用规模无序变动,那么即使识别出来了,也无法做到提前预警。因此,建立的过程性识别及防范机制,应该是针对信用规模变动的过程性识别及防范机制。信用规模变动的过程性识别及防范机制应有以下三方面的内容。一是信用结构变动异常的识别及防范。通常情况四部门信用规模的扩张并不是完全同步或同比例的,会随着所在国或所在地区的经济基本面与金融环境的改变而改变,这种改变是否属于异常行为,是否异常也不是一成不变的,会随着其他各种因素的变化而变化,是一个相对渐进的过程,这些问题需要综合各种因素的变化进行动态分析。二是对不同来源的信用规模无序变动进行区分。信用规模的无序变动有源自国内的,也有国际上输入的,因此,针对不同的信用规模无序变动,应对措施也应有不同。三是应建立现场和非现场的识别及防范措施。现场的识别及防范主要是分部门进行抽样调查,加强检查力度和频度;另外,加强非现场性检测,以便及时识别、预警和处置信用规模的无序变动。

四、 注重识别及防范体系的前瞻性，完善科学的评估方法

从历次危机的产生和发展的过程来看,对危机的处置方式多偏重于事后,缺乏事前识别及防范的过程。即使我们构建的信用规模无序变动的识别及防范体系,识别及防范结果的得出大多是依靠对历史数据的分析。虽然历史数据具有一定的借鉴意义,但是不可否认的是历史数据的局限性也相当明显。人类的信用活动与信用交易方式随着科学技术的进步和交易理念的变化,具有很强的前沿性特征,仅仅依靠历史数据的分析,并不足以识别和防范现有的交易体系的复杂程度和交易模式,因此,无法实现防范监管的前瞻性。因此,在利用历史数据构建的识别与防范体系的基础上,充分认识定性分析和调查分析的重要性,将定性分析、定量分析与现实考察结合起来,综合运用到对信用规模无序变动的识别及防范的实践当中来。

第六章　美国信用规模无序
变动的识别与防范

　　综合本研究之前章节对美国信用规模变动与宏观经济运行之间关系的阐述与梳理可知，信用规模变动对美国宏观经济的运行会产生两种截然相反的作用：推动宏观经济发展和造成宏观经济运行危机①。据此，我们将信用规模的变动分为两种形式：能够推动宏观经济发展的信用规模有序变动，以及引起宏观经济运行危机的信用规模无序变动。对有关信用规模变动的所有研究，无论是旨在有效破解信用交易扩张和收缩的适合程度、防范系统性风险、避免各类宏观经济运行危机重演，还是建立专门的信用规模监管框架，其前提是必须要对信用规模无序变动（有序变动）进行识别和防范。本章首先构建信用规模无序变动的识别理论；其次，在识别理论的基础上从经济学分析、历史的经验分析和弹性三个角度，对信用规模无序变动进行识别，即验证适度信用规模确实存在；最后，通过构建美国信用规模无序变动的风险预警模型，在风险预警模型的基础上构建信用规模无序变动的风险防范体系。通过本章的研究期望为信用规模无序变动的识别提供理论支撑，也为信用规模无序变动风险防范体系的构建提供逻辑起点。

第一节　美国信用规模无序变动识别方法的确定

　　对信用规模无序变动的识别，目前尚没有一个专门、系统的方法体系，尚处于摸索和探索阶段，但也取得了一些成果，本研究通过对各种文献和各部门的处理方式进行整理，对信用规模无序变动识别的方法大致分为三类：网络分析法、信用评级法、组合模型法。

---

　　① 本研究所指的宏观经济运行危机指的是宏观经济内部经济运行出现了系统性风险，既包含金融危机，又包含经济危机。

一、 关于信用总规模无序变动的识别方法

（一）网络分析法

该方法源自分析机构间的系统传染性，如有学者利用网络分析法分析银行间市场结构如何影响市场系统性风险传染的概率，而网络分析方法参数的设定大都是基于双边敞口的，因此，双边敞口的设定成为网络分析法的重要基础。目前的研究有两种方法来确定双边敞口，一种是基于银行机构之间的关联性或集中度，代表学者有 Wasserman 和 Faust（1994）、Newman（2006）、Von Peter（2007）等；另一种是通过假定银行间单一或多个信贷危机事件发生对其他特定机构的风险外溢特性，或引发的多米诺骨牌效应对市场冲击带来的风险，代表学者有 Degryse 和 Nguyen（2007）、Upper（2007）、Mistrulli（2011）等。有许多学者用第二种参数设定的方法研究各国由银行信用规模无序变动引发的系统风险，代表学者有 Furfine（2003）、Upper 和 Worms（2004）。但这一研究方法由于在参数设定时需要内部资料，因此，使用受到一定的限制，不便于推广。

（二）信用评级法

目前国际上较为通用的用于评价和衡量信用风险大小的为信用报告和征信报告。并且，国际上也存在专门"生产"信用报告和征信报告的机构或公司。中国目前也成立了专门从事信用风险衡量的机构和企业，如专门从事评级业务的大公国际、联合信用、中诚信等，以及专门进行个人征信的芝麻信用等。目前，这些评级公司与征信公司的业务覆盖了国家信用风险、企业信用风险、债项信用风险、个人信用风险的评级与衡量等方面。其评价方法主要是通过衡量其违约概率的高低，来评判信用风险的大小。因此，其主要任务就是尽可能准确地判断主体的违约风险大小。通过运用搜集到的隐私数据，以及将定性与定量相结合的方法，综合国家或全球宏观经济运行情况以及行业发展情况来判断该企业所处的经济周期特点、行业风险等宏观、中观信用风险，结合该公司在行业中所处的位置、财务运营状况、经营效率、经验团队等，来全面揭示其未来的违约概率。目前，该方法是解释信用风险与信用规模无序变动最常见的一种方式，并形成了生产信用报告的产业链条而且遍布全球。但该方法依然存在很大的局限，目前中国的信用评级行业刚刚起步，其评价指标体系不统一，不便于运用该指标体系进行统一的风险治理与监管。

（三）组合模型法

这种方法源自衡量证券市场上证券组合的风险，后发展成为一种追寻

某一类信用规模变动，对其他部门或信用总规模产生的影响，进而识别信用规模无序变动过程中的共同作用机制或关键传导因素；还用于衡量单一债务风险或者某一部门风险对整个系统性风险的贡献程度，或者影响程度。这一识别方法优点在于：一是可以通过选取某些部门信用规模扩张关联度很大的公开数据即可评判；二是这一评价指标构建出来的模型具有前瞻性，在一定程度上具有反映未来发展趋势的能力；三是选取的数据具有高频性，容易从时间维度上去刻画和解释信用规模无序变动的传导路径和传导特征。但这一方法在中国的应用却具有明显的缺点：一是高频数据的收集受到中国信息公开程度以及市场发展程度的限制，数据统计较难实现；二是该理论具有比较严格的限制，如有效市场假定、高频数据具有服从正态分布的特点。

二、 对美国信用总规模无序变动识别方法的设定

信用规模无序变动的识别在国内学术界的研究较少，较为著名的是吴晶妹教授的研究，吴晶妹（2000）在其《现代信用学》这本书中，在研究美国信用规模变动与宏观经济增长的影响时，曾经用经济信用化率的相对增量超过 2% 为经济危机爆发的警戒值，认为此时是经济过度信用化状态。由于中国与美国历史渊源、信用规模变动特点以及信用规模变动评级指标体系的数据特征不同，因此，本研究在设定中国与美国信用规模无序变动的识别机制过程中，分别采用了不同的方式方法。鉴于本章的研究目的，这里只介绍美国信用规模无序变动的识别与预警机制，中国信用规模无序变动的识别机制的设定放在本研究第七章中介绍。根据美国信用规模无序变动的特点与数据性质，本章在构建美国信用规模无序变动的识别机制时，引入了适度信用规模概念，通过找到适度信用规模的变动范围，进而识别信用规模的无序变动。识别步骤有三，具体如下：

第一，验证适度信用规模的存在。适度信用规模是指信用规模无序变动突破口。那么，适度信用规模在现实生活中是否存在？找寻合适的方法去验证，成为其存在的理论支撑，是我们识别信用规模无序变动的关键因素。本研究将经济学分析法与历史动态演绎的经验分析法相结合，从理论和历史两个角度证明了适度信用规模是存在的。

第二，寻找适度信用规模的变动区间。本章选用弹性理论，来确定适度信用规模的合理变动区间，确定信用规模无序变动的边界。信用规模变动有两种形式：有序变动与无序变动。根据弹性的概念，同一年份的信用规模有序变动与信用规模无序变动的弹性之和应该等于 1，即 $e_{有序} + e_{无序}$

＝1。因此，根据找到的适度信用规模变动区间，可以确定信用规模无序变动的区间。

第三，构建风险预警体系，识别和防范信用规模的变动特征。本章通过构建二元离散性 Logit 模型，在模型实证的基础上建立美国的风险预警体系，进而实现对信用规模变动特征的提前预判，以预警和防范信用规模无序变动带来的危机。

第二节　美国信用规模无序变动的识别

关于信用规模无序变动的识别，本节将从三个角度进行系统性的分析和阐释，分别是基于理论分析的视角、基于历史演进的视角和基于弹性视角，均证明信用规模的无序扩张会导致宏观经济危机，为信用规模无序变动的识别提供了理论基础和现实基础。因此对其进行多角度的分析是非常必要的，而且通过分析也能证明适度信用规模的存在。

一、信用规模无序变动的识别——基于理论分析的视角

对信用规模无序变动的识别，就要判断宏观经济运行中是否存在适度信用规模。所谓的适度信用规模，从理论上讲是相对信用规模有序变动而言的，当信用规模的变动能够推动宏观经济增长时，我们认为此时的信用规模变动是有序的，信用规模有序变动的区间，我们称之为适度信用规模。也就是说，适度信用规模并不是一个数值，而是一个区间，在该区间内的信用规模变动，均为有序变动。以下主要从规模经济理论和效应理论视角验证适度信用规模存在的理论依据，从历史演进视角寻找适度信用规模存在的现实支撑。

（一）适度信用规模存在的经济学分析——基于规模经济理论

规模经济理论是经济学科众多核心理论之一。规模经济理论是建立在两个假设前提基础之上的，即当前的生产技术水平保持不变和各项投入比例不变。该理论强调在一定的技术水平下，在某一特定时间段内，扩大生产规模或增加产品的生产数量，其生产成本会下降，从而带来利润的增加。

"规模经济理论"的创始人在业界公认是亚当·斯密，其在《国民财富的性质和原因的研究》(1776)的著作中提出了"劳动分工"可以提高劳动技能和运用程度，从而带来生产效率的提高。"劳动分工"是大规模生产的前

提,生产效率的提高是大规模生产的保障,因此斯密的"劳动分工"理论被认为是"古典的规模经济"理论。

真正的"规模经济理论"源于美国。马歇尔在其著作《经济学原理》中提出了规模经济理论,并归纳总结出了著名的"内部规模经济"和"外部规模经济"。马歇尔对"规模经济理论"的贡献不仅在于其真正地提出了该理论,更重要的是论证了"最佳规模"存在的可能性,他认为企业随着规模的不断扩张,其利润出现了增加、不变、减少三种变化,因此企业规模并非越大越优,它存在一个合理的规模空间,鉴于此马歇尔提出了著名的"马歇尔冲突"这一经济现象。罗宾逊与张伯伦通过对"马歇尔冲突"的研究提出了"垄断竞争"理论,进一步丰富了"规模经济理论"的理论框架。自此之后,学界对"规模效率理论"的研究仍在继续,美国哈佛大学教授哈维·莱本斯坦的《效率配置和效率》和美国学者科斯的《企业的性质》分别从生产效率理论和交易成本理论这两个方面来探讨和完善"规模经济理论"。

我们假定美国是一个"企业",该"企业"生产多种多样的产品,其中之一就是创造"信用"。创造信用所产生的收益我们认为是经济总产出,即GDP,而衡量"信用"这种产品生产总量的指标就是信用总规模。依照规模经济理论,我们有理由认为该"企业"的信用规模同样存在规模经济问题。即信用规模的扩张会经历规模报酬递增、规模报酬不变、规模报酬递减三个阶段。在规模报酬递增阶段,扩大"信用总规模"产品的生产,即增加信用总规模可以带来经济总量GDP的增加;规模报酬不变阶段,无论以何种方式扩大"信用总规模"产品的供给,都不会带来经济总量GDP的增长;规模报酬递减阶段,扩大"信用总规模"产品的总供给不但不会带来经济总量GDP的增加,反而会带来经济总量GDP的减少。从规模经济理论出发,我们有理由相信美国信用规模的扩张与收缩存在一个适度问题。

(二) 适度信用规模存在的经济学分析——基于效用论视角

效用理论也是经济学科众多核心理论之一。其经济学含义是人们消费某种商品或进行闲暇分配而带来的满足程度,这种满足程度大小跟个人的主观感受相关,随着消费个体的改变、时间的改变、地点的改变,满足程度会有所不同,因此对相同物品给人们带来效用大小的衡量没有客观标准。

效用理论的边际效用递减规律验证了适度信用规模存在的可能性。丹尔尼·伯努利(1738)在研究人们的投资决策时最早提出了效用的概念,认为人们在风险与收益不确定时作出投资决策的准则不是获得最大的期望金额,而是获得最大效用。他有两个著名的原理:边际效用递减原理与最大效用原理。具体如下:效用大小的衡量是依靠效用函数进行的,函数分析的是人们从商品中获得的效用与商品数量之间的存在关系。效用函数一阶导数大于零,为单调函数,也就是说商品数量的增加可以带来人们效用的增加;效用函数二阶导数小于零,即商品数量增加带来效用增加的速度是递减的,也就是说人们满足程度的增加存在边际效用递减规律,同时也存在最大效用的问题,即总有一个最优商品数量,使得在此时人们获得效用最大化,超过这个最优商品数量,人们获得的效用会开始减少。

假定信用规模是人们消费的"商品",宏观经济增长是消费信用规模这类特殊商品所获得的效用,信用规模的增加或减少代表消费商品数量的增加或减少,而宏观经济增长或宏观经济下降,甚至是宏观经济危机则是效用的两个结果。根据效用理论的边际效用递减规律可知,信用规模的扩张是可以促进宏观经济增长的,但存在一个最优信用规模,在该规模下宏观经济的增长将达到最大值,若信用规模在达到最优信用规模后,其扩张趋势依然没有停止,此时宏观经济将会出现下降的态势,若信用规模扩张程度过甚,将会导致宏观经济运行危机。因此,从效用理论出发,我们有理由相信信用规模变动存在一个合理的变动区间,该区间内的信用规模即为适度信用规模。

(三) 适度信用规模与信用规模无序变动的辨析

根据规模经济理论与效用理论可知,在理论上存在一个最优的信用规模。那么,是最优信用规模还是适度信用规模更具有经济意义与现实价值呢? 它们两个又有什么区别与联系? 本部分将对两者进行辨析,具体如下:

1. 最优理论

规模经济理论的研究结论指出:企业的生产经营活动不能无限扩展,其最优生产规模与生产成本最低点相对应。

意大利经济学家帕累托(1906)在其著作《政治经济学教程》中指出:"无论以任何方式进行资源配置,都无法在不损害一方利益的前提下使自己的处境变得更好,此时便达到了最优状态。"

英国经济学家埃奇沃思(Edgeworth)在寻找资产最优组合时发明了埃奇沃思盒状图(图6-1)。他假定社会只存在两种资源并且只有两个企业使用,厂商可以通过互换两种资源的使用,实现帕累托改进。并由此得到了资产组合的最优效率点,这种效率点存在于 A、B 企业的等收益线的切点上,而将这些切点连接起来,就得到了"契约曲线",其意味着生产者在资金量充足的条件下可以有多种选择。将这一假设前提放开,就可以得到在一定资金限制前提下的最优决策点,表现为等收益线与预算约束的切点,即点 A,如图 6-2 所示。

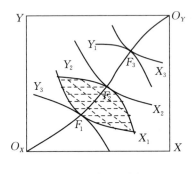

图 6-1　埃奇沃思盒状图

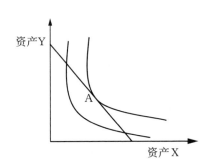

图 6-2　最优资产组合图

　　蒙代尔和麦金农等经济学家提出的"最优货币区"(Optimal Currency Area, OCA)。从要素流动、经济开放、产品多样化等方面论证货币区域化。信用规模最优问题与最优货币区同属于宏观经济学范畴,但两者有所不同,信用规模是在已有基础上求最优,而最优货币区在没有的情况下寻求构建。因此,寻求最优信用规模不同于最优货币区的阐述。首先,信用规模的最优问题没有明确的投入产出函数;其次,信用规模的投入产出也没有明确的约束条件。最后,最优信用规模随着技术的进步与宏观经济承载能力的增加,其信用规模也会发生变化。因此,很难利用线性规划来实证解决信用规模的最优问题。另外,宏观经济运行中信用规模的变动并非一直处于最优状态,信用规模更多时候是围绕最优信用规模上下波动。因此,寻找不会导致宏观经济运行危机的信用规模变动区间更有理论意义和现实价值。

　　2. 最优信用规模与适度信用规模

　　与最优信用规模概念相关的另一个概念——适度信用规模,虽两字之差,但含义却有很大的不同。首先我们对它们加以区分。上文已述及,研究中的最优信用规模是指信用规模的变动能够带来宏观经济增长(或发展)最快时的最优解。而适度信用规模我们将其定义为能够使宏观经济稳定发展,不发生经济危机时信用规模变动的区间,它是一个信用规模合理波动的区间。区别如下：

　　第一,侧重点不同。最优信用规模侧重的是对历史时期信用规模推动宏观经济发展最有效率点的考察,最终结果是一个静态最优点,或最佳匹配度。而适度信用规模,是利用历史资料寻找一个信用规模变动的合理范围,是一个动态区间。

第二,监管意义不同。最优信用规模是一个最优效率点,因此它可以作为监管的最终目标,但可操作性稍微欠缺。适度信用规模是一个合理波动区间,其作为信用规模监管的中介目标具有很强的可操作性,但是不适合作为最终目标。

第三,预警作用不同。最优信用规模在反映信用风险上显得有些无能为力;适度信用规模区间的意义就是信用规模在此区间内波动,宏观经济能够正常稳定运行,信用规模的变动如果超出这一合理波动区间,意味着宏观经济运行将面临信用规模无序变动带来的信用风险或经济下滑。

由此可见,最优信用规模与适度信用规模虽意义与特点都不尽相同,但是都具有很强的理论意义和现实意义。限于本研究考察重点和篇幅的限制,我们将研究重点放在与风险相关、与构建信用规模无序变动监管框架相关的适度信用规模的研究上。而最优信用规模将会作为以后研究的重点,从而对信用规模理论进行进一步地补充与完善。

二、 信用规模无序变动的识别——基于历史演进的视角

如果说"规模经济理论"论证了理论上存在适度信用规模的可能性,那么,由信用规模的无序扩张导致的数次经济危机的爆发,便是适度信用规模存在的历史验证。19世纪末20世纪初,美国学者阿尔弗雷德·塞耶·马汉(Alfred Thayer Mahan)在其著作《海权对历史的影响,1667—1783》中对美国自1774年以后发生的经济危机进行了梳理,加上一些学者的总结,我们将1945年至今发生的金融危机进行总结。从1946年至2020年美国共发生10次经济危机,发生的年份分别是1948—1949年、1953—1954年、1957—1958年、1960—1961年、1969—1970年、1974—1975年、1980—1982年、1990—1991年、2000—2001年、2007—2010年等,以下将结合危机时期信用规模与经济的变动情况来说明适度信用规模存在的必然性。

(一) 适度信用规模在历次危机中的验证

本节对历次宏观经济危机分析所采取的样本指标,至少涵盖了危机爆发年份前后3年的数据,以更加直观地判断危机爆发前后,信用总规模和各部门信用规模变化率与GDP增长率之间的关系,以及从信用规模变动角度阐述其与宏观经济运行之间的关系,最终验证适度信用规模的存在。

1. 20 世纪 40 年代末的经济危机(1948—1949 年)

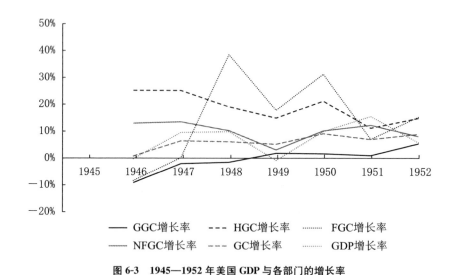

图 6-3　1945—1952 年美国 GDP 与各部门的增长率

数据来源:U.S. Bureau of Labor Statistics(www.bls.gov);Board of Governors of the Federal Reserve System;Economic Research & Data。

如图 6-3 所示,美国 GDP 在经历了两年高速增长之后,在 1949 年出现了负增长,而居民部门和非金融企业部门信用规模增长率和 GDP 增速基本保持了相同的变化趋势,说明该阶段居民部门和非金融企业部门与经济增长的关联度更高。二战后,美国非金融企业的生产能力依然高涨,信用规模的快速增长造成产能过剩,危机前出现严重的通货膨胀又造成居民实际购买力急剧下降,从而居民的消费信贷总量不断上升,如 HGC 增长率曲线显示在 1946—1947 年居民部门信用规模增长率保持在 25% 以上,远高于其他部门和信用总规模的增长率。同时,在 20 世纪 40 年代,美国金融部门信用规模贡献度偏低,即金融部门信用规模占比较小,所以必须实现高速增长以满足居民和非金融企业部门的需求,如在 1946—1948 年间,金融部门信用规模从负增长转变为接近于 40% 的增速。而这种信用规模的膨胀必然会超出实体经济发展的承载能力,以至于在 1948—1949 年间爆发严重的经济危机,各项指标开始大幅下滑,而政府也慢慢开始积极地参与到各种信用交易当中实施调控,以挽救经济危机。

2. 20 世纪 50 年代中期的经济危机(1953—1954 年)

1950 年朝鲜战争爆发,又为美国军工产业获得了一次蓬勃发展的机会,这不仅仅是一次军事行为,也是美国为了转移国内经济危机的一种方式。朝鲜战争开始后,美国积极地加速国民经济军事化,把许多工业转移到军事生产上来。战争资源的需求,促使国内一些垄断资本和军火制造部门获得了庞大的利益。同时在 1950 年年底,又开始对亚非拉国家施行所谓的"第四点计划",在接下来的 1951 年和 1952 年,以军火交易为主的出口贸易总额超过 300 亿美元,达到历史最高水平。朝鲜战争极大地促进了美国经济的又一次"繁荣",但是这种繁荣下面掩盖的是垄断资本家对工人阶级和其他人民的压榨和剥削。1953 年朝鲜战争结束,但却延续了战时的工业生产能力,一方面造成了大量的产能过剩,另一方面战争期间军工产业对其他产业的挤占,导致社会耐用消费品生产过少,而严重的通货膨胀又造成居民购买力的急剧下滑,使社会总需求严重不足。这种资本主义所固有的矛盾最终使美国再一次陷入了严重的经济危机。

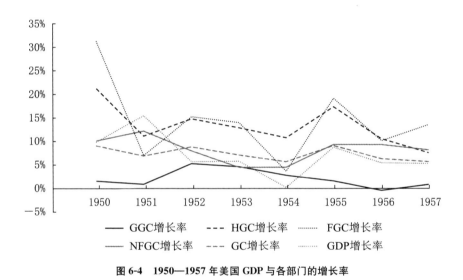

图 6-4 1950—1957 年美国 GDP 与各部门的增长率

数据来源:U.S. Bureau of Labor Statistics(www.bls.gov);Board of Governors of the Federal Reserve System:Economic Research & Data。

如图 6-4 所示,美国的信用总规模在该时间区间内一直保持在 5%—10%,而美国的 GDP 增速在 1951 年达到该阶段的最高值,然后逐年下滑,在 1954 年几乎停滞,具有同样特征的是非金融企业部门信用规模增长率也在 1951 年达到了该阶段的最大值,主要源自军工产业因战争而获得的发展机遇,却在危机爆发的年份增速下降了近 10%。受限于朝鲜战争期间美国国内经济发展的主导产业,居民部门和金融部门的信用规模增速有所放缓,但又受到通货膨胀影响而导致的居民消费信贷增加的拉动力量,居民部门信用规模变化幅度较小,但金融部门信用规模增速变化较大,在 1954 年降到 4% 以下。另外,政府部门信用规模增速除了在经济危机期间有所上扬之外,在其他年份变化不大,这也与美国所崇尚的"自由经济制度"有关。所以,如图所示,虽然信用总规模增速变化不大,但是其组成的各个部门信用规模变化的程度却有较大差异,这也印证了宏观经济危机的爆发可能是某个或某些部门信用规模的无序变动所引起的。

3. 20世纪50年代后期的经济危机(1957—1958年)

虽然战后第二次经济危机结束了,但是资本主义固有的内部矛盾依然存在,美国为了继续转移这种矛盾,在1955年发动了越南战争,寄予战争手段来拉动经济,持续高涨的军费支出带给相关产业一度的繁荣;垄断资本家为了提高生产率获取更高额的垄断利润,大量更新固定资产,甚至将利润直接转化为投资;20世纪50年代中期民用工业和建筑业,如汽车工业和私人住房建筑业的繁荣也是拉动经济增长的重要动力,汽车分期付款和住房抵押贷款极大地提升了社会上的消费信贷。基于以上原因,在危机爆发之前,美国出现了短暂的繁荣,但是与前两次经济危机一样,这种是在牺牲工人阶级和其他人民利益基础上的暂时"繁荣"。垄断资本家的高额利润是压榨工人阶级的结果,加上严重的通货膨胀,居民的购买力不断下降,生产能力过剩与社会需求之间的矛盾依然是困扰资本主义发展的障碍。1957—1958年经济危机再次以巨大的冲击力袭击了美国,与前两次经济危机相比,此次危机不仅对生产的破坏较大,几乎波及国民经济的各个部门,而且从美国向日本、加拿大和西欧各国蔓延,是战后整个资本主义世界范围内第一次周期性经济危机的开端。

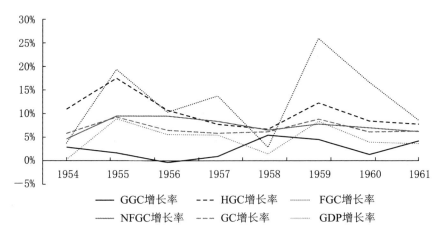

图6-5 1954—1961年美国GDP与各部门的增长率

数据来源:U.S. Bureau of Labor Statistics(www.bls.gov);Board of Governors of the Federal Reserve System:Economic Research & Data。

如图 6-5 所示，美国在经济危机期间 GDP 增速再度下滑，比危机前下降了 7.44%。从信用总规模的变化趋势来看，除了 1958 年发生较为严重的背离外，基本上和 GDP 增长率保持一致。从上一阶段的经济危机后，1955 年各部门信用规模、信用总规模和 GDP 都有了比较明显的增长，尤其是居民部门和金融部门，这得益于繁荣的汽车工业和私人住房抵押贷款业务等领域。1956 年，居民部门、金融部门、非金融企业部门信用规模增长率虽然较 1955 年有所下降，但仍然都维持在 10% 的高位，信用规模的大规模扩张必然超出宏观经济运行的极限，从而爆发信用危机，并迅速波及各个领域，发展成为严重的经济危机。因此，我们认为应当有相对适度的信用规模存在以维持宏观经济的稳定运行。

4. 20 世纪 60 年代初期的经济危机（1960—1961 年）

20 世纪 60 年代初的美国经济危机实际上是前一阶段经济危机的"余震"，1957—1958 年的经济危机过后，生产过剩的现状并没有完全改变，通过政府行为刺激经济繁荣并没有改变资本主义生产过剩与需求不足的矛盾，只会造成短暂繁荣之后更加深刻的经济危机。同时在 20 世纪 50 年代末，布雷顿森林体系的弊端已经开始暴露出来，在此期间也爆发了第一次美元危机，国际金融市场不断大量地抛售美元，美元贬值黄金外流，这与美国国内美元购买力下降有着密不可分的关系。国际环境导致美国常年收支不平衡，美元的地位也不断动摇，美国为了抑制国内生产能力过剩、改善国际收支状况、维护美元币值稳定而采取了一系列紧缩政策，直接导致了新一轮经济危机的爆发。

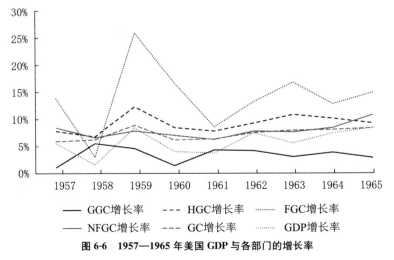

图 6-6　1957—1965 年美国 GDP 与各部门的增长率

数据来源：U.S. Bureau of Labor Statistics（www.bls.gov）；Board of Governors of the Federal Reserve System：Economic Research & Data。

如图 6-6 所示,美国的 GDP 在 1959 年高速增长后,在 1960—1961 年后再一次下滑,虽然除金融部门外,其他部门信用规模增长率和 GDP 增长率基本保持了相同的变化趋势,但是信用规模的变动与经济增长之间的关系也会体现在不同的领域。其一,1957—1958 年经济危机的爆发,政府采用多种措施刺激经济的发展,其信用规模增长率为 5.47%,几乎达到了历史最高值,带动了 1959 年美国经济的短暂繁荣;其二,金融部门信用规模增长率变化最为明显,在 1959 年增长率达到了 25.92%,而当货币当局为了挽救美元危机而实行紧缩政策的时候,必然爆发严重的危机,实际上是因为金融部门信用规模的膨胀超过了经济的承载能力而导致的危机;其三,大量的汽车信贷和住房抵押贷款刺激了居民部门消费信贷的增长,居民部门信用规模增速较快,进一步加剧了信用规模的无序变动。

5. 20 世纪 60 年代末期的经济危机(1969—1970 年)

进入 20 世纪 60 年代,越南战争进一步扩大化,受战争因素的影响,从 1961 年到 1969 年近 10 年间,出现了持续时间较长的经济高速发展,这也是政府干预的必然结果,同时一直实行的宽松的财政政策和货币政策也为经济的发展提供了良好的环境,因此,在美国出现了所谓的经济发展"黄金 60 年代"。在这样的环境下,战争继续拉动国内相关产业的繁荣,生产能力进一步扩大,但是类似于以往的经济危机,垄断资本家通过更新固定资产和实行通货膨胀的方式并没有改善工人的处境,反而使就业和工人的生活更加残酷,庞大的军费支出又增加了人民的生活负担,其购买力被进一步挤占。20 世纪 60 年代末,越南战争的失利,加上国内盲目扩大的生产能力和逐渐萎缩的国内市场矛盾的激化,最终导致严重的经济危机。

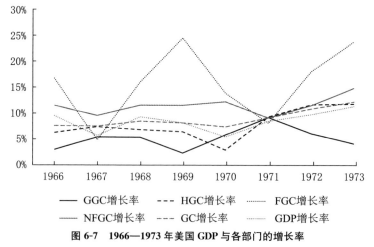

图 6-7　1966—1973 年美国 GDP 与各部门的增长率

数据来源:U.S. Bureau of Labor Statistics(www.bls.gov);Board of Governors of the Federal Reserve System;Economic Research & Data。

结合图 6-6 和 6-7 所示,在 20 世纪 60 年代期间,四部门信用规模及信用总规模和 GDP 一直保持了相对稳定的增长速度,这是四部门信用规模的扩张带来的该经济周期美国经济持续繁荣的直接结果。其间,居民部门信用规模的增长速度基本保持最高,一方面因为通货膨胀导致居民的购买力严重下降,需要消费信贷来维系生活,另一方面是 20 世纪 60 年代美国市场已经将赊销作为市场寻找销量的重要方式,在汽车和住房市场上居民的信贷规模不断攀升。金融部门受其他部门信用规模膨胀的影响,在该经济周期也保持了较高的增长速度。在各部门信用规模增速不断扩张,资本主义生产过剩与需求不足矛盾激化的情况下,危机不可避免地爆发,这也佐证了宏观经济运行需要有适度的信用规模作为支撑。

6. 20 世纪 70 年代中期的滞胀危机(1974—1975 年)

"滞胀"是这次经济危机的典型特点,应对之前爆发的经济危机,美国政府一直采取扩张型的财政金融政策以拉动经济增长,但是结果是造成了严重的金融危机,致使货币大幅贬值,通货膨胀严重。1973 年爆发的中东石油危机也是促使美国爆发危机的重要因素,石油价格飙升,依赖石油发展的美国国内经济受到严重打击,许多工厂倒闭,生产力急剧下滑。根本上来说,通货膨胀和物价上涨严重侵蚀了居民的根本利益,资本主义的根本矛盾导致了经济危机的再度爆发。

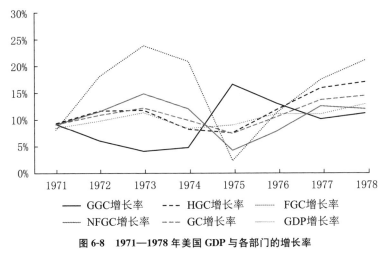

图 6-8 1971—1978 年美国 GDP 与各部门的增长率

数据来源:U.S. Bureau of Labor Statistics(www.bls.gov);Board of Governors of the Federal Reserve System;Economic Research & Data。

如图 6-8 所示,此次经济危机前,金融部门和非金融企业部门信用规模变动是最明显的,其中非金融企业部门在垄断资本的优势下为获得高额利润，更新固定资产提高生产效率，其信用规模保持了较高的增速，但是也体现了对工人阶级的残酷压榨，从而降低了居民部门的购买力水平；金融部门信用规模增长率在 1972 年和 1973 年分别达到了 18.1％和 23.88％的高速增长，过度的信用交易和信用活动带来更多的信用风险，当居民和企业的偿债行为成为巨大负担的时候，会导致危机的出现，从而引发连锁反应导致经济危机。

7. 20 世纪 80 年代初期的经济危机(1980—1982 年)

这次危机的明显特征是 GDP 分别在 1980 年和 1982 年出现了两次下滑，这跟两届美国政府所实行的宏观经济政策有很大关系，但都是解决了相对短期内的一些经济衰退的问题，并没有从根本上解决资本主义所固有的矛盾。1980 年卡特总统采取主要通过扩大政府财政赤字的方法来遏制经济的衰退，政府财政赤字逐年攀升，到 1980 年赤字规模创纪录地接近 600 亿美元，此外美联储降低贴现率使得商业银行的贷款利率下降，货币供应量的增加又为经济发展提供了新的动力。因此出现了 1981 年的 GDP 增速的上扬。1981 年里根总统提出了"经济复兴计划"，实行积极的财政政策并减少政府财政赤字和紧缩银根，基于通货膨胀心理因素影响，利率再次上升致使许多部门重陷危机，导致 1982 年 GDP 增速的再次下滑。

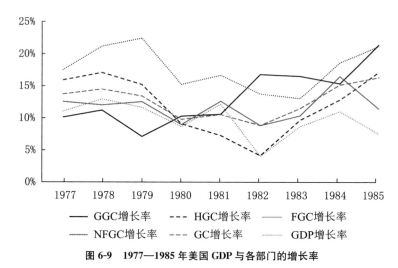

图 6-9　1977—1985 年美国 GDP 与各部门的增长率

数据来源：U.S. Bureau of Labor Statistics(www.bls.gov)；Board of Governors of the Federal Reserve System：Economic Research & Data。

如图 6-9 所示，在 1980 年第一波危机爆发前，四部门信用规模均维持高速增长，从而也促使了信用总规模的增速远高于 GDP 增速，存在很大的信用风险隐患。自 20 世纪 70 年代中期经济危机爆发后，美国政府部门信用规模增长速度超越历史任何阶段,到此次危机之前的 1975—1980 年基本上维持在 10％以上,这跟政府巨大的财政赤字紧密相关,金融部门和居民部门的信用交易依然是刺激经济增长最活跃的因素,非金融企业部门受频繁经济危机的影响,其信用规模增速相对较低,显得相对比较稳定。从图 6-9 可以看出,居民部门的信用交易在危机中的影响最大,这也是美国国内市场需求严重不足的体现。总之,各个领域政策行为的变动所导致的各部门信用规模的变动,可以实时地影响宏观经济运行,但是过度膨胀的信用规模必然会导致危机的发生。

8. 20 世纪 90 年代初期的经济危机(1990—1991 年)

20 世纪 80 年代初的经济危机结束之后,美国持续了 8 年之久的经济增长时期,但是到了 1990 年美国经济开始下滑,GDP 增速开始放缓,陷入了新一轮的经济危机。究其原因主要有两方面:其一,国内数年的经济增长使得人们的消费需求从超期消费转向现期消费,抑制了消费信贷的增长,而第三次石油危机的爆发导致石油价格上涨,严重抑制了国内的生产及产出,导致经济的下滑;其二,源自银行体系产生的信用危机,在 20 世纪80 年代,大量企业通过银行贷款储备了大量的土地和房产,危机前夕土地和房价的下跌给这些企业带来了严重的损失,导致银行产生大量的坏账,引发大面积的破产,从而引起金融危机。基于 20 世纪 80 年代互联网技术的不断普及,部门之间的联系更加紧密,又引发了大面积的经济危机。

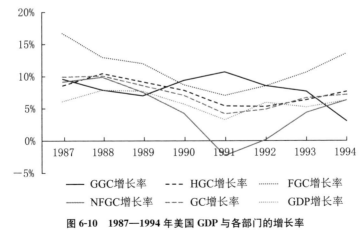

图 6-10　1987—1994 年美国 GDP 与各部门的增长率

数据来源:U.S. Bureau of Labor Statistics(www.bls.gov); Board of Governors of the Federal Reserve System:Economic Research & Data。

结合图 6-10 可以看出,危机爆发前的数年间,各部门信用规模增长率保持相对比较稳定的状态,这是 20 世纪 80 年代美国经济保持持续增长的重要动因，而各部门信用规模及信用总规模长期处在高位增长的状态又是引起危机爆发的基本因素。以房地产为代表的非金融企业部门经历了高增长之后，在 20 世纪 80 年代末信用规模开始下降，直到 1991 年的 —2.3%，首次出现负增长。受非金融企业部门的影响，金融部门信用规模增速也开始大幅下滑，由 1987 年的 16.67% 下降到 1991 年的 7.05%，同时政府再次救市，其信用规模增长率在 1991 年上升至 10% 以上。这也充分说明了信用交易和信用活动对经济增长的重要作用，而且经济增长必须要有与之相适应的信用规模变动。

9. 21 世纪初期互联网企业信用膨胀引发的经济危机(2000—2001 年)

2000 年 3 月 10 日，纳斯达克市场在创下 5048 点的新高后开始崩盘，该指数跌至 1114.11 点，互联网泡沫破灭，因过度投机而引发的经济危机开始逐步蔓延。自上次经济危机后美国经历了长达 6 年的经济高增长，主要得益于互联网技术的应用和普及带来的电子计算机热和互联网泡沫，大量的资本涌入互联网行业，1999—2001 年全球互联网泡沫达到高峰期，全球共有 964 亿美元风险投资进入互联网创业领域，其中 80% 的投资资金流向美国，美国金融市场的投机达到了高潮。缺乏实体经济支撑的盲目投机和互联网泡沫的破裂，最终必然导致危机的发生。

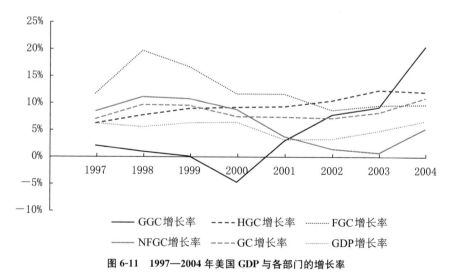

图 6-11　1997—2004 年美国 GDP 与各部门的增长率

数据来源：U.S. Bureau of Labor Statistics(www.bls.gov)；Board of Governors of the Federal Reserve System：Economic Research & Data。

如图 6-11 所示，受互联网所影响的"新经济"的发展，非金融企业部门信用规模高速增长，在 1998 年和 1999 年增速分别达到了 11.16% 和

10.08％,创下自1988年以来的最高增速。互联网企业的快速发展必然带来金融市场的繁荣,金融部门势必扩大其信用规模以满足互联网企业的资金需求,在1998年的增速达到了19.75％,创下了自1987年至今的最高值。反观政府部门信用规模增速自1991年开始下滑,到2000年实现负增长,说明美国政府在20世纪90年代对其他部门经济行为干涉较少,与20世纪80年代政府干预经济的模式截然相反。因此,信用规模不断盲目膨胀,同时又缺乏政府管控的经济增长必然难以长期维持,从而导致危机发生,这也证明了部门信用规模的变动应该适应经济的发展。

10. 美国次贷危机引发的全球金融危机(2007—2010年)

美国次贷危机的爆发而引起的全球金融危机,是距今最近、影响最大的一次危机,美国的GDP在2009年遭遇了近60年以来的首次负增长。危机的爆发与美国近30年实行的"新自由主义"经济政策有密切关系,也体现了如果缺少政府监管,缺乏实体经济有力支撑的盲目投机和套利行为将会引起金融市场巨大泡沫。同时,缺乏金融监管的金融创新深度发展,社会各个部门捆绑在一根岌岌可危的信用链条上,一旦某个环节出现信用危机,整个信用链条将爆发严重的系统性风险而使危机蔓延。为刺激经济增长的过度消费行为,市场产生了大量的次级债券,当宏观经济政策或影响因素,如货币政策、利率、房价等变动时,从居民部门开始的债务危机便开始蔓延至金融等部门,从而导致严重的危机,大量的银行、投资公司、房地产企业等开始破产。

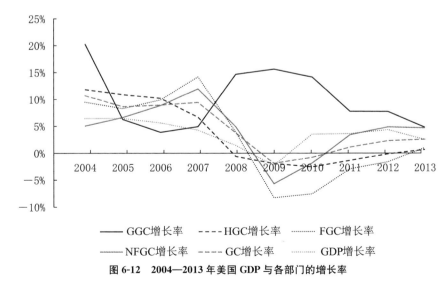

图6-12　2004—2013年美国GDP与各部门的增长率

数据来源:U.S. Bureau of Labor Statistics(www.bls.gov);Board of Governors of the Federal Reserve System;Economic Research & Data。

结合图 6-11 和图 6-12 不难发现，2001—2007 年美国的信用总规模增速一直远高于 GDP 的增速，信用总规模膨胀给经济带来增长的同时，也给美国的宏观经济运行带来了巨大的压力，信用交易的无序扩张必然会引发更多的信用风险。另外部门信用规模的变动也是引发危机的重要原因：其一，21 世纪初的经济危机中的政府救市行为使得政府信用规模从 2000 年的负增长转变为 2004 年的 20.50% 的高增长，但是经济恢复正常之后，政府信用规模急剧下降，也预示着政府的不干预政策继续施行，从而放松监管；其二，住房抵押贷款的不断攀升也使居民部门信用规模在 2002—2006 年保持了高位增长，这也是该阶段拉动信用总规模增长的主要动力。基于此，促使金融部门和以房地产企业为代表的非金融企业部门的信用规模增速在 2007 年达到阶段最高值。危机爆发后，除政府部门之外各项指标急剧下滑，政府救市引起该部门信用规模急速膨胀，与之前的变化趋势形成鲜明对比，此次金融危机的爆发也是适度信用规模存在最有力的证据。

（二）历次宏观经济危机的深层次信用规模变动规律总结

历数美国自 20 世纪中期至今所发生的经济危机，通过以上经济危机本身和与信用规模变动的关系来看，既有共性又有差异。

图 6-13　1946—2020 年美国 GDP 与 GC 增长率

数据来源：U.S. Bureau of Labor Statistics(www.bls.gov)；Board of Governors of the Federal Reserve System：Economic Research & Data。

注：2020 年因新冠疫情影响信用规模增长与 GDP 增长率呈现出异常，因此不纳入规律总结之中。

1. 适度的信用规模增长能够拉动宏观经济的增长

如图 6-13 所示，信用总规模增长率一直拉动着 GDP 的增长，从 20 世纪 70 年代开始后就更加明显,而且当信用总规模增速稳定时能够拉动经济的稳定增长,如 20 世纪 60 年代和 20 世纪 90 年代就是很好的证明,反映在图中也非常明显。

此外,反观美国经济发展史,其发展离不开信用扩张。首先,美国从 1774 年真正独立以后,就开始大搞国内建设,大部分资金来源于向英国举借外债,不管这种借债是源于英国的世界经济战略,还是美国自身的经济发展需求,政府部门的信用扩张确实给美国带来了巨大的好处,并且美国这种举债发展自身经济的"习惯"一直保持至今。美国经济繁荣离不开金融的发展,但金融产生的内在动力还是源自经济体内部对资源或资金的跨时间和空间的配置,金融信用的扩张一直是刺激美国经济发展的重要因素。居民部门的信用活动也是美国经济增长的另一大动力,美国经济长时间繁荣,一方面是因为投资,另一方面是因为消费。投资繁荣的是商业,消费拉动的是居民需求,如果投资所生产的产品无法通过销售获得应有的利益,投资将不会继续;如果居民无法买到自己所需要的产品,那么生活将无法继续。众所周知,如果将一国的总资源当作一个资金池,这些资金池在社会中只有两个用途,投资和消费。那么,投资过多,将意味着消费萎缩;消费过多,也意味着投资萎缩。无论出现哪一种情况,宏观经济都将无法保持稳定增长。那么如何实现两者的平衡? 只有两种办法:找到均衡点,严格控制,但容易使经济丧失活性,经济停滞增长;扩大资金池,既不会伤害投资,也保障了消费。美国选择了第二种方法,它通过向外举债,利用其他国家的资源来发展自身经济,同时它向全国人民的未来举债,积极发展消费信用和商业信用,用未来的资金和资源为现在买单。

2. 信用总规模的过度膨胀将引致危机发生

从图 6-13 可以看出,几乎在每次 GDP 增速大幅下跌之前都有信用总规模的高速膨胀,这是信用总规模的膨胀带给宏观经济运行的信用风险所致,而且当这种信用总规模无序膨胀突破了一定界限的时候,就会爆发经济危机。这是因为信用总规模的快速增长是由各个部门信用规模的增长所组成的,而各个部门在信用规模急剧膨胀的时候又形成了错综复杂的信用链条,它们相互影响和相互制约。宏观经济运行的基础是实体经济的健康稳定运行,服务于实体经济的信用交易规模在一定程度上应当与之相匹配,过度的信用交易和信用活动必将在信用链条上集聚大量的信用风险从而分散到各个部门中去。当信用总规模或各部门信用规模过度膨胀而使信用危机产生的时候,整个信用链条必将断裂,影响也必然会波及各个部门,从而造成大面积的危机,最终影响宏观经济运行。

因此,经济健康稳定发展需要有适度的信用总规模与之相匹配,并且也要求各部门有相对适度的信用规模来服务于经济发展。

3. 金融部门和居民部门在历次危机爆发前均有高速增长,这是推动信用总规模膨胀的主要原因

从图6-3到图6-12可以看出,金融部门信用规模的变动是最强烈、幅度最大、最频繁的,这主要取决于两个方面:其一,早期美国四部门中金融部门信用规模贡献度最小,规模较小但发展最快,整个市场很小的波动就能带动金融部门大幅的震动;其二,其他三个部门的信用获取跟金融部门关系最密切,且容易在金融部门产生放大效应,如信用规模庞大、增速较快的居民部门,在进行汽车贷款和住房抵押贷款的时候都需要银行提供大量信用,基于此,银行信用也必须大规模扩张才能满足其他部门的需求,如在1948—1949年、1957—1958年、1960—1961年、1980—1982年、1990—1991年和2007—2010年的危机中表现就非常明显。因此我们认为,引起信用规模无序变动的关键因素可能在于,某个部门的信用行为或信用交易,在诸多因素的推动下快速传导以至于危机爆发。

4. 政府部门信用规模变动体现美国崇尚"自由主义经济"和经济的周期性

通过对历次危机的梳理和分析并结合图形发现,政府部门信用规模在历次危机前、危机中和危机后的表现截然相反。在历次经济危机前增速较慢,基本处于5%以下,也基本是所有部门中增速最慢的,这反映了美国对自由主义经济形式的推崇,长期实行政府不干预政策,但是也预示着政府及监管部门的监管漏洞较大,对危机的前瞻性缺失;在历次危机爆发的时候,GDP增速下滑,而政府信用规模则是明显上涨,体现了危机爆发后政府通过信用手段救市的行为导致信用规模上涨;在经济危机后经济增长恢复到正常水平的时候,政府信用规模增速又开始下滑,继续施行不干预社会经济的政策。所以,美国政府信用规模增速的不断变化,事实上也体现了美国经济周期的循环往复。

5. 非金融企业部门信用规模变动相对稳定,但针对性强

遍观历次宏观经济危机信用规模变动图,不难发现其中非金融企业部门信用规模在多次经济危机中的变动相对比较稳定,这主要是双向拉动作用共同的结果:一方面,经济危机中经济的下滑和不景气,导致非金融企业生产的产品销售不出去,生产停滞,使得信用规模增速放缓;另一方面,经济的不景气又促使非金融企业通过各种手段扩大其信用交易来突破危机的冲击,所以两方面的反作用反而维持了非金融企业部门信用规模的稳

定。但是非金融企业部门信用规模在 1974—1975 年、1990—1991 年、2000—2001 年和 2007—2010 年的危机中的波动非常大,均有很强的针对性特点:1974—1975 年的危机中,受中东石油危机的影响,石油价格飙涨,生产过剩加上成本上涨导致大量企业破产倒闭;1990—1991 年的危机中,第三次石油危机的爆发和房地产业企业因为房价下跌的双重打击下,非金融企业部门信用规模严重下滑,首次出现负增长;2000—2001 年的危机中,互联网泡沫和资本向互联网领域的过度投机行为导致的经济危机,使大量互联网企业破产;2007—2010 年的危机中,因次贷危机而引发全球性的金融危机,致使大量房地产及其相关产业的非金融企业大面积破产倒闭,非金融企业部门信用规模再度出现负增长,跌至-5%以下。

三、 信用规模无序变动的识别——基于弹性视角

由第二节我们可知,信用规模的变动存在一个适度信用规模区间,那么这个区间如何确定? 因此,本节引入弹性概念来考察宏观经济与信用规模之间的敏感性问题,以期找到适度信用规模的合理波动区间,进而确定信用规模无序变动的区间,来对信用规模的变动形式和方向进行识别。

(一) 美国宏观经济与信用规模的敏感度分析

本节对美国宏观经济与信用规模之间的敏感度进行分析,依靠的是GDP 的信用规模弹性,本节借助弹性概念对隐藏在弹性值之下的信用规模与宏观经济运行之间的深层关系进行分析,具体如下:

1. 各部门信用规模对 GDP 弹性的界定

本节的主要目标是要找到宏观经济 GDP 对信用规模的敏感程度,即当信用规模变动 1%时,GDP 会变动的百分比。信用规模根据所处层级不同,我们分为由四部门信用规模之和构成的信用总规模,以及四部门信用规模两个层面。根据弹性的概念,我们可以将 GDP 对各层次信用规模的弹性公式设定如公式(6.1):

$$e_{Y_i} = \frac{GDP \text{ 变动比例}}{Y_i \text{ 变动比例}} = \frac{\Delta GDP/GDP}{\Delta Y_i/Y_i} = \frac{\Delta GDP}{\Delta Y_i} \times \frac{Y_i}{GDP} \quad \text{公式(6.1)}$$

其中 e 代表弹性,Y_i 代表信用规模,当 $i=1、2、3、4、5$ 时分别代表信用总规模、政府信用规模、金融部门信用规模、非金融企业部门信用规模、居民部门信用规模。

本研究选取数据的时间区间是 1945 年至 2020 年,数据的时间长度为 76。弹性理论一般认为 e 值在 1 附近变动达到一个良性平衡,即信用总规模与 GDP 保持同步增长。从 GDP 单位能耗角度来解释,就是获得 1 单位的 GDP,消耗 1 单位的信用规模。但是,信用对经济有一定的拉动作用,像金融一样对经济有加倍的扩张作用。因此,为了保持经济的活性,信用的增长率要略高于 GDP 增长率,但要高多少才能保持经济活性,又不至于引发经济危机,这个区间就是本节试图寻找的合理区间。

2. 1946—2020 年美国信用总规模对 GDP 弹性的特征

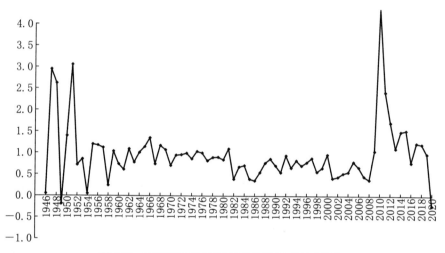

图 6-14 宏观经济 GDP 对信用总规模 GC 的敏感程度

注:2010 年信用总规模对 GDP 的弹性为 4.38。

将 GDP 与信用总规模的数据代入公式(6.1),可以得到 1946 年至 2020 年 75 年的信用总规模对 GDP 的弹性。图 6-14 是根据计算出的 75 年 GDP 对信用总规模的弹性做出来的趋势图,根据图 6-14 可以得出以下四个结论:

第一,依据弹性的波动程度将信用总规模对 GDP 的弹性划分为 3 个区间。由图 6-14 可知,信用总规模对 GDP 的弹性波动性较大的区间分布在图的两端,分别是[1946,1958]与[2007,2020]。区间[1946,1958]弹性最大值为 1951 年的 3.07,弹性的最小值为 1949 年的 −0.17;区间[2007,2020]弹性最大值为 2010 年的 4.38,弹性最小值为 2020 年的 −0.21。剩余区间[1959,2006]弹性在 1 附近波动,且波动幅度较小。

第二,1946 年至 2020 年信用规模变动对 GDP 的推动作用小于 1。根据数据可知,75 年间信用总规模对 GDP 的弹性均值约为 0.97,即信用总规模每扩张 1‰会带来宏观经济增长 0.97‰。信用总规模扩张带来的宏观经济增长效应从数据上看,没有形成倍数扩张效应,原因是信用规模有序变动对宏观经济的推动作用与信用总规模无序变动对宏观经济的阻碍作用,两者相互抵消、相互影响的结果。

第三,信用总规模对 GDP 的弹性有正有负。信用总规模的扩张或收缩是由于四大部门为了获取社会利益或私人利益,而进行的信用活动与信用交易的结果。因此,信用总规模的变动促进宏观经济增长应该是一种常态。这种促进关系表示为信用总规模与 GDP 之间的同向变动关系。但是,当某一部门为了追寻利益在进行信用扩张的时候,可能会产生过度行为,此时信用总规模的变动与 GDP 的变动呈现出负相关关系,产生了信用规模无序波动,甚至产生宏观经济运行危机。

第四,弹性出现异常低值的年份与发生危机的年份相对应。由第二节对美国 1945 年至 2020 年的宏观经济运行危机进行分析可知,有 10 次危机发生。危机过后信用总规模对 GDP 增长的作用会有一个比较大的提升。从上图 75 年间信用总规模对 GDP 的弹性可以看出,每次危机发生时信用总规模对宏观经济增长的推动作用随着危机程度的加深而减小,弹性值表现出下降的趋势。但危机过后信用规模对宏观经济的推动作用会有一个较大的反冲,推动作用提升效果显著。

3. 1946—2020 年美国四部门信用规模对 GDP 弹性的特征分析

图 6-15 是根据公式(6.1),计算出的政府部门、金融部门、非金融企业部门、居民部门四大部门信用规模对 GDP 的弹性,做出来的趋势图。结合图 6-14 与图 6-15 可以从信用总规模对 GDP 的弹性与局部弹性两个方面进行总结分析,具体如下:

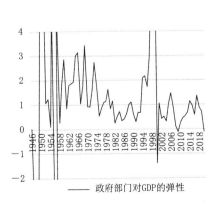

—— 政府部门对GDP的弹性

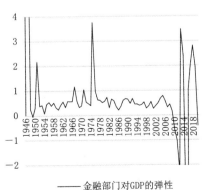

—— 金融部门对GDP的弹性

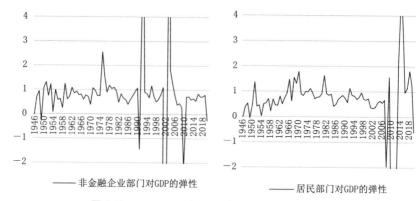

——非金融企业部门对GDP的弹性　　　——居民部门对GDP的弹性

图 6-15　1946—2020 年 GDP 对四部门信用规模的弹性

注:1947 年、1948 年、1950 年、1951 年、1955 年、1956 年、1957 年、1998 年、1999 年政府部门信用规模对 GDP 的弹性分别为 -4.96、-6.85、5.73、14.50、5.12、5.46、5.60、48.41;1947 年、2012 年、2015 年金融部门信用规模对 GDP 的弹性分别为 33.97、-2.29、-11.17;1992 年、2002 年、2003 年、2011 年非金融企业部门信用规模对 GDP 的弹性分别为 8.09、-36.08、11.31、-2.24;2010 年、2011 年、2012 年、2014 年居民部门信用规模对 GDP 的弹性分别为 -2.76、-3.90、-8.57、5.18。

(1)信用总规模对 GDP 弹性与四部门信用规模对 GDP 弹性特征的区别

通过对比图 6-14 中信用总规模对 GDP 的弹性与图 6-15 中四部门信用规模对 GDP 的弹性,可以得出以下三个结论:

第一,信用总规模对 GDP 增长的推动作用与四部门对 GDP 增长的推动作用有明显区别。结合图 6-14 与图 6-15 可知,虽然信用总规模是由四大部门信用规模相加得出的,但其对 GDP 增长的推动作用却并不是四部门推动作用的简单相加,也不是四部门对 GDP 推动作用的加权平均值,信用总规模与四部门信用规模对宏观经济增长的推动作用自成体系。如1946 年信用总规模对 GDP 的弹性为 0.065,四部门弹性相加之和为 0.02,用四部门在信用总规模中的占比作为权数,得出的四部门对 GDP 增长推动作用的加权平均值为 0.01。因此,局部的四部门与宏观经济的关系并不能完全取代信用总规模与宏观经济的关系,将信用总规模与四部门信用规模进行区别性研究非常必要。

第二,信用总规模对 GDP 的推动作用与四部门对比最小。从本研究样本观测期 75 年间信用规模对 GDP 的各类弹性的期望值来看,信用总规模以及政府、金融、非金融企业、居民四部门信用规模对 GDP 弹性的期望分别为 0.97、1.63、0.9、0.47、0.6。由期望值可知,除了政府部门对 GDP 弹性的期望大于 1 外,其余四大部门弹性的期望均小于 1。也就是说,政府部门信用规模扩张 1 个百分点,会带来 16.3 个百分点的 GDP 增长,推动作用大于 1,而其他部门对 GDP 的推动作用均小于 1。因此,75 年间政府部门信用规模对 GDP 增长的平均推动作用相较于其他部门而言比较显著。

第三,信用总规模对 GDP 的弹性相较于四部门波动性较小。对比图 6-14 与图 6-15 可知,信用总规模对 GDP 的推动作用除了 2010 年有一个异常值之外,其他年份均在 1 附近波动,波动幅度不大。四部门信用规模对 GDP 推动作用的波动幅度则较大。从弹性的方差来看,信用总规模、政府部门信用规模、金融部门信用规模、非金融企业部门信用规模、居民部门信用规模对 GDP 弹性的方差分别为 0.478、40.92、17.27、20.55、2.22,GDP 的信用总规模弹性的离散程度远远小于四大部门信用规模对 GDP 弹性的离散程度。也就是说,信用规模变动冲击在四部门之间的传播过程中,在汇聚成信用总规模后,会在一定程度上消除波动性。

(2) 四部门信用规模对 GDP 弹性的三大特征

通过图 6-15 四部门信用规模对 GDP 的弹性趋势图的对比分析,可以得出 GDP 的四部门信用规模弹性的三大特征,具体如下:

第一,政府部门信用规模对 GDP 的弹性波动幅度在四部门中最大。由图 6-15 的趋势图可知,在样本观测期间,GDP 的政府部门信用规模弹性出现了 9 次异常(正弹性超越 4,负弹性超越 −2),GDP 的金融部门信用规模弹性出现了 3 次异常(正弹性超越 4,负弹性超越 −2),GDP 的非金融企业部门信用规模弹性出现了 4 次异常(正弹性超越 4,负弹性超越 −2),GDP 的居民部门信用规模弹性出现了 4 次异常(正弹性超越 4,负弹性超越 −2),它们出现异常值的次数远远小于政府部门。若从样本观测期间的方差来看,政府部门、金融部门、非金融企业部门、居民部门信用规模对 GDP 弹性的方差分别为 40.92、17.27、20.55、2.22,政府部门信用规模对 GDP 弹性离散程度最大。

第二,四部门信用规模变动对 GDP 的推动作用中政府部门最强。从四部门对 GDP 弹性的期望来看,政府部门、金融部门、非金融企业部门、居民部门信用规模对 GDP 弹性的期望分别为 1.63、0.9、0.47、0.6。也就是说,政府部门信用规模扩张 1 个百分点,能够带来 GDP 平均增长 1.63 个百分点,而金融、非金融企业、居民三大部门信用规模每扩张 1 个百分点,能够带来 GDP 平均增长分别为 0.9 个百分点、0.47 个百分点、0.65 个百分点,均小于政府部门信用规模变动对 GDP 的推动作用。

第三,金融、非金融企业、居民三大部门对 GDP 弹性的趋势相近。通过图 6-15 中右上、左下与右下三张图的对比分析可知,对 75 年间美国 GDP 对信用规模的弹性扣除极端异常值后,金融、非金融企业、居民三大部门的弹性趋势相对平稳,其对 GDP 的推动作用在 1 附近波动。其中,居民部门与非金融企业部门对 GDP 的弹性更接近于 1,但是非金融企业部门弹性的波动程度要比居民部门强。金融部门对 GDP 的弹性在扣除极端异常值后,虽然对 GDP 的推动作用在 75 年间波动不大,相较于居民部门与非金融企业部门而言推动作用较小,在图形上显示的是,金融部门对 GDP 的弹性,距离弹性为 1 的水平线较居民部门与非金融企业部门远。

（二）美国信用规模无序变动区间的确定

关于信用规模无序变动区间的确定,本节采取寻找适度信用规模的变动区间来间接确定的方法,具体如下:

1. 信用规模有序变动与无序变动的划分

美国宏观经济运行在本研究样本观测期的 76 年间,出现了 10 次宏观经济运行危机。本节对危机年份的认定沿用本章第二节第二部分的结论,即美国在 1945 年至 2020 年的 76 年间,发生的宏观经济运行危机有 10 次。

本研究对美国信用规模有序变动与无序变动的认定遵循宏观经济运行的真实情况,即我们假定危机年份信用规模的变动是无序的,非危机年份信用规模的变动是有序的。原因是在非危机年份,信用规模的变动虽然并非全部有效,在一定程度上会产生风险堆积,但它确实没有引起宏观经济运行危机,因此,我们认为信用规模的变动是有序的。而危机年份信用规模的变动确实导致了宏观经济危机,因此,我们认定其变动是无序的。

2. 危机年份与非危机年份各层次信用规模对 GDP 弹性对比

整个样本观测期内,各层次信用规模对 GDP 的弹性与 GDP 增长率之间的组合趋势图如下图 6-16 所示:

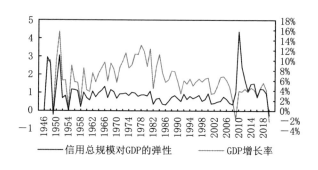

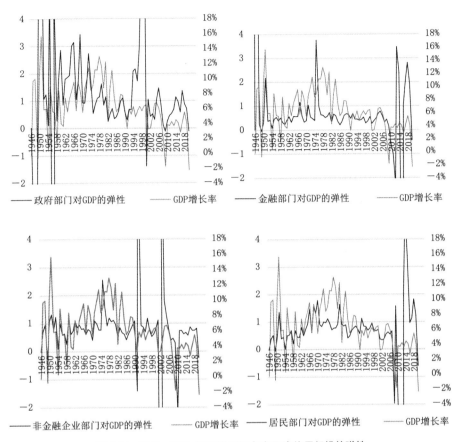

图 6-16 1946—2020 年美国 GDP 与各层次信用规模的弹性

注:1950、1995、1956、1960、1965、1966、1968、1973、1981、1994、1995、1996、1997、1998 年政府部门对 GDP 的弹性分别为 19.51、4.35、−2.31、−7.23、5.67、45.55、4.28、−2.60、5.66、9.20、−3.57、9.53、−22.73、−6.88;1951、1958、1980、2008、2013、2014、2015、2017、2018、2019 年金融部门对 GDP 的弹性分别为 −11.4、−9.19、−2.70、−7.64、−4.68、11.43、−8.54、−149.34、−6.76、8.88;1946、1947、1974、1979、1990、2004、2008 年非金融企业部门对 GDP 的弹性分别为 −2.49、7.98、−14.17、−3.83、−3.04、4.02、−8.66;2013、2014、2018 年居民部门对 GDP 的弹性分别为 10.67、−3.78、5.05。

图 6-16 描述的是 1946 年至 2020 年 75 年间美国 GDP 增长率的变化趋势与各层次信用规模对 GDP 弹性的趋势组合对比图。通过图 6-16,各层次信用规模对 GDP 的弹性趋势图可以总结出以下几个特征:

第一,危机年份信用总规模对宏观经济 GDP 的弹性出现异常值。从图 6-16 可以看出,在 10 次经济危机发生年份,信用总规模对宏观经济 GDP 的弹性都出现了异常值:1949 年 −0.17、1954 年 0.066、1958 年 0.257、1960 年 0.754、1970 年 0.722、1974 年 0.877、1982 年 0.408、2001

年 0.429、2007 年 0.468、2010 年 4.378 等。这是由于在经济危机年份,信用总规模的无序扩张,加上经济下滑,导致出现了弹性低值或负值。

第二,危机年份大部分时间信用总规模变动的程度较 GDP 变动的程度大。由图 6-16 可知,23 年的危机年份中,有 7 年信用总规模对 GDP 的弹性值大于 1,16 年的弹性值均小于等于 1,其中 1969 年的弹性值接近 1。也就是说在危机年份信用总规模的波动程度较 GDP 的波动程度大,即若 GDP 增长率出现下降时,信用总规模增长率下降的幅度会更大,当 GDP 出现增长情况时,信用总规模会表现出比 GDP 大的拉升情况。换句话说,危机年份信用规模的波动程度较宏观经济增长的波动程度更剧烈。

第三,非危机年份信用总规模对 GDP 的弹性波动程度较危机年份小。从图 6-16 弹性的趋势图上看,非危机年份信用总规模对 GDP 弹性曲线的波动相较于危机年份更平稳一些。从方差来看,信用总规模对 GDP 的弹性,在非危机年份与危机年份的方差分别为 0.33、0.81,即信用总规模对 GDP 的弹性在危机年份离散程度更深一些,在非危机年份更集中一些,这一特点对于寻找信用总规模的适度波动区间具有重要意义。

第四,非危机年份四部门信用规模对 GDP 的弹性波动程度较危机年份大。从图 6-16 弹性趋势图来看,非危机年份四部门信用规模对 GDP 的弹性波动幅度远大于危机年份。从方差来看,政府、金融、非金融企业、居民四部门信用规模对 GDP 弹性在非危机年份与危机年份的方差分别为 56.43、24.55、29.28、2.75 与 4.41、0.55、0.81、1.01,即四部门信用规模对 GDP 的弹性在非危机年份离散程度更强一些,在危机年份离散程度更弱一点,这一特点在四部门信用总规模的无序波动区间具有很强的意义。

第五,对 GDP 增长的推动作用,非危机年份效果强于危机年份。由图 6-16 可知,非危机年份中有 20 年的信用总规模对 GDP 的弹性值大于 1,6 年的弹性值介于 0.9 与 1 之间,5 年的弹性值介于 0.8 与 0.9 之间;危机年份信用总规模对 GDP 的弹性值大于 1 的有 8 年,弹性值介于 0.9 与 1 之间有 1 年,弹性值 0.8 与 0.9 之间的有 3 年,远小于非危机年份。由表 6-1 可以看出,危机年份各层次信用规模对 GDP 的弹性均值远小于非危机年份,也小于 75 年均值。即非危机年份信用规模对 GDP 的促进作用效果强于整个观测区间,也远远强于危机年份。

表 6-1　美国 GDP 增长率与其对各层次信用规模弹性不同时期的对比

	GDP 增速	e_t	e_g	e_f	e_{nf}	e_h
危机年份均值	5%	0.93	0.62	0.48	0.50	0.49
非危机年份均值	7%	0.99	2.08	1.08	0.45	0.65
75 年均值	6%	0.97	1.63	0.90	0.47	0.60

注：e_t 表示信用总规模弹性、e_g 表示政府部门信用规模弹性、e_f 表示金融部门信用规模弹性、e_{nf} 表示非金融企业部门信用规模弹性、e_h 表示居民部门信用规模弹性。

3. 信用规模无序变动区间的确定

本研究对信用规模无序变动区间的确定，采用的是间接确定法，即我们首先要确定适度信用规模合理变动的区间，那么，剔除该区间的信用规模波动即为信用规模无序变动的区间。

（1）弹性异常值的确定

确定信用规模的合理变动区间，首先要做的是剔除异常弹性值，其过程如下：

第一，剔除危机年份的弹性值。根据假定，美国 1945 年至 2020 年非危机年份信用规模变动是有序的。因此，在确定适度信用规模合理变动范围时需要剔除危机期间的全部弹性值。

第二，剔除 GDP 增长率为负值时的弹性负值。其是由于 GDP 增长率为负引起的，说明信用规模变动与 GDP 呈反向变动关系，即信用规模扩张带来的是 GDP 的下降，信用规模变动是无效的。

第三，剔除弹性值的绝对值大于 10 的值。其含义均为信用规模相对于 GDP 的萎缩，各部门信用活动与信用交易可能存在严重不足，导致的后果是社会有效投资和有效需求不足。

（2）适度信用规模合理变动取值区间的确定方法

适度信用规模合理变动区间指的是各层次信用规模对 GDP 合理的弹性变动区间。同时适度信用规模的合理变动区间是一个连续区间。因此，合理变动区间的选择就变为寻找区间最小值和最大值。

从理论意义上看，弹性最小值出现在信用规模增长的速度远大于 GDP 的增长速度；从经济意义上来看，表示信用规模的高速扩张，但对 GDP 增长的推动作用却很小。因此，我们把弹性最小值界定为扩张型信用规模变动的最大值。而适度信用规模合理的弹性变动区间最大值从理论意义上看，弹性最大值出现在 GDP 增速远超信用规模的增长速度处；从经济意义上看，弹性最大值表示信用规模增速的快速下滑，其背后可能代表着四部门信用活动与信用交易的活跃程度快速下降,会引起社会有效需求不足的问题。因此,我们可以将弹性最大值界定为信用规模扩张的最小值。

适度信用规模变动最大弹性值与最小弹性值的选取问题均用寻找区间弹性的数学期望来解决。数学期望的含义是样本区间弹性变动的中心点,其他弹性值围绕该中心点上下波动。关于两个区间的确定,方法如下:

第一,最大弹性值取值区间的选取方法:将非危机年份进行剔除异常值处理后,以观测期内爆发的 10 次危机为界,把非危机年份进行分组处理,共分为 11 组。再将每一组内的最低弹性值删除,构成的新组合即为最大弹性值的取值区间。适度信用规模变动最大弹性值的确定即为寻找该区间的数学期望。

第二,最小弹性值取值区间的选取方法:与最大弹性值取值区间的第一步分组方法相同,将非危机年份剔除异常值后,将非危机年份分为 11 组。再将每一组内的最高弹性值删除,构成的新组合即为最大弹性值的取值区间。适度信用规模变动最小弹性值的确定即为寻找该区间的数学期望。

(3) 适度信用总规模合理变动弹性区间的确定

表6-2　非危机年份信用总规模对 GDP 的弹性值

年份	1946	1947	1950	1951	1952	1955	1956	1959
e	0.07	2.97	1.41	3.07	0.73	1.22	1.19	1.05
年份	1962	1963	1964	1965	1966	1967	1968	1971
e	1.10	0.79	1.02	1.16	1.37	0.76	1.19	0.96
年份	1972	1973	1976	1977	1978	1979	1983	1984
e	0.97	1.01	1.01	0.83	0.91	0.92	0.69	0.72
年份	1985	1986	1987	1988	1989	1992	1993	1994
e	0.41	0.37	0.56	0.78	0.88	0.96	0.67	0.84
年份	1995	1996	1997	1998	1999	2002	2003	2004
e	0.72	0.80	0.89	0.58	0.67	0.46	0.54	0.57
年份	2005	2006	2011	2012	2013	2014	2015	2016
e	0.81	0.68	2.43	1.72	1.12	1.51	1.54	0.79
年份	2017	2018	2019	2020	—	—	—	—
e	1.25	1.22	1.00	−0.21	—	—	—	—

表 6-2 给出的是观测区间内的非危机年份美国信用总规模对 GDP 的弹性值,根据之前剔除异常值与确定的适度信用规模弹性取值区间的方法,可以逐步确定信用总规模合理变动的弹性区间。具体步骤如下:

第一步,划分取值区间。根据 10 次危机划分的 11 组分别为:1946— 1947 年、1950—1952 年、1955—1956 年、1959 年、1962—1968 年、1971— 1973 年、1976—1979 年、1983—1989 年、1992—1999 年、2002—2006 年、 2011—2020 年。

第二步,剔除弹性异常值。剔除危机年份弹性异常值之后,剩下非危机年份弹性值,通过对样本区间 GDP 增长率的观察发现,2020 年 GDP 增长率为负值且其对应的弹性为负值,需要进行剔除。信用总规模对 GDP 的弹性绝对值没有超过 10 的,不予剔除。其余的数据并非异常值,不予处理。

第三步,剔除每一组的最大弹性值,寻找合理变动区间的最小弹性值。根据剔除最大值的要求,需要剔除弹性值的年份分别为:1947 年、 1951 年、1955 年、1959 年、1966 年、1973 年、1976 年、1989 年、1992 年、 2005 年以及 2011 年共 11 年的弹性值。最终得到最小弹性值的取值区间,区间为剔除 11 个年份后的非危机年份,共有 40 年。将该区间 40 年的弹性值代入计算期望值的公式,可得适度信用规模合理的弹性变动区间最小值为 0.88。

第四步,剔除每一组的最小弹性值,寻找合理变动区间的最大弹性值。根据剔除最小值的要求,需要剔除弹性值的年份分别为:1946 年、 1952 年、1956 年、1959 年、1967 年、1971 年、1977 年、1986 年、1998 年、 2002 年以及 2020 年共 11 年的弹性值。最终得到最小弹性值的取值区间,区间为剔除 11 个年份后的非危机年份,共有 40 年。将该区间 40 年的弹性值代入计算期望值的公式,可得适度信用规模合理的弹性变动区间最大值为 1.10。

因此,美国适度信用总规模合理变动的弹性区间为 E=[0.88, 1.10]。

(4) 四部门适度信用规模合理变动弹性区间的确定

表 6-3 非危机年份四部门信用规模对 GDP 的弹性值

年份	e_g	e_f	e_{nf}	e_h	年份	e_g	e_f	e_{nf}	e_h
1946	0.03	0.03	−0.02	−0.01	1987	0.63	0.37	0.60	0.69
1947	−4.96	33.97	0.70	0.40	1988	1.00	0.61	0.75	0.78
1950	5.73	0.32	1.07	0.45	1989	1.11	0.68	0.92	0.85
1951	14.50	2.18	1.31	1.37	1992	0.69	0.68	8.09	1.13
1952	1.07	0.38	0.74	0.40	1993	0.68	0.45	0.91	0.84
1955	5.12	0.46	0.99	0.51	1994	2.09	0.45	0.85	0.83
1956	−19.97	0.54	0.58	0.54	1995	2.17	0.41	0.68	0.69
1959	1.85	0.32	1.24	0.69	1996	1.73	0.44	1.17	0.77
1962	1.80	0.56	1.08	0.81	1997	2.94	0.54	0.73	0.95
1963	1.86	0.33	0.85	0.51	1998	5.60	0.29	0.51	0.70
1964	1.94	0.58	0.93	0.73	1999	48.41	0.38	0.61	0.67
1965	3.01	0.57	0.78	0.93	2002	0.43	0.39	36.08	0.34
1966	3.14	0.57	0.81	1.47	2003	0.52	0.50	11.31	0.38
1967	1.05	1.16	0.60	0.62	2004	0.32	0.69	1.80	0.56
1968	1.73	0.58	0.78	1.55	2005	1.04	0.79	1.26	0.63
1971	0.92	1.04	1.07	0.90	2006	1.46	0.59	0.77	0.55
1972	1.60	0.54	0.97	0.84	2011	0.46	−1.01	0.72	−3.90
1973	2.73	0.48	0.75	1.00	2012	0.53	−2.29	0.73	−8.57
1976	0.86	0.98	1.54	0.94	2013	0.68	3.47	0.60	2.14
1977	1.09	0.64	0.90	0.71	2014	1.14	2.39	0.65	5.18
1978	1.15	0.61	1.18	0.78	2015	0.97	11.17	0.55	3.30
1979	1.63	0.52	1.05	0.78	2016	0.58	1.04	0.85	0.96
1983	0.53	0.66	0.84	0.86	2017	1.36	2.04	0.73	1.14
1984	0.72	0.60	0.66	0.90	2018	0.89	2.81	0.73	1.82
1985	0.35	0.35	0.60	0.42	2019	0.71	1.95	0.80	1.25
1986	0.42	0.21	0.40	0.49	2020	−0.11	−0.43	−0.25	−0.61

注：e_t 表示信用总规模弹性、e_g 表示政府部门信用规模弹性、e_f 表示金融部门信用规模弹性、e_{nf} 表示非金融企业部门信用规模弹性、e_h 表示居民部门信用规模弹性。

表 6-3 给出的是观测区间内的非危机年份美国各层次信用规模对 GDP 的弹性值，根据之前信用总规模合理变动区间确定的方法，四部门适度信用规模合理变动弹性区间的确定具体如下：

表 6-4 各部门适度信用规模合理变动弹性区间的确定

部门	第一步 划分取值区间	第二步 剔除弹性异常值	第三步 寻找合理变动区间	
			最小值	最大值
政府	1946—1947 年、1950—1952 年、1955—1956 年、1959 年、1962—1968 年、1971—1973 年、1976—1979 年、1983—1989 年、1992—1999 年、2002—2006 年、2011—2020 年	剔除危机年份的弹性值、剔除 GDP 增长率为负值时的负弹性值、剔除弹性值的绝对值大于 10 以上的值	0.95	1.55
金融			0.58	0.86
非金融			0.76	1.09
居民			0.50	0.94

各部门适度信用规模合理变动弹性区间的确定,具体步骤如下:第一步,划分取值区间,与适度信用总规模取值区间的划分方法和结果相同,同样划分为 11 组。第二步,剔除弹性异常值。首先,剔除危机年份弹性异常值;其次,剔除 GDP 增长率为负且弹性值为负的弹性值;最后,剔除弹性绝对值超过 10 的弹性值。其余的数据并非异常值,不予处理。第三步,寻找合理变动区间的最小弹性值,得到最小弹性值的取值区间。第四步,寻找合理变动区间的最大弹性值,得到最大弹性值的取值区间。进而得出四部门适度信用规模合理变动弹性区间。

(5) 信用规模无序变动区间的确定

本节前两部分的内容已经确定了各层次适度信用规模合理变动的弹性区间,据此,我们可以进一步确定各层次信用规模无序变动的弹性区间,具体区间如表 6-5 所示。

表 6-5 信用规模无序变动区间的确定

	e_t	e_g	e_f	e_{nf}	e_h
适度信用规模变动的弹性区间	$[0.88, 1.10]$	$[0.95, 1.55]$	$[0.58, 0.86]$	$[0.76, 1.09]$	$[0.50, 0.94]$
信用规模无序变动的弹性区间	$(-\infty, 0.88)$ U $(1.10, +\infty)$	$(-\infty, 0.95)$ U $(1.55, +\infty)$	$(-\infty, 0.58)$ U $(0.86, +\infty)$	$(-\infty, 0.76)$ U $(1.09, +\infty)$	$(-\infty, 0.50)$ U $(0.94, +\infty)$

注:e_t 表示信用总规模弹性、e_g 表示政府部门信用规模弹性、e_f 表示金融部门信用规模弹性、e_{nf} 表示非金融企业部门信用规模弹性、e_h 表示居民部门信用规模弹性。

由表 6-5 可知,信用总规模的无序变动区间由两个开区间组成,分别为 $\{x \mid x > 1.10\}$ 与 $\{x \mid x < 0.88\}$。政府部门、金融部门、非金融企业部门、居民部门四大部门信用规模无序变动的弹性区间均由两个开区间组成,分别为 $\{x \mid x > 1.55\}$ 与 $\{x \mid x < 0.95\}$、$\{x \mid x > 0.86\}$ 与 $\{x \mid x < 0.58\}$、$\{x \mid x > 1.09\}$ 与 $\{x \mid x < 0.76\}$、$\{x \mid x > 0.94\}$ 与 $\{x \mid x < 0.50\}$。

各层次信用规模无序变动弹性区间的经济含义为,当各层次信用规模对 GDP 的弹性值落在该区间内,即意味着信用规模的变动是无序的,会引发风险堆积,可能引发系统性风险的产生与传染,甚至爆发宏观经济运行危机。但弹性值落在这一区间内与爆发宏观经济运行危机之间的关系并不是绝对的,也就是说,弹性值落在无序变动的区间内,并不一定会导致宏观经济运行危机,但一定会引起风险堆积,爆发风险与否取决于宏观经济系统的承受能力,或者取决于宏观经济对风险的承载能力,一旦风险的堆积超过了宏观经济的承载能力,风险便会爆发。所以,当各层次信用规模的变动与 GDP 变动的弹性值落在该无序变动区间内时,要给予一定的关注，谨防系统性风险的爆发与传染。

第三节　美国信用规模无序变动的防范

信用规模无序变动识别后，如何防范信用规模的无序变动？使人们能够对信用规模的无序变动进行提前预警和处置，避免系统性风险的产生与扩散，保证宏观经济的安全稳健运行，是本节致力于解决的主要问题。

一、信用规模无序变动的风险预警模型设定

风险预警模型，我们可以将它归结为一种"数字模型识别"（DPR）。靳丰祥（1997）曾对"数字模式识别"给出定义：以信息理论为切入点，融合现代数学、统计、系统等众多领域理论，建立的一种集信息评价、信息度量、信息提取与分析为一体的模式识别理论与方法。因此，风险预警模型研究的出发点也是信息，理论基石为信息理论。而建立风险预警模型的原因却并不是因为信息，而是市场失灵。建立风险预警模型的目的是更好地防范风险和控制风险。为了更好地认识和应用风险预警模型，本节将会对其基础理论进行系统的讨论和研究。

（一）风险预警模型的界定

经济领域的预警理论是通过建立一定的风险指标体系，运用统计、数学、计算机等手段对经济领域的"警情"进行预测，本章的信用规模与宏观经济运行风险预警模型就属于上述理论中的一部分。

由于经济的发展、信息技术与计算机技术的应用和普及，社会经济各部门涉及资源和资金跨期配置（有形和无形）的社会活动都会带来信用规模的变动。因此，信用规模的衡量指标具有一定的提前性。而这种提前性的存在决定了建立信用规模与宏观经济模型的可行性。

所谓信用规模与宏观经济运行风险预警模型，是指对各个领域信用活动导致信用规模变动对宏观经济运行的影响，进行预警的模型。模型设立的宗旨是在宏观经济领域实际风险产生之前，利用设定的模型对风险产生的前兆进行识别，并发出预警信号反馈给相关宏观经济决策管理部门，以便及时作出必要的风险管控部署，降低风险带来的损失。

本研究建立的信用规模与宏观经济运行风险预警模型，至少可以在以下两个方面产生作用：一是发出风险预警，通过研究两者之间的变动关系并长期进行监测，当风险隐患被发现时，及时向相关的监管部门上报信息；

二是通过信用规模与宏观经济运行风险预警模型的构建,促进监管资源的合理分配,明确监管目标,促进监管效率的提升。

（二）研究方法的确定

以虚拟变量为被解释变量的模型称为离散选择模型（Discrete Choice Model,简称DCM）。根据虚拟变量的性质,我们可以将它分为二元离散选择模型和多元离散选择模型。离散选择模型的一般形式如公式（6.2）所示:

$$Y_i = X_i B + \mu_i \qquad\qquad 公式（6.2）$$

其中,Y为观测值,即虚拟变量,X为解释变量。

因为,$E(\mu_i)=0$,所以,$E(y_i)=X_iB$,令$p_i=P(y_i=1)$,则$1-p_i=P(y_i=0)$,于是$E(y_i)=1\times P(y_i=1)+0\times P(y_i=0)=p_i$,即:$E(y_i)=P(y_i=1)=X_iB$。

但因为$\mu_i=\begin{cases}1-X_iB & 当\,y_i=1,其概率为\,X_iB \\ -X_iB & 当\,y_i=0,其概率为\,1-X_iB\end{cases}$

因此,模型存在严重的异方差,同时,$E(y_i)=P(y_i=1)=X_iB\leqslant1$的要求很难达到,不能对模型进行直接的估计。实际中,离散选择模型都是变相地确定事件发生的概率。大多使用效用模型来求参数值:

$$Y_i^* = X_i B + \mu_i^* \qquad\qquad 公式（6.3）$$

$$P(y_i=1)=P(y_i^*>0)=P(\mu_i^*>-X_iB) \qquad 公式（6.4）$$

对离散选择模型的估计方法有很多种,其中最常用的有两种:probit模型和Logit模型。仅取0、1的离散选择变量模型称为二元离散选择模型,本研究对经济危机虚拟变量的确定,只有发生宏观经济危机和不发生宏观经济危机两种结果,因此,本章选择建立二元离散选择模型。其中,probit模型中有随机误差项要服从正态分布的要求,而Logit模型对自变量不作要求,因此,本节选用Logit模型对二元离散选择模型进行估计。

Logit模型如下:

$$Y_i = c_0 + c_1 x_{1i} + \cdots + c_k x_{ki} \qquad 公式（6.5）$$

$$P_i = \frac{e^{Y_i}}{1+e^{Y_i}} \qquad\qquad 公式（6.6）$$

其中,Y_i代表第i个考察对象是否发生危机,$Y_i=0$或1,分别代表不

209

发生危机或发生危机;x_{ki}表示第i个考察对象的第k个风险指标;P_i表示估计出来的风险发生概率。

(三) 构建信用总规模与四部门信用规模两种风险预警模型

合成谬误理论认为:个体理性,并不能引致整体理性。因此,构建四部门信用规模与宏观经济运行风险预警模型,并建立四级风险概率分布,对四部门信用规模进行风险监测,使其达到一个合理的波动范围。但是四部门信用规模的合理变动,并不能认为它们的总和——信用总规模的扩张或收缩也是合理的,有时总体合理要比单体合理更有意义。因此,我们不但应该建立四部门信用规模与宏观经济运行风险预警模型,还应该建立信用总规模与宏观经济运行风险预警模型。通过建立两个风险预警体系,来为宏观经济的安全运行保驾护航。

现实中,信用总规模与宏观经济运行风险预警监测、预警体系的建立,要比四部门信用总规模与宏观经济运行风险预警监测、预警体系更有意义,因为四部门信用规模对宏观经济的贡献度有差异。例如,有时政府为了刺激经济增长,可能会牺牲某些部门的利益,从而达到信用总规模与GDP在更高效率层面上的良性互动。

二、 四部门信用规模与宏观经济运行风险预警模型

(一) 模型的设定思路与虚拟变量的赋值

1. 模型的设定

本节信用规模与宏观经济运行风险预警模型的建立,主要是考察信用规模变动与经济危机之间的动态演变关系。因此,我们将衡量经济危机的指标作为被考察变量,信用总规模作为自变量来设定模型。

衡量经济危机指标的选取,我们将设定虚拟变量 Dum 对其进行描述和定性,$Dum=1$ 表示发生经济危机,$Dum=0$ 表示没有发生经济危机。信用总规模我们选取四部门信用规模指标来代替,即政府部门信用规模(GGC)、金融部门信用规模(FGC)、非金融企业信用规模(NFGC)和居民部门信用规模(HGC)。本节选用离散因变量模型中的 Logit 方法,模型设定如下:

$$Y_i = \alpha_1 + \alpha_2 GDP + \alpha_3 HGC + \alpha_4 GGC + \alpha_5 FGC + \alpha_6 NFGC$$

公式(6.7)

$$P_i(Dum=1) = \frac{e^{Y_i}}{1+e^{Y_i}}$$

公式(6.8)

其中,Y_i代表第i个考察期是否发生经济危机,$Y_i=0$或1,1代表发生经济危机,0代表不发生经济危机。P_i代表 Logit 模型所估计出来的第i个考察期美国发生经济危机的概率。

2. 模型设计思路

本节数据的选取仍然延续前面协整检验和 VAR 模型的数据,数据为1951 年第三季度至 2020 年第一季度的时间序列,样本长度为 275。因考虑到新冠疫情的突发性和持续性,以及对信用规模变动和宏观经济运行产生的异常影响,故而建立风险预警模型时,数据选取截至 2020 年第一季度。

对四部门信用规模无序变动风险预警模型的估计我们分三步进行,相对应地也将样本的时间区间分为三个估计窗口,如图 6-17 所示:

图 6-17　风险预警模型——估计窗口划分图

模型估计窗口:该窗口主要是通过历史数据,运用计量软件来构建风险预警模型,以确定风险预警函数。模型估计选择从 1951 年第三季度到2020 年第一季度,模型的预测与拟合窗口,是在利用美国 1951 年至 2020年的历史数据构建模型的基础上,估计 1951 年至 2020 年的预测值,通过将预测值与实际值进行对比,判断拟合程度和预测精度。

样本内预测与拟合窗口:该窗口主要是对第一个窗口构建模型的验证和拟合。手段是将模型预测出来的变量值与该窗口内变量的实际值进行对比分析,以检验模型的预测准确度。

样本外预测窗口:该窗口是利用该模型对美国未来几年内的宏观经济危机进行预测,找到美国未来宏观经济危机发生的概率值,验证所构建的风险预警模型的预警作用。

3. 虚拟变量的赋值

对美国经济危机进行虚拟变量赋值,最主要的是确定美国发生经济危机的年份。根据本章第二节对美国危机发生年份的认定,在此给 1969 年、1970 年、1974 年、1975 年、1980 年、1981 年、1982 年、1990 年、1991 年、2000 年、2001 年、2007 年第三季度和第四季度、2008 年、2009 年共 14 年

54 个季度的值进行虚拟变量赋值，令这 54 个季度的虚拟变量 $Dum=1$，其余年份的季度数据 $Dum=0$。

（二）四部门信用规模与宏观经济运行风险预警模型的估计

1. 模型的修正

为了更好地描述信用规模变动与宏观经济风险之间的关系，研究取用第四章第一节已经修正过的数据序列，即消除物价影响和异方差后的数据序列。模型调整如下所示：

$$Y_i=\beta_1+\beta_2 lngdp+\beta_3 lnggc+\beta_4 lnfgc+\beta_4 lnnfgc \quad 公式(6.9)$$

$$P_i=\frac{e^{Y_i}}{1+e^{Y_i}} \qquad 公式(6.10)$$

2. 样本数据检验

Logit 回归模型的构建不要求指标数据符合正态分布。我们首先对五个风险因子，即 $lngdp$、$lnggc$、$lnfgc$、$lnnfgc$、$lnhgc$ 进行正态分布检验，利用 stata15.0 检验结果如下：

表 6-6　Logit 模型样本检验结果表

风险指标	J_B统计量	P 值	正态性判别
$lngdp$	18.387 8	0.000 002	不符合
$lnggc$	70.532 0	0.000 001	不符合
$lnfgc$	37.058 5	0.000 000	不符合
$lnnfgc$	20.270 1	0.000 002	不符合
$lnhgc$	31.323 2	0.000 001	不符合

从表 6-6 可以看出，各风险因子均不符合正态分布，可以进行 Logit 模型估计。

3. 模型的估计

表 6-7　四部门信用规模风险预警模型参数 Logit 模型结果

变量	系数	几率比	z统计量	P>z统计量
$lngdp$	−0.022 4	0.977 8	−4.01	0.000
$lnggc$	−0.016 9	0.983 3	−3.62	0.000
$lnfgc$	−0.003 9	0.996 1	−1.70	0.089
$lnnfgc$	0.040 6	1.041 4	4.87	0.000
$lnhgc$	0.008 7	1.008 7	1.73	0.084

上表是模型的回归结果，可以看出，除了金融部门和居民部门系数的

显著性水平是 10% 之外，其余各项系数的显著性水平均在 1% 的水平上，整体的显著性水平都很高。从模型中各变量回归的几率比结果上可知，非金融企业部门和居民部门几率比都超过了 1，说明这两个部门的信用规模扩张 1 倍的情况下，可以带来 1 倍以上的危机爆发的可能性，政府部门、金融部门和 GDP 的几率比都在 0.99 的水平左右，反映出这三个部门数值变动 1 倍时，危机发生概率和原始几率比相比没有很大变化。

从表 6-7 可知，四个风险因子的参数估计均显著，模型估计结果如下：

$$Y = 4.5978 - 0.0224x_1 - 0.0169x_2 - 0.0039x_3 + 0.0406x_4 + 0.0087x_5$$

$$P_i(Dum=1) = \frac{e^{4.5978 - 0.0224x_1 - 0.0169x_2 - 0.0039x_3 + 0.0406x_4 + 0.0087x_5}}{1 + e^{4.5978 - 0.0224x_1 - 0.01686x_2 - 0.0039x_3 + 0.0406x_4 + 0.0087x_5}}$$

其中，x_1 表示宏观经济实际 GDP 的对数值（$lngdp$）、x_2 表示实际政府部门信用规模的对数值（$lnggc$）、x_3 表示实际金融部门信用规模的对数值（$lnfgc$）、x_4 表示实际非金融企业部门信用规模的对数值（$lnnfgc$）、x_5 表示实际居民部门信用规模的对数值（$lnhgc$）。

（三）模型的验证与拟合

1. 模型估计的正确率

Logit 模型中事件发生的概率大于 0.5 时，即判定事件发生，因此模型判定的临界值是 0.5，即 $P_i(Dum=1)$ 时的概率值统称为阈值，与后文相同。对于经济危机而言，当危机发生的概率值达到一定水平的时候，就会发生经济危机，但是这个概率值并不一定就是 0.5。本研究将模型的阈值分别定为 0.5 和 0.25，分别观察在不同阈值情况下的拟合效果，并进行比较和分析。本研究主要关心的是模型的拟合情况，以及模型对危机的预测能力和精确程度。基于此，引入几个基本的概念："准确率、精确率、召回率、真正率、假正率"含义分别是：

准确率：主要衡量的是模型中所有样本的个体数占据整个样本数的比例；

精确率：是模型中预测为正的样本中真正为正的样本比例；

召回率：是模型中准确预测为正的数量占据整个模型为正的比例；

真正率：是所有的正样本，被准确识别为正样本的比例；

假正率：是所有负样本中，错误地识别为正的样本比例，表示的是误报率。

根据上述研究可以作出如下的混淆矩阵：当分别设定阈值为 0.25 和

0.5 时的结果如表 6-8 所示:

表 6-8 信用规模无序变动风险预警模型预测能力检验表

	阈值 P=0.5			阈值 P=0.25	
	预测值=0	预测值=1		预测值=0	预测值=1
真实值=0	205	16	真实值=0	180	41
真实值=1	32	22	真实值=1	14	40
准确率	0.825 4		准确率	0.803 6	
精确率	0.578 9		精确率	0.493 8	
召回率	0.407 4		召回率	0.740 7	
真正率	0.407 4		真正率	0.740 7	
假正率	0.072 3		假正率	0.185 5	

从表中的研究结果可以看出,在改变阈值的情况下,估计的结果存在着较大的差异。从准确率来看,两种阈值情况下的模型的准确率均在 80% 以上,这说明模型的拟合程度较好,但是准确率高并不能说明模型对经济危机的预警能力就较强,这里是因为模型中危机发生的次数较少,大部分情况没有发生危机,因此最终结果显示模型的准确率较高。如果单从经济危机发生的预测概率看,可以看出在两种阈值下的精确率都位于 50% 左右,说明对于预测危机发生的次数,至少有一半的危机是真实发生的。但对于真实的经济危机事件而言,关注更多的不只是进行了多少次预测,而是当经济危机真正发生时,是否可以进行精准的预测,这时用召回率就更加合适。从表中的结果可以看出,两种阈值下的召回率差别很大,也可以看出当概率取值 0.5 时,真实经济危机发生的次数中有 22 次左右可以得到预测,当阈值是 0.25 时,真实经济危机发生的次数中有 74% 可以得到预测,说明模型预测的可信度较高。

2. 模型样本内的验证与拟合

我们利用第三部分估计出来的信用规模—宏观经济模型对 1951 年至 2020 年共 69 年 275 个观测样本,发生经济危机的概率进行预测,预测值时间序列我们记为 Dumf。我们将预测出来的风险发生概率值与风险发生的实际值(Dum)进行比较,来判断第三部分确立的风险预警模型的准确性,比较结果如图 6-18 所示。

3. 模型结果分析

从图 6-18 我们可以进行以下四方面的总结:

(1)预测值的样本内验证与样本外拟合情况较好,风险预警模型可信

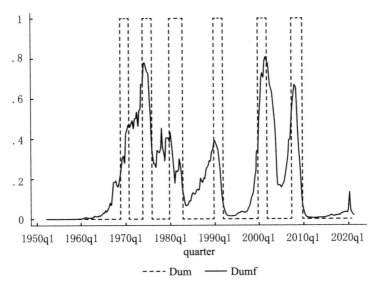

图 6-18　四部门信用规模无序变动风险预警模型的验证与拟合

度高

从 1951 年至 2020 年的样本区间看,共发生经济危机 6 次,在 6 次经济危机发生年份的风险概率值都很高,说明风险预警模型的样本内验证情况很好。从图中 2004 年以后的曲线走势可以看出,自 2004 年宏观经济发生危机的概率开始上升,由 2004 年第一季度的 7.6% 左右直线上升,至 2006 年第四季度发生危机的概率已冲破 40%,2007 年第三季度发生危机的概率已冲破 76%,2008 年第一季度升至最高,达到 90% 以上后开始回落,但危机爆发的概率依然处于高位,2009 年第四季度危机爆发的概率降到 10% 以下。预测结果与经济现实拟合度很高,进一步验证了模型在预测危机中的准确性。

(2) 整个区间内的 P 值特征

第一,在研究时间区间内,观测到当 Dum=1,也就是宏观经济关系发生危机时,危机发生概率的平均值在 0.45 左右,说明当危机概率值在 45% 左右的水平时,意味着危机发生。同时,当危机发生时,概率值大于 0.3 的个体数占总体的 70% 左右,意味着当经济危机发生的概率值为 30% 时,可以预测 70% 的危机,因此可以将危机预警的概率临界值定为 30%。

第二,根据图 6-18 中 2006 年至 2012 年间的曲线走势,我们还可以得到一个这样的结论:信用规模—宏观经济预警模型预警期要比实际经济提前 6 个观测期,也就是提前一年半,用实证验证了信用规模可以预警宏观经济走势这一论断。

第三,在整个样本区间,6 次经济危机中发生在 1969—1970 年、1990—1991 年、2000—2001 年 3 次经济危机的概率较低,但大都集中在 45％左右。

第四,宏观经济危机发生时,即 Dum＝1 时,四部门信用规模风险发生概率大致为 65％。即当四部门风险发生概率大于等于 65％时,经济危机爆发。

三、 信用总规模与宏观经济运行风险预警模型构建

（一） 模型的设定与样本选择

本节考察的是信用总规模变动与宏观经济运行之间的关系,仍然选取第四章第一节已经修正过的季度数据序列,即消除物价影响和异方差后的数据序列。模型调整如下所示:

$$Y_i = \alpha_1 + \alpha_2 lngdp + \alpha_3 lngc \qquad 公式(6.11)$$

$$P_i = \frac{e^{Y_i}}{1 + e^{Y_i}} \qquad 公式(6.12)$$

其中,Y_i 与 P_i 的含义不变,同公式(6.7)。

本节模型的设定思路与四部门信用规模无序变动风险预警模型的设定一样,同样分为两个窗口:模型估计窗口和样本内预测与拟合窗口。虚拟变量选择与四部门信用规模无序变动风险预警模型设定相同,即二元离散选择模型,即虚拟变量 Dum＝1 表示发生了宏观经济危机;Dum＝0 则表示没有发生宏观经济危机。

宏观经济 GDP 与信用总规模的时间序列,我们选取的时间序列年份定为 1951 年第三季度至 2020 年第一季度。具体的时间窗口如下所示:

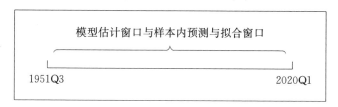

图 6-19 信用总规模无序变动风险预警模型时间窗口设定

模型估计窗口:该窗口主要是通过历史数据,运用计量软件来构建

风险预警模型,以确定风险预警函数。模型估计选择从 1951 年第三季度到 2020 年第一季度,模型的预测与拟合窗口,是利用美国信用总规模历史数据构建计量模型的基础上,估计 1951 年第三季度至 2020 年第一季度的预测值,通过将预测值与实际值进行对比,判断拟合程度和预测精度。

样本内预测与拟合窗口:该窗口主要是对第一个窗口构建模型的验证和拟合。方法是将模型预测出来的变量值与该窗口内变量的实际值进行对比分析,以检验模型的预测准确度。

样本外预测窗口:该窗口是利用该模型对美国未来几年内的宏观经济危机进行预测,找到美国未来宏观经济发生危机的概率值,验证所构建的风险预警模型的预警作用。

(二) 样本数据检验

表 6-9　Logit 模型样本检验结果表

风险指标	J_B统计量	P 值	正态性判别
$lngdp$	18.387 8	0.000 002	不符合
$lngc$	32.805 7	0.000 001	不符合

根据表 6-9 中的检验结果可以看出,两个风险因子的统计特征也并不满足标准正态分布,因此选择对于模型设定没有特殊要求的 Logit 模型更加合适。

(三) 模型的估计

表 6-10　四部门信用规模风险预警模型参数 Logit 模型结果

变量	系数	几率比	z统计量	P>z统计量
$lngc$	−0.017 8	0.982 3	−2.57	0.010
$lngdp$	−0.023 7	0.976 5	−2.00	0.046
$lngc_{t-1}$	0.022 2	1.022 5	2.64	0.008
$lngc_{t-5}$	−0.007 3	0.992 8	−2.30	0.022
$lngdp_{t-1}$	−0.061 6	0.940 2	−3.47	0.001
$lngdp_{t-5}$	0.097 9	1.102 9	7.13	0.000

注:$t-1$ 和 $t-5$ 分别表示滞后 1 期和滞后 5 期。

从研究的结果可以看出,当风险因子主要取为 GDP 和信用总规模的时候,模型的估计形式发生了很大变化,自变量中不仅出现了自变量的原始序列,也出现了滞后项。其中 GDP 的当期和滞后 1 期和 5 期的影响都对危机的发生与否产生影响,而对于信用总规模而言,其当期项与滞后 1

期和 5 期对于危机的发生有着重要的影响。从几率比看,信用总规模滞后 1 阶和滞后 5 阶的几率比均大于 1,表明信用总规模滞后 1 阶和滞后 5 阶变动 1 倍时,危机发生的概率会相应地增大 1 倍以上。从两个风险因子的滞后期最长为 5 也可以看出,风险的爆发可以提前 5 个季度进行预测。

从表 6-10 可知,两个风险因子及其滞后项的参数估计均显著,模型估计结果如下:

$$Y = -6.1355 - 0.0178x_1 - 0.0237x_2 + 0.0222x_3 - 0.0073x_4$$
$$- 0.0616x_5 + 0.0979x_6$$

$$P_i(Dum=1) = \frac{e^{-6.1355-0.0178x_1-0.0237x_2+0.0222x_3-0.0073x_4-0.0616x_5+0.0979x_6}}{1+e^{-6.1355-0.0178x_1-0.0237x_2+0.0222x_3-0.0073x_4-0.0616x_5+0.0979x_6}}$$

其中,x_1 表示信用总规模对数值($lngc$)、x_2 表示国民生产总值对数值($lngdp$)、x_3 表示信用总规模滞后 1 期的对数值($lngc_{t-1}$)、x_4 表示信用总规模滞后 5 期的对数值($lngc_{t-5}$)、x_5 表示国民生产总值滞后 1 期对数值($lngdp_{t-1}$)、x_6 表示国民生产总值滞后 5 期对数值($lngdp_{t-5}$)。

(四) 模型的验证与拟合

我们利用第三部分估计出来的信用规模—宏观经济模型对 1951 年第三季度至 2020 年第一季度 275 个观测样本发生经济危机的概率进行预测,并且增加未来 5 个季度的预测,预测值时间序列我们用 Dumf 表示。我们将预测出来的风险发生概率值与风险发生的实际值 Dum 进行比较,

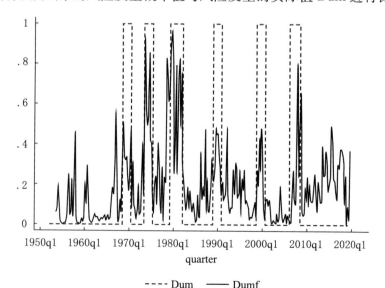

图 6-20　信用规模无序变动风险预警模型的验证拟合与预测

来判断风险预警模型的准确性,同时也对未来 5 个季度的风险预测值进行风险评估。从图中的结果可以看出,危机一共发生 6 次,在危机发生时,概率值都处在一个很高的位置,其峰值都达到了 80% 以上,而在没有发生危机时,概率值普遍处于一个较低的水平,只在 1957 年第四季度、1986 年第二季度、1995 年第三季度的时候达到 0.4 以上的水平而没有发生经济危机,其余的没有发生危机的时候其概率值都维持在 0.2 以下的水平。因此整个模型的拟合效果可信度很高。同时从预测结果来看,2021 年第二季度发生危机的概率维持在一个很高位置,预示未来发生危机的可能性很大,应该做好预防准备。

(五) 模型结果分析

表 6-11　信用规模无序变动风险预警模型预测能力检验图

	阈值 P=0.5			阈值 P=0.25	
	预测值=0	预测值=1		预测值=0	预测值=1
真实值=0	209	7	真实值=0	200	21
真实值=1	20	34	真实值=1	12	42
准确率	0.883 6		准确率	0.880 0	
精确率	0.829 2		精确率	0.777 8	
召回率	0.629 6		召回率	0.666 7	
真正率	0.629 6		真正率	0.666 7	
假正率	0.033 4		假正率	0.095 0	

根据模型的结果可以计算出当阈值取 0.5 和 0.25 时,模型估计的正确性。当阈值取为 0.5 和 0.25 时,两种情况下模型的准确率均高达 88%,这说明有 88% 的个体得到了真实判断,整体的准确性很高。仅从危机发生角度看,两种阈值情况下的精确率均高达 80% 左右,这也说明模型可以估计 80% 的危机发生。从危机预防角度看,根据召回率(真正率)也可以看出当模型显示出危机可能发生时,有 66% 左右的预测会真实实现,这表明模型显示危机可能发生时,为危机爆发进行一定的准备和预防是有必要的。从假正率指标可以看出,没有发生经济危机时,而把它错误预判为会发生的概率只有 0.09%。结合真正率和假正率可以知道,模型对危机发生的预防精度较高,而误判率很低。

四、信用规模无序变动的风险防范体系构建

(一) 四部门风险预警概率五级分布

根据模型预测出来的风险预警曲线走势,本研究将宏观风险划分为五个等级:低风险、中风险、中高风险、高风险、超高风险,相应也将预警状态

划分成五个等级:绿色预警、蓝色预警、黄色预警、橙色预警、红色预警。

划分方法如下:将划分低风险与中风险的危机发生概率定为涵盖风险预警年份(一年半)的最低风险概率,通过观察图 6-18 将该概率定为 20%;划分中风险与中高风险的危机发生概率,定为危机概率观测期中的模型给出的最低风险概率,即 30%;划分中高风险与高风险的危机发生概率,定为实际发生宏观经济危机年份的危机概率高度重合区,即 45%;而经济危机真正爆发的概率为红色预警,即 65%。根据以上划分标准,可以得出信用宏观经济预警概率分布表 6-12,具体如下:

表 6-12　四部门信用规模无序变动五级风险概率分布

风险等级	风险概率分布	风险类别	预警状态	现实应对策略
A	$0 \leqslant p \leqslant 20\%$	低风险	绿色	日常联系
B	$20\% \leqslant p \leqslant 30\%$	中风险	蓝色	跟踪监测
C	$30\% \leqslant p \leqslant 45\%$	中高风险	黄色	制定预防策略
D	$45\% \leqslant p \leqslant 65\%$	高风险	橙色	应对危机与处置
E	$65\% \leqslant p$	超高风险	红色	危机发生

(二)信用总规模无序变动风险预警概率五级分布

参照四部门信用规模无序变动风险预警五级分布,将信用总规模无序变动风险同样划分为五个等级:低风险、中风险、中高风险、高风险、超高风险。相应也将预警状态划分成五个等级:绿色预警、蓝色预警、黄色预警、橙色预警、红色预警。

根据风险预警模型预测出曲线走势,将划分低风险与中风险的危机发生概率定为涵盖风险预警年份(一年半)的最低风险概率,通过观察图 6-20 将该概率定为 10%;区分中风险与中高风险的概率,定为危机概率的观测期中的模型给出的最低风险概率,即 25%;划分中高风险与高风险的危机概率,定为实际发生宏观经济危机年份的危机概率高度重合区,即 45%;而经济危机真正爆发的概率为红色预警,即 60%。根据以上划分标准,可以得出信用宏观经济预警概率分布表 6-13,具体如下:

表 6-13　四部门信用规模无序变动五级风险概率分布

风险等级	风险概率分布	风险类别	预警状态	现实应对策略
A	$0 \leqslant p \leqslant 10\%$	低风险	绿色	日常联系
B	$10\% \leqslant p \leqslant 25\%$	中风险	蓝色	跟踪监测
C	$25\% \leqslant p \leqslant 45\%$	中高风险	黄色	制定预防策略
D	$45\% \leqslant p \leqslant 60\%$	高风险	橙色	应对危机与处置
E	$60\% \leqslant p$	超高风险	红色	危机发生

第四节　美国信用规模无序变动识别与防范对中国的启示

一、信用规模无序变动会引发宏观经济运行危机

本研究通过对亚洲金融危机、21世纪初的国际金融危机、欧洲债务危机以及自1945年之后美国发生的历次经济危机的梳理,可以看出,信用规模的过度扩张或收缩均会引起宏观经济运行危机。并且从梳理还可以看出,历次由信用规模无序变动引发的宏观经济危机,大部分是由信用规模扩张或收缩引起的信用规模内部结构性失衡引起的。另外,由本研究第四章关于信用规模与宏观经济运行关系的实证研究可知,短期内信用规模对宏观经济的影响有时是具有负向作用的,即信用规模的扩张不仅不能够带来GDP的增加,反而会引起GDP的减少,严重者甚至会引发宏观经济运行危机。由此可以看出,信用规模的无序变动确实能够引发系统性风险,进而引起宏观经济运行危机。

二、信用规模无序变动具有十分强的逆周期性特点

根据前文我们对信用规模的定义可知,本研究的信用规模的实质是债务规模;信用规模根据构成不同可以分为信用总规模与四部门信用规模两层含义,对应的债务规模也有债务总规模与四部门债务总规模两层含义,即包含债务总量与债务结构两部分内容。鉴于此,信用规模的变动应该包含债务总规模的扩张或收缩,以及债务结构的改变两部分内容。那么,信用规模无序变动应该也包含债务总规模的无序扩张或收缩,与债务结构的失衡发展两种情况。由本研究第五章对信用规模无序变动的定义可知,信用规模无序变动指的是信用规模变动与宏观经济运行不匹配,即两者不能协调发展。换言之,即使信用规模在一段时间内没有发生变动,但由于宏观经济运行下行,造成了GDP下降,也可能引发信用规模无序变动;另外,即使信用规模发生了大幅扩张,若宏观经济运行也呈现出大幅上涨的态势,也不会引发信用规模无序变动。由以上分析可知,在宏观经济运行处于上升期或者繁荣期时,信用规模扩张的程度会被宏观经济扩张所掩盖,信用规模无序变动发生的可能性较小,若宏观经济处于衰退期,信用规模即使不发生变动,依然保持原来的规模,但由于宏观经济运行下降,也会引发信用规模无序变动。由此可知,在宏观经济上行或繁荣期信用规模无序变动是爆发的低潮期,在宏观经济运行的衰退期信用规模无序变动也是爆

发的高潮期,其变动呈现出强烈的逆周期性特点。

三、 信用规模无序变动可以被提前识别和预警

由本章第二节的研究结论可知,美国信用规模无序变动的研究通过历史演进的视角以及弹性视角对其进行了成功识别,证明了信用规模无序变动确实是可以被识别的。通过本章第三节的研究过程与研究结论可知,美国信用规模无序变动通过构建 Logit 二元离散选择模型,运用历史数据进行模型估计,再根据估计的模型进行预测,确实能够对风险进行提前预测,对发生信用规模无序变动风险的预测精度达到了 80%,对没有发生信用规模无序变动风险的年份的预测精度达到了 90% 以上,预测较为准确。同时,通过以上分析可知,无论是信用总规模还是四部门信用规模均可以被提前识别和预警。这一结论对构建中国信用规模或信用结构风险预警体系,以及监管体系具有重大的理论意义和指导意义。

四、 信用总规模的无序扩张可能是源于其自身的结构性失衡

由前文的研究可知,信用总规模是由四部门信用规模相加之后得到,信用总规模的变动是由四部门信用总规模的变动作用而形成的。虽本研究第五章的合成谬误与分解谬误的研究已证明,四部门信用规模变动有序并不意味着信用总规模变动同样有序,同样,信用总规模变动有序也并不意味着四部门变动均有序。但是,若发生信用规模变动结构性失衡或者结构性风险,由本研究第四章四部门联动作用的实证研究可知,四部门之间存在强烈且显著的联动作用,这样就很可能发生单一部门的信用规模无序变动,并扩展或传染到其他部门,最终也很可能导致信用总规模的失衡或风险发生。因此,结构性失衡也是引起信用规模无序变动的原因。

五、 适度信用规模确实存在

本章研究的主要目的是找到适度规模的存在。本章分两部分对其进行总结:适度信用规模的经济学分析和适度信用规模的论证。适度信用规模的经济学分析,首先通过对规模经济理论和最优理论的梳理,界定适度信用规模和最优信用规模的概念,并进行比较,确定了本研究的分析重点——寻找适度信用规模的合理波动区间。适度信用规模的论证,主要从两个角度进行:历史视角的适度信用规模和弹性视角的适度信用规模。

美国经济发展史中,大多数经济危机的爆发都与信用规模的无序扩张紧密相关,说明信用规模的不合理变动是会给宏观经济带来风险的,一旦

风险堆积的程度大于市场的承受度,经济危机就会爆发。而这一结论从历史事件中证明了信用规模存在一个合理的波动区间。弹性视角,从信用规模与宏观经济之间的敏感性变化规律,找到适度信用规模的合理波动区间。本章的研究结论是,信用总规模合理的波动区间为信用总规模对 GDP 的弹性 e 在 $[1, 1.3]$ 之间。

第七章　基于敏感性视角的中国信用规模
无序变动的识别与治理

　　识别中国信用规模无序变动是对其进行防范、治理及监管的前提,加强中国信用规模无序变动的重要前提,是在经济全球化和国际金融一体化背景下提出一套相对客观、简明、操作性强且能够获得各方认同的识别体系。中国从 2015 年开始将去杠杆以化解债务高企现象作为"三去一降一补"的重要任务之一。同时,国内外相关专家学者开始关注这一问题,并开始研究设计中国各部门信用规模无序变动的识别体系,但最终思路尚未确定,相关方法还在持续完善中。前文已详细阐述了信用规模无序变动对宏观经济可能产生的危害,重点研究了美国信用规模变动与宏观经济运行的关系,并构建了美国信用规模无序变动的识别与预警体系,并对预警模型进行了验证与拟合,预警效果良好。综上可见,信用规模无序变动是可以被识别并在一定程度上被提前预警。鉴于中国信用规模变动的特点与美国存在较大的差异,因此,在识别方法的设计与预警体系的构建上与美国不尽相同。针对研究目的,本章将在现有研究的基础上,采用公开数据,在方法上分别基于敏感性视角和 DEA 测算视角对中国信用规模无序变动进行识别与防范。

第一节　基于敏感性视角的中国信用规模
无序变动的识别与治理

一、美国信用规模无序变动识别与防范的相关结论与启示

　　前文分别对美国信用规模发展演变的过程、与宏观经济运行的关系、无序信用规模变动的识别及预警进行了详细分析。其目的是期望能够从美国信用规模发展变化的过程中,提取并凝练为中国所有的有益经验和启示。通过之前的研究我们可以获得以下三个结论和启示:

（一）识别方法不宜过于简单或复杂

美国对信用规模无序变动的考察，不仅考虑到了信用总规模的无序变动，还考虑到了信用总规模内部结构的无序变动，以及四部门之间的内在联动效应。目前中国尚不能够完全满足信用总规模、金融结构数据完整度和正确度的要求，中国对信用规模无序变动的识别方法，应综合使用指标法和建模法两种方法，来进行取长补短。本研究指标法选取 GDP 对信用规模的敏感性指数，该方法计算简单，对信用规模无序变动的识别有效，但识别结果的治理和监管导向性不强，所以又运用数据包络分析法（DEA）予以弥补。首先，通过构建 DEA 效率测算模型，识别信用规模变动的特征，与敏感性指数进行对比分析，明确识别结果的偏误，同时通过 DEA 效率分解，可以得出信用规模变动的冗余值和进行改进的最优值。由此看出，数据包络分析方法（DEA）对信用规模无序变动的识别过程清晰可见，识别结果治理和监管的可操作性很强。

在以上的指标法与构建模型法的基础上，应注重识别指标的定期更新，建立实现过程监管方式；同时使建立的识别指标体系与后期治理和监管的实践相结合，以便对识别的模型和方法进行可持续校准或调整，使其更符合中国的实际。

（二）识别指标应兼顾中国实际情况

目前，美国统计的信用总规模包含了政府部门信用规模、金融部门信用规模、非金融企业部门信用规模、居民部门信用规模，又称四部门信用规模，其代表的是信用规模的结构性特点，信用总规模在数据统计上等于四部门信用规模数值之和。也就是说，对美国信用规模的考察，既能兼顾总量特点也能兼顾结构性特点，既能考察到总量的变动属性，也能兼顾信用规模结构间的相互关联性特点，因此，在考察美国信用规模与宏观经济运行关系时，分析得较为全面和透彻。

但是，中国信用规模相关数据具有数据不完整、数据持续时间短的特点，对中国信用规模与宏观经济的考察不可能像美国一样面面俱到，应兼顾中国信用规模数据的统计特点，根据中国的实际情况进行信用规模无序变动识别机制设计。另外，中国对债务总规模的研究大部分只考虑了政府部门、非金融企业部门、居民部门三大部门的信用规模，而对金融部门负债未作考虑。但鉴于金融部门负债对宏观经济运行具有重要的影响作用，本研究在构造中国的信用总规模时也将金融部门的负债考虑进去，但由于中国统计指标对四大部门的统计未作明确的区分，因此，本研究只考虑中国信用总规模与宏观经济运行的关系，对信用规模的构成结构不作讨论。

（三）评价指标体系应体现客观性特点

本节之前分析道，中国目前关于信用总规模的统计指标体系尚不健全，分部门的统计数据也没有作出明确划分，中国信用总规模的评价指标体系不能像美国一样可以直接获得，所以在构建中国的信用总规模评价指标体系时应注重体现客观性、关联性原则。即对指标选择时建议采用相对易懂、容易获得，并且能够充分体现某一或某些部分信用规模变动的指标，或与其信用规模变动具有强烈相关性的指标，使构建的评价指标体系兼顾其科学性、关联性特征。另外，在构建中国信用规模无序变动的识别与防范体系时，严禁根据主观臆断的中国发生危机的年份和次数，进而仿照美国强行构建中国信用总规模无序变动的二元离散 Logit 模型。建议变换统计方法，在构建客观评价指标体系的基础上，建立新的识别与防范模型，从而使构建的统计指标体系与信用规模无序变动的识别结果兼顾客观性和准确性特点。

二、 中国信用规模无序变动识别机制的设计

鉴于中国与美国具有差异性的信用规模变动特征，以及差异性的信用规模数据统计特点，在确立中国信用规模无序变动的识别方法时，不能完全套用美国信用规模的识别机制，应根据中国的具体情况与信用规模数据特征构建全新的、适合中国自身情况的识别机制。

（一）将"资源拥挤"效应引入信用规模无序变动识别机制

美国信用总规模与四部门信用规模的统计指标较为健全，持续时间也较长，数据覆盖了几次典型的金融危机和经济危机，将发生经济危机的年份作为定性变量进行赋值，引入二元离散 Logit 模型，构建美国信用规模无序变动的预警体系，实现起来较为简单和方便。但是中国信用规模统计指标体系构建尚不健全，持续时间也较短，数据没有覆盖经济周期，构建中国信用规模无序变动的识别机制与预警机制时运用美国的方法显得困难重重。在识别和预警中国信用规模无序变动时，需要使用新的方法进行构建，根据中国宏观经济与信用规模运行的实际情况，将信用规模当作一种资源投入，而产出即为宏观经济运行的结果，可以是 GDP 也可以是社会稳定、社会发展等，而信用规模无序变动在此时被认为是出现了信用规模的"资源拥挤"现象。即信用规模投入过多而产出过少，或信用规模"投入产出"效率较低的情况。

（二）引入敏感性分析方法识别中国信用总规模"资源拥挤"现象

敏感性分析是指从定量分析的角度研究有关因素的变化对一个或一组关键指标的影响程度的分析方法，其实质是通过改变某一变量的数值，观测其他变量受该变量影响的程度。该指标应用较为广泛，如利率敏感性分析等。敏感性分析基于敏感性指数的大小进行，常见的是将其应用在具有因果关系的两个变量之间，其计算公式如公式(7.1)所示：

$$S_y = \frac{\Delta x}{\Delta y} = (x_t - x_{t-1}) / (y_t - y_{t-1}) \qquad 公式(7.1)$$

其中，x 为自变量，y 为因变量，$y = f(x)$，S_y 表示 y 对 x 的敏感性指数。

本研究的第四章第六节实证检验中国信用总规模与宏观经济之间关系时，在构建的 VAR 模型基础上进行了 Granger 因果检验，结果表明中国信用总规模与 GDP 之间存在显著的 Granger 因果关系。鉴于实证结果，中国信用总规模与 GDP 两个变量符合使用敏感性分析的前提，根据敏感性分析的概念本节将构建 GDP 的信用规模敏感性指数，即 1 单位的 GDP 产出需要多少单位的信用规模投入。若 1 单位 GDP，需要小于或等于 1 单位的信用规模投入时，认为此时的信用规模变动是有效的；若 1 单位的 GDP，需要超过 1 单位的信用规模投入，认为此时的信用规模变动是无效的。所以本研究假定当 GDP 对信用总规模的敏感性指数大于 1 时，为信用规模无序变动；当 GDP 对信用总规模的敏感性指数小于或等于 1 时，为信用规模有序变动。因此，本节将引入敏感性分析概念来测算中国 GDP 对信用规模的敏感性，验证中国信用规模无序变动的动态特征，考察中国信用规模的"资源拥挤"程度，以及"资源拥挤"现象发生的年份。

（三）引入 DEA 方法测算中国信用总规模"资源拥挤"效应

本研究通过引入敏感性指数可以识别中国信用规模变动的特征，识别信用规模无序变动的程度和年份，但是却无法给出无序变动后的治理和防范措施，因此，为了更加全面、客观地分析中国信用总规模与 GDP 的相互作用关系，本节将引入比较成熟的 DEA 方法，将中国的信用总规模作为输入变量，将 GDP 作为输出变量，来对中国信用总规模变动情况实施系统的有效评价。DEA 方法是判断综合有效、技术有效以及规模有效的模型，其中，综合有效是技术有效与规模有效的综合，如公式(7.2)所示：

$$综合有效性＝技术有效性×规模有效性 \qquad 公式(7.2)$$

其中,技术有效性代表输入中各生产要素实现了经济学意义上的最佳组合,反映了系统内部结构和比例的协调程度;规模有效性代表了投入与产出比例关系在经济学意义上达到了最佳状态,反映了系统发展规模的适当程度;综合有效性代表了在目前的技术前沿下,各生产要素比例适当、投入产出规模处于理想状态的情况。鉴于本节输出输入只是单变量的特点,我们衡量信用规模有序、无序变动时主要考虑综合有效性的指标,即当综合有效性指标大于等于 1 时,信用总规模的变动为有效变动,当综合有效性指标小于 1 时,信用总规模指标为无效变动。并在此基础上,对效率值进行分解,测算其冗余值及最优值,寻找其改进的方向与程度。

三、 基于敏感性视角的中国信用规模无序变动的现状考察

本节通过构建信用规模与宏观经济 GDP 之间的敏感性指数分析信用规模投入的"资源拥挤"效应,宏观经济 GDP 对信用规模的敏感度用信用规模的变动额与 GDP 变动额的比值计算获得。该指标衡量的是想要获得 1 单位(亿元或十亿元)GDP 产出,需要多少单位信用规模投入。本节借助敏感性指数的概念对中国信用规模变动与宏观经济运行之间的深层关系进行分析。

(一) GDP 对信用规模敏感性概念的界定与测算公式

根据敏感性的概念,敏感性指数计算公式如下:

$$S_{Y_i} = \frac{\Delta Y_i}{\Delta gdp} = \frac{Y_{i,t} - Y_{i,t-1}}{gdp_t - gdp_{t-1}} \qquad 公式(7.3)$$

其中,S 表示敏感性指数,Y_i 为各类信用规模,$i＝1$、2、3、4、5 分别代表信用总规模、政府部门信用规模、金融部门信用规模、非金融企业部门信用规模、居民部门信用规模。

本节数据沿用的是第四章第三节中国宏观经济运行(GDP)、信用总规模(GC)、政府部门信用规模(GGC)、金融部门信用规模(FGC)、非金融企业部门信用规模(NFGC),以及居民部门信用规模(HGC)的季度数据。样本区间为 2006 年第一季度到 2021 年第一季度,样本长度为 61。本节的主要目标是要找到 GDP 对信用规模的敏感程度,即当 GDP 变动 1 单位时,会引起多少单位的信用规模变动。即将信用规模当作信用资本投入,敏感性指数表示获得 1 单位 GDP,需要消耗多少单位的信用规模投入。若要

获得 1 单位的 GDP 增量,需要消耗 1 单位的信用总规模增量,我们认为信用规模投入与 GDP 产出达到了良性状态;若要获得 1 单位的 GDP 增量,消耗的信用规模投入较少,即敏感度小于 1,我们认为信用规模利用效率较高,即信用规模变动处于有序状态;若要获得 1 单位的 GDP 增量,需要消耗更多单位的信用规模投入,即敏感度大于 1,我们认为信用规模利用效率较低,即信用规模变动处于无序状态,将此称为信用规模无序变动。

(二) 基于敏感性视角的中国信用总规模无序变动现状考察

1. 信用总规模敏感性指数的测定与变化趋势分析

本部分对 GDP 与信用总规模之间的敏感度进行分析,中国信用总规模与宏观经济运行之间的深层关系进行分析,具体如下:

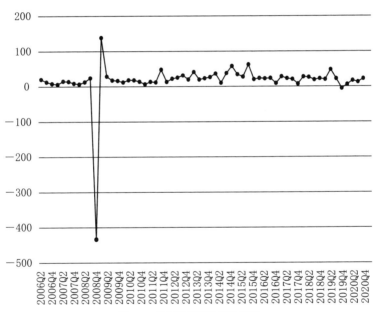

图 7-1　信用总规模敏感性指数

由图 7-1 中国 2006 年第二季度至 2021 年第一季度的信用总规模敏感性指数,可以进行以下几点总结:

第一,从 2006 年第二季度至 2021 年第一季度共 60 个季度数据的均值来看,中国信用总规模处于无序变动的状态。结合中国信用总规模敏感性指数,可以测算出 2006 年第二季度至 2021 年第一季度间中国信用总规模敏感性指数的平均值为 15.70,大于 1,在该时间段内,中国总信用规模的变动从平均来看属于无序变动范畴,即 1 单位的 GDP 增长,需要 15.7

单位的信用总规模投入，信用总规模出现拥挤现象。

第二，长期来看，信用总规模敏感性指数波动幅度较大。由图 7-1 中信用总规模敏感性指数所描绘的趋势看，信用总规模敏感性指数存在波动，并不稳定。信用总规模敏感性指数最低值出现在 2008 年第四季度为 －433.58，最高值出现在 2009 年第一季度为 138.787，相差 572.37，可以看出金融危机对信用总规模敏感性指数的变动影响较大。

第三，2009 年第一季度信用总规模敏感性指数为 60 个季度以来最高。由图 7-1 的趋势图可以看出，2009 年信用总规模对 GDP 的拉动作用很小，中国社会经济领域中存在严重的信用总规模拥挤现象。这一拥挤现象的出现，不仅能够引发投入较高信用总规模却换取很小的 GDP 增长问题，还可能出现债务危机，进而引发金融危机或经济危机，对宏观经济运行产生不良影响。

2. 中国信用总规模无序变动季度的确定

按照 $S_i > 1$ 则信用规模扩张为无序扩张的定义，可以确定 2006 年第二季度至 2008 年第三季度、2009 年第一季度至 2019 年第四季度、2020 年第二季度至 2021 年第一季度为无序变动季度。可以看出，中国信用总规模有序变动季度仅为 2008 年第四季度与 2020 年第一季度，其余时间均处于无序变动的状态。信用总规模存在拥挤现象，存在高信用规模投入换取低 GDP 增长的问题，需要进一步进行研究分析。

（三）基于敏感性视角的中国四部门信用规模无序变动现状考察

1. 四部门信用规模敏感性指数的测定与变化趋势分析

由图 7-2 中国 2006 年第二季度至 2021 年第一季度四部门信用规模敏感性指数的数据，可以进行以下几点总结：

第一，从 2006 年第二季度至 2021 年第一季度 60 个季度数据的均值来看，中国 GDP 分别对政府部门、金融部门、非金融企业部门、居民部门的信用规模均处于无序变动的状态，说明我国各部门信用规模存在拥挤现象。

第二，从长期看，政府、金融、非金融企业、居民这四个部门的信用规模的敏感性指数波动幅度均较大。各部门的敏感性指数在 2008 年第四季度同时呈现出较低态势，且在 2009 年第一季度都出现了大幅度上升。说明美国次贷危机对信用规模的变动存在时点影响，中国社会经济领域中存在严重的政府信用规模拥挤现象。

第三，2006 年第二季度至 2021 年第一季度，四部门信用规模有序变动的季度时间较少。中国政府部门信用规模的变动均处于无效或低效的状况。若将四部门信用规模当作四部门的一种资源投入，GDP 为产出，那

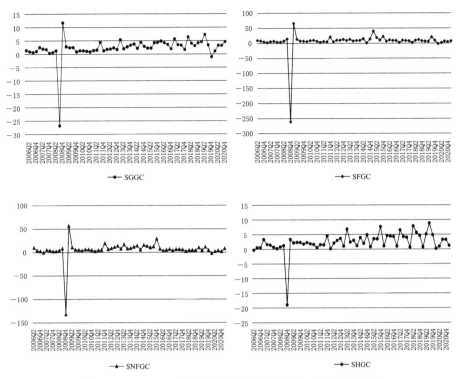

图 7-2　2006—2021 年四部门信用规模的敏感性指数变化趋势图

数据来源：Wind 数据库中国宏观数据整理得来

注：2008 年第 4 季度 S_{GGC}、S_{FGC}、S_{NFGC} 的值分别为 -26.819、-260.918、-132.300；2009 年第 1 季度 S_{FGC}、S_{NFGC} 的值分别为 65.558、56.514。

么四部门信用规模一直处于高消耗状态，即用很大的四部门信用规模投入，换取很小的 GDP 产出，四部门信用规模对中国经济增长也呈现拥挤效应。

第四，GDP 对中国四部门信用规模的敏感性指数整体波动趋势相同，但是相较于其他部门而言，居民部门在 2008 年前后波动范围较小，受美国次贷危机的影响较弱。

第五，四部门信用规模拥挤现象的出现，不仅仅会引发投入较高的信用规模换取很小的 GDP 增长的问题，还会对信用总规模产生影响，进而可能出现债务危机，导致金融危机或经济危机，对中国宏观经济运行产生不良影响。

2. 四部门信用规模无序变动的异质性分析

为进一步分析四部门信用规模无序变动的状态，将各部门敏感性指数小于 1 的值替换为无序变动时间敏感性指数的均值，而后绘制成图表如下：

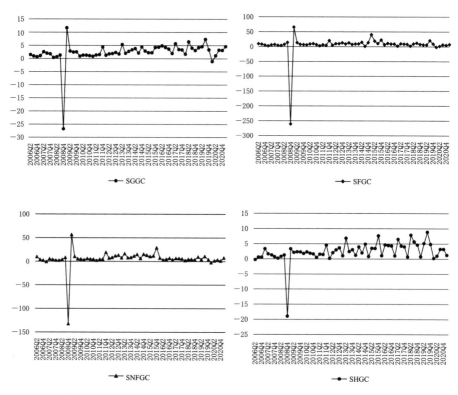

图 7-3　2006 年第二季度至 2021 年第一季度四部门信用规模的敏感性指数

注：2009 年第一季度 S_{FGC}、S_{NFGC} 分别为 65.558、56.514。

首先，进行折线联动分析四部门之间无序变动的相似性。第一，GDP
对四部门信用规模的敏感性指数与 2008 年第四季度至 2009 年第一季度
的变化态势相近，都呈现出上升的趋势，并且政府部门、金融部门、非金融
企业部门信用规模的敏感性指数上升幅度较大。且 2009 年第一季度之后
都呈现出上下波动的趋势，其中居民部门信用规模的敏感性指数波动幅度
相较于其他部门变动较大。第二，GDP 对政府部门和居民部门的信用规
模敏感性指数与 2007 年至 2009 年以及 2011 年至 2020 年的大体波动趋
势相似，契合程度较高，暂可认为这两部门信用规模无序变动有着较为
紧密的内在联系。但是从波动幅度来看，居民部门信用规模敏感性指数
相较于政府部门反应比较剧烈。第三，GDP 对金融部门和居民部门的信
用规模敏感性指数大体波动趋势相似。二者的敏感性指数都在 2009
年、2015 年大幅度增长，而后呈现出上下波动的态势。通过对数值探究
后可以发现，金融部门与非金融企业部门信用规模无序变动存在着内在
关系。

其次,分析无序变动出现时点的异质性。第一,GDP 对居民部门的敏感性指数在 2013 年第一季度至 2019 年第三季度呈现出剧烈的上下波动趋势,而 GDP 对政府部门、金融部门、非金融企业部门的敏感性指数在该时间段整体呈现出的波动并不剧烈。说明在该阶段中居民部门相较于其他部门对 GDP 的拉动需要高消耗的信用规模投入。第二,GDP 对居民部门敏感性指数在 2021 年第一季度呈现出下降的趋势且数值接近于 1,而其他部门的敏感性指数于 2021 年第 1 季度呈现出上升的趋势,并且 GDP 对政府部门的敏感性指数在该时间上升趋势最为明显。说明在该时间段,居民部门的信用规模投入相较于其他部门能够得到更多的 GDP 增量,对GDP 的拉动作用较为显著。

四、 基于敏感性视角的中国各层次信用规模无序变动联动机理

本节基于敏感性视角,分析中国各层次信用规模无序变动情况,分别从长期与短期两个视角,运用实证手段研究中国各层次信用规模之间的无序变动传递机制,并进一步分析各层次信用规模无序变动对 GDP 变动产生的影响,以对中国信用规模无序变动进行识别与防范。其中,运用回归模型对长期的均衡关系进行研究,借助 Granger 因果检验对短期的动态影响进行研究。

(一) 基于敏感性视角的信用总规模与四部门信用规模无序变动的作用规律分析

本节延续第四章第二节的研究思路,致力于研究四部门信用规模无序变动与信用总规模无序变动之间是否存在长期均衡关系,以及短期内四部门信用规模无序变动对信用总规模无序变动的动态影响。对四部门信用规模无序变动与信用总规模无序变动运行的长期均衡关系的研究借助构建回归模型进行;对四部门信用规模对信用总规模的动态影响的研究,借助 Granger 因果检验进行。

1. 变量选择与数据特征

信用总规模和四部门信用规模敏感性指数数据与本节前文保持一致。数据处理剔除信用规模有序变动季度的数据,即对敏感性指数小于 1 的进行剔除,保留信用规模无序变动序列(用 DC 表示)。由于剔除的数据较少,为保证时间长度可供分析,对信用规模无序变动数据缺失的季度进行均值替换,均值替换的原则为信用规模无序变动的均值。

表 7-1　模型中的变量符号及含义

变　量	符　号	含　义
GC 无序变动指数	S_{GC}_DC lnS_{GC}_DC	GDP 对信用总规模均值替换后的敏感性指数 信用总规模均值替换后的敏感性指数对数值
GGC 无序变动指数	S_{GGC}_DC lnS_{GGC}_DC	GDP 对政府部门信用规模均值替换后的敏感性指数 政府部门信用规模均值替换后的敏感性指数对数值
FGC 无序变动指数	S_{FGC}_DC lnS_{FGC}_DC	GDP 对金融部门信用规模均值替换后的敏感性指数 金融部门信用规模均值替换后的敏感性指数对数值
NFGC 无序变动指数	S_{NFGC}_DC lnS_{NFGC}_DC	GDP 对非金融企业部门信用规模均值替换后的敏感性指数 非金融企业部门信用规模均值替换后的敏感性指数对数值
HGC 无序变动指数	l_{HGC}_DC lnS_{HGC}_DC	GDP 对居民部门信用规模均值替换后的敏感性指数 居民部门信用规模敏感性指数对数值

2. 单位根检验

对时间序列进行分析的前提是保证序列的平稳性,以避免出现伪回归问题,为了检验各变量的平稳性,本节对各变量的原序列进行了单位根检验,用以判断时间序列的平稳性。

表 7-2　单位根检验结果

变　量	ADF 值	P 值	(C, T)	结论
S_{GC}_DC	−6.979	0.000	(1, 0)	平稳
S_{GGC}_DC	−7.235	0.000	(1, 1)	平稳
S_{FGC}_DC	−6.996	0.000	(1, 0)	平稳
S_{NFGC}_DC	−8.072	0.000	(1, 1)	平稳
S_{HGC}_DC	−6.750	0.000	(1, 0)	平稳
$dln\,S_{GC}\_DC$	−7.517	0.000	(0, 0)	平稳
$dlnS_{GGC}\_DC$	−7.423	0.000	(0, 0)	平稳
$dln\,S_{FGC}\_DC$	−11.660	0.000	(0, 0)	平稳
$dlnS_{NFGC}\_DC$	−11.920	0.000	(0, 0)	平稳
$dlnS_{HGC}\_DC$	−11.660	0.000	(0, 0)	平稳

3. 信用总规模与四部门信用规模无序变动的长期作用规律分析

(1) 模型建立

为了分析四部门信用规模无序变动与信用总规模无序变动运行的长期均衡关系,本节建立如下回归模型进行估计:

$$y_t = \beta_0 + \theta_1 x_{k,t} + \varepsilon_t \qquad \text{公式(7.4)}$$

其中,y_t 为被解释变量,表示信用总规模的无序变动指数;β_0 为常数,x 为解释变量,表示四部门信用规模的无序变动指数,$k=1、2、3、4$ 分别表示政府、金融、非金融企业、居民部门信用规模无序变动指数,θ_1 为各部门信用规模无序变动指数的回归系数,u_t 为随机扰动项。

(2) 结果分析

模型回归结果如表 7-3 所示。由政府与非金融企业部门信用规模无序变动对信用总规模无序变动的回归结果可知,残差序列存在显著的序列相关性特点,回归结果不可信;通过在模型中加入新的解释变量,很好地消除了原模型的序列相关性,因此,本部分在报告模型结果时,选择调整后最优的模型,即对列(1-2)、(2)、(3-2)、(4)的估计结果进行解释。

表 7-3　四部门信用规模无序变动对信用总规模影响效应实证结果

	(1-1)	(1-2)	(2)	(3-1)	(3-2)	(4)
			S_{GC}_DC			
S_{GGC}_DC	8.351***	9.129***				
	(9.23)	(10.31)				
$L1.S_{GC}\_DC$		0.400***				
		(3.12)				
$L1.S_{GGC}\_DC$		−3.953***				
		(−2.81)				
S_{FGC}_DC			1.955***			
			(27.10)			
S_{NFGC}_DC				2.299***	2.401***	
				(23.38)	(26.83)	
$L1.S_{GC}\_DC$					0.377***	
					(2.91)	
$L1.S_{NFGC}\_DC$					−0.978***	
					(−3.08)	
$L2.S_{GC}\_DC$					−0.205	
					(−1.46)	
$L2.S_{NFGC}\_DC$					0.483	
					(1.39)	
$L3.S_{GC}\_DC$					−0.111	
					(−0.78)	
$L3.S_{NFGC}\_DC$					0.282	
					(0.81)	
$L4.S_{GC}\_DC$					0.425***	
					(3.24)	
$L4.S_{NFGC}\_DC$					−0.971***	
					(−3.06)	
S_{HGC}_DC						4.098***
						(3.04)
F	85.134	35.803	734.433	546.850	81.636	9.218
R^2	0.595	0.661	0.927	0.904	0.941	0.137
序列相关	28 阶自相关	No	No	28 阶自相关	No	No
ARCH	No	No	No	No	No	No
N	61	61	61	61	61	61

注:*、** 和 *** 分别表示在 10%、5% 和 1% 的水平上显著;括号内为 T 统计量的值;本模型进行了 1 阶至 28 阶序列相关检验,列(1-2)、(2)、(3-2)、(4)均不存在序列相关;本模型进行了 1 阶至 5 阶的异方差检验,均不存在异方差。

表 7-3 给出了四部门信用规模无序变动对信用总规模影响效应实证结果,由检验结果对信用总规模与四部门信用规模的长期均衡关系进行总

结，具体如下：

第一，四部门信用规模的无序变动对信用总规模的无序变动在长期均呈现显著的正向影响，但影响效应的开始时间不同。其中，金融部门和居民部门信用规模的无序变动对信用总规模的无序变动在当期即呈现出显著的正向影响，而政府部门信用规模无序变动在滞后 1 阶时才呈现出显著的正向影响，非金融企业部门信用规模无序变动在滞后 4 阶时才呈现出显著的正向影响。且四部门信用规模的无序变动对信用总规模的无序变动的影响效应均在 1% 的水平上显著。

第二，四部门信用规模的无序变动对信用总规模的无序变动的影响强度不同，但都大于 1。模型中，政府部门信用规模对信用总规模的无序变动影响的回归系数最大，为 9.129，即政府部门信用规模无序变动每增加 1 个单位会引起信用总规模无序变动增加 9.129 个单位；而金融部门与非金融企业部门信用规模的无序变动对信用总规模的无序变动影响的回归系数均小于 2.50，其中，金融部门信用规模对信用总规模的无序变动影响的回归系数最小，为 1.955，即金融部门信用规模无序变动每增加 1 个单位会引起信用总规模无序变动增加 1.995 个单位。

4. 信用总规模与四部门信用规模无序变动的短期作用规律分析

为了研究四部门信用规模无序变动对信用总规模无序变动的动态影响，我们进行 Granger 因果检验，检验结果总结如下：

（1）Granger 因果关系总结分析

表 7-4　基于 VAR 的信用总规模与四部门信用规模敏感度的 Granger 因果检验结果

原假设	Lag	卡方统计量	Prob.	结论
$dlnS_{GGC}$ & $dlnS_{GC}$	—	—	—	不拒绝
$dlnS_{GC}$ & $dlnS_{GGC}$	1	6.948	0.011	拒绝
$dlnS_{FGC}$ & $dlnS_{GC}$	—	—	—	不拒绝
$dlnS_{GC}$ & $dlnS_{FGC}$	—	—	—	不拒绝
$dlnS_{NFGC}$ & $dlnS_{GC}$	—	—	—	不拒绝
$dlnS_{GC}$ & $dlnS_{NFGC}$	—	—	—	不拒绝
$dlnS_{HGC}$ & $dlnS_{GC}$	—	—	—	不拒绝
$dlnS_{GC}$ & $dlnS_{HGC}$	—	—	—	不拒绝

注：(1)"&"表示前者不是后者的 Granger 因果关系的原因；(2)"拒绝"表示在 10% 的显著水平下拒绝不存在 Granger 因果关系的原假设；(3)"—"表示在检测的 1 至 8 期内前者不是后者的 Granger 因果关系的原因。

基于敏感性视角分析，GDP 对中国信用总规模敏感度与 GDP 对政府部门信用规模敏感度存在显著的单向 Granger 因果关系。由检验结果可知，中国信用总规模的无序变动是政府部门信用规模的无序变动的 Granger 原因，检验结果在 5% 的水平上显著。中国信用总规模的无序变动与中国政府部门信用规模的无序变动之间具有单向传导机制畅通的特点。

（2）Granger 因果关系比较分析

表 7-5　基于 VAR 的信用总规模与政府部门信用规模敏感度的 Granger 因果检验结果

原假设	Lag	卡方统计量	Prob.
$dlnS_{GC}\&dlnS_{GGC}$	1	6.948 1	0.010 9
$dlnS_{GC}\&dlnS_{GGC}$	2	3.453 3	0.039 1
$dlnS_{GC}\&dlnS_{GGC}$	3	2.819 7	0.048 5
$dlnS_{GC}\&dlnS_{GGC}$	4	2.591 0	0.048 8
$dlnS_{GC}\&dlnS_{GGC}$	5	2.232 9	0.068 2
$dlnS_{GC}\&dlnS_{GGC}$	6	1.773 9	0.129 3
$dlnS_{GC}\&dlnS_{GGC}$	7	1.440 6	0.218 9
$dlnS_{GC}\&dlnS_{GGC}$	8	1.061 0	0.412 4

第一，四部门信用规模无序变动对总信用规模无序变动的传输影响机制效果不尽相同。由 Granger 因果检验结果可知，中国信用总规模无序变动是政府部门信用规模无序变动的 Granger 原因。

第二，由于在中国信用总规模与四部门的敏感度关系上，只有信用总规模与政府部门无序变动之间存在单向的 Granger 因果关系。从 Granger 关系显现时间和持续时间差异上来看，在检验的 1 至 8 阶中，信用总规模无序变动对政府部门信用规模无序变动的影响从第 1 期开始显现，并且一直持续至第 5 期。

（二）基于敏感性视角的四部门信用规模无序变动的作用规律分析

1. 四部门之间的回归分析

（1）建立模型

为了分析基于敏感性视角的四部门信用规模无序变动的作用规律的长期均衡关系，本节建立如下回归模型进行估计：

$$y_{j,t}=\rho_0+\rho_1 x_{k,t}+u_t \qquad 公式(7.5)$$

其中，$y_{j,t}$ 为被解释变量，表示四部门信用规模无序变动的对数值；当 j 等于 1、2、3、4 时，y_i 分别表示政府、金融、非金融企业、居民部门的无序变动指数；ρ_0 为常数；x 为解释变量，表示四部门的无序变动指数；当 k 等于 1、2、3、4 时，x_k 分别是政府、金融、非金融企业、居民部门的无序变动指数；ρ_1 为各部门的无序变动指数的回归系数；u_t 为随机扰动项。在建模时剔除掉被解释变量与解释变量位置对调的重复模型，最终确立了 6 个四部门信用规模无序变动的影响效应模型。

（2）结果分析

模型回归结果如表 7-6 所示。由于部分模型的残差序列存在显著的

表7-6 四部门内部信用规模无序变动影响效应实证结果

方 法	(1-1) S_{GGC}_DC OLS	(1-2) S_{GGC}_DC OLS	(2-1) S_{GGC}_DC OLS	(2-2) S_{GGC}_DC 加权OLS	(3) S_{GGC}_DC OLS	(4-1) S_{FGC}_DC OLS	(4-2) S_{FGC}_DC OLS	(5) S_{FGC}_DC OLS	(6) S_{NFGC}_DC OLS
$L.S_{GGC}\_DC$		0.352 *** (2.86)		0.465 *** (2.82)					
S_{FGC}_DC	0.125 *** (6.79)	0.126 *** (7.41)							
$L.S_{FGC}\_DC$		−0.076 *** (−3.29)							
S_{NFGC}_DC			0.147 *** (6.65)	0.115 *** (3.53)		1.104 *** (13.90)	0.761 *** (3.58)		
$L.S_{NFGC}\_DC$				−0.127 *** (−3.00)			0.061 (0.29)		
$L2.S_{NFGC}\_DC$							−0.062 (−0.29)		
$L3.S_{NFGC}\_DC$							0.094 (0.47)		
$L4.S_{NFGC}\_DC$							0.091 (0.45)		
$L8.S_{NFGC}\_DC$				0.016 (0.52)					
$L9.S_{NFGC}\_DC$				−0.030 (−1.09)					

续表

方 法	(1-1)	(1-2)	(2-1)	(2-2)	(3)	(4-1)	(4-2)	(5)	(6)
	S_{GGC}_DC	S_{GGC}_DC	S_{GGC}_DC	S_{GGC}_DC	S_{GGC}_DC	S_{NFGC}_DC	S_{FGC}_DC	S_{FGC}_DC	S_{NFGC}_DC
	OLS	OLS	OLS	加权 OLS	OLS	OLS	OLS	OLS	OLS
L10. S_{NFGC}_DC				0.009 (0.35)					
L11. S_{NFGC}_DC				0.006 (0.36)					
L15. S_{NFGC}_DC				0.008 (0.44)					
L25. S_{NFGC}_DC							0.127 (1.13)		
S_{HGC}_DC					0.612*** (5.69)			1.364** (1.96)	0.612*** (5.69)
F	46.134	27.619	44.247	2.643	32.471	193.281	3.305	3.87	32.471
R^2	0.443	0.319	0.433	0.370	0.359	0.769	0.414	0.062	0.358
序列相关	1阶自相关	No	28阶自相关	No	No	7阶自相关	No	No	No
ARCH(1)	No	No	5阶异方差	No	No	No	No	No	No
N	61	61	61	45	61	61	35	61	61

注：*，**和***分别表示在10%，5%和1%的水平上显著，括号内为T统计量；本模型进行了1阶至28阶序列相关检验，1阶至5阶的异方差检验，(2-2)中权重为解释变量SNFGC_DCC平方项方差的逆矩阵。

序列相关性、异方差性特点,回归结果并不可信;需要通过在模型中加入新的解释变量进而消除原模型中的序列相关性、异方差性。因此,在模型结果输出时,选择调整后的最优模型进行分析,即对列(1-2)、(2-2)、(3)、(4-2)、(5)、(6)的估计结果进行解释。

表 7-6 给出了基于敏感性视角的四部门信用规模无序变动的作用规律分析的实证结果,由检验结果对信用总规模与四部门信用规模的长期均衡关系进行总结,具体如下:

第一,四部门之间的无序变动指数在长期呈现出正向影响。其中,金融部门与居民部门信用规模的无序变动影响效应最为紧密。在列(2-2)和(4-2)中,为了消除自相关性对模型的影响进而引入了带有滞后项的解释变量,尽管其对应的系数并不显著,但该变量的加入消除了模型的自相关性,估计的参数具有无偏、有效性,使得模型结果进一步完善。

第二,四部门内部的信用规模的无序变动影响强度不同。其中,居民部门无序变动指数对金融部门的无序变动指数影响程度最大,模型中其所对应的数值为 1.364,即居民部门无序变动指数每增加 1%会引起金融部门无序变动指数增加 1.364%;而非金融企业部门信用规模对政府部门的无序变动指数的回归系数最小,为 0.115,即居民部门信用规模无序变动每增加 1%会引起信用总规模无序变动增加 0.115%。

2. 基于敏感性视角的四部门信用规模无序变动内在联动机理

(1) Granger 因果关系总结分析

为了研究四部门信用规模无序变动的动态影响,我们进行 Granger 因果检验,检验结果总结如下:

表 7-7　基于 VAR 的四部门信用规模敏感度的 Granger 因果检验结果

原假设	Lag	卡方统计量	Prob.	结论
$dlnS_{NFGC}\&dlnS_{FGC}$	—	—	—	不拒绝
$dlnS_{FGC}\&dlnS_{NFGC}$	—	—	—	不拒绝
$dlnS_{FGC}\&dlnS_{GGC}$	1	10.305	0.002	拒绝
$dlnS_{GGC}\&dlnS_{FGC}$	—	—	—	不拒绝
$dlnS_{GGC}\&dlnS_{NFGC}$	1	3.483	0.067	拒绝
$dlnSN_{FGC}\&dlnS_{GGC}$	—	—	—	不拒绝
$dlnS_{HGC}\&dlnS_{GGC}$	—	—	—	不拒绝
$dlnS_{GGC}\&dlnS_{HGC}$	—	—	—	不拒绝
$dlnS_{NFGC}\&dlnS_{HGC}$	—	—	—	不拒绝
$dlnS_{HGC}\&dlnS_{NFGC}$	—	—	—	不拒绝
$dlnS_{HGC}\&dlnS_{FGC}$	—	—	—	不拒绝
$dlnS_{FGC}\&dlnS_{HGC}$	—	—	—	不拒绝

注:(1)"&"表示前者不是后者的 Granger 因果关系的原因;(2)"拒绝"表示在 10%的显著水平下拒绝不存在 Granger 因果关系的原假设;(3)"—"表示在检测的 1 至 8 期内前者不是后者的 Granger 因果关系的原因。

第一,基于敏感性视角分析,GDP 对政府部门信用规模的敏感度与 GDP 对金融部门信用规模的敏感度存在显著的单向 Granger 因果关系。由检验结果可知,GDP 对金融部门信用规模的敏感度是 GDP 对政府部门信用规模的敏感度的 Granger 原因,其变动可以直接引起 GDP 对政府部门信用规模的敏感度的变动,检验结果在 1% 的置信区间内显著。金融部门信用规模的无序变动与政府部门信用规模的无序变动之间具有单向传导机制畅通的特点。

第二,基于敏感度视角分析,GDP 对政府部门信用规模的敏感度与 GDP 对非金融企业部门信用规模的敏感度存在显著的单向 Granger 因果关系。由检验结果可知,GDP 对政府部门信用规模的敏感度是 GDP 对非金融企业部门信用规模的敏感度的 Granger 原因,其变动可以直接引起 GDP 对非金融企业部门信用规模的敏感度的变动,检验结果在 10% 的置信区间内显著。非金融企业部门信用规模的无序变动与政府部门信用规模的无序变动之间具有单向传导机制畅通的特点,无须经由其他渠道间接地产生效果。

（2）Granger 因果关系比较分析

表 7-8 给出了政府部门信用规模与金融部门信用规模无序变动的 Granger 滞后 1—8 期检验结果,表 7-9 给出了政府部门信用规模与非金融企业部门信用规模无序变动的 Granger 滞后 1—8 期检验结果,具体如下:

表 7-8　基于 VAR 的政府与金融部门信用规模敏感度的 Granger 因果检验结果

原假设	Lag	卡方统计量	Prob.
$dlnS_{FGC}\&dlnS_{GGC}$	1	10.305 4	0.002 2
$dlnS_{FGC}\&dlnS_{GGC}$	2	3.732 9	0.030 6
$dlnS_{FGC}\&dlnS_{GGC}$	3	3.517 1	0.021 8
$dlnS_{FGC}\&dlnS_{GGC}$	4	2.905 0	0.031 7
$dlnS_{FGC}\&dlnS_{GGC}$	5	2.463 0	0.047 7
$dlnS_{FGC}\&dlnS_{GGC}$	6	2.140 4	0.069 7
$dlnS_{FGC}\&dlnS_{GGC}$	7	1.700 8	0.139 1
$dlnS_{FGC}\&dlnS_{GGC}$	8	1.143 4	0.360 7

表 7-9　基于 VAR 的政府与非金融企业部门信用规模敏感度的 Granger 因果检验结果

原假设	Lag	卡方统计量	Prob.
$dlnS_{GGC}\&dlnS_{NFGC}$	1	3.483 2	0.067 3
$dlnS_{GGC}\&dlnS_{NFGC}$	2	2.671 8	0.078 6
$dlnS_{GGC}\&dlnS_{NFGC}$	3	2.071 2	0.116 1
$dlnS_{GGC}\&dlnS_{NFGC}$	4	2.908 5	0.031 6
$dlnS_{GGC}\&dlnS_{NFGC}$	5	2.961 7	0.022 0
$dlnS_{GGC}\&dlnS_{NFGC}$	6	2.280 3	0.055 0
$dlnS_{GGC}\&dlnS_{NFGC}$	7	1.967 3	0.086 3
$dlnS_{GGC}\&dlnS_{NFGC}$	8	2.028 6	0.072 5

第一，四部门内信用规模的无序变动相互传输影响机制效果不尽相同。其中，政府部门信用规模无序变动与金融部门信用规模无序变动、非金融企业部门信用规模无序变动与政府部门信用规模无序变动存在显著的单向 Granger 因果关系，而其他部门间均不存在 Granger 因果关系。

第二，从 Granger 关系显现时间和持续时间差异上来看，金融部门信用规模无序变动对政府部门信用规模无序变动的 Granger 因果关系从第 1 期开始显现，一直持续至第 6 期；政府部门无序变动对非金融企业部门无序变动的 Granger 因果关系在第 1 期显现出来，持续到第 2 期，之后从第 4 期持续到第 7 期。

（三）基于敏感性视角的信用规模无序变动与宏观经济变动的作用规律分析

1. 变量选择、数据特征与单位根检验

本部分中国各层次信用规模数据处理方式与本节第一部分保持一致，GDP 数据处理方式与第四章第三节保持一致。数据起始时间为 2006 年第二季度至 2021 年第一季度，时期长度为 15 年共 60 个季度。

回归所需序列首先要满足的条件即为平稳性条件，因此，在进行模型回归之前需要对数据进行单位根检验，检验结果如表 7-10 所示：

表 7-10　单位根检验结果

变量	ADF 值	P 值	(C, T)	结论
gdp	−3.070 251	0.122 9	(1, 1)	不平稳
$dgdp$	−10.491 260	0.000 0	(1, 0)	平稳

由上表可知，因变量 gdp 是非平稳序列，但变量的一阶差分序列 $dgdp$ 属于平稳序列，因此，本研究对变量 GDP 取一阶差分构建模型检验。

2. 信用规模无序变动与宏观经济变动间回归分析

（1）模型建立

为了分析信用规模无序变动与宏观经济运行的长期均衡关系，本节建立如下回归模型进行估计：

$$y_t = \alpha_0 + \alpha_1 x_{k, t} + u_t \qquad\qquad 公式(7.6)$$

其中，y_t 为被解释变量，表示剔除季节效应后的实际 GDP 值；α_0 为常数；x 为解释变量，表示信用规模无序变动剔除季节效应后的值，当 k 分别

表 7-11 信用规模无序变动对宏观经济影响效应实证结果

	(1-1)	(1-2)	(2-1)	(2-2)	(3-1)	(3-2)	(4-1)	(4-2)	(5-1)	(5-2)
	OLS	OLS	OLS	WLS	OLS	WLS	OLS	OLS	OLS	WLS
					dgdp					
$L1.dgdp$		−0.332*** (−2.67)		−0.594*** (−6.85)		−0.099 (−0.70)		−0.343*** (−2.77)		−0.379*** (−3.01)
S_{GC}_DC	−5.123 (−1.56)	−5.487* (−1.74)								
S_{GGC}_DC			−38.008 (−1.05)							
$L2.S_{GGC}\_DC$				−136.072*** (−2.69)						
S_{FGC}_DC					−9.534 (−1.42)	−5.986** (−2.32)				
S_{NFGC}_DC							−12.498 (−1.57)	−14.356* (−1.89)		
S_{HGC}_DC									−12.902 (−0.35)	27.698 (0.59)
$L2.S_{HGC}\_DC$										−86.959** (−2.20)
F	2.426	4.953	1.098	27.248	2.024	2.728	2.469	5.251	0.120	4.446
R^2	0.041	0.152	0.019	0.502	0.034	0.090	0.042	0.160	0.002	0.198
序列相关	1阶	NO	1阶	NO	1阶	NO	1阶	NO	1阶	NO
ARCH(1)	1阶	NO	1阶	NO	1阶	NO	1阶	NO	1阶	NO
N	61	61	61	61	61	61	61	61	61	61

注：*、**和***分别表示在10%、5%和1%的水平上显著；括号内为T统计量的值；本模型进行了1阶至28阶序列相关检验，列(1-2)、(2-2)、(3-2)、(4-2)均不存在序列相关；本模型进行了1阶至5阶的异方差检验，列(1-2)、(2-2)、(3-2)、(4-2)均不存在异方差，列(5-2)采用加权最小二乘估计法去除异方差，其中列(2-2)选取权重为 S_{GGC}_DC 滞后3阶3阶的标准差，列(3-2)选取权重为 S_{FGC}_DC 的方差逆矩阵，列(5-2)选取权重为 S_{HGC}_DC 的方差逆矩阵。

取 1、2、3、4、5 时，x_t 分别为信用总规模、政府、金融、非金融企业、居民部门信用规模无序变动指数；β_1 为各部门信用规模无序变动的回归系数；u_t 为随机扰动项。

（2）结果分析

模型回归结果如表 7-11 所示。由表 7-11 可知，信用规模无序变动与宏观经济运行的 OLS 回归结果中残差序列存在显著的序列相关性和异方差特点，回归结果不可信；通过采用加权最小二乘估计以及在模型中加入新的解释变量等手段，很好地消除了原模型的缺陷，因此，本部门在报告模型结果时，选择调整后最优的模型进行，即对列（1-2）、（2-2）、（3-2）、（4-2）、（5-2）的估计结果进行解释。

表 7-11 给出了信用规模无序变动对宏观经济影响效应实证结果，由检验结果对信用总规模无序变动与宏观经济的长期均衡关系进行总结，具体如下：

第一，信用规模的无序变动对宏观经济在长期均呈现显著的负向影响，但影响效应的开始时间不同。其中，信用总规模、金融部门和非金融企业部门信用规模的无序变动对宏观经济运行在当期即呈现出显著的负向影响，而政府部门和居民部门信用规模无序变动在滞后 2 期时才呈现出显著的负向影响。且除非金融企业部门信用规模的无序变动与信用总规模的无序变动的影响效应在 10% 的水平上显著外，其他三部门信用规模的影响效应均在 5% 的水平上显著，政府部门信用规模无序变动滞后 2 期的影响在 1% 水平上显著。

第二，信用规模无序变动对宏观经济的影响强度不同，但都为负值。模型中，政府部门与居民部门信用规模的无序变动对宏观经济影响程度明显大于其余部门信用规模无序变动的影响。其中，政府部门信用规模无序变动滞后 2 期对宏观经济运行影响的回归系数绝对值最大，为 −136.072，即政府部门信用规模无序变动滞后 2 期每增加 1 单位，会引起当期 GDP 减少 136.072 单位；而信用总规模无序变动对宏观经济运行的回归系数绝对值最小，为 −5.487，即信用总规模无序变动每增加 1 单位，会引起当期 GDP 减少 5.487 单位。

3. 基于敏感性视角的信用规模无序变动与宏观经济无序变动的联动机理

为了研究信用规模无序变动对宏观经济运行的动态影响，我们进行了 Granger 因果检验，检验结果总结如下：

（1）Granger 因果关系总结分析

表 7-12　基于 VAR 的信用规模无序变动与宏观经济变动之间的 Granger 检验结果

原假设	Lag	卡方统计量	P	结论
S_{GC}_DC & $dgdp$	—	—	—	不拒绝
$dgdp$ & S_{GC}_DC	—	—	—	不拒绝
S_{GGC}_DC & $dgdp$	—	—	—	不拒绝
$dgdp$ & S_{GGC}_DC	—	—	—	不拒绝
S_{FGC}_DC & $dgdp$	—	—	—	不拒绝
$dgdp$ & S_{FGC}_DC	—	—	—	不拒绝
SN_{FGC}_DC & $dgdp$	—	—	—	不拒绝
$dgdp$ & S_{NFGC}_DC	—	—	—	不拒绝
S_{HGC}_DC & $dgdp$	5	2.303	0.061 2	拒绝
$dgdp$ & S_{HGC}_DC	4	2.115	0.094 2	拒绝

注：(1)"&"表示在检测的 1 至 8 期内前者不是后者的 Granger 因果关系的原因；(2)"拒绝"表示在 10% 的显著水平下拒绝不存在 Granger 因果关系的原假设；(3)"—"表示在检测的 1 至 8 期内前者不是后者的 Granger 因果关系的原因。

　　基于敏感性视角分析，不同部门信用规模的无序变动对 GDP 增量的影响机制效果不尽相同。其中，居民部门信用规模无序变动与 GDP 增量之间存在显著的双向 Granger 因果关系，而其他部门间均不存在 Granger 因果关系。由检验结果可知，在 90% 置信水平上，居民部门信用规模无序变动显著的是 GDP 增量的 Granger 原因，其变动可以直接引起 GDP 增量的变动；GDP 增量也显著的是居民部门信用规模无序变动的 Granger 原因，其变动可以直接引起居民部门信用规模无序变动。

　　（2）Granger 因果关系比较分析

表 7-13　居民部门信用规模无序变动与 GDP 增量的 Granger 因果检验结果

原假设	Lag	卡方统计量	Prob.
S_{HGC}_DC & $dgdp$	1	0.034	0.853 8
S_{HGC}_DC & $dgdp$	2	1.375	0.262 0
S_{HGC}_DC & $dgdp$	3	1.008	0.397 1
S_{HGC}_DC & $dgdp$	4	2.016	0.108 0
S_{HGC}_DC & $dgdp$	5	2.303*	0.061 2
S_{HGC}_DC & $dgdp$	6	2.240*	0.058 9
S_{HGC}_DC & $dgdp$	7	2.038*	0.076 0
S_{HGC}_DC & $dgdp$	8	1.949*	0.084 2

表 7-14　GDP 增量与居民部门信用规模无序变动的 Granger 因果检验结果

原假设	Lag	卡方统计量	Prob.
$dgdp$ & S_{HGC}_D	1	0.858	0.358 2
$dgdp$ & S_{HGC}_D	2	0.504	0.607 0
$dgdp$ & S_{HGC}_D	3	0.456	0.714 4
$dgdp$ & S_{HGC}_D	4	2.115*	0.094 2
$dgdp$ & S_{HGC}_D	5	1.585	0.184 8
$dgdp$ & S_{HGC}_D	6	1.781	0.127 8
$dgdp$ & S_{HGC}_D	7	1.328	0.264 8
$dgdp$ & S_{HGC}_D	8	1.253	0.299 8

　　从 Granger 关系显现时间和持续时间差异上来看，居民部门信用规模无序变动对 GDP 增量的 Granger 因果关系从第 5 期开始显现，一直持续至第 8 期；GDP 增量对居民部门信用规模无序变动的 Granger 因果关系在第 4 期显现出来，随后消失并且不再出现。

（四）基于联动规律的信用规模无序变动治理

1. 中国各层次信用规模无序变动与宏观经济关系的长期关系分析

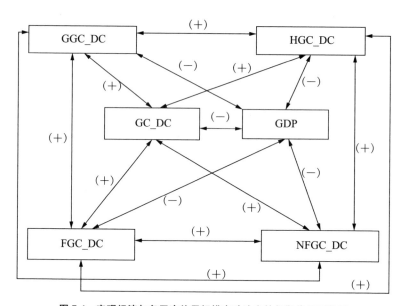

图 7-4　宏观经济与各层次信用规模变动冲击的长期传导网络图

　　注：其中，GC_DC 表示信用总规模无序变动；GGC_DC 表示政府部门信用规模无序变动；HGC_DC 表示居民部门信用规模无序变动；FGC_DC 表示金融部门信用规模无序变动；NFGC_DC 表示非金融企业部门信用规模无序变动；图中双箭头表示为双向传导机制，单箭头表示为某因素到指向因素的单向传导机制。

　　第一，图 7-4 对四部门信用规模内部无序变动的长期关系分析和四部门信用规模敏感度之间的回归结果说明,政府部门信用规模、金融部门信用规模、非金融企业部门信用规模和居民部门信用规模敏感度间均存在显著畅通的长期双向传导网络机制。其中,金融部门信用规模敏感度、非金融企业部门信用规模敏感度和居民部门信用规模敏感度对政府部门信用规模敏感度的长期影响均呈现正向相关关系,表示这三部门信用规模敏感度的增加均会导致政府部门信用规模敏感度的增加。非金融企业部门和居民部门信用规模敏感度对金融部门信用规模敏感度的长期影响均呈现正向相关关系,表示这两部门信用规模敏感度的增加均会导致金融部门信用规模敏感度的增加。居民部门信用规模敏感度的增加会导致非金融企业部门信用规模敏感度的增加。基于上述分析可知,四部门信用规模敏感度之间均存在正向的相互作用,在进行信用规模敏感度治理时应考虑四部门间信用规模敏感度的相互作用。

第二,由图 7-4 对中国信用总规模与四部门信用规模之间无序变动的长期关系分析,以及中国信用总规模敏感度和四部门信用规模敏感度的回归结果可知,四部门信用规模敏感度与中国信用总规模敏感度之间存在正向相关关系。因为中国信用总规模是由四部门信用规模相加而成,所以四部门信用规模敏感度的增加会导致中国信用总规模敏感度的增加。由回归系数分析可知,其中政府部门信用规模无序变动对信用总规模无序变动影响最大,其次是居民部门、非金融企业部门和金融部门。

第三,由图 7-4 对中国各层次信用规模无序变动与宏观经济 GDP 的长期关系分析可知,中国各层次信用规模敏感度均对宏观经济产生影响,且影响都为负。政府部门信用规模、金融部门信用规模、非金融企业部门信用规模和居民部门信用规模敏感度对 GDP 的影响均呈现为负向相关,表明这四部门信用规模无序变动会导致 GDP 的下降。总体来看,由于中国信用总规模是由四部门信用规模相加而成,因此,中国信用总规模的无序变动同样会带来 GDP 的下降。由中国信用总规模和四部门信用规模与GDP 的回归结果系数可知,政府部门信用规模无序变动对宏观经济产生的影响最大,对宏观经济的下降起主要作用,其次是非金融企业部门、金融部门和居民部门。

2. 中国各层次信用规模无序变动与宏观经济关系的短期关系分析

图 7-5 给出的是各层次信用规模内部以及与 GDP 之间,各因素发生变化产生的冲击在系统内的短期传导途径,以及短期传播路径。

第一,对四部门内部信用规模无序变动的短期关系分析和四部门间

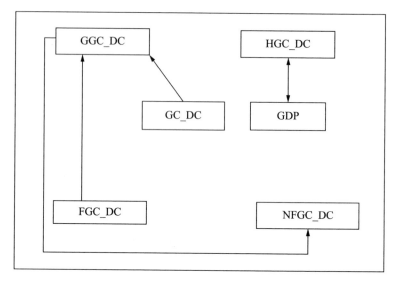

图7-5 宏观经济与各层次信用规模变动冲击的短期传导网络图

注:其中,GC_DC表示信用总规模无序变动;GGC_DC表示政府部门信用规模无序变动;FGC_DC表示金融部门信用规模无序变动;NFGC_DC表示非金融企业部门信用规模无序变动;HGC_DC表示居民部门信用规模无序变动。图中双箭头表示为双向传导机制,单箭头表示为某因素到指向因素的单向传导机制。

信用规模敏感度的 Granger 因果检验说明,政府部门信用规模无序变动对金融部门和非金融企业部门信用规模无序变动存在显著的短期单向传导网络机制。即金融部门信用规模的无序变动能引起政府部门信用规模的无序变动,政府部门信用规模的无序变动能引起非金融企业部门信用规模的无序变动。

第二,对中国信用总规模与四部门信用规模无序变动的短期关系分析,以及中国信用总规模敏感度与四部门信用规模敏感度的 Granger 因果检验说明,中国信用总规模无序变动对政府部门信用规模无序变动存在显著的短期单向传导网络机制,即中国信用总规模的无序变动能引起政府部门信用规模的无序变动。

第三,对中国各层次信用规模无序变动与宏观经济 GDP 的短期关系分析,以及中国各层次信用规模敏感度对宏观经济的 Granger 因果检验说明,居民部门信用规模无序变动与 GDP 增量之间存在显著的双向 Granger 因果关系,即居民部门信用规模无序变动可以直接引起 GDP 增量的变动;GDP 增量的变动也可以直接引起居民部门信用规模无序变动。

第二节　基于 DEA 效率测算视角的中国 信用规模无序变动的识别与治理

一、　效率的测算方法与数据样本的确定

本节考察信用总规模的运行效率,主要采用的是时间序列数据。本节所用数据为中国信用总规模、中国四部门的信用规模(即政府部门、金融部门、非金融企业部门以及居民部门)和 GDP,数据沿用第四章。

本节选取数据包络分析模型对中国信用规模无序变动进行识别和分析,数据包络分析模型(简称 DEA)是一种用非参数分析的模型,其主要元素是决策单元,对非参数前沿效率进行测算,用于鉴别决策单元是否有效。DEA 模型常用的模型有 CCR 模型和 BCC 模型,想用 CCR 模型必须保证规模报酬不变,该模型在实际操作中具有一定的难度,所以新建了 BCC 模型,建立该模型的意义就在于它是被用来计算纯技术效率的,用于检测样本生产技术是否有效,这满足了大多数的样本研究所需的条件。

$$\min[\theta - \varepsilon(e^{-T}S^- + e^{+T}S^+)] \qquad 公式(7.7)$$

$$\sum_{j=1}^{n}\lambda_j X_j + S^- = \theta X_K \qquad 公式(7.8)$$

$$\sum_{j=1}^{n}\lambda_j Y_j - S^+ = Y_K \qquad 公式(7.9)$$

$$\sum_{j=1}^{n}\lambda_j = 1 \qquad 公式(7.10)$$

其中,$e^{-r} = (1, 1, \cdots, 1) \in E_m$,$e^{+r} = (1, 1, \cdots, 1) \in E_s$,$\lambda_j \geqslant 0$, $1 \leqslant j \leqslant n$; S^-, $S^+ \geqslant 0 m \geqslant 0$, $s \geqslant 0$;记 $X_k = X_{jk}$,$Y_k = Y_{jk}$,$1 \leqslant K \leqslant n$, $1 \leqslant j \leqslant n X_j = (X_{1j}, X_{2j}, \cdots, X_{mj})T$,$Y_j = (Y_{1j}, Y_{2j}, \cdots, Y_{sj})T$,$X_{ij} > 0$,$Y_{rj} > 0$,$i = 1, 2, \cdots, m$; $r = 1, 2, \cdots, s$。

(1) 当 $\theta^* = 1$,$S^{-*} = S^{+*} = 0$ 时,称被评价决策单元 DMU 为准确性 DEA 有效。

(2) 当 $\theta^* = 1$,$S^{-*} \neq 0$ 或 $S^{+*} \neq 0$ 时,称被评价决策单元 DMU 为弱 DEA 有效。

二、　中国信用规模投入效率测算

本部分研究的主要目的是通过测算中国信用总规模识别信用规模的

变动规律,进而提出信用规模无序变动的治理方式。而在进行效率测算分析时发现,各层次信用规模与 GDP 数据均具有较强的季节性因素,不便于对信用规模投入效率进行预测分析,为提高研究精度,需要排除季节性因素对投入效率情况分析的影响,下面的分析数据均采用四项移动加权平均方法剔除季节因素。

(一)信用总规模与各部门信用规模投入效率测算

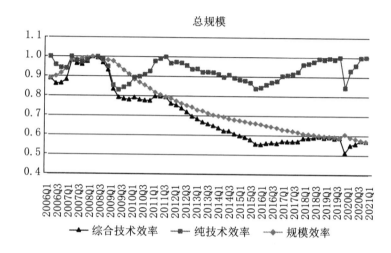

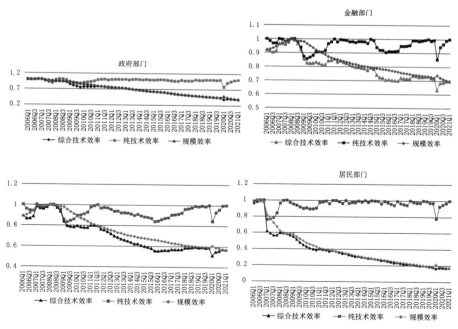

图 7-6 信用总规模及四部门信用规模投入效率变化趋势图

信用总规模与各部门信用规模的纯技术效率变化趋势大体上保持波动趋势,其中信用总规模与非金融企业部门的纯技术效率偏离数值 1 的时期最多,而政府部门、金融部门、居民部门的纯技术效率长期保持在数值 1 附近,但都在 2008 年金融危机时期、2014 年经济体制改革时期、2020 年疫情时期有所波动。

信用总规模与各部门信用规模的规模效率大体上呈现先增后降趋势,但是不同信用规模的拐点出现时期不同,其中,信用总规模、金融部门、非金融企业部门信用投入的规模效率由增到减的拐点出现于 2008 年第一季度附近,而政府部门、居民部门信用投入的规模效率的拐点出现于 2007 年第一季度附近。

信用总规模与各部门信用规模的综合技术效率同样保持一致,在拐点和长期趋势方面与各自的规模效率变动规律保持一致,在短期波动方面与各自的纯技术效率变动规律保持一致,如不同信用规模投入的综合技术效率均呈现先增后减趋势,且拐点位置与各自规模效率保持一致,但是在 2008 年、2020 年均与纯技术效率呈现同样的波动。

(二) 各部门信用规模投入效率分布特征

表 7-15　各层次信用规模投入的综合效率、纯技术效率、规模效率分布情况

信用规模投入	综合效率分布	数量	所占比重	纯技术效率分布	数量	所占比重	规模效率分布	数量	所占比重
信用总规模	[0.438, 0.688)	34	55.74%	[0.647, 0.867)	31	50.82%	[0.589, 0.793)	32	52.46%
	[0.688, 1)	26	42.62%	[0.867, 1)	21	34.43%	[0.793, 1)	28	45.90%
	1	1	1.64%	1	9	14.75%	1	1	1.64%
政府部门	[0.372, 0.612)	29	47.5%	[0.777, 0.856)	31	50.82%	[0.379, 0.713)	28	45.90%
	[0.612, 1)	31	50.82%	[0.856, 1)	19	31.15%	[0.713, 1)	32	52.46%
	1	1	1.64%	1	11	18.03%	1	1	1.64%
金融部门	[0.632, 0.800)	32	52.46%	[0.854, 0.959)	23	37.70%	[0.698, 0.835)	35	57.38%
	[0.800, 1)	28	45.90%	[0.959, 1)	30	49.18%	[0.835, 1)	25	40.98%
	1	1	1.64%	1	8	13.11%	1	1	1.64%
非金融企业部门	[0.427, 0.665)	34	52.63%	[0.644, 0.852)	30	49.18%	[0.59, 0.768)	33	54.09%
	[0.665, 1)	26	45.61%	[0.852, 1)	24	39.34%	[0.768, 1)	27	44.26%
	1	1	1.75%	1	7	11.47%	1	1	1.75%
居民部门	[0.137, 0.750]	57	93.44%	[0.536, 0.871)	42	68.85%	[0.177, 0.430]	41	67.21%
	[0.750, 1)	3	4.92%	[0.871, 1)	8	13.11%	[0.430, 1)	19	31.14%
	1	1	1.64%	1	11	18.03%	1	1	1.64%

注:综合效率分布、纯技术效率分布和规模效率分布的区间划分是以均值为标准进行划分的。

如上表所示,信用总规模与四部门信用规模投入的综合效率、纯技术效率、规模效率分布均呈现不同程度的左偏。综合效率分布左偏说明信用规模投入在大多数时期内偏离数值1,即投入没有实现最有效;分析其原因发现,各信用规模投入对应的纯技术效率左偏程度较轻,而规模效率左偏程度较重,即规模效率相对于纯技术效率的有效程度更低,这一点从规模效率为数值1的观测点数量少于纯技术效率也可以看出,这就证明了综合效率长期达不到有效很大程度上是因为规模效率无法达到有效。

三、 中国信用规模无序变动的识别及联动规律分析

(一) 信用规模无序变动的识别

首先,通过对中国信用总规模以及四部门的综合技术效率的分析,可以得出,中国信用总规模除在 2007 年第四季度达到 DEA 有效之外,其余季度时间所投入的信用总规模均处于无序变动;政府部门投入的信用规模除在 2006 年第四季度达到 DEA 有效之外,其余季度时间所投入的信用总规模均处于无序变动;金融部门投入的信用规模除在 2007 年第四季度达到 DEA 有效之外,其余季度时间所投入的信用总规模均处于无序变动;非金融企业部门投入的信用规模除在 2007 年第四季度达到 DEA 有效之外,其余季度时间所投入的信用总规模均处于无序变动;居民部门投入的信用规模除在 2006 年第四季度达到 DEA 有效之外,其余季度时间所投入的信用总规模均处于无序变动。

根据上述分析可以看出,中国信用总规模以及四部门综合技术效率达到 DEA 有效的时间占总体时间的比例仅为 1.6%。另外一方面,中国信用总规模与金融部门投入的信用规模和非金融企业部门投入的信用规模在相同时间达到了 DEA 有效,其余时间均处于无序变动,说明三者之间存在一定关联性;同时,政府部门与居民部门所投入的信用规模也在相同时间达到了 DEA 有效,其余时间均处于无序变动状态,说明二者之间也存在一定的联系。

通过 DEA 数据处理,能够得到信用总规模与四部门信用规模无序变动冗余值,即原值减去其对应的投入目标值。进而可以利用冗余值作为无序变动的指数进行回归分析。

(二) 信用总规模与四部门信用规模无序变动的作用规律分析

本节延续第四章第二节的研究思路,致力于研究四部门信用规模无序变动与信用总规模无序变动之间是否存在长期均衡关系,以及短期内四部门信用规模无序变动对信用总规模无序变动的动态影响。对四部门信用

规模无序变动与信用总规模无序变动运行的长期均衡关系的研究,借助构建一元回归模型进行;对四部门信用规模对信用总规模的动态影响的研究,借助 Granger 因果检验进行。

1. 变量选择与数据特征

本节变量选择与第四章第三节基本保持一致,数据处理是在第四章第三节的基础上,增加了一步无序变动指数计算,即以信用总规模和四部门信用规模无序变动指数作为最终的数据选择,由于计算方法在本节第一部分已经呈现,这里不再赘述。本节所选用的四部门信用规模数据来源于中国人民银行和国际清算银行,GDP 来自 wind 数据库,CPI 来自中经网统计数据库。数据为季度数据,样本区间为 2006 年第一季度到 2021 年第一季度,样本长度为 61。下表给出了模型中设计的变量名称、表示及含义。

表 7-16　模型中的变量符号及含义

变　　量	符　　号	含　　义
GC 无序变动指数	gc_DC $lngc\_DC$	GC 投入冗余值 GC 冗余值的对数值
GGC 无序变动指数	ggc_DC $lnggc\_DC$	GGC 投入冗余值 GGC 投入冗余值的对数值
FGC 无序变动指数	fgc_DC $lnfgc\_DC$	FGC 投入冗余值 FGC 投入冗余值的对数值
NFGC 无序变动指数	$nfgc\_DC$ $lnnfgc\_DC$	NFGC 投入冗余值 NFGC 投入冗余值对数值
HGC 无序变动指数	hgc_DC $lnhgc\_DC$	HGC 投入冗余值 HGC 投入冗余值的对数值

2. 单位根检验

对时间序列进行分析的前提是保证序列的平稳性,以避免出现伪回归问题,为了检验各变量的平稳性,本节对各变量的原序列进行了单位根检验,用以判断时间序列的平稳性。为了消除异方差性,本节对所有变量进行对数处理,由下表的单位根检验结果可知,各部门信用规模无序变动的对数值均为平稳序列,可直接进行建模回归。

表 7-17　单位根检验结果

变　　量	ADF 值	P 值	(C, T)	结论
gc_DC	−4.441	0.001	(1, 0)	平稳
$lngc\_DC$	−5.487	0.000	(1, 0)	平稳
ggc_DC	−4.96	0.000	(1, 0)	平稳
$lnggc\_DC$	−5.895	0.000	(1, 0)	平稳
fgc_DC	−3.911	0.004	(1, 0)	平稳

变 量	ADF 值	P 值	(C, T)	结论
$lnfgc\_DC$	-5.423	0.000	(1, 0)	平稳
$nfgc\_DC$	-2.899	0.051	(1, 0)	平稳
$lnnfgc\_DC$	-4.927	0.000	(1, 0)	平稳
hgc_DC	-5.561	0.000	(1, 1)	平稳
$lnhgc\_DC$	-5.531	0.000	(1, 0)	平稳

3. 信用总规模与四部门信用规模无序变动长期作用规律分析

（1）模型建立

为了分析四部门信用规模无序变动与信用总规模无序变动运行的长期均衡关系，本节建立如下回归模型进行估计：

$$y_t = \beta_0 + \beta_1 x_{k, t} + u_t \qquad \text{公式(7.11)}$$

其中，y_t 为被解释变量，表示信用总规模无序变动的对数值；β_0 为常数；x 为解释变量，表示四部门信用规模无序变动的对数值；当 k 等于 1、2、3、4 时，x_t 分别是政府、金融、非金融企业、居民部门信用规模无序变动的对数值；β_1 为各部门信用规模无序变动的对数值的回归系数；u_t 为随机扰动项。

（2）结果分析

模型回归结果如下表所示。由非金融企业与居民部门信用规模无序变动对信用总规模无序变动的一元回归结果可知，残差序列存在显著的序列相关性特点，回归结果不可信；通过在模型中加入新的解释变量，很好地消除了原模型的序列相关性，因此，本部分在报告模型结果时，选择调整后的最优模型进行，即对列（1）、（2）、（3-2）、（4-2）的估计结果进行解释。

表 7-18 四部门信用规模无序变动对信用总规模影响效应实证结果

	(1)	(2)	(3-1)	(3-2)	(4-1)	(4-2)
			$lngc\_DC$			
$lnggc\_DC$	0.674 *** (6.37)					
$lnfgc\_DC$		0.960 *** (20.23)				
$lnnfgc\_DC$			0.950 *** (15.98)	0.967 *** (14.12)		
$L1.\,lngc\_DC$				0.270 ** (2.08)		

	(1)	(2)	(3-1)	(3-2)	(4-1)	(4-2)
			$lngc\_DC$			
$L1. lnnfgc\_DC$				0.289**		
				(−2.03)		
$lnhgc\_DC$					0.357**	0.269**
					(2.57)	(2.03)
$L1. lngc\_DC$						0.261**
						(2.10)
F	40.572	409.41	255.458	77.794	6.602	5.462
R^2	0.407	0.874	0.812	0.806	0.101	0.161
序列相关	No	No	2 阶自相关	No	6 阶自相关	No
ARCH	No	No	No	No	No	No
N	61	61	61	61	61	61

注：*、** 和 *** 分别表示在 10%、5% 和 1% 的水平上显著；括号内为 T 统计量的值；本模型进行了 1 阶至 28 阶序列相关检验，列(1)、(2)、(3-2)、(4-2)均不存在序列相关；本模型进行了 1 阶至 5 阶的异方差检验，均不存在异方差。

上表给出了四部门信用规模无序变动对信用总规模影响效应实证结果，由检验结果对信用总规模与四部门信用规模的长期均衡关系进行总结，具体如下：

第一，四部门信用规模的无序变动对信用总规模的无序变动在长期均呈现显著的正向影响，但影响效应的开始时间不同。其中，政府部门和金融部门信用规模的无序变动对信用总规模的无序变动在当期即呈现出显著的正向影响，而非金融企业部门和居民部门信用规模无序变动在滞后 1 阶时才呈现出显著的正向影响。且除居民部门信用规模的无序变动对信用总规模的无序变动的影响效应在 5% 的水平上显著外，其他三部门信用规模的影响效应均在 1% 的水平上显著。

第二，四部门信用规模的无序变动对信用总规模的无序变动的影响强度不同，但都小于 1。模型中，金融部门与非金融企业部门信用规模的无序变动对信用总规模的无序变动影响的回归系数均大于 0.95，其中，非金融企业部门信用规模对信用总规模的无序变动影响的回归系数最大，为 0.967，即非金融企业部门信用规模无序变动每增加 1% 会引起信用总规模无序变动增加 0.967%；而居民部门信用规模对信用总规模的无序变动影响的回归系数最小，为 0.269，即居民部门信用规模无序变动每增加 1% 会引起信用总规模无序变动增加 0.269%。

4. 信用总规模与四部门信用规模无序变动的短期作用规模分析

为了研究四部门信用规模无序变动对信用总规模无序变动的动态影

响,我们进行 Granger 因果检验,检验结果总结如下:

表 7-19　基于 VAR 的信用总规模与四部门信用规模的 Granger 因果检验结果

原假设	Lag	卡方统计量	P	结论
$ggc\_DC\&gc\_DC$	1	5.429	0.023 4	拒绝
$gc\_DC\&ggc\_DC$	—	—	—	不拒绝
$fgc\_DC\&gc\_DC$	1	7.051	0.010 3	拒绝
$gc\_DC\&fgc\_DC$	1	9.643	0.003 0	拒绝
$nfgc\_DC\&gc\_DC$	6	3.375	0.008 3	拒绝
$gc\_DC\&nfgc\_DC$	1	10.914	0.001 7	拒绝
$hgc\_DC\&gc\_DC$	5	3.333	0.012 1	拒绝
$gc\_DC\&hgc\_DC$	6	2.670	0.027 6	拒绝

注:(1)"&"表示在检测的 1 至 8 期内前者不是后者的 Granger 因果关系的原因;(2)"拒绝"表示在 10% 的显著水平下拒绝不存在 Granger 因果关系的原假设;(3)"—"表示在检测的 1 至 8 期内前者不是后者的 Granger 因果关系的原因。

第一,政府部门信用规模与信用总规模存在显著的单向 Granger 因果关系。由检验结果可知,政府部门信用规模投入冗余值变动是信用总规模投入冗余值变动的 Granger 原因,显著程度很高,P 值为 0.0234;但信用总规模投入冗余值对政府部门信用规模投入冗余值的影响途径不畅通,存在影响途径尚未疏通的情况。信用总规模投入冗余值与政府部门信用规模冗余值之间具有单向传导机制畅通的特点。

第二,金融部门信用规模与信用总规模存在双向的 Granger 因果关系。由检验结果可知,金融部门信用规模投入冗余值波动是信用总规模投入冗余值变动的 Granger 原因,其变动可以直接引起信用总规模投入冗余值的变动,检验结果在 10% 的置信区间内显著;信用总规模投入冗余值的变动也是金融部门信用规模投入冗余值变动的 Granger 原因。也就是说,信用总规模投入冗余值的变动可以直接带来金融部门信用规模投入冗余值的增加或减少,金融部门信用规模投入冗余值的变动也可以直接引起信用总规模投入冗余值的变动,金融部门与信用总规模运行之间具有双向传导机制畅通的特点,无须经由其他渠道间接地发生效果。

第三,非金融企业部门企业信用规模与信用总规模存在显著的双向 Granger 因果关系。由检验结果可知,非金融企业部门信用规模投入冗余值的变动与信用总规模投入冗余值的变动互为 Granger 原因。即非金融企业部门信用活动的扩张或收缩,会带来信用总规模信用活动的增长或减少;而信用总规模投入冗余值的增长或下降同样可以直接引致非金融企业部门企业信用活动的扩张或收缩。由此可见,非金融企业部门与信用总规模之间建立了双向影响机制,两部门之间的影响均是直接起作用,同样无须经由其他途径间接影响。

第四,居民部门信用规模与信用总规模存在显著的双向 Granger 因果关系。由检验结果可知,居民部门信用规模投入冗余值的变动是信用总规模投入冗余值变动的 Granger 原因;信用总规模投入冗余值的变动也是居民部门信用规模投入冗余值变动的 Granger 原因。由此可见,居民部门信用规模变动与宏观经济运行之间也搭建起了直接的双向影响机制,即居民部门信用规模投入冗余值的变动可以直接引起信用总规模投入冗余值的变动,信用总规模投入冗余值的变动也可以直接影响居民部门信用规模投入冗余值的变动,无须经过其他部门的间接传导。

(三) 四部门信用规模无序变动的作用规律分析

1. 四部门信用规模无序变动长期作用规律分析

(1) 建立模型

为了分析四部门信用规模无序变动与信用总规模无序变动运行的长期均衡关系,本节建立如下回归模型进行估计:

$$y_{j,t}=\zeta_0+\zeta_1 x_{k,t}+u_t \qquad 公式(7.12)$$

其中,$y_{j,t}$ 为被解释变量,表示四部门信用规模无序变动的对数值;当 j 等于 1、2、3、4 时,y_j 分别表示政府、金融、非金融企业、居民部门信用规模无序变动对数值;ζ_0 为常数;$x_{k,t}$ 为解释变量,表示四部门信用规模无序变动的对数值;当 k 等于 1、2、3、4 时,x_k 分别是政府、金融、非金融企业、居民部门信用规模无序变动对数值;ζ_1 为各部门信用规模无序变动对数值的回归系数;u_t 为随机扰动项。在建模时剔除掉被解释变量与解释变量位置对调的重复模型,最终确立了 6 个四部门信用规模无序变动的影响效应模型。

(2) 结果分析

模型回归结果如下表所示。由于部分模型的残差序列存在显著的序列相关性、异方差性特点,回归结果并不可信;需要通过在模型中加入新的解释变量进而消除原模型中的序列相关性、异方差性。因此,在模型结果输出时,选择调整后的最优模型进行分析,即对列(1)、(2-2)、(3-2)、(4)、(5-2)、(6-2)的估计结果进行解释。

由检验结果对四部门内部信用规模的长期均衡关系进行总结,具体如下:

第一,四部门内部的信用规模的无序变动在长期呈现出显著的正向

表 7-20　四部门内部信用规模无序变动影响效应实证结果

	(1)	(2-1)	(2-2)	(3-1)	(3-2)	(4)	(5-1)	(5-2)	(6-1)	(6-2)
	lnggc_DC	lnggc_DC	lnggc_DC	lnggc_DC	lnggc_DC	lnfgc_DC	lnfgc_DC	lnfgc_DC	lmfgc_DC	lmfgc_DC
	OLS									加权 OLS
L. lnggc_DC			0.211* (1.94)		0.184* (1.69)					
lnfgc_DC	0.543*** (5.18)									
L. lnfgc_DC								0.258** (2.10)		
lmfgc_DC		0.563*** (5.26)	0.537*** (4.78)			0.824*** (10.34)				
L. lmfgc_DC										0.275** (2.08)
lnhgc_DC				0.586*** (5.07)	0.547*** (4.81)		0.393*** (2.95)	0.304** (2.37)	0.196 (1.44)	0.983*** (2.81)
L. lnhgc_DC										−0.288* (−1.74)
L6. lnhgc_DC										−0.012 (−0.09)
F	26.809	27.619	14.120	25.669	14.269	106.911	8.697	6.559	2.067	2.668
R^2	0.312	0.319	0.331	0.303	0.334	0.644	0.128	0.187	0.033	0.202
序列相关	No	6阶自相关	No	1阶自相关	No	No	1阶自相关	No	6阶自相关	No
ARCH(1)	No	No	No	No	No	No	No	No	4阶异方差	No
N	61	61	60	61	60	61	61	60	61	55

注：*、**和***分别表示在10%、5%和1%的水平上显著，括号内为T统计量的值；本模型进行了1阶至28阶序列相关检验，1阶至5阶的异方差检验，(6-2)中权重为解释变量 lnhgc_DC 平方项的逆矩阵。

影响。其中,居民部门与非金融企业部门信用规模的无序变动影响效应最为紧密,但是滞后1期的居民部门信用规模的无序变动对当期非金融企业部门信用规模的无序变动呈现出反向的影响。

第二,四部门内部的信用规模的无序变动影响强度不同,但其对应的数值都小于1。其中,居民部门信用规模对非金融企业的无序变动影响程度最大,模型中其所对应的数值为0.983,即非金融企业部门信用规模无序变动每增加1%会引起信用总规模无序变动增加0.983%;而居民部门信用规模对金融部门的无序变动影响的回归系数最小,为0.304,即居民部门信用规模无序变动每增加1%会引起信用总规模无序变动增加0.304%。

2. 四部门信用规模无序变动的短期作用规模分析

为了研究四部门信用规模无序变动的动态影响,我们进行Granger因果检验,检验结果总结如下:

表 7-21　Granger 检验结果

原假设	Lag	卡方统计量	Prob.	结论
fgc_DC & ggc_DC	—	—	—	不拒绝
fgc_DC & hgc_DC	—	—	—	不拒绝
$nfgc\_DC$ & fgc_DC	—	—	—	不拒绝
$nfgc\_DC$ & ggc_DC	—	—	—	不拒绝
ggc_DC & fgc_DC	1	9.387	0.003 3	拒绝
hgc_DC & fgc_DC	1	5.247	0.025 7	拒绝
fgc_DC & $nfgc\_DC$	1	4.776	0.033 0	拒绝
ggc_DC & $nfgc\_DC$	1	15.460	0.000 2	拒绝
ggc_DC & hgc_DC	2	2.491	0.092 3	拒绝
hgc_DC & ggc_DC	1	3.776	0.056 9	拒绝
hgc_DC & $nfgc\_DC$	1	8.917	0.004 2	拒绝
$nfgc\_DC$ & hgc_DC	6	3.793	0.004 2	拒绝

注:(1)"&"表示在检测的1至8期内前者不是后者的Granger因果关系的原因;(2)"拒绝"表示在10%的显著水平下拒绝不存在Granger因果关系的原假设;(3)"—"表示在检测的1至8期内前者不是后者的Granger因果关系的原因。

第一,政府部门信用规模与金融部门信用规模存在显著的单向Granger因果关系。由检验结果可知,政府部门信用规模变动是金融部门信用规模变动的Granger原因,显著程度很高,P值为0.003;但金融部门信用规模对政府部门信用规模的影响途径不畅通,存在影响途径尚未疏通的情况。金融部门与中国政府部门信用规模之间不具有双向传导机制畅通的特点。

第二，政府部门信用规模与非金融企业部门信用规模存在显著的单向 Granger 因果关系。由检验结果可知，政府部门信用规模变动是非金融企业部门信用规模变动的 Granger 原因，显著程度很高；但非金融企业部门信用规模对政府部门信用规模的影响途径不畅通，存在影响途径尚未疏通的情况。金融部门与中国政府部门信用规模之间不具有双向传导机制畅通的特点。

第三，政府部门信用规模与居民部门信用规模存在双向的 Granger 因果关系。由检验结果可知，政府部门信用规模波动是居民部门信用规模变动的 Granger 原因，其变动可以直接引起居民部门信用规模的变动，检验结果在 10% 的置信区间内显著；居民部门信用规模的变动也是政府部门信用规模变动的 Granger 原因。也就是说，居民部门信用规模的变动可以直接带来政府部门信用活动的增加或减少，居民部门信用规模的变动也可以直接引起政府部门规模的变动，政府部门信用规模与居民部门信用规模运行之间具有双向传导机制畅通的特点，无须经由其他渠道间接地发生效果。

第四，金融部门信用规模与非金融企业部门信用规模存在显著的单向 Granger 因果关系。由检验结果可知，金融部门信用规模变动是非金融企业部门信用规模变动的 Granger 原因，显著程度很高；但非金融企业部门信用规模对金融部门信用规模的影响途径不畅通，存在影响途径尚未疏通的情况。金融部门与非金融企业部门信用规模之间不具有双向传导机制畅通的特点。

第五，金融部门信用规模对居民部门信用规模的影响途径不畅通，存在影响途径尚未疏通的情况。但居民部门信用规模与金融部门信用规模存在显著的单向 Granger 因果关系。由检验结果可知，居民部门信用规模变动是金融部门信用规模变动的 Granger 原因，显著程度很高；金融部门与居民部门信用规模之间不具有双向传导机制畅通的特点。

第六，非金融企业部门信用规模与居民部门信用规模存在显著的双向 Granger 因果关系。由检验结果可知，非金融企业部门信用规模的变动与居民部门信用规模的变动互为 Granger 原因。即非金融企业部门信用活动的扩张或收缩，会带来居民部门信用规模的增长或减少；而居民部门信用规模的增长或下降同样可以直接引致非金融企业部门信用活动的扩张或收缩。由此可见，非金融企业部门与居民部门信用规模之间建立了双向影响机制，两部门之间的影响均是直接起作用，同样无须经由其他途径间接影响。

（四）信用规模无序变动与宏观经济变动间的作用规律分析

1. 变量选择与数据特征

本部分对信用规模无序变动与宏观经济变动进行分析，以期找到两者长短期运行之间的规律。本部分选取数据为 GDP 实际值的对数差分、信用总规模冗余值的对数差分、政府部门信用规模冗余值的对数差分、金融部门信用规模冗余值的对数差分、非金融企业部门信用规模冗余值的对数差分、居民部门信用规模冗余值的对数差分。

2. 单位根检验

对时间序列进行分析的前提是保证序列的平稳性，以避免出现伪回归问题，为了检验各变量的平稳性，本节对各变量的原序列进行了单位根检验，用以判断时间序列的平稳性。单位根检验结果如下表所示：

表 7-22　单位根检验结果

变　量	(C, T)	ADF	P	结论
$dlngc\_DC$	(0, 0)	$-10.901\,380$	$0.000\,0$	平稳
$dlnggc\_DC$	(0, 0)	$-8.636\,765$	$0.000\,0$	平稳
$dlvfgc\_DC$	(0, 0)	$-10.254\,400$	$0.000\,0$	平稳
$dlnnfgc\_DC$	(0, 0)	$-10.438\,960$	$0.000\,0$	平稳
$dlnhgc\_DC$	(0, 0)	$-6.619\,550$	$0.000\,0$	平稳
$dlngdp$	(1, 1)	$-8.982\,133$	$0.000\,0$	平稳

经过单位根检验，可以认为所选取数据均为平稳序列，并且作为被解释变量的 $dLnsjgdp$ 含有趋势项和截距项，故在后续回归分析过程中应在模型中添加时间趋势项。

3. 信用规模无序变动与宏观经济运行长期作用规律分析

（1）模型建立

为了分析信用规模无序变动与宏观经济运行的长期均衡关系，本节建立如下回归模型进行估计：

$$y_t = \gamma_0 + \gamma_1 x_{k,t} + \gamma_2 @trend + \mu_t \qquad \text{公式}(7.13)$$

其中，y_t 为被解释变量，表示剔除季节效应后的实际 GDP 值；γ_0 为常数；x_t 为解释变量，表示信用规模无序变动剔除季节效应后的值，当 k 取 1、2、3、4、5 时，x_t 分别为信用总规模、政府、金融、非金融企业、居民部门信用规模无序变动指数；$@trend$ 为时间趋势项；γ_1 为各部门信用规模无序变动的回归系数；γ_2 为时间趋势项的回归系数；μ_t 为随机扰动项。

（2）结果分析

模型回归结果如表 7-23 所示。由表可知,信用规模无序变动与宏观经济运行的 OLS 回归结果中残差序列存在显著的序列相关性和异方差特点,回归结果不可信;通过采用加权最小二乘估计并且在模型中加入新的解释变量,很好地消除了原模型的缺陷,因此,本部门在报告模型结果时,选择调整后的最优模型进行,即对列(1-2)、(2-2)、(3-2)、(4-2)、(5-2)的估计结果进行解释。

表 7-23 给出了信用规模无序变动对宏观经济影响效应实证结果,由检验结果对信用总规模无序变动与宏观经济的长期均衡关系进行总结,具体如下:

第一,信用规模的无序变动对宏观经济在长期内,均呈现显著的负向影响,但影响效应的开始时间不同。其中,信用总规模、政府部门、非金融企业部门和居民部门信用规模的无序变动对宏观经济运行在当期即呈现出显著的负向影响,而金融部门信用规模无序变动在滞后 1 期时才呈现出显著的负向影响。且除金融和居民部门信用规模的无序变动的影响效应在 10% 的水平上显著外,其他三部门信用规模的影响效应均在 1% 的水平上显著,其中信用总规模无序变动增速对数值的当期值与滞后 2 期值均在 1% 水平上显著。

第二,信用规模无序变动对宏观经济的影响强度不同,但都为负值。

一方面,模型中,政府部门与居民部门信用规模的无序变动对宏观经济影响的回归系数明显大于其余部门信用规模无序变动。其中,政府部门信用规模无序变动滞后 2 期对宏观经济运行影响的回归系数绝对值最大,为 -136.072,即政府部门信用规模无序变动滞后 2 期每增加 1 单位,会引起当期 GDP 减少 136.072 单位;而信用总规模无序变动对宏观经济运行的回归系数绝对值最小,为 -5.487,即信用总规模无序变动每增加 1 单位,会引起当期 GDP 减少 5.487 单位。

另一方面,模型中,非金融企业部门信用规模无序变动增速对数值对宏观经济运行影响的程度最大,为 -0.008,即非金融企业部门信用规模无序变动增速每增加 1%,会引起当期 GDP 增速减少 0.008%;而居民部门信用规模无序变动增速对数值对宏观经济运行的影响最小,为 -0.001,即居民部门信用规模无序变动增速每增加 1 单位,会引起当期 GDP 减少 0.001 单位。

4. 信用规模无序变动与宏观经济变动间的 Granger 关系

为了研究信用规模无序变动对宏观经济运行的动态影响,我们进行

表 7-23　信用规模无序变动对宏观经济影响效应实证结果

	(1-1)	(1-2)	(2-1)	(2-2)	(3-1)	(3-2)	(4-1)	(4-2)	(5-1)	(5-2)
	dlngdp									
	OLS	WLS	OLS	WLS	OLS	WLS	OLS	WLS	OLS	WLS
@TREND	−0.001*** (−3.54)	−0.002*** (−12.63)	−0.001*** (−3.36)	−0.001*** (−6.12)	−0.001*** (−3.19)	−0.002*** (−4.29)	−0.001*** (−4.19)	−0.001*** (−7.09)	−0.000 4*** (−2.65)	−0.001*** (−4.14)
L.1 dlngdp						−0.697* (−1.96)				
L.2 dlngdp		−1.855*** (−8.40)								
dlngc_DC	−0.003*** (−4.58)	−0.003*** (−12.55)								
L.2 dlngc_DC		−0.010*** (−9.72)								
dlnggc_DC			−0.003*** (−4.76)	−0.005*** (−9.34)						
dlnfgc_DC					−0.003*** (−3.46)	−0.001 (−0.29)				
L.1 dlnfgc_DC						−0.003* (−1.92)				
dlnmfgc_DC							−0.005*** (−6.35)	−0.008*** (−2.89)		
dlnhgc_DC									−0.001 (−1.37)	−0.001* (−1.98)
L.2 dlnhgc_DC										0.001 (1.41)

续表

	(1-1)	(1-2)	(2-1)	(2-2)	(3-1)	(3-2)	(4-1)	(4-2)	(5-1)	(5-2)
	OLS	WLS	OLS	WLS	OLS	WLS	OLS	WLS	OLS	WLS
					$dlngdp$					
F	14.881	80.744	15.779	57.170	9.855	5.689	25.60	30.473	4.222	6.085
R^2	0.343	0.859	0.356	0.679	0.257	0.467	0.473	0.709	0.129	0.256
序列相关	NO	NO	NO	NO	1阶	NO	NO	NO	NO	NO
$ARCH(1)$	1阶	NO	1阶	NO	1阶	NO	1阶	NO	1阶	NO
N	61	61	61	61	61	61	61	61	61	61

注:*、**和***分别表示在90%、95%和99%的水平上显著;括号内为T统计量的计量值;本模型进行了1阶至28阶序列相关检验,列(1-2)、(2-2)、(3-2)、(4-2)、(5-2)采用加权最小二乘估计去除异方差,其中列(1-2)选取权重为$dlngc\_DC$三次方的方差逆矩阵,列(2-2)选取权重为$dlngdp\_DC$三次方的方差逆矩阵,列(3-2)选取权重为$dlnfgc\_DC$均不存在序列相关;本模型进行了1阶至5阶的异方差检验,列(1-2)、(2-2)、(3-2)、(4-2)均不存在异方差;列$dlngc\_DC$三次方的方差逆矩阵,列(2-2)选取权重为$dlngdp\_DC$的标准差逆矩阵,列(4-2)选取权重为$dlnmfgc\_DC$的方差逆矩阵,列(5-2)选取权重为$dlnhgc\_DC$二次方的方差逆矩阵。

Granger 因果检验,检验结果总结如下:

表 7-24　信用规模无序变动与宏观经济变动之间的 Granger 检验结果

原假设	Lag	卡方统计量	P	结论
$dlngc\_DC$ & $dlngdp$	1	3.366	0.071 9	拒绝
$dlngdp$ & $dlngc\_DC$	3	2.821	0.048 2	拒绝
$dlnggc\_DC$ & $dlngdp$	1	8.363	0.005 4	拒绝
$dlngdp$ & $dlnggc\_DC$	7	2.094	0.068 0	拒绝
$dlnfgc\_DC$ & $dlngdp$	3	7.369	0.000 3	拒绝
$dlngdp$ & $dlnfgc\_DC$	4	2.477	0.056 8	拒绝
$dlnnfgc\_DC$ & $dlngdp$	1	14.607	0.000 3	拒绝
$dlngdp$ & $dlnnfgc\_DC$	4	2.377	0.065 3	拒绝
$dlnhgc\_DC$ & $dlngdp$	4	2.133	0.091 4	拒绝
$dlngdp$ & $dlnhgc\_DC$	—	—	—	不拒绝

注:(1)"&"表示在检测的 1 至 8 期内前者不是后者的 Granger 因果关系的原因;(2)"拒绝"表示在 10% 的显著水平下拒绝不存在 Granger 因果关系的原假设;(3)"—"表示在检测的 1 至 8 期内前者不是后者的 Granger 因果关系的原因。

　　由上表检验结果可知,信用总规模以及四部门信用规模的冗余值增速对数值与 GDP 增速对数值之间存在 Granger 关系,只不过不同组合之间的关系不尽相同,按照 Granger 关系的单双向可以进行以下总结:

　　第一,居民部门信用规模无序变动与宏观经济运行之间存在单向的 Granger 因果关系,即居民部门信用规模无序变动可以影响宏观经济运行,但是宏观经济运行的变化并不会对居民部门信用规模无序变动产生影响。一方面,居民部门信用规模无序变动对宏观经济影响的经济含义十分明显,任何一个部门的无序变动都会带来宏观经济运行中的不确定性,进而影响到宏观经济的整体运行状况,居民部门作为一大经济部门,其影响显著是符合现实经济状况的;另一方面,宏观经济运行对居民部门信用规模无序变动的影响不显著则需要进一步解释,初步推断为宏观经济变动对居民部门无序变动的影响是间接的,即要通过其他部门才能传递到居民部门,但是传递过程中可能受到不同部门间的相互抵消以及时滞的作用,最终传递到居民部门时,影响程度已经被消化,至于更明确的原因尚需进一步检验。

　　第二,信用总规模、政府部门信用规模、金融部门信用规模和非金融企业部门信用规模的冗余值增速对数值与 GDP 增速对数值的四个组合之间存在显著的双向 Granger 因果关系。一方面,任何一个部门信用规模的无序变动都代表着经济运行出现了问题,所以都会对宏观经济产生显著的影响,而信用总规模作为各部门信用规模的总和,它的无序变动自然对宏观经济运行能够产生显著影响;另一方面,宏观经济变动对各部门无序变动也有一定的影响,只不过从首次出现因果关系的滞后期来看,宏观经济对不同部门无序变动的影响不尽相同。首先,宏观经济对政府部门信用规模无序变动的影响首次显著的滞后期为第 7 期,为各部门中最晚,可能是因为从政府部门发现宏观经济变动到采取合规措施再到措施生效之间的时滞在起作用;其次,宏观经济对金融部门和非金融企业部门信用规模无序变动的影响首次显著的滞后期均为第 4 期,可能是因为市场力量对宏观经济运行比较敏感,发现宏观经济的波动就及时改变自己的生产策略,从采取措施改变生产策略到措施对宏观经济产生反作用之间的时滞影响了这两部门的滞后期;最后,宏观经济对信用总规模无序变动的影响首次显著的滞后期为第 3 期,早于各部门独立的时期,可能是因为各部门在较早时期就已经发生无序变动,但是因为单一部门变动影响较小,所以单一部门首次显著的时期较晚,但是信用总规模无序变动反映的是各部门无序变动的总和,相当于将四个不显著的影响相加起来得到一个显著的影响,故信用总规模所受影响首次显著的时期早于各部门。

四、 中国信用规模无序变动的治理

理论上,DEA 评价中国信用总规模和四部门信用规模运行效率时分为两种情况:

第一种情况,假定产出即 GDP 不变,利用 DEA 方法确定一个相对有效的产出前沿面,将投入即中国信用总规模、政府部门信用规模、金融部门信用规模、非金融企业部门信用规模和居民部门信用规模的值投影到该有效前沿面上,进行效率评价,并确定该有效的生产前沿面上,产出 GDP 不变,投入信用总规模的松弛变量与最优投入值。其中松弛变量(S_-)可正可负,当冗余值是负值,说明投入过多,当冗余值是正值,说明投入不足。

第二种情况,假定投入即中国信用总规模、政府部门信用规模、金融部门信用规模、非金融企业部门信用规模和居民部门信用规模不变,利用 DEA 数据分析方法确定一个相对有效的投入生产前沿面,将产出即 GDP 的值投影到该有效前沿面上,进行效率评价,并且可以得到在目前最优的生产前沿面上,投入不变时的松弛变量和最优产出值。本节采用这两种方法分别从两个角度进行分析。

(一) 基于冗余值的信用规模无序变动治理

1. 投入角度治理

(1) 中国信用总规模无序变动的防范治理

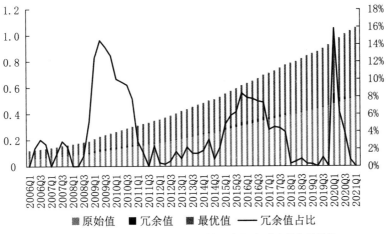

■ 原始值　■ 冗余值　■ 最优值　── 冗余值占比

图 7-7　投入导向的中国信用总规模原始值、松弛变量和最优值

第一,从总体趋势角度分析,中国信用总规模投入值逐年增加。中国信用总规模对 GDP 投入的冗余值是中国信用总规模实际投入值与投入目标值之差,且冗余值变动随年份上下波动。由上图可知,观测期内冗余值均大于或等于零,表示中国信用总规模对 GDP 的投入存在运行效率低下的现象。

第二,由上图分析可知,2006 年第一季度、2007 年第一季度、2008 年第一、二季度、2011 年第三季度、2019 年第二季度和 2021 年第一季度的冗余值为零,即实际值达到了最优值,中国信用总规模得到了充分利用;其他 54 个季度均存在投入效率不高导致产出不足的现象。

第三,由观测期内冗余值占比变化分析可得,2009 年第二季度和 2020 年第一季度的冗余值占比较高,这与经济现实密切相关。2008 年经济危机对中国造成一定冲击,因此 2009 年中国信用总规模无序变动较为明显;2020 年受疫情冲击,信用总规模无序变动也较为明显。

(2) 政府部门信用规模无序变动的防范

第一,通过分析总体趋势可以看出政府部门信用规模投入值逐年增加。政府部门信用规模对 GDP 投入的冗余值是政府部门信用规模实际投入值与投入目标值之差,且冗余值变动随年份上下波动。由上图可知,观测期内冗余值均大于或等于零,表示政府部门信用规模对 GDP 的投入存在运行效率低下的现象。

第二,通过分析柱状图信息可以看出,2006 年第一、四季度、2007 年第

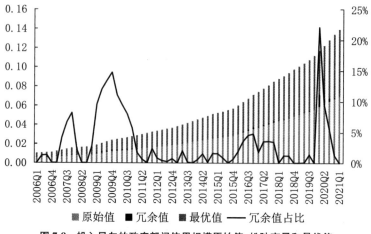

图 7-8 投入导向的政府部门信用规模原始值、松弛变量和最优值

一季度、2008 年第二、三季度、2011 年第三季度、2013 年第一、四季度、2015 年第三季度、2018 年第一、四季度、2019 年第一、四季度和 2021 年第一季度的松弛变量值为零,即实际值达到了最优值,政府部门信用规模得到了充分利用;其他 47 个季度均存在投入效率不高导致产出不足的现象。

第三,由 2006 年第一季度至 2021 年第一季度冗余值占比变化分析可得,2009 年第四季度和 2020 年第一季度的冗余值占比较高,分别为 14.85% 和 22.30%,这与经济现状密切相关。2008 年经济危机对中国造成一定冲击,因此 2009 年政府部门信用规模无序变动较为明显。2020 年受疫情冲击,无序变动也较为明显。

(3) 金融部门信用规模无序变动的防范

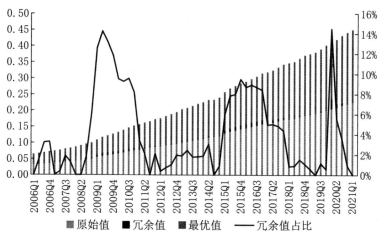

图 7-9 投入导向的金融部门信用规模原始值、松弛变量和最优值

第一,图中显示的总体趋势为金融部门信用规模投入值逐年增加。金融部门信用规模对 GDP 投入的冗余值是金融部门信用规模实际投入值与投入目标值之差,且冗余值变动随年份上下波动。由上图可知,观测期内冗余值均大于或等于零,表示金融部门信用规模对 GDP 的投入存在运行效率低下的现象。

第二,柱状图数据显示,2006 年第一季度、2007 年第一季度、2008 年第一、二季度、2011 年第三季度、2014 年第三季度、2019 年第二季度和2021 年第一季度的松弛变量值为零,即实际值达到了最优值,金融部门信用规模得到了充分利用;除这些季度外,其他 53 个季度均存在投入效率不高导致产出不足的现象。

第三,由 2006 年第一季度至 2021 年第一季度冗余值占比变化分析可得,2009 年第二季度和 2020 年第一季度的冗余值占比较高,分别为14.40％和 14.63％,这与经济现状密切相关。2008 年经济危机对中国造成一定冲击,因此 2009 年金融部门信用规模无序变动较为明显。2020 年受疫情冲击,无序变动也较为明显。

（4）非金融企业部门信用规模无序变动的防范

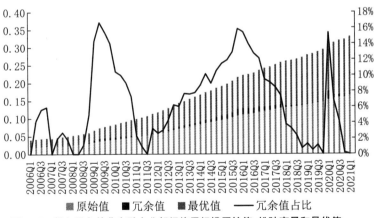

图 7-10　投入导向的非金融企业部门信用规模原始值、松弛变量和最优值

第一,从图中可直观看出非金融企业部门信用规模投入值逐年增加。非金融企业部门信用规模对 GDP 投入的冗余值是非金融企业部门信用规模实际投入值与投入目标值之差,且冗余值变动随年份上下波动。由上图可知,观测期内冗余值均大于或等于零,表示非金融企业部门信用规模对 GDP 的投入存在运行效率低下的现象。

第二,分析柱状图内容可直观看出,自 2006 年第一季度至 2021 年第一季度,松弛变量值均大于或等于零,表示非金融企业部门信用规模对GDP的投入存在运行效率低下的现象。其中,2006年第一季度、2007年第一季度、2008年第一、二季度、2011年第三季度、2019年第四季度和2021年第一季度的松弛变量值为零,即非金融企业部门信用规模得到了充分利用;除这些季度外,其他54个季度均存在投入效率不高导致产出不足的现象。

第三,由2006年第一季度至2021年第一季度冗余值占比变化分析可得,2009年第二季度、2015年第四季度和2020年第一季度的冗余值占比较高,分别为16.89%、16.08%和15.56%,这与经济现状密切相关。2008年经济危机对中国造成一定冲击,因此2009年金融部门信用规模无序变动较为明显。2020年受疫情冲击,无序变动也较为明显。

（5）居民部门信用规模无序变动防范

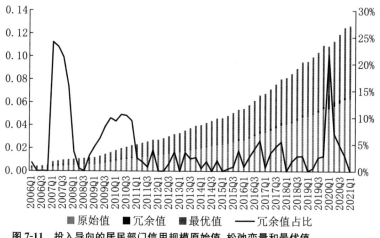

图7-11 投入导向的居民部门信用规模原始值、松弛变量和最优值

第一,上图展示出居民部门信用规模投入值逐年增加。居民部门信用规模对GDP投入的冗余值是居民部门信用规模实际投入值与投入目标值之差,且冗余值变动随年份上下波动。由上图可知,观测期内冗余值均大于或等于零,表示居民部门信用规模对GDP的投入存在运行效率低下的现象。

第二,分析柱状图可知,自2006年第一季度至2021年第一季度,松弛变量值均大于或等于零,表明居民部门信用规模对GDP的投入存在运行效率低下的现象。其中,2006年第二、四季度、2008年第三季度、2012年第一、二季度、2013年第一季度、2014年第三季度、2015年第一季度、2018

年第一季度和 2021 年第一季度的松弛变量值为零即实际值达到了最优值,居民部门信用规模得到了充分利用;除这些季度外,其他 51 个季度均存在投入效率不高导致产出不足的现象。

第三,由 2006 年第一季度至 2021 年第一季度冗余值占比变化分析可得,2007 年第一季度、2020 年第一季度的冗余值占比较高,分别为 24.34%、22.05%。这与经济现状密切相关,即外部经济环境变动产生的冲击。

2. 产出角度治理

为了进一步探究中国信用总规模和四部门信用规模无序变动运行效率,并对信用总规模和四部门信用规模的无序变动提出改进与治理办法,本节在产出导向下,即投入固定之下计算最优产出和松弛变量。

(1) 中国信用总规模无序变动的防范治理

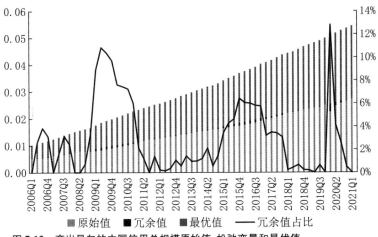

图 7-12 产出导向的中国信用总规模原始值、松弛变量和最优值

第一,从产出角度看,信用总规模对 GDP 投入的松弛变量值是 GDP 的目标产出值与实际产出值之差。上图中,观测期内松弛变量值均大于等于零,表示中国信用总规模对 GDP 的投入存在运行效率低下的现象。其中,2006 年第一季度、2007 年第一季度、2008 年第一、二季度、2011 年第三季度、2019 年第二季度和 2021 年第一季度的松弛变量值为零,即信用总规模得到充分利用;除这些季度外,其他 54 个季度均存在投入效率不高以及产出不足的现象。

第二,分析冗余值占比可知,冗余值比重较高年份有 2009 年和 2010 年以及 2021 年,表明这些年份中国信用总规模投入冗余值过多,信用投入没有得到有效利用。以 2020 年第一季度为例,计算实际产出值与目标产出值的比值可知,中国信用总规模的利用率为 88.55%,处于较低水平,若通过改善信用总规模投入对 GDP 的传导路径,使之得到充分利用,则 GDP 产出会增加到产出最优值。

第三,对信用总规模而言,产出角度比投入角度更具有经济意义,在投入不变时,如何提高中国信用总规模对 GDP 的运行效率,同时防范信用规模扩张带来的风险是目前需要思考和解决的问题。在中国信用总规模投入不变的条件下,治理投入规模结构的过程中存在一定风险,改进中国信用总规模投入运行方式,并不一定符合预期并带来 GDP 产出的增加,相反可能会导致 GDP 产出减少,增加治理风险。

(2) 政府部门信用规模无序变动的防范

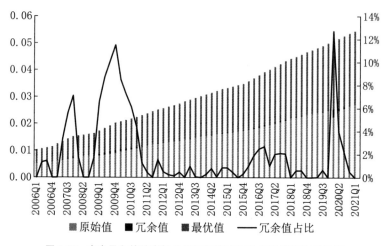

图 7-13 产出导向的政府部门信用规模原始值、松弛变量和最优值

第一,政府部门信用规模松弛变量值在观测期内均大于等于零,表示政府部门信用规模对 GDP 的投入存在运行效率低下的现象。其中,2006年、2007 年、2008 年、2011 年、2013 年、2015 年、2018 年、2019 年和 2021年部分季度的松弛变量值为零,即政府部门信用规模得到充分利用;其他47 个季度均存在投入效率不高与产出不足的现象。松弛变量整体均值为276.76 亿元,表明若政府部门信用规模投入得到了充分利用,可使 GDP 增加 276.76 亿元。

第二,分析冗余值占比可知,冗余值比重较高年份有 2007 年、2009年、2010 年以及 2021 年,说明政府部门信用规模在这些年份投入效率低下。以 2020 年第一季度为例,政府部门信用规模当期的利用率为88.64%,处于较低水平,若通过改善政府部门信用规模投入对 GDP 的传导路径,使之得到充分利用,则 GDP 产出会增加 2 915.82 亿元,达到产出最优值。

第三,对政府部门信用规模而言,产出角度比投入角度更具有经济意义,在投入不变时,如何提高政府部门信用规模对 GDP 运行效率使产出达到最优是目前需要思考和解决的问题。在政府部门信用规模投入不变的条件下,进行投入规模结构的治理存在一定风险,改进政府部门信用规模运行方式,并非一定符合预期并带来 GDP 产出的增加,相反可能会导致 GDP 产出减少,增加治理风险。

(3) 金融部门信用规模无序变动的防范

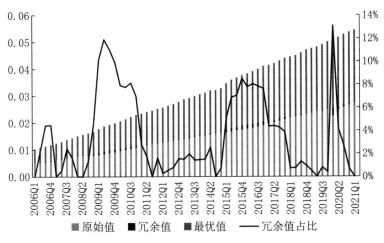

图 7-14 产出导向的金融部门信用规模原始值、松弛变量和最优值

第一,上图直观地展示出金融部门信用规模松弛变量值均大于等于零,表示金融部门信用规模投入对 GDP 存在运行效率低下的现象。其中,2006 年、2007 年、2008 年、2011 年、2014 年、2019 年和 2021 年部分季度的松弛变量值为零,即金融部门信用规模得到充分利用;其他 53 个季度均存在投入效率不高与产出不足的现象。松弛变量的整体均值为 518.66 亿元,表明若金融部门信用规模投入得到充分利用,可使 GDP 增加 518.66 亿元。

第二,分析冗余值占比可知,冗余值比重较高年份有 2009 年、2010 年、2015 年、2016 年以及 2020 年,说明在这些年份金融部门信用规模投入效率低下。以 2020 年第一季度为例,金融部门的利用率为 88.33%,处于较低水平,若通过改善金融部门信用规模投入对 GDP 的传导路径得到充分利用,则 GDP 产出会增加 3 006.72 亿元,实现产出最优值。

第三,对金融部门信用规模而言,产出角度比投入角度更具有经济意义,在投入不变时,如何提高金融部门信用规模对 GDP 运行效率使产出达到最优是目前需要思考和解决的问题。在金融部门信用规模投入不变的情况下,治理投入结构存在一定风险,改进金融部门信用规模运行方式,并非一定符合预期并带来 GDP 产出的增加,相反可能会导致 GDP 产出减少,增加治理风险。

(4) 非金融企业部门信用规模无序变动的防范

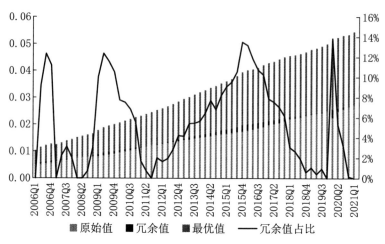

图 7-15　产出导向的非金融企业部门信用规模原始值、松弛变量和最优值

第一,非金融企业部门信用规模松弛变量值均大于或等于零,表示投入对 GDP 运行存在效率低下的现象。其中,2006 年、2007 年、2008 年、2011 年、2019 年和 2021 年部分季度的松弛变量值为零,即非金融企业部门信用规模得到充分利用;其他 54 个季度均存在投入效率不高的现象。松弛变量整体均值为 803.33 亿元,表明若非金融企业部门信用规模投入得到充分利用,可使 GDP 增加 803.33 亿元。

第二,分析冗余值占比可知,冗余值比重较高年份有 2006 年、2009 年、2010 年、2014 年、2015 年、2016 年、2017 年和 2020 年,说明在这些年份非金融企业部门信用规模投入运行效率低下。以 2020 年第一季度为例,非金融企业部门的利用率为 87.73%,处于较低水平,若改善非金融企业部门信用规模投入对 GDP 的传导路径,使之得到充分利用,则 GDP 产出会增加 3183.15 亿元,实现产出最优值。

第三,对非金融企业部门信用规模而言,产出角度比投入角度更有经济意义,在投入不变时,如何通过提高非金融企业部门信用规模对 GDP 运行效率使产出达到最优,是目前需要思考和解决的问题。但要在非金融企业部门信用规模投入不变的条件下,治理投入规模结构存在一定风险,改进非金融企业部门信用规模运行方式,并非一定符合预期并带来 GDP 产出的增加,可能会导致 GDP 产出减少,增加治理风险。

(5)居民部门信用规模无序变动的防范

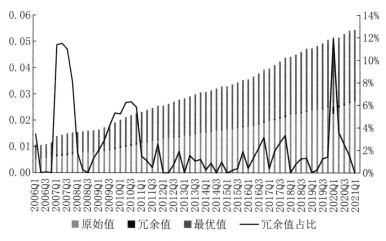

图 7-16 产出导向的居民部门信用规模原始值、松弛变量和最优值

第一,居民部门信用规模松弛变量值均大于或等于零,表示对 GDP 运行存在效率低下的现象。其中,2006 年、2008 年、2012 年、2013 年、2014年、2015 年、2018 年和 2021 年的松弛变量值为零,即居民部门信用规模得到了充分利用;其他 51 个季度均存在投入效率不高的现象。松弛变量整体均值为 306.54 亿元,表明若居民部门信用规模投入得到充分利用,可使 GDP 增加。

第二,分析冗余值占比可知,冗余值比重较高年份有 2007 年、2010 年以及 2020 年,说明居民部门信用规模投入运行效率低下。以 2020 年第一季度为例,居民部门信用规模投入的利用率为 89.22%,处于较低水平,若改善居民部门信用规模投入对 GDP 的传导路径,使之得到充分利用,则GDP 产出会增加 2749.15 亿元,实现产出最优值。

第三,对居民部门信用规模而言,产出角度比投入角度更有经济意义,在投入不变时,如何通过提高居民部门信用规模对 GDP 运行效率使产出达到最优,是目前需要思考和解决的问题。在居民部门信用规模投入不变的情况下,治理投入结构存在一定风险,若改进居民部门信用规模运行方式,并非一定符合预期并带来 GDP 产出的增加,相反可能会导致 GDP 产出减少,增加治理风险。

(二)基于联动规律的信用规模无序变动治理

1. 中国四部门信用规模无序变动与宏观经济关系的短期关系分析

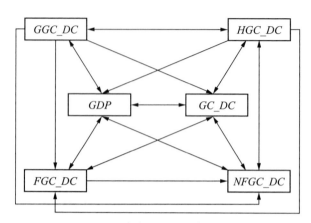

图 7-17 宏观经济与各层次信用规模变动冲击的短期传导网络图

注:其中,GC_DC 表示信用总规模无序变动;GGC_DC 表示政府部门信用规模无序变动;HGC_DC 表示居民部门信用规模无序变动;FGC_DC 表示金融部门信用规模无序变动;NFGC_DC 表示非金融企业部门信用规模无序变动;图中双箭头表示为双向传导机制,单箭头表示为某因素到箭头指向因素的单向传导机制。

上图给出的是四部门信用规模与信用总规模以及 GDP 之间,各因素发生变化产生的冲击在系统内的短期传导途径,以及短期传播路径。

第一,对四部门内部信用规模无序变动的短期关系分析可知,政府部门、金融部门、非金融企业部门和居民部门信用规模冗余值的 Granger 因果检验说明,居民部门信用规模无序变动与政府部门信用规模无序变动、非金融企业部门信用规模无序变动存在畅通的短期双向传导网络机制,政府部门信用规模无序变动对金融部门和非金融企业部门信用规模无序变动存在显著的短期单向传导网络机制,居民部门信用规模无序变动对金融部门信用规模无序变动以及金融部门信用规模无序变动对非金融企业部门信用规模无序变动存在显著的短期单向传导网络机制。

第二,对中国信用总规模与四部门信用规模无序变动的短期关系分析可知,中国信用总规模冗余值与四部门信用规模冗余值的 Granger 因果检验说明,除中国信用总规模无序变动对政府部门信用规模无序变动不存在短期传导机制外,中国信用总规模无序变动与金融部门、非金融企业部门和居民部门无序变动均存在畅通的短期双向传导网络机制。

第三,对中国信用总规模和四部门信用规模无序变动与宏观经济GDP 的短期关系分析可知,中国信用总规模冗余值增速和四部门信用规模冗余值增速对宏观经济增速的 Granger 因果检验说明,除 GDP 增速对居民部门信用规模无序变动增速不存在短期传导机制外,中国信用总规模、政府部门信用规模、金融部门信用规模、非金融企业部门信用规模无序变动增速与 GDP 增速均存在畅通的短期双向传导网络机制。

2. 中国四部门信用规模与宏观经济关系的长期关系分析

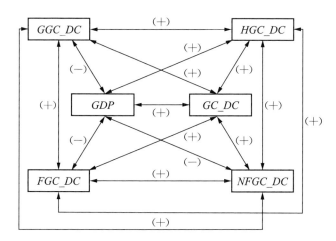

图 7-18　宏观经济与各层次信用规模变动冲击的长期传导网络图

注:其中,GC_DC 表示信用总规模无序变动;GGC_DC 表示政府部门信用规模无序变动;HGC_DC 表示居民部门信用规模无序变动;FGC_DC 表示金融部门信用规模无序变动;NFGC_DC 表示非金融企业部门信用规模无序变动;图中双箭头表示为双向传导机制,单箭头表示为某因素到箭头指向因素的单向传导机制。

第一,由图 7-18 对四部门内部信用规模无序变动的长期关系分析可知,四部门信用规模冗余值之间的回归结果说明,政府部门信用规模、金融部门信用规模、非金融企业部门信用规模和居民部门信用规模冗余值间均存在显著畅通的长期双向传导网络机制。其中,金融部门信用规模冗余值、非金融企业部门信用规模冗余值和居民信用规模冗余值对政府部门信用规模冗余值的长期影响均呈现正向相关关系,表明这三部门信用规模冗余值的增加均会导致政府部门信用规模冗余值的增加。非金融企业部门和居民部门信用规模冗余值对金融部门信用规模冗余值的长期影响均呈现正向相关关系,表明这两部门信用规模冗余值的增加均会导致金融部门信用规模冗余值的增加。居民部门信用规模冗余值的增加会导致非金融企业部门信用规模冗余值的增加。因此,基于上述分析可知,四部门信用规模冗余值之间的相互作用均为正向作用,在进行信用规模冗余值治理时需要考虑四部门间信用规模冗余值的相互作用。

第二,由图 7-18 对中国信用总规模与四部门信用规模无序变动之间的长期关系分析可知,中国信用总规模冗余值和四部门信用规模冗余值的回归结果说明，四部门信用规模冗余值与中国信用总规模冗余值之间存在正向相关影响。因为中国信用总规模是由四部门信用规模相加而成，所以四部门信用规模冗余值的增加会导致中国信用总规模冗余值的增加。

第三，由图 7-18 对中国信用总规模和四部门信用规模无序变动与宏观经济 GDP 的长期关系分析可知，宏观经济与中国信用总规模冗余值和四部门信用规模冗余值的回归结果说明，中国信用总规模冗余值与四部门信用规模冗余值均对宏观经济产生影响，但影响有正有负。总体来看，中国信用总规模冗余值对 GDP 的影响呈现正向相关关系，表明中国信用总规模投入在最优投入基础上继续增加时，对 GDP 的影响为正，仍能带来 GDP 的增长。政府部门信用规模冗余值对 GDP 的影响呈现负向相关关系，表明政府部门信用规模投入在最优投入基础上继续增加时，会降低 GDP 的增长率，表明 GDP 无法充分有效吸收这部分信用规模投入值，导致 GDP 的增长速度下降。金融部门信用规模冗余值对 GDP 的影响呈现负向相关关系，表明金融部门信用规模投入在最优投入基础上继续增加时，会降低 GDP 的增长率，表明 GDP 无法充分有效吸收这部分信用规模投入值，导致 GDP 的增长速度下降。非金融企业部门冗余值对 GDP 的影响呈现负向相关关系，表明非金融企业部门信用规模投入在最优投入基础上继续增加时，同样会降低 GDP 的增长率，表明 GDP 无法充分有效吸收这部分信用规模投入值，导致 GDP 的增长速度下降。相反，居民部门信用规模冗余值对 GDP 的影响呈现正向相关关系，表明居民部门信用规模投入在最优投入基础上继续增加时，会提高 GDP 的增长率，表明 GDP 能有效利用居民部门这部分信用规模投入值，并且影响作用要大于其他三部门影响作用之和，所以最终中国信用总规模冗余值对 GDP 影响为正。

第八章 中国信用规模无序
变动的监管框架设计

第一节 信用规模无序变动的美国治理经验

本节拟对美国1945年至2016年发生的10次宏观经济危机,从信用规模无序变动视角,对其宏观经济运行危机治理过程及危机治理措施进行全新的剖析和梳理,并对其治理效果进行评价。结合中国近年来对信用规模无序变动的治理现状与存在的问题,得出美国对信用规模无序变动的治理对中国的启示。

一、 美国信用规模无序变动的治理及措施

随着信用制度在美国的建立和完善,信用逐渐成为美国公民生活中必不可少的一部分,且随着经济的快速发展,信用市场的开拓与管理变得越来越有必要,作为拉动美国国内市场需求、促进经济健康发展的一种新的经济发展形式,信用经济在美国快速发展。而美国信用管理体系的发展与完善,也是在近一百多年时间内发生的。关于信用规模无序变动的治理最能体现在历次经济危机当中,因此,本节仍以美国发生的10次典型的经济危机为例,梳理对历次危机治理的政策。

(一) 信用行业起步阶段(20世纪40—60年代初期的四次危机)

在这个阶段,基本没有形成与信用相关的法律法规,由于交易中存在交易双方互不信任的现象,为了保障双方交易的顺利进行,开始出现提供资信服务的信用中介公司。到了20世纪30年代,美国国内信用公司快速发展,至30年代后期美国的商业银行私人信贷业务范围扩大,到此美国国内初步形成了面向全社会的信用体系,而后随着第二次世界大战的结束,消费信贷迅速发展。而在二战结束后的20年间,随着美国在20世纪50年代开始实行现代信用管理,信用行业发展加速,这也为信用规模

的管理与控制打下了基础,而后在 20 世纪 50 年代后期推广信用卡这一举措又进一步促进了信用消费与信用交易的增长,信用规模在这一阶段不断扩张。

在信用行业加速发展的这一时期内,美国国内分别爆发了 1948—1949 年、1953—1954 年、1957—1958 年、1960—1961 年的四次经济危机,其中 1957—1958 年爆发的战后第一次世界性的经济危机产生的震动较大,造成的影响较为深远,使美国经济受到了严重打击,信用规模与信用活动的组成结构发生大幅变动。在这几次的经济危机中,美国政府主要是通过国家干预经济来稳定美国国内经济的发展,利用财政赤字、信用膨胀等手段来达到刺激经济和缓和经济危机的目的,通过刺激消费信贷的规模、发放国债等形式缓和信用规模的无序变动,减缓信用规模总体变动的幅度。

(二)"滞胀"问题开始浮现下的经济危机

由于受以往扩张性政策的影响,美国经济开始出现通货膨胀现象。在美国继续扩大侵越战争、财政赤字日趋增大的情况下,美国国内发生生产过剩危机,于 1969 年再次爆发严重的经济危机,在这次危机期间生产停滞、物价飞涨、失业急剧增加。而自 20 世纪 60 年代起,美国信用体系建设快速发展,信用交易增长,信用规模不断扩大,信用交易也成为了影响经济发展的一个重要因素。

在受到经济危机影响而使信用规模无序变动的情况下,信用规模的变动会对未来经济的发展带来许多未知的影响,所以对信用规模无序变动的治理也显得尤为重要。在此次危机期间尚处于发展阶段的信用市场也受到了影响,各部门的信用规模大体上波动幅度不大,但信用规模的增长率呈现不规则的变动,其中波动最为明显的就是金融部门信用规模的增长率。在此情况下美国政府采取了一些政策来处理危机,主要措施如下:

1. 实行紧缩性财政政策。为了应对通货膨胀,初期美国政府采取缩减政府开支等紧缩性财政政策,这一政策在短时间内缓和了通货膨胀的状况,但由此也造成了美国经济的加速下滑。为了推动经济恢复发展,美国政府重新实施扩张性财政政策,以实现经济增长、充分就业的政策目标,这一措施在一定程度上加快了美国经济恢复,使得金融市场恢复活力,信用交易迅速增加,但没有解决美国经济出现的"滞胀问题",为美国未来经济的发展埋下隐患。

2. 金融创新层出不穷,新型金融工具不断涌现。面对迅速发展的金融市场和不断扩大的信用交易,为了合理规避风险,美国加强了金融管制。对金融部门管制的加强无形中促进了美国的金融创新,这些不断创新的金融工具促进了金融业的发展,也方便了对不断发展的信用规模的管制。如可转让支付命令账户(NOW)、自动转账制度(ATS)、货币市场存款单(MMC)、货币市场互助基金(MMMF)等多是用来调整金融部门的信用规模,对非金融企业部门、居民部门的信用规模也会产生影响。此外,还有诸如银行重购协定、银行商业票据、流动资金承兑票据、可用支票之储蓄存款、货币市场互惠基金、房地产抵押贷款证券化、浮动利率债券等一些金融工具用来辅助金融业的发展,为金融市场注入活力,促进金融业推陈出新,有利于金融业吸收资金,为信用市场的发展做好铺垫。

一些新的金融工具的出现既可以满足美国政府不断趋于严格的金融管制要求,又能够提高各个机构的竞争能力,促进金融业的发展。在合理规避信用风险,减少潜在危机的同时,又保障了信用市场的发展,便于稳定信用规模。

(三)"滞胀"问题发展下的经济危机

由于长期实行扩张性财政政策,在财政赤字扩大、货币供给增加以及国际形势变化等多重因素的影响下,美国经济出现了高通货膨胀、高失业率和低经济增长并存的"滞胀"现象。在石油危机的影响下,1973 年底爆发了美国战后最为严重的一次经济危机,在这次危机中美国汽车工业受损严重,股票市场也受到了严重影响。在这长达 16 个月的经济危机中,国民生产总值下降,固定资本投资大幅度降低,失业率急剧增加,失业人数众多,消费物价指数却出现了猛增的现象。而由于这次经济危机对股票市场造成的影响,金融业的发展在危机期间也受到了限制,进而对信用规模也产生了影响,使得信用规模在危机期间呈现无序变动的状态,其中金融部门及政府部门信用规模增长率的变动幅度很大,非金融企业部门、居民部门信用规模增长率的变动幅度相对较小。为应对这次经济危机,美国政府在经济政策上作出了调整。

1. 通过削减税收刺激经济,增加就业。这次经济危机造成了极为严重的失业现象,美国政府在控制联邦支出以调整通货膨胀的同时,为了控制逐渐严重的失业情况,减轻普通家庭的经济负担,对税收制度进行了调整。通过减税鼓励企业发展,促进私人消费。同时通过扩大军事开支增加政府开支,以达到美国政府刺激经济的目的。通过财政赤字刺激经济虽然可以促进经济增长,但并不能缓解通货膨胀问题,美国政府继续用一贯的反危机政策来应对此时的危机,虽然缓和了经济衰退之势,但对长期困扰美国经济的"滞胀"问题并没有起到作用。而在危机初期美国政府为了应对通货膨胀紧缩开支、收缩信贷,造成初期金融部门信贷规模增长率直线下降,在此之后为了刺激经济美国政府又放松了对银根的管制,让金融业得到发展,信用规模也开始扩张。

2. 各个机构为提高竞争力、争取到更多资金,推出了很多新的金融工具。如,由信用合作社经办的股金汇票账户(SDA),通过向存款人缴纳的股金支付红利的办法来吸收存款,提高储蓄机构的竞争力,还有协定账户(Sweep a/c)、小储蓄者存款单(SSC)都是用来帮助解决活期存款减少后,提高吸收存款能力的工具。而投资银行通过在金融市场经营像财政部库券、国内外大商业银行发行的"大额可转让定期存款单"等一些信誉良好的商业票据和银行承兑汇票等短期证券的买卖,提高在金融市场的竞争力,其中"货币市场互助基金"在几年内迅速增长,促进了美国经济的发展。

此外,还有如不可转让货币市场存单、浮动房地产抵押利率等一部分金融工具,以及浮息票据、浮息债券、与物价指数挂钩之公债、金融期货与期权、掉期存款、货币市场存款证等一些衍生金融工具活跃在金融市场。

(四)"滞胀"问题彻底爆发后的经济危机

在1981年爆发的经济危机中,美国工业生产下降幅度极大,其中钢铁、汽车、建筑行业受到很大打击,国民生产总值连续下跌,失业人数猛增。与此同时美国政府还面对着严重的财政赤字、通货膨胀还有日益加重的国债等问题,伴随着政府债务数额上升,经济负担加重,于是给金融市场带来了压力,造成全国性的信用危机,给投资带来阻力,扰乱信用业的发展,使得信用规模受到影响。受到这次经济危机的影响,美国国内信用规模增长率的变动情况呈现不规则的波动,各部门信用规模都受到了一定的影响。长期的经济"滞胀"问题不断暴露出美国政府此前治理经济时某些措施的弊端,于是美国政府在经济"滞胀"问题的解决上作出了新的尝试并取得了不错的效果,对信用规模无序变动的情况,美国政府也针对性地作出了治理。

1. 通过减税、改善税制结构弥补财政赤字。通过全面缩减个人所得税、对复杂繁琐的税制进行改革,实现美国税收负担的减轻,提高了美国税收制度的公平度。减税这一举动一方面可以刺激消费以扩大需求,帮助提高投资的积极性,推动金融部门、非金融企业部门以及居民部门信用规模的扩张,减缓经济危机的影响;另一方面,这一举措可以协助减轻经济压力,降低对政府部门信用规模的影响,促进政府部门信用规模的发展。

2. 为了抑制愈演愈烈的通货膨胀现象,美国政府对货币政策进行了改革,实行了紧缩的货币政策。通过适时地调整货币改革政策,既缓解了通货膨胀,又为美国经济的发展创造了较为稳定的环境。这样一方面可以促进居民部门信用规模的发展,另一方面有利于金融部门、非金融企业部门信用规模的稳定,便于美国信用规模的稳定与发展。虽然各部门信用规模变动幅度差异较大,但总信用规模的变动还是处于一个较为稳定的趋势,这也证明在此期间的经济措施较为有效。

3. 在财政开支方面,美国政府采取增加国防开支、削减非国防开支的改革政策。通过福利开支改革削减了政府财政支出的负担,再通过扩大国防方面的开支创造需求刺激经济。并且放松了政府对经济的管制,通过修订《新银行法》放松对金融体制的管制,扩大金融机构的营业范围和筹资渠道,加强了金融业的竞争,为金融业注入了活力,促进了信用市场的发展。在扩大需求刺激经济的情况下,可以改善投资需求,而放松管制的金融业可以面对不同客户推出更多贴合客户需求的产品,从而促进金融市场的发展,推动居民部门、金融部门信用规模的增长,改善信用规模变动的趋势,使信用规模向可控的方向发展。

4. 在危机期间,根据经济发展的需要,陆续有一些协助资金流动、便于经济交易的金融工具被推进市场,促进了美国金融市场的流动,推动信用规模扩张,拉动经济增长。其中像货币市场存款账户(MMDA)、超级可转让支付命令账户(Super NOW)这两种账户都是无利率最高限,但对存户可使用的转账方式及次数要求不同的账户,这两种账户的创立使存款机构的存款额急剧增加,促进了资金的融通,为金融市场注入了活力,促进金融市场的各类金融工具的创新,改变了金融部门信用规模的变动趋势,为信用规模的发展提供了条件。

(五) 海湾战争下引发的经济危机

在美国政府面临高赤字和高国债的前提下,伴随海湾战争带来的医疗支出、军费支出以及机构成本膨胀,美国联邦赤字创历史新高,经济受到强烈冲击,汇率起伏不定,股市也受到影响发生动荡,在这样的背景下经济危机于1990年爆发。这次经济危机历时较短,但经济复苏较为缓慢。由于受到国内经济状况不断变化的影响,银行放款额下降,经济活动减少,美国金融业陷入困境。而信贷交易的缩减促使信用规模的增长率出现下降趋势,各部门信用规模变动的情况都出现极不规则的波动,对经济产生了影响。其中非金融企业部门信用规模的变动呈现长期的下降趋势,金融部门和政府部门信用规模的变动幅度较大,而总信用规模增长率的变动情况到了后期较为稳定。针对这次危机美国政府推出了相应的治理措施,也为信用规模无序变动的治理提供了帮助。

1. 实现短期财政刺激。短期内通过扩大政府支出刺激经济,促进经济复苏,缓解严重的失业问题,通过减少个人所得税的预扣部分、降低资本收益率、减少国防开支等方式实现对经济的刺激。虽然这些措施在美国政府财政赤字严重、债务负担加大的情况下对经济的刺激作用有限,但在短时间内还是能够对缓和经济问题起到一定的作用,从而有助于金融业的恢复,有助于信贷交易增加,对信用规模的变动情况起到缓和的作用。

而美联储通过降低中央银行贴现率对经济起到了很强的刺激作用,利率的降低一方面可以在一定程度上促进消费,提高美国国内的消费能力;另一方面又有助于企业减少成本、提高盈利,这样有助于就业增加,缓解失业问题,减轻美国国民的经济负担。通过这一方式既促进了美国国内经济的恢复,又可以推动金融业的发展,为信用规模的恢复和增长起到了一定的作用。

2. 实施长期削减财政赤字的计划。通过完善税收制度调整税收方式,将增税的主要部分放在富人身上,既提高了税收的公平化,有利于缩减贫富差距,又可以帮助解决过高的财政赤字,缓解政府经济负担。这样一方面有助于缩减财政赤字,削减引发经济危机的潜在因素,为经济的发展提供保障,改善金融业发展的经济环境;另一方面可以进一步减轻普通家庭的经济压力,提高实际可支配收入,有助于提高消费能力,促进投资,从而改善居民部门、金融部门信用规模的变动情况,对整体信用规模变动的稳定做出贡献。

此外,通过福利制度改革,在改善福利实施情况、严格福利发放条件下削减了政府开支;同时改善单一的消费型福利政策,加入投资型福利制度,并将此作为长期的税收源泉,改善了美国社会保障制度。进一步压缩了财政赤字,改善美国政府面对的财政问题,并且从长期角度来看为美国政府减轻财政赤字提供了一条可行且有效的道路,既可以在源头上改善财政赤字状况,又能够保障有需求的国民的福利,同时促进了经济的发展,有助于改善经济状况,为金融业的发展提供良好环境,推动信用规模的发展,缓和信用规模无序变动的情况。

3. 制定并实施《期货交易惯例法》,对金融衍生工具的交易作出了更为具体规范的规定,促进了衍生金融工具交易的发展与创新,规范了衍生工具的交易形式。这既能够促进金融业的竞争,为金融业注入活力,促进金融业的发展,又让不断发展壮大的金融衍生工具的交易与运用在法律的约束下变得更为规范,减少可能会出现的风险,为经济发展保驾护航。这一法则的制定与实施有助于让期货交易更加规范,提高人们对期货交易的信任度,从而促进金融部门以及非金融企业部门信用规模的发展。

(六)互联网泡沫下的经济危机

20世纪90年代美国经济在经历了历时118个月的长期持续性增长之后,经济状况急转直下,美国国内出现股市下跌、投资不振、失业率居高不下、贸易赤字增加、国内投资需求萎缩、消费需求也受到影响出现缩减等问题。在这次危机中,金融业受到的影响最大,美国国内信用规模在这样的经济状况下波动幅度很大,并且呈现出不规则的无序变动情况,无疑会对美国经济的发展带来更多不可控影响,对于信用规模无序变动的治理提出更高要求。为了推动经济增长,恢复美国经济发展,美国政府依据凯恩斯宏观经济学的"反危机"理论,对国内经济状况进行干预和治理。

1. 减税的财政政策。通过对个人所得税、家庭所得税以及企业所得税进行整改,实行大规模的减税政策,减轻美国民众的经济压力以及企业面临的经济负担。这样既可以促进消费需求的扩大,又有助于企业的发展,扩大就业,降低失业压力,从而提高消费需求,刺激经济增长,改善国内消极的经济状况。而且减税政策可以提高美国群众对未来的期盼,这样有助于各类消费行为的增加,有利于金融业的恢复,对信用规模的变动情况起到一定的缓和作用。

2. 扩大国防支出。"9·11"事件后,美国政府以"反恐"为名发动军事战争,从而产生巨额的国防开支,拉动经济增长,但是其所造成的财政赤字又会为美国未来经济的发展埋下风险的种子,并且会为美国政府带来沉重的经济负担,从长远来看会对经济发展带来很多不可预料的影响。

3. 社会福利制度改革。加大对教育的扶持力度、推进社会保障制度改革、深化医疗保险制度改革,既可以让美国人民得到福利,减轻他们的生活负担,又促进了私人投资与消费的扩大,从而推动经济增长。拉动私人消费,恢复金融市场的活力,促进投资,进而影响金融部门、非金融企业部门、居民部门的信用规模的变动。

4. 降低利率,刺激经济。伴随经济环境的逐渐恶化,美国政府希望通过降低利率来刺激和拉动消费与投资。利率的调整一方面由于效益滞后性会造成短时间内对投资信心的打压,但随着滞后效益出现,投资信心恢复,美股便出现了反弹,美国股票市场开始恢复;另一方面,美联储的连续降息在一定程度上可以促进美国经济的复苏,有利于美国经济的长期发展。

(七)次贷危机引发的金融危机

在 21 世纪初,随着泡沫经济的破灭,美国政府通过推动优惠住房政策刺激经济增长,同时也引发了贷款公司大量发放次级抵押贷款,造成了金融业的过度泡沫化和信用膨胀,在房地产行业高度繁荣的表象下是次级贷款市场高速发展所带来的高风险和一连串难以预料的危机。2007 年 4 月初,美国第二大次级抵押贷款供应商新世纪金融公司宣布申请破产保护,由此拉开了美国次贷危机的序幕,次贷危机的爆发很快演变成了信贷危机,危机随之蔓延到了与信贷联系紧密的银行业,进而这场愈演愈烈的危机演变为金融危机,对世界各国的经济发展都产生了影响。

在这次危机中,美国政府主要是以对金融业的救助为核心,通过对金融业的调整与改革伴以对实体经济扶持来缓和经济危机。下面是美国在危机时期的一些治理措施:

1. 对金融业注资。次贷危机爆发后,为了缓解大量挤兑造成的金融市场流动性紧缺问题,增强市场流动性,美联储频繁对金融体系注资。在次贷危机造成的影响向金融部门延伸后,美国政府的救市思路从最初的债务方面的救助转向处理金融机构的不良资产,而后转为向金融机构直接注资,企图通过大规模的金融救助扭转美国金融体系不断恶化的形势。

2. 携手各国采取降息措施。美联储与全球五家主要央行联合用降息的方式缓解金融压力,通过制定新的借贷美元的规定,缓解了美国资金流动的问题,也缓解了这次经济危机对全球经济的影响。而美联储通过降息、调整联邦基准利率、贴现率、存款准备金等措施大大减轻了次级贷款者的负担,从而稳定房地产市场。通过缓解居民负担减少群众恐慌,缓解居民部门信用规模下降的趋势,而在改善居民部门信用规模的同时,降息在一定程度上也缓解了金融部门面临的问题。随着危机的加深,为了缓解金融市场、实体经济面临的困难处境,美联储开始降低贴现贷款利率。这一措施缓解了较为严重的挤兑现象,进而稳定了金融机构、银行不断倒闭的趋势,通过改善金融机构面对的问题,缓解金融部门信用规模的异常变动,从而减少对总信用规模以及对其他各部门信用规模的影响。在信用规模发展极不稳定的时期,这一措施很好地缓解了美国信用规模的变动问题,为美国信用规模的发展提供了动力,促进了美国经济的增长。

3. 创新流动性支持工具。为了向金融市场注入流动性,削减杠杆效应,自 2007 年 12 月起至 2008 年 11 月美联储陆续推出七种流动性支持工具来改善金融业的市场功能。七个货币政策工具分别为:短期贷款拍卖工具(TAF)、短期证券借贷工具(TSLF)、一级交易商信贷平台(PDCF)、货币市场共同基金流动性工具(AMLF)、商业票据信贷工具(CPFF)、货币市场投资基金工具(MMIFF)和定期资产抵押证券贷款工具(TALF)。

4. 减税,刺激国内需求。通过减税缓解居民的贷款压力,改善税收制度,减轻中小企业的税收负担;通过提供短期贷款、调整税收政策等改善受到影响的实体经济的运营情况。通过解决危机对居民经济状况、实体经济运行的影响,改善美国经济所处的"内忧外患"的环境,通过刺激国内需求,拉动美国经济增长。

此外,通过以工代赈、鼓励企业提供就业岗位等方式缓解了严重的失业以及因为失业而造成的经济负担加重问题,在改善国内就业问题的同时减轻了居民的经济负担,刺激了居民部门的消费与投资,促进居民部门信用规模的增加,改善了信用规模的变动趋势,稳定了信用规模的发展状况,为经济的稳定提供了支持。

5. 实行国有化政策。美国政府通过购买银行股份、接管陷入困境的"房利美"和"房地美"等,将美国的金融机构国有化。这样既避免了美国的金融机构遭受外资的兼并和收购,保护了美国金融资产,又方便了人们了解市场的信息,便于政府对经济进行调节。

6. 加强金融监管。在危机期间,美国政府通过加强美联储的职能提高对金融机构的监管,并且提出了金融改革计划,还通过制定法规提高了对金融衍生品的监管,限制金融机构过度投机的行为,避免风险过大,此外,还加强了对信用机构的监管。这一措施对金融行业进行了监管,使金融部门的各项业务更加规范,也加强了对金融衍生品的管理与控制和对金融风险的监控力度。

二、 对美国信用规模无序变动治理措施的评析

由于美国信用经济发展较早,同时漫长的发展历程形成了数次闭环的经济周期,经济危机频发的美国在面对危机时往往采用逆经济周期行事的策略化解危机,发挥的作用往往在短期内有相对明显的成效,却难以长期维持。但是美国对经济危机或金融危机的治理,能够给我国应对信用规模无序变动提供正面或反面的经验。

第一，降低税收和调节税收结构以提升经济活力的手段效果明显，也是美国应对经济危机常用的做法。降低税收能够很大程度上为企业减负，降低企业生产成本，为企业缓解危机压力产生直接的影响，同时也能够刺激经济发展，带动居民的消费需求，这是对危机治理的一种共识。此外，调整税收结构，公平收入分配制度，缓解贫富差距也是降低危机影响的方式。

第二，大量的金融创新以扩大信用交易作为化解危机的重要手段。这些工具的出现都是根据不断丰富的客户需求做出的金融创新，既可以促进金融业务的交易，改善金融业的发展环境，为金融市场注入活力，又能够通过促进金融交易，改善各部门信用规模的变动情况，促进信用规模的稳定与增长。也可以看出，金融创新主要通过金融工具创新和交易规则创新来实现，其关键就是为市场注入相对充足的流动性，缓解各级市场的融资压力，以此来缓解危机的影响。此外，这样不仅可以间接减轻政府的财政负担，还有利于金融行业的发展，创造出有利于储蓄和投资的宏观经济环境，便于改善经济危机期间信用行业的发展状况。

第三，增加国防支出以拉动经济增长，甚至以通过"战争"来转移国内矛盾。作为美国政府在经济萧条时最常用来刺激经济的政策工具之一，扩大国防开支在拉动经济增长方面的效果毋庸置疑，这一政策的实施使得美国经济迅速反弹，促进了美国经济的恢复，也很大程度上缓和了经济危机对金融业的影响。在"战争"驱使下，军工产业的发展也是带动周边产业和国民经济的手段，同时又能够将国民的注意力从国内矛盾转向国际。

第四，国家干预和金融监管。除了通过财政赤字、金融创新等方式刺激经济和刺激消费之外，国家也经常采用直接干预的政策，如在危机中对金融机构等企业的救助政策。此外，鼓励金融创新的同时加强金融监管也是防控风险不可或缺的内容。

但是，美国的经济危机或金融危机之所以反复和难以消除，既跟美国本身的各种体制有关系，也跟治理危机的政策有关。美国缓解危机或矛盾的政策往往具有短期利益特点，也就是说政策的实施在短期内效果明显，但是随着政策的继续实施往往会产生负面影响，如财政赤字扩张、通货膨胀等，这也就为下一阶段的危机埋下了伏笔。因此，也可以认为美国对经济危机的治理没有也很难达到治本的效果，这既是各阶段治理政策所造成的现象，也是资本主义社会发生经济危机的历史必然。

三、 美国对信用规模无序变动治理措施对中国的启示

截至目前,中国主要经历了东南亚金融危机、美国次贷危机引起的全球性金融危机和欧洲主权债务危机的不同层面影响,尤其是危机导致的全球经济下滑、消费疲软,使中国的经济尤其是外贸型企业受到相对严重的冲击。当前,我国受数字化、互联网等形式的影响,政府治理、企业与居民的交易和消费方式都发生了根本性的变化,在便利的同时也潜藏了一些不可忽视的风险因素。基于美国对信用规模无序变动所引发风险的警示和长期的治理经验,为我国防范和化解潜在的系统性风险提供了一些重要启示。

(一) 为企业减税降费而减负,是激发企业生产活力的重要手段

为企业减税降费是直接降低企业生产成本、行之有效的常用政策,尤其是近几年来我国经济进入新常态,经济增速下滑,且受到国际国内形势,如国际贸易环境、新冠疫情等的影响,企业发展环境受到了严峻的挑战。同时,治理应当鼓励向高新技术企业、科技型企业等可持续发展的方向转型,以缩减企业创新成本,营造良好的创新环境。

(二) 治理应当以服务实体经济为目标是化解重大风险的基本要求

消除潜在的系统性风险因素应当规范金融发展,以脱虚向实为准则,以服务实体经济为目标,使金融机构承担起服务社会发展的社会责任。更具体地,打造强大高效的金融体系和金融机构体系是为社会提供良好金融服务的基础,金融发展并非最终目的,目的应当是为社会主体的发展提供强有力的金融服务支持。否则,长期虚拟经济的发展会产生大量的金融泡沫,高度的金融创新也只会增加风险在复杂信用链条的传递速度,从而形成更严重的系统性风险隐患。

(三) 信用规模无序变动的监管应当着眼于长远规划

政策的实施应当着眼于治标和治本两个方面,切忌为了短期的利益或者掩盖风险,而实施相对短见的政策,因为在这个过程中往往会产生新的风险因素,从而形成风险的积聚。所以,对信用规模变动的监管应当着眼于长远和宏观,落脚于对微观主体的阶段性监测,实现对风险因素的可防可控。

(四) 推进信用社会和信用经济的发展,应当重视信用监管

信用和社会主体之间的信任是社会和谐发展、经济高效发展的基石,社会信用从主体角度上来说,应当由政府部门信用、金融部门信用、居民部门信用和非金融企业部门信用组成,这也是信用规模之所以产生、信用结

构之所以形成的根本原因。但是，不同主体的信用实际上又被赋予了不同的意义，政府部门信用应当倾向于政府的廉洁和高效执政，金融部门信用更多地是能够为社会和经济发展提供良好的金融服务支撑，居民部门和非金融企业部门信用则相对明确地指向自身的守信意识。因此，既要重视信用监管，也要将信用监管的主体和对象进行区别对待，其目的是营造良好的社会和经济信用环境。

第二节　中国信用规模无序变动
监管框架的整体思路与设想

一、　整体思路：建立全面、协调、有重点的过程型宏微观审慎监管框架

（一）建立全面的信用规模监管框架

目前中国对债务风险的防控，仅仅在于控制杠杆率本身，对债务风险的管控方式和监控指标过于单一，不符合系统性风险复杂多变的特点。因此，在关注债务风险时，不仅要关注杠杆率，也应从杠杆率本身的构成来详细分析造成杠杆率变动的原因，以此建立起有效的债务风险防控体系。由前文对信用规模概念的定义可知，信用规模包括信用总规模与信用规模结构两个内容，之前中国信用规模的监管，只注重各部门内部信用规模的无序变动，对部门之间的相互传染而引发的信用规模无序变动以及信用总规模的无序变动并没有予以应有的关注。鉴于此，应建立起既注重空间维度的部门内部与部门之间的信用规模无序变动，又注重信用总规模在时间维度上的堆积的全面信用规模无序变动的监管框架。这一监管框架的建立，将会在很大程度上提高中国系统性风险管理和控制的效率。

（二）建立信用规模无序变动的过程型监管框架

过程型监管框架不同于"功能型监管"，"功能型监管"概念是由美国哈佛商学院的教授罗伯特·默顿在20世纪90年代提出来的。该概念诞生于金融领域，罗伯特·默顿认为美国的金融监管应该能够实现跨产品、跨机构、跨市场的统一协调监管，来增强监管政策的连续性和一致性。而过程型监管并不是对"功能型监管"的否定，而是"功能型监管"的延伸，强调对某一事件的传导过程、传导途径的明确，在传导的过程中进行管制。自2015年以来，中国对债务风险引发的系统性风险的监管，逐渐从"功能型"监管模式过渡到"过程型"监管模式上，但是过程型监管模式目前

也仅仅被中国某些地方政府应用到地方政府债务风险的监控上。由于信用规模无序变动在时间维度与空间维度上均具有十分强烈的传染性和堆积性。因此,明确信用规模无序变动在时间和空间上的传导过程以及传导途径,从信用规模无序变动的传导和堆积过程中进行治理,减少信用规模无序变动在部门间的传染和时间维度上的堆积,尽可能地降低系统性风险。

(三)构建信用规模无序变动的宏微观协调监管的监管框架

由合成谬误含义可知,四部门信用规模的有序变动并不代表四部门的综合——信用总规模的变动也是有序的,即"单体有序"并不能带来"整体有序"的结果。另外,从分解谬误理论的内涵可知,信用总规模的变动是有序的,并不代表四部门信用规模的变动也是有序的,即"整体有序"并不一定能带来"单体有序"的结果。由此可见,对信用规模无序变动的监管仅依靠建立宏观审慎监管框架,或仅依靠建立微观审慎监管框架,均不能很好地管控系统性风险。因此,宏观审慎监管框架与微观审慎监管框架均有存在的现实意义。信用总规模是由四部门信用规模之和构成的,信用总规模与信用规模结构之间是相互联系并且相互影响的,并非独立存在、互不影响,若构建的信用规模无序变动的宏观审慎监管框架与微观审慎监管框架之间存在冲突,将会影响对信用规模无序变动的监管效果,只有建立信用规模无序变动的宏观审慎监管框架与微观审慎监管框架相协调的监管模式,才能更好地识别与防范信用规模无序变动,降低系统风险。

(四)有重点地进行监管

经济危机的爆发是由信用规模的无序扩张和监管缺失造成的。通俗地理解马克思理论关于矛盾的解释,我们认为解决问题需要抓住问题的主要矛盾,债务风险引发系统性风险的主要矛盾就是信用规模变动和宏观经济运行之间不匹配的矛盾,即信用规模无序变动。要处理好信用规模变动与系统性风险的关系,需要关注引起信用规模无序变动的原因,以及对信用规模无序变动进行识别和防范。经济全球化背景下信用规模无序变动具有很强的国际传染性,即各国由于经济金融的紧密联系,促使信用链条复杂多变,一国信用规模无序变动极易造成与之有联系的其他国家信用规模发生无序变动,甚至引发全球性系统性风险。因此,对系统性风险的防范,控制风险源和过度的信用规模变动是系统性风险监管的重中之重。因此,中国应明确由债务风险引发的系统性风险的主要矛盾,建立起有重点的系统性风险监管框架,即将信用规模纳入宏观监管框架,加强动态监管力度,建立信用规模风险预警和风险防范机制,并针对信用规模的变动实施动态监控，以提升监管效果。把四部门信用规模变动和各类引起信用规模变动的因素纳入监管视野；实现对四部门信用活动的全面监管；加强对大型跨国公司的监管，以防止信用风险的国际传导。以上这些都是建立信用规模无序变动监管框架时需要重点监管的方面。

二、 总体设想——构建三层次监管机制

中国信用市场的建立虽然刚刚开始，仍然存在很多问题，但中国经济体量大，国际上众多国家信用经济发展有很长的历史过程，有许多成熟的经验教训可供借鉴，同时中国开放的经济发展模式不断加深，因此，建立过程型监管模式也符合中国当前的国内外经济形势。根据信用规模监管目标的不同，尝试搭建三个层次的信用规模宏观监管框架。三个层次分别为：信用规模市场稳定监管机制、信用规模审慎监管机制、信用规模扩张的商业行为监管机制。具体如下：

（一）第一层次——以市场风险防范为目标，构建信用规模市场稳定监管机制

20世纪80年代计算技术和信息技术快速发展，加快了经济全球化和信用全球化的步伐，全球产品市场、要素市场、资本市场等紧密相连，市场产业链条复杂多变。国内和国际之间的市场风险较之于以前，其来源更加复杂难明，形式更加多样化，这种现象以美国为最。不可避免的单一市场风险，虽不至于引起信用危机，但当这些市场风险没有被正确地处理或分散时，可能会导致系统性风险出现，进而导致信用危机。信用规模的扩张或收缩会引起宏观经济变动，并且信用规模对宏观经济的影响有倍数扩张效应。因此，防范各种信用市场风险，以避免各信用主体因盲目、过度信用活动带来信用规模的无序扩张或收缩，引发宏观经济危机，便成为信用规模宏观监管框架所要解决的首要问题。

（二）第二层次——以塑造和整顿市场秩序为目标，构建信用规模审慎监管机制

审慎监管理念最早出现于1997年银行业的监管中[①]。审慎监管与风险相关，其核心理念在于强调风险的防范，它通过制定规则对风险进行事

[①] 1997年巴塞尔委员会在文件《银行业有效监管核心原则》（Core Principles for Effective Banking Supervision）提出，该文件一直被视为国际银行业监管领域内具有里程碑意义的重要文件，它对银行的日常经营活动提出了10个原则：要求监管当局制定和实施资本充足率、风险管理、内部控制、资产质量、损失准备、风险集中、关联交易、流动性管理等方面的审慎监管法规。这些审慎监管法规可以分为两大类，一类涉及资本充足率监管，另一类涉及风险管理和内部控制。

前监测、预警和控制。审慎监管最初被分为微观审慎和宏观审慎①，主要区别在于防范的风险是微观风险（如银行、证券等）还是宏观风险（系统性风险），根据其使用的审慎工具是微观审慎工具还是宏观审慎工具。本研究建立的信用规模监管框架是一种过程型宏微观协调的审慎监管框架，监管注重信用规模无序变动传导的途径、作用机制、影响程度等，而不分信用工具的功能和机构性质，在注重信用总规模、宏观经济运行和保障体系协调的宏观审慎的基础上，又注重防范四部门信用规模无序变动以及结构失衡的微观审慎监管。

第二层次的审慎监管机制主要集中于信用市场的秩序和纪律问题。高度发达的信用市场和多样化的信用工具，致使信用活动频繁和信用交易形式多样，市场参与者众多。这种活跃的信用市场能够激发信用主体复杂的信用行为，引发以投机为目的的过激或盲目的信用交易。因此，重塑信用市场秩序，对规范各信用主体的信用活动具有很强的理论意义和现实意义。

（三）第三层次——以保护市场主体利益为目标，构建信用规模信用行为监管机制

信用规模是一个总量指标，它不可能自发增长。信用总规模的变动来自信用主体（本研究指政府部门、金融部门、非金融企业部门和居民部门四部门信用主体）的信用活动和信用交易。因此，对信用规模的监管，离不开对信用主体的监管。信用市场的活跃度来源于信用市场的参与者——各信用主体的参与度。信用规模监管机制的建立，并不是为了限制信用主体的信用活动而限制信用规模扩张，相反，信用规模宏观监管框架的建立是为了更好地促进有效的信用活动，进一步地刺激信用主体的信用活动。只不过信用规模监管机制的建立，是为了避免信用市场的不规范行为或可能引发信用市场系统性风险的发生，对无序的信用规模扩张进行限制和疏导。

因此，第三层次信用行为监管机制的建立，主要以保护信用市场主体利益为目标。信用规模信用行为监管机制的建立，至少应该有两个方面的目的：一方面，保护信用主体利益，提高市场活性；另一方面，引导和规范信用主体的信用活动，限制其过度投机和盲目投资，促进信用规模

---

①　国际清算银行全球金融体系委员会(CGFS)在 2010 年 5 月发布的《宏观审慎政策性工具和框架》报告中给宏观审慎下了定义：认为明确以防范系统性风险为目标，主要采用审慎工具实施的相关政策才属于宏观审慎的范畴。

的合理扩张或收缩。

第三节 构建中国信用规模无序
变动监管框架的基本原则

一、 参考国际经验，立足中国实际

2009 年，中国 4 万亿投资与之后实行的一系列降息降准量化宽松货币政策，目的在于刺激危机后的经济复苏，但这些经济恢复政策的实施，没有起到很好的作用，中国经济发展仍然持续走低，但却造成了中国杠杆率倍数增长的结果。而杠杆率的提升会加剧经济、金融体系的脆弱性，造成局部违约事件发生，由于体系的脆弱性，这种局部违约事件的发生容易引发"蝴蝶效应"，在经济金融系统内引起连锁反应，进而形成经济金融危机。2015 年 12 月，去杠杆作为"三去一降一补"中国社会经济发展五大任务之一被提出，标志着社会经济杠杆，即社会信用规模与宏观经济的关系已被高层重视。中国去杠杆的具体内容为政府部门去杠杆、金融部门去杠杆、非金融企业部门去杠杆与居民部门去杠杆四方面内容。鉴于中国目前债务高企的特点，中央政府一直将"去杠杆"作为中国社会经济的重要任务，对国内四大部门的杠杆以及经济总杠杆进行严格管制，从而使其回落到可控范围，防范系统性金融危机和经济危机的爆发。

由于美国长期信奉自由经济，政府干预较少，市场化程度较高，危机的爆发与传递具有显性化特征，便于分析总结信用规模变化与宏观经济运行之间关系的规律。这些规律具有一般化特点，可以为中国提供可参考的有用的经验借鉴，但需要特别注意的是，由于历史等原因，中国与美国在经济体制、企业发展、居民消费习惯等方面，存在较大的不同。所以，我们在引入相关标准或制定相关政策时，应在充分借鉴国际先进经验基础上，紧密联系中国实际，根据中国实际情况制定符合中国信用规模发展变化规律特征的识别、治理及监管政策。

二、 一部门一策，整体推进

目前中国关于信用规模无序变动的识别、防范的相关治理及监管措施尚缺乏专门性、系统性和完整性。目前，只是停留在各部门努力去杠杆，降低总债务的层面，但是由于在去杠杆时并没有明确各部门去杠杆的程度和限度，这样即使各部门去杠杆的效果显著，也可能因为去杠杆的力度不同，

出现结构上失衡的现象;或者可能因为各部门过度地去杠杆、降债务,而导致社会投资、消费的意愿下降,出现经济发展后劲不足的现象。无论出现哪种可能性结果,均会引致经济金融系统的脆弱性加剧。由以上分析可知,正因为缺乏科学、系统的去杠杆的方法和措施,可能导致之前所做的工作不仅没有起到提升经济金融系统抵抗风险能力的作用,反而会降低其抵抗风险的能力。因此,既要制定各部门去杠杆的具体实施方式,还要从整体上对债务总规模与宏观经济运行进行监控和治理;既要建立分部门的信用规模无序变动的识别、防范及治理措施和方法,还要建立整体上的信用总规模无序变动的识别、治理及监管的整体设计和具体部署。另外,考虑到政府、金融、非金融企业、居民四部门在社会经济中的不同作用,应当实施差异化的“一部门一策略”的稳步推进原则,先以金融部门去杠杆为主,逐步扩大到政府部门、非金融企业部门以及居民部门。

三、 评价指标应注重定量与定性相结合的原则

由实证分析可知,无论是考察信用规模变动与宏观经济运行关系、对信用规模无序变动的识别,还是构建风险预警模型,使用的数据均为历史数据。但是,鉴于历史数据的局限性,研究注重的是对历史事件的考察分析和规律总结。由于现实的复杂性和未来可能的多变性,仅仅依靠历史数据进行分析,并不能够完全评估其系统重要性,难以实现监管的前瞻性,而且在构建风险预警模型时,构建的是二元离散模型,同样需要定性的数据。因此,在构建信用规模无序变动的评价指标体系时,应充分承认定性分析的作用,在使用历史数据的基础上,加入监管当局或管理者的定性判断等定性指标。

第四节　建立健全中国信用规模无序变动监管框架的具体措施

鉴于目前中国尚未建立完善的四部门信用规模统计指标,在指标选取上,参照可替代性和关联性两个标准,在此基础上进行监管框架设计,并提出针对性建议。

一、 建立信用规模统计指标体系

信用规模的变动对宏观经济的安全、稳定运行有着至关重要的作用,

该论断从前面对美国和中国信用规模问题的研究中已证实。但中国信用规模因为没有专门的统计指标，且信用规模的数据可能会发生错漏和重复，造成信用规模问题研究准确度下降，理论研究难以准确、精确地指导实践。因此，量化信用规模，对以后更准确、更客观、更全面地研究中国信用规模问题将显得尤为重要。如何量化中国信用规模？这就需要在国家层面上建立信用规模统计指标体系，对信用规模的各项指标尽可能全面地收集和处理。

本节构建的信用规模统计指标体系主要是按照信用交易主体的不同来划分，包括四级统计指标：信用总规模—四部门信用总规模统计指标—对应的各种三级指标体系—对应的各种四级指标体系，具体如表 8-1 所示。

表 8-1   中国信用规模统计指标体系

信用 总规模	政府部门负债	中央政府负债	中央政府债券
			向其他机构的贷款
		地方政府负债	地方政府债券
			向其他机构的贷款
	居民部门负债	各种贷款	信用贷款
			抵押贷款
			质押贷款
			担保贷款
			保证贷款
	金融部门负债	中央银行负债	流通中货币
			政府和公共机构存款
			金融机构存款
		政策性银行负债	政策性存款
			政策性金融债券
		商业银行及 其他金融机构	各种存款
			各种借款
			长、短期债券
			应付账款
	非金融企业部门负债	证券融资	股票市场融资
			债券市场融资
		贷款融资	银行贷款
			应付账款

二、 把信用总规模纳入中国宏观经济运行监管框架

（一）信用规模的总体监管和部门监管应当并重

由前文可知,信用规模变动会对宏观经济的安全、稳定运行产生重要的影响:信用总规模变动,不但能够促进经济增长,带来经济繁荣,还会引发经济危机,带来经济衰退。目前,中国的信用监管框架基本没有专门针对信用规模的监管内容。对信用规模的监管现状多体现在对各信用主体的监管,且信用规模监管与金融规模监管划分不清,边界模糊。历史证明信用总规模的变动对宏观经济的影响同样具有很重要的意义。合成谬误理论证明个体最优不能够带来整体最优,因此,对各信用主体信用规模的监管,并不能替代对信用总规模的监管,信用各主体部门信用规模监管有效,不代表信用总规模监管有效。因此,中国信用规模监管框架不但应该建立分部门的信用规模宏观监管框架,更应该建立信用总规模宏观监管框架,把信用总规模纳入到中国宏观监管框架中去。

（二）建立政府、信用规模监管机构与行业协会三位一体的协同监管体系

虽然中国信用市场的发展经历了一定的时期,社会信用体系建设也正在加快进程,但是对信用的认识却缺乏全局性,全面的信用监管体系尚未建立。立足中国国情,建立政府监管、信用规模监管机构监管与行业协会自律的三位一体的内外协同监管模式。首先,在信用规模监管体系建立之初,由于要对中国现有的监管体制作出调整,调整可能会遇到困难(如可能需要建立一个统一的信用监管机构——信用联合监管局),也可能会出现市场混乱,这些情况的处理和化解只能依靠政府发挥其权威性。其次,发挥信用规模监管机构的监督管理能力(信用规模监督管理机构成立之后),完善信用规模风险控制机制,保障信用规模的变动处于合理的波动区间。最后,充分发挥行业协会的自律功能,完善监管体系,丰富信用监管机构职能,以提升监管的全面性和效率。但由于行业协会的自律性较弱,应该对行业协会的权利和义务进行明确。三位一体、内外协同监管体制的建立,可以实现对信用规模变动的全方位、全过程监控和跟踪,防范信用危机,促进宏观经济增长。

（三）制定和完善信用规模监管的相关法律法规

随着信用活动的逐步深化,各信用主体和信用机构间交易和业务发生交叉的情况频繁出现,信用融合程度加深,仅靠信用监管机构或行业协会进行监管,缺乏法律法规的规范,实际是不能满足现实需要的。信用规模

的宏微观协调监管框架的建立，离不开信用规模监管法律法规体系的建设，制定和完善信用规模法律法规是控制风险的制度性保障。主要的信用规模相关法律法规应包括以下六个方面：明确信用规模监管主体、监管对象、监管范围和监管方式的法律法规；制定信用市场准入规则，提升信用交易的规范性；信用总规模的信用规模风险预警指标体系和四部门信用总规模的信用规模风险指标体系的法律法规；规范和保护信用主体行为的法律法规；信用规模过大或剧烈的临界值确定，确定市场退出机制的法律法规；各信用主体关于信用规模争议的仲裁、赔偿方面的法律法规。

总之，信用规模法律法规的出台，至少要包括信用规模三个层次监管机制的法律法规。

三、 正确处理信用创新与信用规模无序变动的关系

信用创新是把双刃剑，它能够为信用市场和信用交易带来活力，提供更加丰富的信用交易工具和信用交易方式，提高信用市场交易效率，促进宏观经济发展；但同时，发达的信用创新，也给信用监管和信用风险防范带来了巨大的挑战。信用创新为各信用交易主体提供了多种多样的投资工具，并且这些投资工具由于是新产生的，可能存在"监管真空"，就容易引发投机行为。过度的投机行为会造成信用规模的无序变动，进而使局部风险转化为系统性风险，引发信用风险，当信用风险的破坏程度超越了宏观经济的承受程度的话，宏观经济运行危机便不可避免。因此，对待信用创新我们应该持审慎态度，既要鼓励信用创新，又要权衡风险大小，避免"羊群效应"盲目跟风。因此，应该正确处理信用创新与信用风险的问题，具体方法如下：

（一）将信用创新纳入风险防范体系

中国信用的发展得益于信用创新。信用市场中各信用主体为了获得利润，通过信用工具或信用活动方式的创新来规避信用监管。正因为信用创新有规避监管获取利益的目的，信用创新本身带有潜在风险因素。"五花八门"的信用工具和"千奇百怪"的信用活动的出现，都会导致信用规模的变动出现异常值。若信用创新是在信用市场可承受风险的程度内，那么信用规模变动的异常值就会被宏观经济所抚平；如果信用创新过于频繁，其带来的风险远远超过了信用市场的承受能力，那么信用规模变动的异常值就会逐渐累积，造成信用规模的无序扩张，引发信用危机。若信用规模监管处置失当，或信用危机爆发的程度太深，那么经济危机将接踵而至。因此，美国建立信用规模风险防范体系，要将信用创新纳入进去。

(二) 将信用活动主体的信用交易纳入风险防范体系

由萨缪尔森提出来的合成谬误假说(Fallacy of Composition),我们有理由认为单体理性并不能导致集体理性这一结果。也就是说,尽管居民部门、政府部门、金融部门、非金融企业部门的信用规模都是理性的或合理的,但是四部门信用规模的总和,即信用总规模并不一定是合理的。因此,有必要寻找两者的共同合理点,也有必要将四部门信用规模和信用总规模一起纳入风险防范机制。

四、 建立信用规模无序变动识别与预警方法体系

中国信用规模无序变动的识别与防范机制的建立,是避免和监测信用规模无序变动的重要手段。信用规模无序变动的识别与防范机制,主要通过风险指标体系的构建和风险测度,来进行提前识别;再通过构建预警模型进行风险预警。中国信用规模风险防范机制主要从以下两个方面建立。

(一) 建立中国信用规模无序变动的识别方法体系

首先应该选择一种简单有效且能够实现动态过程的识别方法,来测度过去或预测未来信用规模无序变动的危机发生概率,以及风险传播方向,以便为未来中国信用规模发生无序变动提供预警。本研究第六章与本章第一节在识别中美信用规模无序变动时均采用弹性法,弹性方法简单易懂,操作性强,因此,在进行简单的识别时该指标是相对有用和科学的方法。在进行精确预警和防范时,可采用较为复杂和精确的模型进行进一步的确认。

(二) 建立中国信用规模无序变动的风险预警方法体系

本研究第六章尝试构建了美国信用规模与宏观经济风险预警模型,选取的是 Logit 二元离散选择模型,从历史数据找到深藏在表象之下的一般规律,并找到了美国信用规模与宏观经济 GDP 风险发生概率值。该模型的特点是简单方便、预测精确,因此,在对美国进行预测时,有良好的预测精度。但是该模型的构建是在危机已经发生或多次发生的情况下较为适用,因此,此方法适合美国,却不符合中国当前的国情。本研究第七章第二节通过构建 DEA 模型对中国 1992—2020 年的信用规模变动效率进行测算,能够较好地识别信用规模无序变动的年份,也能够通过冗余值与最优值的测算,找到合适的治理策略,但该方法也有个特点,即只能对已有数据的年份进行测算,但无法预测。鉴于以上两个模型的特点,在对中国进行风险预警时,我们将两种模型结合起来使用较为合理,通过构建 Logit 模型对中国未来几年的 GDP 与信用规模进行预测,再运用 DEA 方法测算预

测出来的信用规模变动效率。这样，两种模型的结合将会很好地解决中国目前对信用规模无序变动的预警问题。

五、 防范四部门信用规模无序变动的建议

通过论述和佐证，在一定经济发展的背景下，信用规模的无序变动是由四部门信用规模变动所引起，且四部门信用规模变动之间还存在着千丝万缕的联系，在上文提出了防范信用总规模无序变动的方法等内容的前提下，基于当前防范和化解重大风险的要求，以下针对四部门提出一些具体的建议。

（一）防范和化解地方政府债务风险是政府部门的重中之重

地方政府债务风险是中国政府部门信用规模无序变动的直观体现。当前，仍然是需要重点防范和化解的重中之重，这是为了避免系统性风险发生的必要一环，因为体制机制原因而造成的此类风险要从防范潜在风险和处置存量风险两个方面进行。

一方面，对于防范潜在的地方政府债务风险来说，地方政府专项债的发债融资行为，要借助市场手段进行专项债的评价和评级，尽量减少发债主体对发债流程等的干预和影响，并且避免寻租行为的产生。同时，要对项目进行科学化、系统化、客观化的预期和管理，从而避免项目预期收益的虚高，盲目地为发债提供不良动机，在债务偿还上也要防止严重依赖土地出让的惯例。要完善债务信息系统和优化债务平台建设，可充分利用大数据、云计算等现代科技手段建立健全省市县各级政府全覆盖的债务信息平台管理机制，其目的是通过更客观的信息畅通机制，最大限度地避免监管行为与融资行为、资金供求双方的信息不对称，从而为避免潜在的风险提供客观条件。另一方面，对于处置存量风险，仍然应当遵循风险最大化分散的原则，通过开辟新的交易市场和交易工具实现既有风险的流动性，通过第三方信用评价和评级实现风险资产的增信，从而吸引更广泛的市场需求，以实现存量风险的化解。

此外，为了防范政府部门信用规模无序变动，还要严格政府发债动机，实现政务信息的透明化管理。

（二）金融部门的发展应当以服务于实体经济为目标

金融部门作为发挥经济发展"血液"作用的部门，在经济发展资金流通中居于核心地位，起到优化资源配置的关键作用。同时，信用总规模和其他部门信用规模及其变动也都与金融部门息息相关，实际上会起到牵一发而动全身的作用。随着经济实力的增强和金融国际化的长期发展，我国的

金融部门发展有了翻天覆地的变化,尤其是伴随着互联网金融的兴起、金融科技的助推等,无论是发展规模还是发展效率,都有了长足的发展。

本研究强调金融部门主体,尤其是以银行为代表的金融机构的规模发展和高盈利并不是目的,而根本目的是为经济的良好发展提供支撑,对于当下来说,更重要的是支持实体经济的发展,在近阶段真正地完成"脱虚向实"的基本目标。因为金融的发展必然需要经济发展作为支撑,才能更高效地"消化"金融发展的成果,获取金融发展的红利。

所以,在近年来不断强调要防范和化解重大风险的背景下,金融部门在发展规模、盈利模式等方面务必要作出变革。在宏观领域,充分发挥金融部门优化资源配置的市场化作用机制,使其成为经济结构和产业结构优化调整和升级的节拍器,在实体经济发展中的优胜劣汰和高质量发展中充分发挥调节作用;在微观主体领域,要重点支持大型基础设施工程建设、城镇化发展、民生发展等利国利民长期项目,也要在防范信用风险的基础上发展绿色信贷,择优支持中小型高新技术企业、科技型中小企业等有长远发展潜力但是缺乏信用积累的一些企业。

自经济金融新常态以来,经济下行压力增大,但是金融部门应当成为经济高质量发展的关键支撑。

(三) 非金融企业部门要注重创新和转型,提升融资效率

非金融企业部门主体作为经济发展支撑的主力军,关系着经济的质量和可持续性,基于部门信用规模变动的关联性,将政府部门和金融部门作为外部因素的情况下,非金融企业部门应当随着外部环境的变化把握自身发展的优势,从长远可持续发展角度找准在市场中的发展定位,以实现两个关键性目标,分别是获得融资机会和提升融资效率,使非金融企业部门信用规模变动符合经济发展的趋势。

其一,在当前经济和产业结构调整的浪潮中实现产业升级,在产业专业和产业集聚的进程中实现自我淘汰和转型,在规模优势的基础上提升非金融企业发展的规模效益和自身竞争力。在此基础上,形成吸引金融资源和金融服务升级的优势。

其二,非金融部门主体应当重点关注市场发展趋势,提升企业产品或服务的附加值,优先考虑向高新技术企业、科技型企业转型,或与其进行多元化、深层次的合作,在市场上瞬息万变的环境下找准产品和服务的供需平衡点,以实现自身的可持续发展。

其三,非金融企业发展应当以诚信为基础,守信经营、诚信服务,营造良好的商业环境,因为自身守信和增信是获得金融机构和非金融机构等主

体授信的前提和保障。更要注重的是非金融企业部门也应当防范系统性风险的发生,严防违反市场规律和国家政策红线的运营模式,各类企业均要牢牢守住守信的底线,反对盲目逐利式的虚假增资和加杠杆行为,因为这不仅会扰乱市场的正常运行,长远来看,自身也会受到"反噬"。

(四)居民部门应当合理消费和理性投资,并处理好两者的关系

居民部门与非金融企业部门主体一样,不能自己创造信用规模,从负债的角度上来看,其信用规模的产生主要源自其他部门对其授信。所以也要在参与社会经济生活的时候注重守信,提升自身的信用素养,尤其是在信用经济时代,个人的信用状况将对其参与经济生活产生重大影响。

此外,还需要着重强调以下两个方面:其一,居民和家庭应当合理负债和适度消费,提升生活质量,避免盲目的行为造成全社会的信用规模无序变动;其二,居民家庭和个人要处理好投资与消费之间的关系,对于投资者来说,需要提升自身的金融素养,多元化和理性投资,防范市场波动风险造成的损失,对于消费者来说,除了适度消费之外,还要提倡消费升级,改变消费观念。

参考文献

［1］艾洪德,蔡志刚.个人信用制度:借鉴与完善［J］.金融研究,2001
（03）。

［2］步艳红,赵晓敏,杨帆.中国商业银行同业业务高杠杆化的模式、影响和监管研究［J］.金融监管研究,2014（02）。

［3］蔡昌.税收信用缺失的根源及治理制度设计［J］.税务研究,2014
（11）。

［4］蔡吉甫.双重软预算约束、银行负债与过度投资［J］.河北经贸大学学报,2012（01）。

［5］蔡则祥.简析货币形式的分类［J］.经济问题,1998（10）。

［6］曹志鹏,安亚静.利率市场化对中国商业银行利差的影响［J］.金融经济学研究,2018（06）。

［7］曾康霖、王长庚.信用论［M］.中国金融出版社,1993年。

［8］曾敏,何德旭.商业信用理论的再辨析——以国有资本持股民营企业为视角［J］.经济学家,2021（10）。

［9］陈洪隽.信用担保推动中小企业发展［N］.中国保险报,2002年。

［10］陈洪隽.中国的信用状况有好转吗［J］.国际融资,2002（12）。

［11］陈洪隽.中国集体企业的发展情况、存在问题和目标选择——关于中国集体经济的观察与合作经济的思考［J］.中国集体经济,2001（12）。

［12］陈潭.政府信用失范与政府信用建设［J］.社会主义研究,2004
（02）。

［13］陈晓红,杨志慧.基于改进模糊综合评价法的信用评估体系研究——以中国中小上市公司为样本的实证研究［J］.中国管理科学,2015
（01）。

［14］陈新跃,张文武.利率市场化条件下中国商业银行资产负债管理技术研究［J］.金融论坛,2005（03）。

［15］陈艳.信用扩张对中国经济增长的时变影响［D］.浙江财经大

学,2016。

[16] 陈燕,李晏墅.诚信缺失的道德治理[J].财贸经济,2007(05)。

[17] 程民选,唐雪漫,孙磊.社会信用体系:需要深入思考的几个理论问题[J].当代经济研究,2009(12)。

[18] 程民选.产权、信用与现代市场经济[J].财经科学,2000(02)。

[19] 程民选.关于社会资本概念的若干思考[J].经济学动态,2004(06)。

[20] 程民选.交换范畴论析[J].四川师范大学学报(哲学社会科学版),1996(04)。

[21] 程民选.信誉:从社会资本视角分析[J].财经科学,2005(02)。

[22] 程民选.信誉主体及其产权基础[J].学术月刊,2006(08)。

[23] 迟铁.转型时期中国信用制度安排研究[D].吉林大学,2009 年。

[24] 董梁,胡明雅.基于 Logistic 回归模型的 P2P 网贷平台新进借款人信用风险研究[J].江苏科技大学学报(社会科学版),2016(03)。

[25] 杜婷.基于粗糙集支持向量机的个人信用评估模型[J].统计与决策,2012(01)。

[26] 杜秀梅,毛祖桓.建立大学生个人信用制度,促进国家助学贷款[J].教育研究,2003(01)。

[27] 范柏乃,江蕾.中国地方政府信用缺失的治理对策研究[J].公共管理学报,2005(01)。

[28] 范柏乃,金明路,程宏伟.中国地方政府信用问题研究[J].学习论坛,2005(02)。

[29] 范柏乃,张鸣.地方政府信用影响因素及影响机理研究——基于116 个县级行政区域的调查[J].公共管理学报,2012(02)。

[30] 范柏乃,张鸣.国内外政府信用研究述评与展望[J].软科学,2011(03)。

[31] 范柏乃,张鸣.政府信用的影响因素与管理机制研究[J].浙江大学学报(人文社会科学版),2009(02)。

[32] 范方志,苏国强,王晓彦.供应链金融模式下中小企业信用风险评价及其风险管理研究[J].中央财经大学学报,2017(12)。

[33] 范黎波,贾军,贾立.供应链金融模式下中小企业信用风险评级模型研究[J].国际经济合作,2014(01)。

[34] 方匡南,范新妍,马双鸽.基于网络结构 Logistic 模型的企业信用风险预警[J].统计研究,2016(04)。

[35] 方匡南,章贵军,张惠颖.基于 Lasso-logistic 模型的个人信用风险预警方法[J].数量经济技术经济研究,2014(02)。

[36] 冯蔚蔚,徐晶.中国的个人消费信贷与个人信用制度[J].上海金融,2004(12)。

[37] 高霞,王然.中国信用规模与经济增长关系的实证研究——基于 1986—2004 年的协整分析[J].金融理论与实践,2007(04)。

[38] 关伟,翟丽芳,吴晶妹.信用要素促进经济循环的影响机制[J].郑州大学学报(哲学社会科学版),2021(02)。

[39] 郭春香,李旭升.贝叶斯网络个人信用评估模型[J].系统管理学报,2009(03)。

[40] 郭山.信用规模与经济增长[D].湖南大学,2007 年。

[41] 郭生祥.信用经济学[M].东方出版社,2007 年。

[42] 郭新明,杨俊凯.市场交易、信用规范与信用缺失行为分析[J].金融研究,2006(07)。

[43] 郭志俊,吴椒军.论中国个人信用体系的法律制度建设[J].社会科学论坛,2010(05)。

[44] 韩冰.信用制度演进的经济学分析[D].吉林大学,2005 年。

[45] 何显明.委托代理视野中的地方政府信用问题[J].浙江社会科学,2006(01)。

[46] 胡朝霞,陈浪南.中国商业银行负债结构考察[J].农村金融研究,2004(03)。

[47] 黄大玉,王玉东.论建立中国的个人信用制度[J].城市金融论坛,2000(03)。

[48] 贾男,刘国顺.大数据时代下的企业信用体系建设方案[J].经济纵横,2017(02)。

[49] 姜明辉,王雅林,赵欣,黄伟平.k-近邻判别分析法在个人信用评估中的应用[J].数量经济技术经济研究,2004(02)。

[50] 姜明辉,谢行恒,王树林,温潇.个人信用评估的 Logistic-RBF 组合模型[J].哈尔滨工业大学学报,2007(07)。

[51] 姜明辉,袁绪川.个人信用评估 PSO-SVM 模型的构建及应用[J].管理学报,2008(04)。

[52] 姜锡东.宋代商业信用研究[M].河北教育出版社,1993 年版。

[53] 蒋海,黄敏.负债结构对银行风险承担的影响——基于中国上市银行的实证研究[J].国际金融研究,2017(07)。

［54］［美］卡尔·瓦什.货币理论与政策［M］.中国人民大学出版社，2001年。

［55］蒋恒波.信用制度及其经济增长效应研究［D］.湖南大学，2010年。

［56］孔晖.信用起源以及与货币关系的探讨［J］.金融研究，1984（10）。

［57］匡海波，杜浩，丰昊月.供应链金融下中小企业信用风险指标体系构建［J］.科研管理，2020（04）。

［58］李关政，彭建刚.经济周期、经济转型与企业信用风险评估——基于系统性风险的 Logistic 模型改进［J］.经济经纬，2010（02）。

［59］李乐，毛道维.政府信用对科技创新与金融创新的推动机制——基于苏州市科技金融网络实践的研究［J］.经济体制改革，2012（04）。

［60］李林木，于海峰，汪冲，付宇.赏罚机制、税收遵从与企业绩效——基于纳税信用管理制度的研究［J］.经济研究，2020（06）。

［61］李琦，罗炜，谷仕平.企业信用评级与盈余管理［J］.经济研究，2011（S2）。

［62］李新庚.信用论纲［M］.北京：中国方正出版社，2004年。

［63］梁琪.企业信用风险的主成分判别模型及其实证研究［J］.财经研究，2003（05）。

［64］梁振杰.信用治理：手游企业版权融资的制度面向［J］.社会科学家，2020（11）。

［65］廖成林，靳军.信用缺失现象的博弈分析［J］.中国流通经济，2003（01）。

［66］林清泉，张建龙，杨丰.中国信用体系建设中的个人信用模糊评估［J］.山西财经大学学报，2007（02）。

［67］林莎，雷井生.DEA 模型在中小上市企业信用风险的实证研究［J］.科研管理，2010（03）。

［68］刘成，牛霞.中国信用总规模与经济增长关系的实证研究［J］.江西农业大学学报（社会科学版），2013（04）。

［69］刘静.信用缺失与立法偏好——中国个人破产立法难题解读［J］.社会科学家，2011（02）：100—103。

［70］刘鹏飞，晏艳阳.社会资本与企业信用风险［J］.经济经纬，2016（02）。

［71］刘胜会.中国商业银行资产负债管理效能的度量：基于 NIM 的实证研究［J］.国际金融研究，2006（04）。

［72］刘文宇.论中国中小企业信用体系的建设与完善［J］.东北师大学

报(哲学社会科学版),2015(03)。

[73] 刘永高.社会转型期政府信用缺失的制度分析[J].科学社会主义,2013(02)。

[74] 栾文莲.信用制度与资本主义生产方式的演变[J].中国社会科学院研究生院学报,2013(2)。

[75] 骆玉鼎."新货币经济学"评述[J].经济学家,1998(02)。

[76] [美]马汉.海权论[M].中国人民解放军出版社,2000年。

[77] 马书玲.大型煤炭企业集团的多元化经营战略风险控制[J].煤炭工程,2008(03)。

[78] 马亚明,王若涵,胡春阳.地方政府债务风险对金融压力的溢出效应——兼论重大突发事件冲击的影响[J].经济与管理研究,2021(09)。

[79] 莫茜,高峰,董纪昌.行为评分模型在个人信用评估应用中的实证研究[J].国际金融研究,2008(07)。

[80] 聂新伟.政府信用、地方政府债务风险与信用指标体系构建的思路[J].财政研究,2016(03)。

[81] 牛红红,王文寅.企业信用评估体系研究[J].经济问题,2008(01)。

[82] 庞建敏.企业信用风险度量和预警决策支持系统研究[J].金融研究,2006(03)。

[83] 庞建敏.企业信用管理研究——基于企业的案例分析[J].金融研究,2007(11)。

[84] 裴权中.商业银行的负债结构及其调整[J].财经问题研究,1997(06)。

[85] 彭鹏.中国信用制度研究[D].西北农林科技大学,2006年。

[86] 彭信威.中国货币史[M].群联出版社,1954年10月。

[87] 全国整顿与规范市场经济秩序领导小组办公室、北京大学中国信用研究中心.中国信用发展报告[M].中国经济出版社,2006年第1版。

[88] 任永开.中国目前信用缺失的经济学分析[J].财经理论与实践,2001(06)。

[89] 邵汉华,杨俊,廖尝君.商业银行同业业务扩张与货币政策传导——基于银行信贷渠道的实证检验[J].金融经济学研究,2015(02)。

[90] 沈钦华,谈儒勇,金晨珂.信用与经济增长关系实证研究——基于多层次视角的VAR分析[J].财经研究,2011(12)。

[91] 石晶.在中国建立个人信用制度问题初探[J].当代经济研究,2000(07)。

［92］石新中.论信用概念的历史演进［J］.北京大学学报（哲学社会科学版），2007（06）。

［93］宋丽平，张利坤，徐玮.P2P网络借贷个人信用风险评估［J］.财会月刊，2015（35）。

［94］粟山，沈荣芳.企业信用管理的研究［J］.同济大学学报（社会科学版），2004（02）。

［95］孙九伦，戴伟.银行负债结构与风险承担——基于金融创新视角的实证分析［J］.投资研究，2020（11）。

［96］孙璐，李广建.多维个人信用评价特征感知模型的研究［J］.图书情报工作，2015，59（21）。

［97］孙南申.信用规制中的企业信用修复路径［J］.国际商务研究，2020，41（06）。

［98］孙智英."入世"与政府信用行为［J］.福建师范大学学报（哲学社会科学版），2002（02）。

［99］唐文玉.国外个人信用制度的经验及对中国的启示［J］.湖南社会科学，2001（06）。

［100］田侃，崔萌萌.信用的博弈分析及信用缺失治理［J］.财贸经济，2007（09）。

［101］王爱俭，孟昊.建立中国个人信用制度对策研究［J］.经济学动态，2001（02）。

［102］王楚明.从金融危机看美国金融信用基础的缺陷［J］.投资研究，2009（09）。

［103］王存河.政府信用的内涵及制度保障［J］.法学评论，2004（05）。

［104］王地宁，刘玫.企业信用管理制度缺失问题研究——基于995户企业调查问卷的分析［J］.财经理论与实践，2009，30（01）。

［105］王帆.信用规模与经济增长关系研究——基于次贷危机时期中国的经济数据［J］.中国物价，2017（05）。

［106］王昊，王林鹏.基于隐式马尔科夫算法的政府信用评估和预测［J］.征信，2019，37（12）。

［107］王建刚.中国中小微企业信用体系建设模式比较及优化研究［J］.西南金融，2016（02）。

［108］王礼平，范南.信用问题的制度基础分析［J］.河南社会科学，2004（06）。

［109］王丽颖.信用缺失的经济学分析［J］.长白学刊，2005（04）。

[110] 王琼,冯宗宪.中国个人信用制度的发展现状及建议[J].消费经济,2005(06)。

[111] 王晓枫,廖凯亮,徐金池.复杂网络视角下银行同业间市场风险传染效应研究[J].经济学动态,2015(03)。

[112] 王秀华,张继文,刘艳梅.政府信用评价方法初探[J].国家行政学院学报,2004(06)。

[113] 王一兵.信用资本问题研究[D].湖南大学,2007年。

[114] 王颖.转型期政府信用失范原因及对策[J].理论探索,2008(01)。

[115] 魏蓉蓉,杨爱君.企业信用危机传导模式及隔离机制研究[J].技术经济与管理研究,2015(11)。

[116] 魏玮.论渐进转轨中的中国信用制度扭曲及其矫正[J].经济社会体制比较,2002(3)。

[117] 温来成,刘洪芳.中国地方政府信用风险评估体系的构建及运用[J].中央财经大学学报,2016(09)。

[118] 吴晗,张克菲.银行同业业务与实体经济融资——基于货币供给创造的视角[J].金融论坛,2019,24(05)。

[119] 吴杰.共享经济、风险管理与信用机制建设[J].征信,2018,36(01)。

[120] 吴晶妹,崔萌,孔德超.新时代的政府信用评价研究:一个全新视角的综述与展望——基于 wu's 三维信用论[J].现代管理科学,2018(04)。

[121] 吴晶妹,李诗洋.信用规模与经济增长:中美比较分析[J].财贸经济,2007(09)。

[122] 吴晶妹,王银旭.以诚信度为基础的个人信用全面刻画初探——基于 WU's 三维信用论视角[J].现代管理科学,2017(12)。

[123] 吴晶妹,薛凡.吴氏三维信用理论在科技信用评价中的应用[J].科学管理研究,2016,34(03)。

[124] 吴晶妹.现代信用学[M].中国人民大学出版社,2009年。

[125] 吴晶妹.信用规模、信用结构与经济增长——从美国信用活动轨迹看中国信用制度的建设[J].金融论坛,2004(02)。

[126] 吴晶妹.信用活动对经济增长的长期效应[J].成人高教学刊,2003(03)。

[127] 吴慎之,黄盛.构建中国个人信用制度对策选择[J].中央财经大学学报,2002(06)。

[128] 吴卫星,邵旭方,吴锟.中国商业银行流动性风险传染特征分

析——基于商业银行同业负债的时间序列数据[J].国际商务（对外经济贸易大学学报），2016（04）。

［129］吴晓求.互联网金融：成长的逻辑[J].财贸经济，2015（02）：5—15。

［130］吴育辉，吴世农，魏志华.管理层能力、信息披露质量与企业信用评级[J].经济管理，2017（01）。

［131］伍戈，何伟.商业银行资产负债结构与货币政策调控方式——基于同业业务的分析[J].金融监管研究，2014（07）。

［132］夏立明，宗恒恒，孟丽.中小企业信用风险评价指标体系的构建——基于供应链金融视角的研究[J].金融论坛，2011，16（10）。

［133］向晖，杨胜刚.基于多分类器组合的个人信用评估模型[J].湖南大学学报（社会科学版），2011（03）。

［134］肖斌卿，柏巍，姚瑶，李心丹.基于 LS-SVM 的小微企业信用评估研究[J].审计与经济研究，2016（06）。

［135］肖文兵，费奇.基于支持向量机的个人信用评估模型及最优参数选择研究[J].系统工程理论与实践，2006（10）。

［136］肖智，李文娟.RS-ANN 在消费信贷个人信用评估中的实证研究[J].软科学，2011（04）。

［137］谢秀丽，韩瑞军.清代前期民间商业信用问题研究[M].人民出版社，2012 年。

［138］许艳秋，潘美芹.层次分析法和支持向量机在个人信用评估中的应用[J].中国管理科学，2016（S1）。

［139］闫维杰.金融机构市场退出的关键是解决债务问题[J].金融研究，2003（01）。

［140］严海波.基于信息不对称的中小企业融资制度选择[J].财经科学，2003（S1）。

［141］燕红忠，李东.基于晋商实践的信用起源与维持机制[J].经济问题，2006（02）。

［142］杨海燕，欧文彬.商业银行主动负债发展的经济效应[J].金融论坛，2007（08）。

［143］杨龙光，吴晶妹.中国地方政府信用与经济增长——基于经济转轨的视角[J].西南民族大学学报（人文社会科学版），2014（11）。

［144］杨洋，赵茂，刘志坚.金融信用膨胀的非线性经济增长效应——来自跨国面板数据的证据[J].商业研究，2016（06）。

［145］杨雨,史秀红.个人信用风险计量:双边抗体人工免疫概率模型［J］.系统工程理论与实践,2009(12)。

［146］杨雨.基于人工免疫机制的个人信用风险模型研究［J］.管理评论,2006(09)。

［147］姚旭辉.中国信用活动与经济增长的长期效应分析［J］.湖南社会科学,2008(01)。

［148］叶建亮,黄先海.内源式民营经济转向开放型经济的路径选择:以浙江为例［J］.浙江社会科学,2004(05)。

［149］叶子.银行负债结构、流动性风险与金融危机关系研究［J］.新金融,2018(10)。

［150］于东智,郭娜,关继成.利率市场化下中国商业银行资产负债管理策略研究［J］.农村金融研究,2012(09)。

［151］张超,严煤.政府信用与民众信任［J］.社会,2002(11)。

［152］张发明,王伟明,李小霜.TOPSIS-GRA 法下的企业动态信用评价方法及其应用［J］.运筹与管理,2018(09)。

［153］张磊.商业银行信用风险识别:信用矩阵的实证应用研究［J］.国际金融研究,2004(03)。

［154］张丽娜.北京市信用规模与经济增长的相关关系分析［D］.首都经济贸易大学,2009。

［155］张鸣,范柏乃.地方政府信用的内涵、结构要素及实际测度［J］.探索,2013(04)。

［156］张鸣.政府信用与政府绩效关联机理研究［J］.公共行政评论,2013(05)。

［157］张目,周宗放.基于多目标规划和支持向量机的企业信用评估模型［J］.中国软科学,2009(04)。

［158］张维迎,柯荣住.信任及其解释:来自中国的跨省调查分析［J］.经济研究,2002(10)。

［159］张维迎.博弈论与信息经济学［M］.上海人民出版社,1996 年。

［160］张维迎.产权、政府与信誉［J］.读书,2001(06)。

［161］张维迎.企业家与职业经理人:如何建立信任［J］.北京大学学报(哲学社会科学版),2003(05)。

［162］张晓冉.个人征信管理体系的规范研究——基于制度、行为和福利的视角［J］.西南金融,2020(06)。

［163］张兴.信用规模与经济增长［J］.经济工作导刊,2003(08)。

［164］张亦春.中国社会信用缺失研究［M］.中国金融出版社,2004年。

［165］张渊,谭中明.市场化背景下企业信用管理体系的构建［J］.商业研究,2004(14)。

［166］章容洲,李程.利率市场化、表外杠杆与银行脆弱性［J］.财经论丛,2021(12)。

［167］章政,田侃.中国信用发展报告(2014~2015)［M］.社会科学出版社.经济与管理出版分社,2015年第1版。

［168］郑昱.基于Probit模型的个人信用风险实证研究［J］.上海金融,2009(10):85—89。

［169］中国人民银行福州中心支行课题组,林光丰.新政策环境下商业银行同业业务的发展及风险防范——以16家上市银行为主要分析对象［J］.金融发展评论,2015(02)。

［170］周茜,谢雪梅.小微企业信用风险测度与管控模型研究——基于信用融资的分析［J］.商业研究,2018(11)。

［171］周寿彬.基于反常扩散模型的个人信用风险评估方法［J］.统计与决策,2016(13)。

［172］周文翠.社会转型中的政府信用问题及其路径选择［J］.东北师大学报(哲学社会科学版),2008(06)。

［173］周颖,苏小婷.基于最优指标组合的企业信用风险预测［J］.系统管理学报,2021(05)。

［174］周永圣,崔佳丽,周琳云,孙红霞,刘淑芹.基于改进的随机森林模型的个人信用风险评估研究［J］.征信,2020,38(01)。

［175］朱浩,黄险峰,陈彦舟.国内城市个人信用评分指标体系和应用场景研究［J］.征信,2019,37(04)。

［176］朱天星,于立新,田慧勇.商业银行个人信用风险评价模型研究［J］.金融理论与实践,2011(03)。

［177］Aabo T. The Importance of Corporate Foreign Debt in Managing Exchange Rate Exposures in Non-Financial Companies［J］. European Financial Management, 2006, 12(4).

［178］Akerlof G A. The Market for "Lemons": Quality Uncertainty and the Market Mechanism［J］. The Quarterly Journal of Economics, 1970, 84(3).

［179］Arrow K J, Hahn F H. General Competitive Analysis［M］. Holdern-Day, San Francisco, 1971.

［180］Axelrod R. Effective Choice in the Prisoner's Dilemma［J］. Journal of Conflict Resolution，1980，24(1).

［181］Bae K H，Goyal V K. Creditor Rights，Enforcement，and Bank Loans［J］. Journal of Finance，2009，64(2).

［182］Bagehot W. Lombard Street：A Description of the Money Market［M］. Manhattan：John Wiley & Sons，Inc.，1873.

［183］Baugnet V，Stinglhamber P，Zachary M D. Foreign financial transactions of Belgian non-financial sectors［J］. Economic Review，2008，2(55).

［184］Berger A N，Udell G F. Small Business Credit Availability and Relationship Lending：The Importance of Bank Organisational Structure［J］. Economic Journal，2002，112(477).

［185］Berlin M，Mester L J. Intermediation and Vertical Integration［J］. Journal of Money，Credit and Banking，1998，30(3).

［186］Bernanke B，Gertler M，Waston M，Systematic Monetary Policy and the Effects of Oil Price Shocks［J］. Brookings Papers on Economic Activity，Economic Studies Program，The Brookings Institution，1997. 28(1).

［187］Bernanke B S，Blander A S. Credit，Money，and Aggregate Demand［J］. American Economic Review，1988，78(2).

［188］Bloom N. The Impact of Uncertainty Shocks［J］. Econometrica，Econometric Society，2009. 77(3).

［189］Christiano L J，Eichenbau M，Evans C L. Monetary policy shocks：What have we learned and to what end? ［J］. in J.B. Taylor & M. Woodford(eds.)，Handbook of Macroeconomics，1999，1.

［190］Edwards S，Vegh C A. Banks and macroeconomic disturbances under predetermined exchange rates［J］. Journal of Monetary Economics，1997，40(2).

［191］Eminidou S，Zachariadis M，Andreou E. Inflation Expectations and Monetary Policy Surprises［J］. Scandinavian Journal of Economics，2020，122(1).

［192］Fackler J S. Federal Credit，Private Credit，and Economic Activity［J］. Journal of Money，Credit and Banking，1990，22(4).

［193］Friedman B M，Kuttner K N. Money，Income，Prices，and

Interest Rates[J]. American Economic Review, 1992, 82(3).

[194] Friedman M, Schwartz A J. A Monetary History of the United States[M]. Princeton University Press, 1963.

[195] Gabriele D F. Why is the Ratio of Debt-to-GDP so Large for Non-Financial Companies in Luxembourg? [J]. MPRA Paper, 2019, 105316.

[196] Gambacorta L, Hofmann B, Peersman G. The Effectiveness of Unconventional Monetary Policy at the Zero Lower Bound: A Cross-Country Analysis[J]. Journal of Money, 2014, 46(4).

[197] Gelb A H. Windfall Gains: Blessing or Curse? [M]. New York: Oxford University Press, 1988.

[198] Greif A. Contract Enforceability and Economic Institutions in Early Trade: The Maghribi Traders' Coalition[J]. American Economic Review, 1993, 83(3).

[199] Herbig P, Milewicz J. Marketing Signals in service industries. Journal of Services Marketing, 1994, 8(2).

[200] Hicks J R. A Theory of Economic History[M]. Oxford University Press, 1969.

[201] Kashyap A K, Stein J C, Wilcox D W. Monetary Policy and Credit Conditions: Evidence from the Composition of External Finance [J]. American Economic Review, 1993, 83(1).

[202] Keating J W, Kelly L J. & Valcarcel V J. Solving the price puzzle with an alternative indicator of monetary policy[J]. Economics Letters, 2014, 124(2).

[203] Kormend R C, Meguire P G. Macroeconomic determinants of Growth[J]. Journal of Monetary Economics, 1985, 16(1).

[204] Kornai J, Bo R, Rose-Ackerman S. Creating Social Trust in Post-Socialist Transition[M]. The University of Chicago Press, 2004.

[205] Kreps D. Corporate Culture and Economic Theory[J]. in Technological Innovation and Business Strategy , ed. By M. Tsuchiya, Nihon Keizai Shimbun, Inc, 1986.

[206] Kuttner K N, Monetary policy surprises and interest rates: Evidence from the Fed funds futures market[J]. Journal of Monetary Economics, 2001, 47(3).

[207] Lewicki R J, Bunker B B. Trust in Relationships: A model of Trust Development and Decline[J]. In B.B. Bunker and J.Z. Rubin(Eds.), Conflict, Cooperation and Justice, 1995, 133—173.

[208] Liu K, Fan Q. Credit expansion, bank liberalization, and structural change in bank asset accounts[J]. Journal of Economic Dynamics and Control, 2021, 124(C).

[209] Lucas J R. Expectations and the neutrality of money[J]. Journal of Economic Theory, 1972, 4(2).

[210] Mark G, Nobuhiro K. Financial Intermediation and Credit Policy in Business Cycle Analysis[J]. Handbook of Monetary Economics, in: Benjamin M. Friedman & Michael Woodford(ed.), Handbook of Monetary Economics, 2010, 3, chapter 11.

[211] McCandless G T, Weber W E. Some monetary facts[J]. Quarterly Review, 1995, 19(3).

[212] Melosi L. Signalling Effects of Monetary Policy[J]. Review of Economic Studies, 2017, 84(2).

[213] Miranda-Agrippino S, Ricco G. The Transmission of Monetary Policy Shocks[J]. American Economic Journal: Macroeconomics, American Economic Association, 2021, 13(3).

[214] Monika B, Diemo D, Achim H. Business cycles, bank credit and crises[J]. Economics Letters, 2013, 120(2).

[215] Oni I O, Akinlo A E, Oladepo E D. Impact Of Bank Credit On The Real Sector: Evidence From Nigeria[J]. Global Journal of Business Research, 2014, 8(3).

[216] Osei-tutu F, Weill L. Bank Efficiency and Access to Credit: International Evidence[J]. Working Papers of LaRGE Research Center, 2020, 5.

[217] Petersen Mi A, Rajan R G. The Benefits of Lending Relationships: Evidence from Small Business Data[J]. Journal of Finance, 1994, 49(1).

[218] Roberta G, Inessa L. Does access to credit improve productivity? Evidence from Bulgarian firms[J]. Policy Research Working Paper Series, 2006, 3921.

[219] Schumpeter J A. Bank Credit and the "Creation" of Deposits

[J]. Accounting, Economics, and Law: A Convivium, 2016, 6(2).

[220] Schumpeter J A. The Theory of Economic Development[M]. Cambridge: Harvard University Press, 1912.

[221] Sédillot F. National Financial Accounts in 2008: A Further Rise in Non-Financial Sector Debt[J]. Quarterly selection of articles—Bulletin de la Banque de France, Banque de France, 2009, 15(3).

[222] Simona M, Bougheas S, Mizen P. Trade Credit, Bank Lending and Monetary Policy Transmission[J]. Royal Economic Society Annual Conference, 2003, 149.

[223] Sims C A. Comparison of Interwar and Postwar Business Cycles: Monetarism Reconsidered[J]. The American Economic Review, 1980, 70(2), 250—257.

[224] Socio A D, Russo P F. The debt of Italian non-financial firms: an international comparison[J]. Questioni di Economia e Finanza(Occasional Papers), 2016, 308.

[225] Socio A D. The Economic and Financial Situation of Italian Non Financial Corporations: An International Comparison[J]. Questioni di Economia e Finanza(Occasional Papers), 2010, 66.

[226] Tadelis S. What's in a Name? Reputation as a Tradeable Asset [J]. American Economic Review, 1999, 89(3).

[227] Temin P. Did Monetary Forces Cause the Great Deoression [M]. New York: W.W. Norton, 1976.

后　记

　　本书是我主持的国家社科基金后期资助项目（18FJL001）的最终成果，也是对我博士毕业论文的进一步深化，并且在理论层面上有一定的创新，在实践层面提出了一些可行可期的政策建议。这些研究成果都离不开国内外学者大量的论文、著作等文献资料作为支撑，包括但不限于本书参考文献所显示的内容，对他们及其他们的成果表示感谢，但文责自负。

　　在此，对我的博士研究生导师、中国人民大学财政金融学院的吴晶妹教授表示最衷心的感谢，在我博士论文的写作过程、国家社科基金后期资助项目与本书出版的整个研究过程中给予我全面、认真的指导，她严谨的治学态度和前瞻性的理论思想使我终身受益。师生多年，我深深折服于老师深厚的理论功底和丰富的社会实践，她为人处世的魅力与胸怀、授业解惑的洞察力，让我永生难忘，也是我坚持从事信用领域相关研究的动力和支持力。

　　同时特别感谢国家社科基金的5位匿名评审专家对书稿内容的肯定与建议。我虽与这些学者未曾谋面，但他们热情的鼓励、具体的指点和珍贵的建议，为国家项目的顺利推进和本书的修改、完善打下了基础。

　　本书的最终成稿也离不开河南财经政法大学金融学院赵紫剑院长、代洪甫书记的鼎力支持，从资料获取到外联论证都提供了莫大的帮助；中国人民银行郑州培训学院的赵轲轲和中国人民大学财政金融学院的王昱崴博士对本书的统稿论证做出了很多实际工作，在此一起表示感谢。

　　国家税务总局郑州市金水区税务局的王柯程对本书的成稿和完善有着重要的助推作用，对于信用规模的量化标准和实际数据的获取提出了重要建议，且直接参与了一些数据获取和分析工作，尤其是我们关于政府部门信用规模量化、影响和作用机制的数次探讨，极大地增强了研究结论的可靠性。

　　此外，我的硕士研究生徐鼎、段瑞、王卓然、竺世钰、周冰倩、侯润屿，在本书写作过程中参与了大量数据等资料的搜集和数据分析工作，同时欣慰的是他们能够在参与的过程中不断提升自己的科研能力和主动探索问题的意识。

感谢我的丈夫和我的两个宝贝,在我完成国家级项目以及本书出版与修订过程中,给予了我情感、时间和环境上的绝对支持。他们才是我的成果,是我的财富。

最后,特别感谢上海三联书店的杜鹃女士,高标准的业务素质、一丝不苟的工作态度在我们日常联系和交流中充分体现,杜鹃女士对本书的顺利出版有着十分积极的贡献。

此书始于我的博士毕业论文,终于国家社科基金后期资助项目的结项,致力于丰富中国的信用理论研究和实践,但是理论的研究是无止境的,会随着社会、经济等背景而使得其适用性发生变化。所以,本书的出版既是一个阶段性的终点,也是一个新的起点,我也将继续努力,争取为信用理论的发展做出些许贡献。

谢巧燕于河南财大建树楼
2023 年 4 月 15 日

图书在版编目(CIP)数据

信用规模变动与宏观经济运行关系研究:基于中美
对比分析/谢巧燕著.—上海:上海三联书店,
2023.4
ISBN 978 - 7 - 5426 - 8093 - 8

Ⅰ.①信… Ⅱ.①谢… Ⅲ.①信用-关系-宏观经济
运行-对比研究-中国、美国 Ⅳ.①F830.5 ②F123.1
③F171.231

中国国家版本馆 CIP 数据核字(2023)第 067875 号

信用规模变动与宏观经济运行关系研究:基于中美对比分析

著　者／谢巧燕

责任编辑／杜　鹃
装帧设计／一本好书
监　制／姚　军
责任校对／王凌霄

出版发行／上海三联书店
　　　　　(200030)中国上海市漕溪北路 331 号 A 座 6 楼
邮　箱／sdxsanlian@sina.com
邮购电话／021 - 22895540
印　刷／上海惠敦印务科技有限公司

版　次／2023 年 4 月第 1 版
印　次／2023 年 4 月第 1 次印刷
开　本／710mm×1000mm　1/16
字　数／360 千字
印　张／21
书　号／ISBN 978 - 7 - 5426 - 8093 - 8/F·888
定　价／89.00 元

敬启读者,如发现本书有印装质量问题,请与印刷厂联系 021 - 63779028